Évolution des systèmes fonciers au Mali

Dédicace

À ma famille :

Mon épouse Fanta Keïta ;
Mes enfants Mamadou et Moustaph Thomas Camara ;
Mon père Mamadou ;
Ma Mère Nasaran Timité ;
Mes frères et sœurs Bréhima, Téney, Daouda, Maïmouna, Lasso ;
Et tous les autres membres que je ne cite pas.

Afin de leur apporter la preuve que la volonté est mère de résultat et que la réussite est vraiment au bout de l'effort.

Évolution des systèmes fonciers au Mali

Cas du bassin cotonnier de Mali sud

Zone Office du Niger et région CMDT de Koutiala

Bakary Camara

Conseil pour le développement de la recherche en sciences sociales en Afrique
DAKAR

Conseil pour le développement de la recherche en sciences sociales en Afrique
Avenue Cheikh Anta Diop Angle Canal IV
BP 3304 Dakar, 18524, Sénégal
Site web : www.codesria.org

ISBN : 978-2-86978-643-1

Mise en page : Alpha Ousmane Dia
Couverture : Ibrahima Fofana

Distribué en Afrique par le CODESRIA
Distribué ailleurs par African Books Collective
www.africanbookscollective.com

Le Conseil pour le développement de la recherche en sciences sociales en Afrique (CODESRIA) est une organisation indépendante dont le principal objectif est de faciliter et de promouvoir une forme de publication basée sur la recherche, de créer plusieurs forums permettant aux chercheurs africains d'échanger des opinions et des informations. Le Conseil cherche ainsi à lutter contre la fragmentation de la recherche dans le continent africain à travers la mise en place de réseaux de recherche thématiques qui transcendent toutes les barrières linguistiques et régionales.

Le CODESRIA publie une revue trimestrielle, intitulée *Afrique et Développement*, qui est la plus ancienne revue de sciences sociales basée sur l'Afrique. Le Conseil publie également *Afrika Zamani* qui est une revue d'histoire, de même que la *Revue Africaine de Sociologie* ; la *Revue Africaine des Relations Internationales (AJIA)* et la *Revue de l'Enseignement Supérieur en Afrique*. Le CODESRIA co-publie également la *Revue Africaine des Médias*; *Identité, Culture et Politique : un Dialogue Afro-Asiatique* ; *L'Anthropologue africain*, la *Revue des mutations en Afrique*, *Méthod(e)s : Revue africaine de méthodologie des sciences sociales* ainsi que *Sélections Afro-Arabes pour les Sciences Sociales*. Les résultats de recherche, ainsi que les autres activités de l'institution sont aussi diffusés à travers les « Documents de travail », le « Livre Vert », la « Série des Monographies », la « Série des Livres du CODESRIA », les « Dialogues Politiques » et le *Bulletin du CODESRIA*. Une sélection des publications du CODESRIA est aussi accessible au www.codesria.org

Le CODESRIA exprime sa profonde gratitude à la Swedish International Development Corporation Agency (SIDA), au Centre de Recherches pour le Développement International (CRDI), à la Ford Foundation, à la Carnegie Corporation de New York (CCNY), à l'Agence norvégienne de développement et de coopération (NORAD), à l'Agence Danoise pour le Développement International (DANIDA), au Ministère des Affaires Etrangères des Pays-Bas, à la Fondation Rockefeller, à l'Open Society Foundations (OSFs), à TrustAfrica, à l'UNESCO, à l'ONU Femmes, à la Fondation pour le renforcement des capacités en Afrique (ACBF) ainsi qu'au Gouvernement du Sénégal pour le soutien apporté aux programmes de recherche, de formation et de publication du Conseil.

Table des matières

DEUXIÈME PARTIE
Les systèmes fonciers du Mali colonial et post-colonial

Liste des sigles et acronymes

AAI	Associations Agricoles Indigènes
AFD	Agence Française de Développement
AFSCET	Association Française de Science des Systèmes
ANICT	Agence Nationale d'Investissement des Collectivités Territoriales
AOF	Afrique-Occidentale Française
AOPP	Association des Organisations Paysannes et Professionnelles
APCAM	Assemblée Permanente des Chambres d'Agriculture du Mali
ARPON	Amélioration de la Riziculture Paysanne à l'Office du Niger
AV	Associations Villageoises
CA	Chambre d'Agriculture
CCB	Chambre de Commerce de Bamako
CCC	Centres de Conseils Communaux
CCCAM	Caisse Centrale du Crédit Agricole Mutuel
CCFO	Caisse Centrale de la France d'Outre-Mer
CDF	Code Domanial et Foncier
CDP	Consortium pour le Développement du Partenariat
CEA	Contrat d'Exploitation Annuelle
CEN-SAD	Communauté des États sahélo-sahariens
CFDT	Compagnie Française de Textile
CMDT	Compagnie Malienne pour le Développement des Textiles
CMLN	Comité Militaire de Libération Nationale
CNC	Cellule Nationale de Coordination
CNOP	Coordination Nationale des Organisations Paysannes
CNRST	Centre National pour la Recherche Scientifique et Technique
CPC	Coopération des Producteurs de Coton
CPE	Comité Paritaire d'Entretien du Réseau Hydraulique Tertiaire
CPGFERS	Comité Paritaire de Gestion des Fonds d'Entretien du Réseau Hydraulique Secondaire

CPGT	Comité Paritaire de Gestion des Terres
CPI	Comité Paritaire Intercommunaux
CRA	Chambre Régionale d'Agriculture
CSI	Comité de Suivi Intercommunal
CT	Collectivités Territoriales
DNCT	Direction Nationale des Collectivités Territoriales
DNDC	Direction Nationale des Domaines et du Cadastre
DRDC	Direction Régionale des Domaines et du Cadastre
DRDR	Direction Régionale de Développement Rural
EAF	Exploitation Agricole Familiale
EPCP	Établissement Public à Caractère Professionnel
FNDA	Fonds National de Développement Agricole
FNRCA	Fonds National des Risques et des Calamités Agricoles
FVD	Faire Valoir Direct
GIE	Groupement d'Intérêt Économique
GRA	Groupements Ruraux Associés
GRN	Gestion des Ressources Naturelles
GRSMP	Groupement Rural de Secours Mutuel et de Production
GSCVM	Groupement des Syndicats Cotonniers et Vivriers du Mali
HIMO	Haute Intensité en Main-d'œuvre
IFAN	Institut Fondamental d'Afrique Noire
IRAM	Institut de Recherche et d'Application des Méthodes de Développement
LOA	Loi d'Orientation Agricole
MCA	Millennium Challenge Account
MCAM	Millennium Challenge Account-Mali
MDR	Ministère du Développement Rural
OIT	Organisation Internationale du Travail
ON	Office du Niger
OP	Organisations Paysannes
OPAM	Office des Produits Agricoles du Mali
ORT	Organisation de l'Entretien du Réseau Tertiaire
PACL	Programme d'appui aux Collectivités Locales
PACT	Programme d'Appui aux Collectivités Territoriales
PADON	Programme de Développement Économique de la Zone de l'Office du Niger

PAS	Programme d'Ajustement Structurel
PASAOP	Projet d'appui aux Services Agricoles et Organisations Paysannes
PASE	Programme d'Appui au Système d'Exploitation en Zone Cotonnière
PCDA	Programme de Compétitivité et de Diversification Agricole
PEA	Permis d'Exploitation Annuelle
PIB	Produit Intérieur Brut
PNIR	Programme National d'Infrastructure Rurale
PPM	Petits Producteurs Marchands
RCA	Réseau des Chambres d'Agriculture
SCAER	Société du Crédit Agricole et de l'Équipement Rural
SERP	Service d'Entretien du Réseau Primaire
SEXAGON	Syndicat des Exploitants Agricoles à l'Office du Niger
SFD	Systèmes Financiers Décentralisés
SIP	Société Indigène de Prévoyance
SIWA	Brousse sèche
SMDR	Société Mutuelle de Développement Rural
SMPR	Société Mutuelle de Production Rurale
SNDI	Stratégie Nationale de Développement de l'Irrigation
SOSUMAR	Société Sucrière de Markala
STIN	Service Temporaire des Irrigations du Niger
SUKALA	Complexe Sucrier du Kala Supérieur
SYCOV	Syndicat des Producteurs de Coton et de Vivriers
ZAER	Zones d'Animation et d'Expansion Rurale
ZER	Zone d'Expansion Rurale

Liste des tableaux, figures et encadrés

Tableaux

Figures

Encadrés

Remerciements

Plusieurs personnes m'ont, de près ou de loin, aidé dans ce travail de recherche. Au Mali et au Sénégal, j'ai toujours voulu partager mon intérêt pour ce thème de recherche et les documents que j'ai eu à collecter. À travers nos discussions, de nombreuses personnes, chercheurs ou non-chercheurs, m'ont aidé à rassembler mes idées et à les réorienter, si besoin était, sur la réflexion relative au droit et aux institutions (étatiques ou traditionnelles) au Mali. Je ne peux pas citer tous ceux et celles auxquel(le)s je suis redevable sur plusieurs plans. Je ne prétends pas non plus qu'ils reconnaissent leurs idées et leurs suggestions dans ce travail. La responsabilité des arguments et des erreurs présents dans ce livre n'incombe qu'à ma modeste personne.

Néanmoins, au cours des quatre années de recherches que j'ai effectuées au Mali et au Sénégal, j'ai eu la chance de rencontrer des individus formidables, ouverts et toujours prêts à m'offrir leur aide.

Je remercie tous mes amis et collègues de la Faculté des Sciences Juridiques et Politiques de l'Université de Bamako pour les longues discussions, souvent houleuses, que nous avons eues durant toutes ces années.

Le projet de thèse n'aurait pas été réalisable sans les innombrables conseils de l'infatigable Dr Macky Samaké (Rectorat Université de Bamako) à travers lequel j'ai connu mon directeur de Thèse ainsi que l'Université Gaston Berger de Saint-Louis du Sénégal. Je remercie aussi le Dr Moussa Sissoko, codirecteur de Point Sud (Bamako) et le professeur Mamadou Diawara (Francfort, Allemagne), directeur de Point Sud, Centre de Recherche sur le Savoir Local à Bamako, qui ont eu l'amabilité de me donner un bureau dans ledit centre pour mes travaux de recherche et la rédaction de cette thèse. Je voudrais remercier le Dr Moussa Djire (FSJP) avec lequel j'ai eu de longues discussions à l'école, chez lui ou au champ, sur le foncier. Le Dr Djire a partagé avec moi ses récentes recherches sur le foncier au Mali et a eu l'amabilité de me donner des conseils sans lesquels ce travail aurait été impossible.

Tous mes remerciements vont au Professeur Georg Klute de l'Université de Bayreuth en Allemagne qui m'a beaucoup encouragé au tout début de mes recherches en anthropologie juridique et culturelle et m'a toujours invité à des ateliers et colloques sur la gestion des conflits en Afrique de l'Ouest. Je remercie le Professeur Soly Koné de la FLASH, Dr Bréhima Kassibo du CNRST à Bamako, M. Faguimba Keita à la Bibliothèque de l'ISFRA (Bamako), les Dr naffet Keita, Isaie Dougnon, Cheick Sylla et Birama Djakon, professeurs à la FLASH de l'Université de Bamako. Je remercie le Professeur Shaka Bagayoko (Isfra), M. Abdoulaye B. Sangare, M. Bakary F. Traore, M. Adama Diawara (Flash), M. Issa Camara (Rectorat de l'UB), le Dr Seydou Camara

(ISH) etc. Je ne saurais oublier M. Richard Toé, historien traditionniste que j'ai réveillé chaque matin de bonne heure pendant une semaine. Je le remercie de sa grande disponibilité et de ses encouragements !

Mes remerciements vont à Mme Togola Djénéba Coulibaly et M. Timothé Sanogo, du Fitiné Consul à Sikasso ; M. Brouhama Traoré et M. Yaya Ballo, à Jekassy (Sikasso) ; M. Guinba Diallo et M. Sékou Kanta, chef législation et contrôle à la Direction nationale de la pêche à Bamako ; M. Moulaye Sangharé, vice-préfet central de Yorosso ; M. Fanéké Dabo, chef conservation de la nature à Yorosso ; M. Aliou Guindo, préfet adjoint du cercle de Yorosso ; M. Adama Coulibaly, ministère de l'Agriculture et de la Pêche ; M. Démbélé, maire de la ville de Koutiala et M. A. Démbélé, maire de Sinsina dans le cercle de Koutiala etc.

À l'Université Gaston Berger de Saint-Louis au Sénégal, je voudrais remercier le Professeur Oumar Diop (UFR Lettres et Sciences Humaines) pour ses conseils et ses encouragements indéfectibles. Je remercie le Pr Boubou Sy (UFR Lettres et Sciences Humaines), le Dr Alioune Diop (UFR Sciences Juridiques et Politiques), Mme Maïmouna Fall dite Mounass (Secrétaire au GIRALDEL) et Mme Diagne Fatoumata Tounkara (Secrétaire de l'UFR Sciences Juridiques et Politiques) pour avoir eu l'amabilité de saisir certaines parties de ce travail.

Je ne saurais oublier Abdoul Aziz Sow (UFR Sciences Juridiques et Politiques), mon collègue de bureau qui m'a accueilli à bras ouverts à Saint-Louis et a rendu mes séjours très agréables. Je salue M. Yoro Diallo, reprographe de l'UFR Lettres et Sciences Humaines, Mme M'bodj de la Maison de l'Université et tout le personnel de l'UFR Sciences Juridiques et Politiques de l'UGB.

Je remercie spécialement mon directeur de thèse le Professeur Samba Traoré, qui n'a ménagé aucun effort pour mettre à ma disposition son bureau et sa documentation à l'Université Gaston Berger de Saint-Louis. Tout au long de notre collaboration, il m'a conseillé et m'a encouragé tout en m'adressant des critiques constructives.

Le travail a été financée en partie par l'AUF (Agence universitaire de la francophonie) : 2007 ; l'UNESCO : 2008 ; et l'Université de Bamako (UB) : 2009. La première année (2006) a été financée par mes propres moyens. Je remercie vivement ces trois structures pour leur générosité et leur politique de développement de la science. Je tiens à exprimer ma profonde gratitude au Conseil pour le développement de la recherche en sciences sociales en Afrique (CODESRIA) et son Secrétaire exécutif Dr Ebrima Sall. Le Conseil a participé à la conception de cet ouvrage à travers des ateliers méthodologiques, des séminaires et des conférences. Aussi, sans l'appui du CODESRIA la publication de ce travail ne serait une réalité.

Enfin, ma plus profonde gratitude va à mon épouse Fanta Keita et à nos deux enfants Mamadou et Moustaph Thomas Camara, qui ont enduré mes voyages interminables, mes travaux nocturnes et mon « emprisonnement » incessant dans les documents, les bouquins et sur l'ordinateur et internet.

Merci à tous !

Préface

À partir d'une sérieuse réflexion sur ce que pourrait être le choc de quatre logiques, auxquelles est soumise la société bamanan, dans un espace-temps bien déterminé, Bakary Camara a pu démontrer, à partir de la terre, qu'une cohabitation était possible. Plutôt, un concubinage culturel, comme l'a affirmé John Mbiti, qui pendant des siècles sur le sol malien, particulièrement dans le bassin cotonnier de l'Office du Niger, a formé et consolidé des systèmes fonciers qui, depuis au moins dix siècles, continuent à régir les activités et les rapports de l'homme à la terre. Scientifiquement, Bakary Camara a pris un gros risque parce qu'il n'était pas aisé de suivre cette trame de la période précoloniale à la période coloniale et à celle de la post-indépendance sans subir les cassures redoutées par tout chercheur en histoire des institutions, à savoir celles des sources, de la cohérence des sources. Parce que le lien entre la tradition orale et les sources écrites, arabes ou françaises, n'est pas aisé à établir. Bakary Camara, dans sa quête du passé foncier de la zone CMDT de la boucle du Niger, est parvenu à réaliser la symbiose qui a abouti à ce résultat, utile pour la connaissance des enjeux fonciers énormes de cette partie du Mali. Ces enjeux sont économiques, juridiques, politiques et hautement stratégiques pour un État et des populations en quête de mieux-être et de développement.

La recherche de Bakary Camara montre, avec minutie, tous les facteurs d'évolution des systèmes fonciers au Mali, aussi bien historiques, juridiques, qu'institutionnels. La démarche de Camara, rigoureuse et séduisante à la fois pour un thème parfois galvaudé, a su montrer des nouveautés et des originalités en matière de recherche foncière, surtout quand il s'est intéressé à trois périodes charnières, en démontrant de façon claire l'interdépendance de ces systèmes dans la compréhension du foncier en Afrique. Si le système colonial a subsisté c'est grâce au système précolonial communautariste et clanique, qu'il n'est pas parvenu, malgré des tentatives législatives et réglementaires tout au long de la première moitié du XXe siècle, à influencer de façon profonde et durable. Mais ces tentatives coloniales ont forgé le caractère du système foncier postcolonial, qui y a trouvé l'inspiration d'une législation qui lui a permis d'entrer dans le concert des nations modernes en légiférant dès le début des indépendances. Bakary Camara, pour cette recherche, a passé en revue avec beaucoup de lucidité et de sobriété l'ensemble, ou presque, des dispositions coutumières bamanan, législatives et réglementaires coloniales, ainsi que la symbiose plus ou moins réussie par l'État malien, pour en tirer des résultats qui s'imposent aujourd'hui dans les études foncières au Mali. Mais de plus, Camara a fait avec beaucoup de bonheur, non pas le procès, mais tout au moins une critique positive de ces systèmes fonciers africains, de leurs possibles utilisations et des méprises dues certainement à une mauvaise interprétation ou une mauvaise application des dispositions positives pour un développement harmonieux et intégré de cette zone, stratégique pour l'économie malienne. Il a su démonter, en outre, toutes les alliances qui se nouent et se dénouent autour de la terre, les stratégies locales de maîtrise, d'appropriation et de conservation de la terre, les jeux de pouvoir et les négociations et renégociations des droits fonciers. La conséquence de tout cela, c'est la manière dont les droits sont dits, prouvés et authentifiés par les conflits et les modes de règlement, traditionnels ou judiciaires, tout cela selon un jeu d'acteurs assez précis.

Camara a, dans cette recherche, abouti au constat que le droit foncier s'inscrit ou devrait s'inscrire dans une stratégie globale de développement durable pour le Mali et, au-delà, pour tous les pays du Sahel, pour un écosystème de plus en plus fragilisé par différentes péjorations, à l'origine de la pression foncière que l'on observe de nos jours. Il prône ainsi la mise en place de systèmes fonciers plus adaptés et plus viables, puisant leur force et leur légitimité dans ce pluralisme juridique dont l'Afrique est la meilleure dépositaire. En s'ancrant dans cette démarche féconde, chère aux « fonciéristes » émérites qui ont ouvert la voie en démontrant que les études foncières sur l'Afrique étaient possibles en Afrique, tels Étienne Le Roy, Raymond Verdier, Guy Kouassigan, pour ne citer que ceux-là, Bakary par la cohérence de sa démarche, ouvre des pistes pour de futurs chercheurs qui voudraient approfondir ce domaine.

Les juristes, historiens, et anthropologues du foncier ont, avec Camara, désormais, une grande part de responsabilité dans la production du foncier et des ressources naturelles.

Professeur Samba Traoré
Agrégé des Facultés de Droit
Université Gaston Berger de Saint-Louis du Sénégal

Introduction générale

Depuis plus de trente ans, les questions foncières sont au centre du problème du développement en Afrique. Depuis un demi-siècle, bientôt, les pratiques foncières coutumières résistent aux logiques occidentales introduites par la colonisation et pérennisées par les indépendances. Plusieurs théories sont nées, plusieurs politiques ont été appliquées, et nous nous trouvons toujours dans une période de transition entre modernisme et pratiques traditionnelles, pratiques qui ne succombent pas et qui au contraire alimentent les innombrables conflits, violents ou non, en Afrique en général et au Mali en particulier. Depuis toujours, surtout à partir des années 1970, le problème foncier au Mali, comme dans tous les pays sahéliens, constitue une préoccupation à tous les niveaux. Économistes et géographes, environnementalistes et juristes politistes y font face ; beaucoup d'encre et de salive ne cessent de couler à son propos, sans engendrer pour autant des solutions durables.

Le Mali, situé en plein cœur de l'Afrique de l'Ouest, est un pays sahélien enclavé et en grande partie désertique. Il se trouve au centre des réflexions des chercheurs étrangers et nationaux depuis plusieurs décennies. Il couvre une superficie de 1 241 238 km^2 avec une population totale estimée à 14 517 176 d'habitants[1]. C'est un pays multiethnique dont l'économie est essentiellement basée sur l'agriculture, l'élevage, et l'exploitation de l'or. Les deux premières activités occupent à elles seules plus de 70 pour cent de la population[2]. Traditionnellement, les conflits les plus fréquents au Mali ont été liés à la gestion des ressources naturelles, à l'application des lois et règlements du pays, et aux conflits de valeurs dans une société classisée[3] et laïque. Ces conflits sont intercommunautaires et intracommunautaires (Kornio, Diallo et Sow 2004).

Le cadre conceptuel

Au départ, quand nous nous sommes intéressé aux questions foncières, notre objectif était d'analyser la récurrence des conflits liés à l'utilisation de l'espace-ressource et leurs modes de prévention et de gestion. Nous nous étions alors limité à la période s'étendant entre l'après-guerre et 2007 pour l'étude et l'analyse des conflits, leurs causes, et les mécanismes juridiques et non juridiques de prévention et de gestion. Ce faisant, nous nous sommes vite rendu compte que, pour appréhender les conflits et leurs modes de gestion et de prévention, nous devions remonter le cours de l'histoire des systèmes fonciers au Mali[4], car ce pays a été pendant longtemps le lieu de rencontres permanentes de cultures et de systèmes juridiques différents.

Figure 1 : La carte politique du Mali

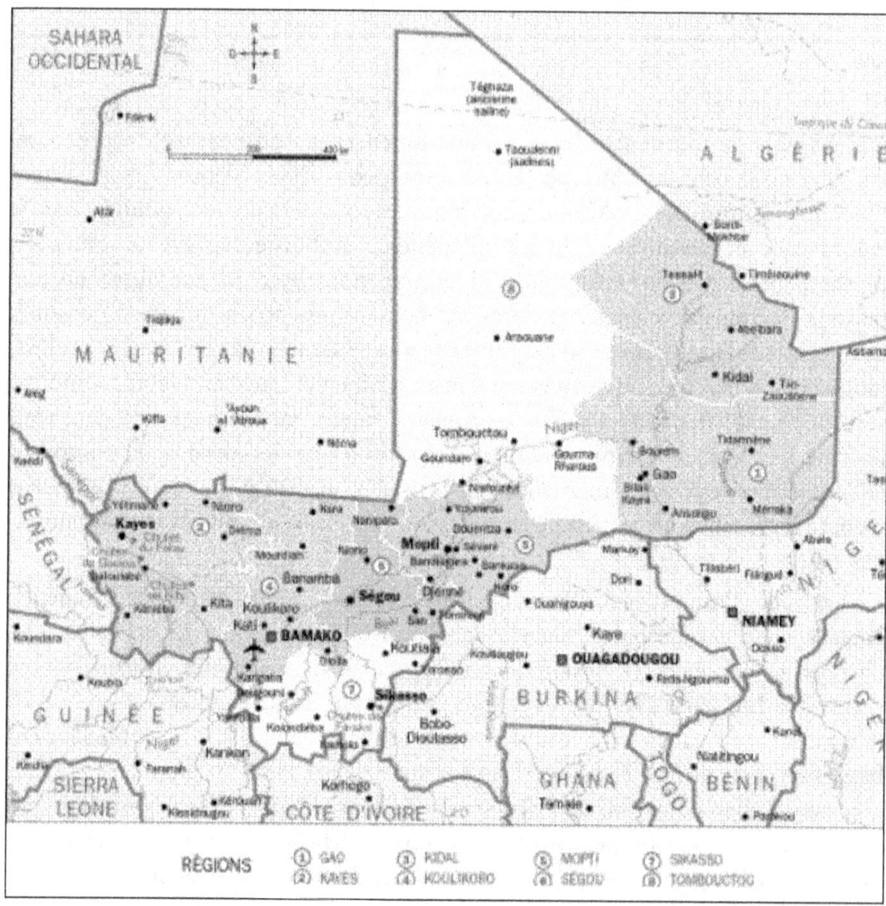

Ce vaste pays, dont les trois quarts du territoire sont désertiques et sahéliens, enferme en son sein des bassins humides, fertiles, et des terres au sous-sol riche en minerai. Il fait l'objet de conflits, violents ou latents, depuis des siècles. Pour étudier l'évolution des systèmes fonciers dans cette région, nous devons entrer dans la peau de l'historien du droit, car c'est lui qui sait se servir de l'histoire pour faire ressortir les éléments juridiques et institutionnels construits par les hommes pendant des siècles. En la matière, beaucoup d'auteurs se sont intéressés à l'histoire générale du Mali (Cissoko 1969) en effleurant les questions foncières, sans pour autant toucher les aspects juridiques. D'autres ont fait des études disparates, mais souvent approfondies, sur le foncier halieutique (Kassibo 1997), sur l'état de la décentralisation au Mali (Beridogo 1997) et la superposition des droits sur les mêmes terres (Barrière 1996). Certains se sont intéressés aux enjeux fonciers récents en Afrique en général, et au Mali en particulier, sans faire toutefois l'étude rétrospective détaillée des systèmes fonciers du bassin cotonnier du Mali.

Ce sont des auteurs comme Pierre Herbart (1939), Amidou Magassa (1978), et Chéibane Coulibaly (1997) qui ont analysé de la manière la plus fouillée la dynamique du foncier et ses enjeux économiques en Afrique en général et à l'Office du Niger (ON) en particulier, sans mettre l'accent non plus sur l'aspect juridique. Cela concerne surtout les deux premiers auteurs, qui ont posé les jalons d'une étude approfondie du foncier au Mali. Les travaux de Coulibaly reprennent la démarche entreprise par eux et l'appliquent de façon systématique à l'ensemble de l'histoire de l'Office du Niger (ON). L'objectif est selon lui de vérifier si les paysans doivent seulement être perçus comme « les vaincus » de la lutte pour le contrôle de leur production. Il trouve hâtives les conclusions de la plupart des chercheurs qui se sont intéressés à l'ON et ont pensé que l'intégration des colons dans l'économie de marché était déjà une réalité et que ces paysans pouvaient se prêter à tous les modèles de développement (Coulibaly 1997:19). Lui non plus, bien qu'il ait parlé de certains textes législatifs maliens et des institutions de l'ON, n'a pas étudié d'une manière systématique l'aspect juridique du foncier. Dans la présente étude, nous n'avons pas la prétention de faire une étude économique exhaustive de l'ON ou de la région de la Compagnie malienne pour le développement des textiles (CMDT) du bassin. En tant qu'historien du droit, notre objet est la description des relations sociojuridiques et institutionnelles de l'ON et de la zone CMDT. Pour réussir à ce projet, nous nous basons sur l'analyse socio-économique de l'ON effectuée par les chercheurs spécialisés. Notre étude constitue donc une contribution à la recherche de meilleures approches pour la gestion des conflits, d'un côté, et pour la prévention des conflits violents, de l'autre.

Figure 2 : Carte du Mali et localisation de l'Office du Niger et de la zone cotonnière

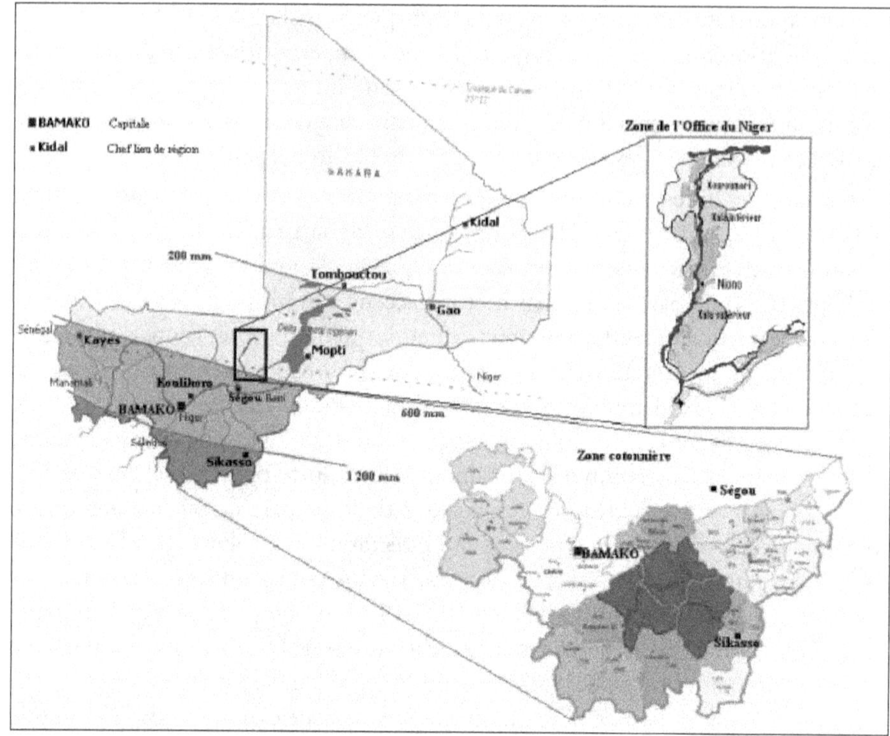

Source : Bélières et al. (2005).

Pour comprendre notre démarche d'analyse des conflits et de leurs origines, l'intelligence de certains concepts et la délimitation de notre thème sont nécessaires.

Évolutionnisme

L'évolutionnisme est un nom masculin du XIXe siècle, dérivé du mot *évolution* (XVIe siècle) qui, en biologie se rapporte à une doctrine selon laquelle les espèces vivantes proviennent les unes des autres par transformations successives. L'évolutionnisme s'oppose au fixisme. Le transformisme de Jean-Baptiste Lamarck (1744-1829), puis de Charles R. Darwin (1809-1882), est le point de départ de l'évolutionnisme[5]. Selon Norbert Rouland (1990), l'évolutionnisme fut :

> La maladie infantile de l'anthropologie. Il a le plus souvent servi à légitimer les entreprises coloniales. En anthropologie juridique, nous pouvons scinder l'évolutionnisme en deux tendances ou vagues : la première est rigide et constitue l'évolutionnisme unilinéaire ; la deuxième, plus souple, constitue le néoévolutionnisme. L'évolutionnisme unilinéaire a dominé l'anthropologie juridique au XIXe siècle. Le néoévolutionnisme, surtout développé en Amérique du Nord, est né au milieu du XXe siècle. (Rouland 1990:14)

D'après Rouland, l'évolutionnisme unilinéaire considère les sociétés humaines comme un ensemble cohérent unitaire soumis à des lois de transformation globales et générales qui « font passer toutes les sociétés par des phases identiques dans leur contenu et leur succession, s'emboîtant les unes dans les autres » (Rouland 1990:15). Selon lui, c'est Franz Boas (1858-1942) qui s'inscrivit en faux contre l'universalisme évolutionniste en avançant que les sociétés sont plus marquées par la diversité que par les similitudes. Les différences entre sociétés traditionnelles et modernes sont telles qu'une théorie commune de leur droit paraît difficile. Partant de considérations différentes, l'école diffusionniste aboutit également à la critique de l'évolutionnisme unilinéaire et dès 1911, des auteurs comme Fritz Graebner (1911) mettent l'accent sur les phénomènes de contact provenant de « l'entrecroisement de grands cercles culturels dont l'aire d'application voit ses limites se modifier » (*ibid.*:18) :

> Les grandes cultures, nées dans un lieu géographique précis, étendent ainsi leur influence au gré de processus au sein desquels l'histoire n'est pas absente, mais qui ne présentent pas la rigidité et la régularité de l'évolutionnisme unilinéaire (ibid.:19).

Quelques années plus tard, Graebner est suivi par des juristes comme Max Schmidt (1918), et surtout Hermann Trimborn (1927). Ces auteurs « s'accordent sur un certain nombre de points : rejet de lois universelles de l'histoire s'appliquant au développement juridique ; accent porté sur la diversité des systèmes juridiques plutôt que sur leur unité ; insistance au niveau méthodologique sur la constitution de monographies rigoureuses plutôt que sur de grandes synthèses » (*ibid.*:18). Vers la fin de la première moitié du XXe siècle, ces critiques ont été prises en compte par des auteurs néoévolutionnistes, comme Leslie Alvin White (1943), qui mettent l'accent sur le concept d'évolution multilinéaire. Ces auteurs pensent qu'il existe bien des régularités dans le changement culturel de sociétés très diverses dans le temps et dans l'espace. Mais selon eux ces régularités « s'inscrivent dans des processus plus souples et plus complexes que ne le croyaient les auteurs unilinéaires. Chaque société évolue à son propre rythme ; elle fait évoluer les divers éléments de son système culturel, dont le droit, à des degrés différents et suivant des rythmes divers » (*ibid.*:20). Toute société n'a pas nécessairement à « traverser tous les stades d'évolution, des intervalles régressifs peuvent être insérés dans la marche vers la complexification. Mais le sens général de l'évolution se place sous le signe de l'accroissement des normes juridiques et des procédures contentieuses de règlement des conflits, sans que les sociétés de droit minimal puissent être qualifiées pour autant d'inférieures aux autres » (*ibid.*:20).

Nous prendrons appui sur les théories néoévolutionnistes dont nous venons d'aborder très brièvement les débats, ainsi que sur le fonctionnalisme qui, avec Malinowski (1884-1942) postule que les évolutionnistes se trompent sur la notion de cause :

> La cause de l'état présent d'une société ne réside pas dans son stade de développement antérieur, mais dans l'agencement interne des différents éléments qui constituent son système social et qui accomplissent différentes sortes de fonctions répondant à la satisfaction de besoins qui sont fondamentalement les mêmes dans toute société[6]. *(ibid.:*19)

Les systèmes fonciers

C'est également en prenant appui sur d'autres auteurs de l'anthropologie juridique traitant du pluralisme juridique et discutant de l'analyse processuelle, que nous allons essayer d'étudier la dynamique des systèmes fonciers au Mali en général et dans le bassin cotonnier du fleuve Niger en particulier, en ayant comme objectif l'étude comparative entre les systèmes fonciers de l'Office du Niger et de la zone CMDT.

Le système

Le système, en Grec, « *Sustèma* » signifie ensemble. Ce mot provient du verbe « *Synistanai* » qui veut dire combiner, établir, rassembler (*Le Petit Larousse 2005*). Du point de vue de l'histoire des sciences, un système est une construction théorique que forme l'esprit sur un sujet (par exemple, une idée expliquant un phénomène physique et représentée par un modèle mathématique). Pour mieux comprendre l'approche systémique, l'Association française des sciences des systèmes cybernétiques, cognitifs et techniques (AFSCET) a donné une explication simple et claire qui revisite l'origine de la notion[7]. Dans notre étude, nous retiendrons que le système est un ensemble d'éléments en interaction dynamique, organisé en fonction d'un but qui évolue dans le temps. Cette définition nous conduit vers l'« approche systémique », qui est un modèle de représentation de la réalité trouvant ses sources dans la pensée scientifique et dans les théories de la communication (Bertalanffy 1973 ; 2002). L'approche systémique constitue, selon l'AFSCET :

> Une nouvelle discipline[8] qui regroupe les démarches théoriques, pratiques et méthodologiques, relatives à l'étude de ce qui est reconnu comme trop complexe pour pouvoir être abordé de façon réductionniste, et qui pose des problèmes de frontières, de relations internes et externes, de structure, de lois ou de propriétés émergentes caractérisant le système comme tel, ou des problèmes de mode d'observation, de représentation, de modélisation ou de simulation d'une totalité complexe. (AFSCET sur le Web, février 2009 : www.afscet.asso.fr/systemiqueApproch.pdf)

L'approche systémique est importante pour notre étude car elle nous permet de faire une analyse intégrée des questions foncières. L'étude du foncier est de nature pluridisciplinaire, donc complexe. Cette étude impose la prise en compte de tous les éléments qui y sont liés. La définition du foncier n'est pas chose facile car, dans la littérature, plusieurs définitions coexistent.

Le foncier

Le foncier, nom masculin, désigne la propriété foncière et tout ce qui s'y rapporte. Adjectif, ce mot est relatif à un fonds de terre, à sa propriété, à son exploitation et à son imposition. Le foncier est parfois défini comme le rapport social lié aux représentations d'espaces qui le fondent. Le foncier est constitué (selon la définition par le contenu et les fonctions) à la fois par la terre et les ressources naturelles qui y sont directement attachées : pâturages, eaux, végétation, et par l'ensemble des relations élaborées entre individus et groupes pour l'appropriation et l'utilisation de ces ressources. Ces relations englobent des règles ou principes de maîtrise, d'appropriation et d'usage de la terre, ainsi que les contextes institutionnels et relationnels qui déterminent la mise en œuvre pratique de ces principes. On devrait donc parler de « fonciers » : parce qu'il existe dans cette optique un foncier agricole, un foncier pastoral, un foncier forestier, un foncier pour l'habitat, un foncier halieutique etc. Nous retiendrons que le droit foncier est « l'ensemble des règles par lesquelles la partition de cet espace intervient selon des modalités conditionnées par le rapport social » (Ghislaine 2003:25). Partant de là, nous pouvons dire que le régime foncier est un rapport de nature légale ou coutumière existant entre des particuliers ou des groupes et portant sur la terre et les ressources naturelles associées à celle-ci (eau, arbres, ressources minérales, faune et flore, etc.). Il régit la façon dont les droits de propriété foncière doivent être répartis au sein d'une société. Le système foncier détermine qui peut utiliser quelles ressources pendant combien de temps et sous quelles conditions.

Le pluralisme juridique

Poser le problème du droit foncier consiste à déterminer les liens existant entre la terre et une ou plusieurs personnes afin de savoir qui peut prétendre à un certain droit sur le sol, et selon quelles modalités (Rochegude 1976). Pour Lorenzo Cotula (2006) citant Hodgson (2004), les droits fonciers constituent l'épine dorsale de tout système foncier, c'est-à-dire le système de règles, de droits, d'institutions et de processus qui régit la façon dont les terres sont détenues, gérées, utilisées et transférées. Les droits fonciers comprennent les droits de propriété et d'autres droits de détention et d'usage (bail, usufruit, servitudes, droits de pacage, etc.), qui peuvent coexister sur la même parcelle de terre. Les droits fonciers peuvent être détenus par des particuliers ou des groupes (propriété privée, par exemple) ou par l'État (propriété domaniale, « trusteeship », etc.). Ils peuvent être basés sur la législation nationale, sur le droit coutumier ou sur une combinaison des deux. Dans la majeure partie de l'Afrique rurale, les systèmes fonciers coutumier et statutaire cohabitent sur le même territoire, ce qui donne souvent lieu à des droits qui se chevauchent, des règles contradictoires et des autorités rivales – nous reviendrons plus loin, section II.3 sur ce pluralisme juridique (Cotula 2006:10).

Depuis près d'un demi-siècle, divers auteurs parmi lesquels Michel Alliot (1979), Étienne Le Roy (1972 ; 1998), Norbert Rouland (1988), Gerti Hesseling et Étienne Le Roy (1990), Philippe Lavigne Delville (2000 ; 1998 et 1999) ont entrepris des recherches sur le droit mixte et le pluralisme juridique en Afrique. La théorie du pluralisme juridique s'est fait connaître à travers trois auteurs : Léopold J. Pospisil (1956 ; 1971), John Griffiths (1986) et Sally Falk Moore (1973). Vers le milieu du XXe siècle, parmi les théories sur le pluralisme juridique, celle de Pospisil attira particulièrement l'attention. Cet auteur postulait que toute société était constituée d'un ensemble de sous-groupes hiérarchiquement ordonnés, chaque sous-groupe possédant son propre système juridique. L'originalité de sa thèse se situe dans la notion de « niveau juridique », qui exprime la nature hiérarchique de sa vision de la société. Pour lui, un niveau juridique est formé par la somme des systèmes juridiques des sous-groupes de même type et possédant le même degré d'intégration (Rouland 1988:69).

Cette théorie démontre que l'individu appartient à plusieurs niveaux à la fois et qu'il doit par conséquent obéir à plusieurs systèmes juridiques. Le droit étatique conserve une prééminence hiérarchique, étant au sommet de la pyramide, mais qualitativement, il ne se distingue pas des autres niveaux.

La deuxième théorie est celle de Sally Falk Moore (1973) appelée théorie des champs sociaux semi-autonomes. Cette théorie, tout comme celle de Pospisil, s'applique aussi bien aux sociétés traditionnelles qu'aux modernes (*ibid.*:70). Falk Moore substitue au concept habituel de « sous-groupe » celui de « champ social » qui peut ou non se confondre avec un sous-groupe (*loc. cit.*). Un champ social est l'espace dans lequel un sous-groupe ou plusieurs sous-groupes sont en relation les uns avec les autres. Chaque champ social produit des normes sanctionnées par la contrainte ou l'incitation (*loc. cit.*). Ces champs sociaux sont en général semi-autonomes ; d'une part, ils subissent la pression d'autres champs sociaux, parmi lesquels peut, ou non, prendre place l'espace occupé par le droit étatique[9] ; d'autre part, ils conservent toujours une marge d'autonomie : « même au sein de l'armée et dans les prisons, il y a des foyers d'autonomie des règles et modèles de comportement par rapport aux normes édictées par les autorités militaires ou carcérales » (loc. cit.). Ainsi l'État ou ses institutions peuvent-ils instituer en loi étatique des règles propres à un champ social (le droit canonique devant être repris par les ordonnances royales pour être applicable en France) ; à l'inverse, un champ social peut faire d'une loi étatique sa coutume s'il l'intègre pleinement dans son propre espace au lieu de lui résister (*ibid.*:70-71). Dans ce système, le droit étatique n'est plus dominant puisque l'ordonnancement des champs sociaux est horizontal plus que vertical ; d'autre part, le vide habituel entre le législateur et l'individu est rempli par les règles issues des champs sociaux semi-autonomes distincts de l'État.

La troisième théorie est celle de J. Griffiths (1986) qui constitue une hypercritique des deux premières (*ibid.*:71). Pour Griffiths, il existe deux types de pluralisme dont le second seul est authentique : celui autorisé par l'État et celui qui échappe à son contrôle. Par nature unitaire, l'État est opposé au pluralisme ; pour le combattre, il peut adopter deux attitudes. Soit tenter de l'éliminer totalement (par exemple en faisant rédiger les coutumes orales). Soit, et c'est l'attitude la plus fréquente, en reconnaître certaines manifestations : ce sont les statuts spécifiques octroyés aux minorités ethniques, aux églises, aux colonies, etc. Il ne s'agit là que d'un « pseudo-pluralisme » car l'unité n'est pas synonyme d'uniformité et l'État reste maître du jeu : c'est lui qui fixe le partage entre lui-même et les entités auxquelles il octroie une autonomie (*ibid.*:71-72). Il n'y a véritablement pluralisme que lorsque l'État ne peut pas exercer de contrôle sur certains domaines de la vie juridique (pour prendre un exemple, en France, dans certaines familles d'immigrés musulmans, la répudiation de la femme se fait en violation de l'ordre public), car pour Griffiths, le droit n'a absolument pas besoin de l'État pour exister puisque « le droit est l'autorégulation d'un champ social semi-autonome[10] ».

À travers la description de ces trois théories, nous pouvons supposer que celle de Griffiths constitue l'aboutissement extrême du pluralisme juridique. La question que l'on peut se poser en ce qui concerne le Mali est : comment le droit malien, de nature mixte, s'intègre-t-il dans ces courants théoriques ?

Selon Norbert Rouland (1988 ; 1990), le pluralisme juridique est un courant doctrinal insistant sur le fait qu'à la pluralité des groupes sociaux correspondent des systèmes juridiques multiples, agencés suivant des rapports de collaboration, coexistence, compétition ou négation ; l'individu est un acteur du pluralisme juridique dans la mesure où il se détermine en fonction de ses appartenances multiples à ces réseaux. Sur le plan méthodologique, les diverses théories du pluralisme juridique insistent sur la nécessité de rechercher les manifestations du droit ailleurs que dans les domaines où les situe la théorie classique du droit. Dans cette étude, nous restons dans le cadre de la définition du pluralisme juridique de Rouland pour faire une étude sociojuridique et anthropologique du pays bamanan.

Les conflits

Le mot français « conflit » vient du mot Latin *conflictus.* « Conflit » veut dire « choc », « heurt ». Le « conflit », d'après *Le Petit Larousse* est une « opposition de sentiments, d'opinion entre des personnes ou des groupes ». En malinké[11], le terme « conflit » signifie *Kèlè* et peut vouloir dire aussi bien « bagarre » que « guerre ». Ce qui revient à la définition du *Petit Larousse.* La frontière entre « tension » et « conflit » est souvent difficile à cerner car une situation tendue n'aboutit pas forcément à un conflit comme aussi un conflit n'aboutit pas forcément au désaccord violent ou à une situation tendue. Le conflit peut donner naissance à une situation tendue tout comme la tension peut aboutir à un conflit (violent ou non). Le conflit, étant une contradiction entre deux ou plusieurs personnes (groupe de personnes), est inévitable et inhérent à l'humain. Il peut se produire au sein d'une famille, au sein d'une communauté, entre deux ou plusieurs communautés, entre deux ou plusieurs pays (Coser 1956). Il n'atteint pas forcément le stade de la violence. Le conflit est susceptible de survenir n'importe où et n'importe quand ; il ne peut être prévenu et peut même déboucher sur une conséquence positive. Il peut donc être la cause d'un progrès social. Les conflits s'inscrivent dans le fonctionnement normal de la société (c'est ce que le Malinké illustre par « *a li gni ni nain bè kèlè* » : en français, « même les dents et la langue entrent en conflit ») : même s'ils peuvent aussi bien être vus comme la marque d'une insuffisante intégration qu'être posés comme résultant d'un certain degré d'intégration, et leur issue regardée comme symptôme de l'accroissement des divisions sociales ou d'une intégration accrue (Coser 1965 ; Simmel 1908) ; même si l'on peut considérer leur résultat comme étant soit un préalable à la négociation et au compromis, soit alternatif (Coleman 1988). Les sources des conflits sont diverses, peuvent s'enchevêtrer les unes dans les autres et peuvent être meurtrières. Les litiges qui nous intéressent ici sont ceux qui ont lieu autour du foncier et de la gestion des ressources naturelles dans les milieux ruraux du bassin cotonnier du Mali (Camara 2008:1).

Les mécanismes de gestion et de prévention

La gestion, du latin *gestio, gestionis,* de *gerere,* c'est-à-dire accomplir, faire, est l'action ou la manière de gérer, d'administrer, de diriger ou d'organiser quelque chose (Larousse 2005). La gestion du conflit consiste donc non seulement dans la prévention de son aggravation, mais aussi dans sa résolution, sa cessation. Pour l'anthropologie juridique, si le conflit est inévitable, il peut néanmoins être géré de manière à éviter ou prévenir son aggravation. Quand le conflit atteint le stade de la violence où l'on fait usage des armes, il devient meurtrier et l'on parle d'aggravation ou d'escalade du conflit. À ce stade, quand il n'est pas maîtrisé, au lieu d'une famille, il peut embraser toute une communauté, tout un pays voire toute une sous-région.

Quant aux « mécanismes », au sens étymologique, ils constituent une « combinaison d'organes ou de pièces disposés de façon à obtenir un résultat déterminé… » (Larousse *op. cit.*). Dans cette étude, quand nous parlons de « mécanismes de gestion et de prévention des conflits », nous entendons désigner une combinaison d'organes ou de pièces, disposés depuis le IXe siècle, qui préviennent l'escalade des conflits ou les résolvent dans le bassin cotonnier du Mali sud. Ces mécanismes ne seraient au Mali que l'ensemble des instruments juridiques étatiques et traditionnels ou locaux (droits coutumiers) par lesquels des communautés, des associations et des organisations non gouvernementales contribuent à la gestion et à la prévention des conflits violents. Notre thème « Évolution des systèmes fonciers au Mali – cas du bassin cotonnier de Mali-Sud :

Office du Niger et Zones CMDT » propose, à travers une approche diachronique et pluridisciplinaire (juridique, politique, sociologique et anthropologique), une analyse des mécanismes de prévention et de gestion des conflits dans le Mali-Sud depuis le IXe siècle. Il est important de souligner que la zone ON et les régions CMDT sont essentiellement peuplées de Bamanan sédentaires, des autres communautés mandingues et Peuls pasteurs.

Le choix du cadre de la recherche dans le temps et dans l'espace

L'histoire du Mali est longue et riche en événements qui ont profondément influencé les valeurs sociales des populations. Le Mali fut un carrefour de peuples et de cultures qui remontent à l'Antiquité. Mais ce sont les grands empires et royaumes précoloniaux et la pénétration occidentale qui ont le plus influencé l'histoire du droit au Mali. Les grands empires, du Ghana à Songhaï en passant par l'empire du Mali, s'étendaient des côtes de la Gambie aux confins du Sahara et du Sahel vers le Tchad. Pour mieux cadrer notre étude, nous avons fait notre choix en fonction d'une période donnée de l'histoire du Mali et selon un espace géographique déterminé. Ce choix spatial et temporel nous permet de comprendre l'évolution du système foncier au Mali.

Le choix dans le temps

La région du bassin cotonnier du Mali se trouve au centre de la domination des différents empires soudanais et a engendré des enjeux stratégiques fonciers et commerciaux entre le monde arabe et la côte Atlantique depuis le IXe siècle (Durand 1978). Après la décadence de l'empire Songhaï de Gao au XVIe siècle, l'espace fut d'abord dominé par le Royaume bambara de Ségou puis par des royaumes peuls et toucouleurs. Nous avons choisi la période des royaumes bambara, peuls et toucouleurs qui commence au XVIIe siècle et s'étend sur la fin du XVIIIe et presque tout au long du XIXe siècle. Certes les périodes antérieures, du Ghana (IXe siècle) au Songhaï, ont connu l'influence de la culture arabe et de la Charia (Droit coranique) mais leur influence n'était pas grande puisque la religion était essentiellement pratiquée dans les Cours royales. Le Droit musulman ne s'était pas encore établi comme l'une des composantes juridiques intégrales des habitants de cette région. Il fallut attendre les conquêtes peules et toucouleurs pour voir les règles juridiques islamiques utilisées non seulement dans la résolution des conflits en général mais surtout dans la gestion de l'espace-ressource. En effet, c'est à partir des conquêtes de Cheick Amadou que le foncier fut organisé selon les règles de la Dîna et des pratiques traditionnelles, dans le Delta du Niger et toutes les régions qui étaient sous son influence dans la première moitié du XIXe siècle[12]. C'est alors, à partir de la deuxième moitié du XIXe siècle, qu'un nouveau bouleversement venant de l'extérieur arriva dans cette région du Soudan occidental. C'est la période des conquêtes coloniales françaises, des résistances et de la pénétration de nouvelles valeurs culturelles et juridiques au Soudan. Après plus de soixante ans[13] de domination coloniale, le Soudan français[14] accède à son indépendance en 1960. Ainsi commence le développement politique et juridique du nouvel État baptisé « République du Mali ». Le nouvel État-nation indépendant a adopté et continué à appliquer les textes juridiques coloniaux jusque dans les années 1980 ; en 1986 un nouveau code domanial et foncier fut adopté et modifié en 2000. Tout comme les autres pays francophones de l'Afrique de l'Ouest, tel le Burkina Faso qui, pour la période 1995-2005, a opté pour une stratégie de développement à moyen et long terme afin de réduire la pauvreté et d'améliorer les conditions de vie en milieu rural (Ghislaine 2003), le Mali a déclenché un processus de décentralisation en 1992 en promulguant des lois qui sont entrées en vigueur mais dont certaines sont difficilement applicables sur le terrain. Une nouvelle Loi d'orientation agricole (LOA) est adoptée plus tard en 2006 par l'Assemblée nationale. Cette loi prévoit l'édiction de décrets et de lois d'application qui sont en cours d'élaboration. Pour notre étude, les périodes qui se sont succédé depuis le IXe siècle nous semblent être les plus appropriées pour comprendre les systèmes fonciers et leur articulation par les différents acteurs.

Le choix de l'espace

Le bassin cotonnier du Mali Sud s'étend sur toute la région Bamanan, du Delta intérieur du Niger au nord jusqu'au Kènèdougou (actuelle région de Sikasso) au sud, vers la frontière ivoirienne, en passant par le Bendougou, au nord-est de Ségou et Yorosso, au sud-est de Sikasso. Au sud-ouest, cette région est limitée par les cercles de Yanfolila et de Bougouni ; et enfin, elle est limitée au nord-ouest par Kita jusqu'au Bèlèdougou, en passant par Bamako et Koulikoro. Quand nous employons l'expression « bassin cotonnier de Mali sud », c'est en partant d'un point de vue géographique et historique car le coton était cultivé dans le bassin du fleuve Niger antérieurement à l'avènement de l'Office du Niger en 1925 ; plus tard, comme nous le verrons, l'objectif premier de la création de l'Office du Niger sera la culture moderne du coton ; enfin, de nos jours, les régions exploitées par la Compagnie malienne pour le développement du textile (CMDT) sont considérées comme le « bassin cotonnier » de Mali par un grand nombre de chercheurs. Mais pour nous, le bassin cotonnier inclut la boucle du Niger (régions inondées ou exondées) et les zones actuelles exploitées par la CMDT.

Les zones qui nous intéressent dans le bassin sont la région de l'Office du Niger dans le Delta intérieur (mort) du fleuve Niger, dans le cercle de Niono aux abords du barrage de Markala, le cercle de Massina et les zones cotonnières de San et de Koutiala. Dans le bassin cotonnier plus au sud, nous avons choisi le cercle de Bla dans la zone CMDT de San et les cercles de Koutiala et Yorosso dans la zone CMDT de Koutiala[15]. Traditionnellement, ces régions sont de culture Manding dominée tantôt par des pratiques traditionnelles animistes bambaras, tantôt par des traditions islamiques héritées de l'ancien Royaume peul du Macina et de la conquête toucouleur. Cette région du sud du Mali, humide et fertile, a été pendant des siècles le théâtre de conflits sanglants, de migration et de conquêtes qui ont marqué de leur empreinte les relations socio-économiques et le comportement des populations. Plusieurs cultures et traditions s'y sont rencontrées, se sont mélangées ou se côtoient depuis des générations. Le statut juridique de cette région du Mali a changé à l'issue de chaque conflit ou conquête. De la fin du XVIIIe siècle à nos jours, ont eu lieu les bouleversements socio-économiques et juridiques qui nous intéressent ; car les conquêtes toucouleurs et peules et les razzias des royaumes bambara ont contribué à la consolidation de systèmes fonciers locaux.

Vers la fin du XIXe siècle, les Français ont conquis tout le Soudan, en incluant le bassin du fleuve Niger et le bassin cotonnier du Sud. À cause probablement de la complexité de la gestion du foncier dans le Delta intérieur du Niger, les Français n'ont pas jugé nécessaire de changer les modes juridiques de gestion coutumière de l'espace-ressource[16]. L'Office du Niger est l'un des premiers complexes agro-industriels aménagés du pays à assurer la couverture des besoins alimentaire de la population et la gestion des espaces y est moderne et faite par l'État depuis 1932, année de la création de l'Office du Niger.

À partir du barrage de Markala, sur le fleuve, les eaux sont conduites par des canaux adducteurs dans deux marigots. Il y a des années, ces marigots endigués étaient supposés permettre de retenir suffisamment d'eau avec une potentialité en terres irrigables de 960 000 hectares. Les aménagements couvraient une superficie de 55 000 ha dont 45 000 exploités en riziculture. Ces 45 000 hectares étaient répartis entre 150 villages totalisant 114 000 habitants dont 72 300 travailleurs actifs (hommes et femmes âgés de 15 à 55 ans). Aujourd'hui, avec de nouveaux ouvrages prévus, selon les nouvelles estimations, le potentiel irrigable dans la zone Office du Niger atteint deux millions (2 000 000) d'hectares, mais pour l'heure la superficie aménagée, fort modeste, serait d'environ cent un mille (101 000) hectares[17]. Par ailleurs, le cheptel bovin est estimé à plus de 25 000 bœufs de labour et plus de 50 000 animaux d'élevage. Dans la gestion de ces ressources et des interactions entre les différents acteurs, les conflits sur l'utilisation des périmètres irrigués sont récurrents et plusieurs modes de gestion de ces conflits sont utilisés.

Quant à la zone CMDT de Koutiala, la création en 1974 de la CMDT a favorisé dans cette région la culture attelée qui, utilisée à son tour extensivement et intensivement, a provoqué la dégradation des sols et la raréfaction des terres, aggravée par les migrations de l'intérieur nord du pays depuis les années 1970. Tous ces phénomènes sont sources de conflits complexes dont nous analyserons les formes et les manifestations, et aussi les modes de gestion.

Le choix de la zone Office du Niger et de la région CMDT de Koutiala se justifie par le fait que la première est une zone irriguée et la deuxième une zone cotonnière où la culture se fait sous pluie. Les statuts juridiques de ces deux régions et leurs modes de production sont différents. Une étude comparée de ces deux régions est intéressante car l'aménagement des périmètres irrigués de Niono et l'utilisation de la culture attelée dans les zones cotonnières de Koutiala ont des effets différents aussi bien sur l'environnement que sur les rapports des populations à la terre. Nous ferons donc, dans les pages suivantes, une analyse de l'introduction des différents systèmes de droit et des conflits qu'ils ont engendrés dans les deux régions tout en étudiant les modes de prévention et de gestion de ces conflits.

La construction du barrage de Markala et la création des zones CMDT par l'État produisent forcément des conflits entre logiques, dans lesquels le droit étatique issu de la colonisation et les principes juridiques traditionnels (droit coutumier et droit islamique) se concurrencent, le plus souvent sans parvenir à résoudre les problèmes fonciers. Cette région est particulièrement appropriée à notre étude car c'est une zone au sein de laquelle la dynamique paysanne des changements depuis le XVIIIe siècle et les politiques étatiques sont extrêmement diverses. Par ailleurs, la région de Koutiala fait office depuis l'Antiquité de zone tampon entre les zones forestières et les régions sahéliennes à cause de sa position stratégique, de son climat, et aussi parce qu'elle constitue une zone de passage dans la transhumance des troupeaux peuls venant du nord du pays.

L'intérêt du sujet

L'intérêt de notre thème réside en premier lieu dans le fait que la région étudiée est la première zone cotonnière du Mali, zone de transition vers la Côte-d'Ivoire, le Burkina et le Mali. C'est en outre une région concernée par l'espace irrigué du Fleuve Niger (Ségou) et l'aire cotonnière (Régions de Koulikoro et de Sikasso). Plusieurs communautés s'y côtoient depuis des siècles et ont construit des mécanismes juridiques pour gérer l'espace-ressource et les conflits qui en procèdent. Enfin, depuis le début des années 1980, le gouvernement malien a entamé une série de réformes juridiques dans la gestion du foncier rural, qui peut être considérée comme une nouvelle stratégie visant à concilier la logique endogène de gestion des conflits et, malgré ses imperfections visibles, la logique étatique héritée de la France. Étudier l'histoire des systèmes fonciers de cette région depuis le XVIIIe siècle nous met par conséquent en situation de comprendre les dynamiques endogènes foncières des différentes périodes de l'évolution des systèmes fonciers au Mali et d'appréhender la nouvelle tendance qui entend trouver les voies et moyens pour résoudre les problèmes de développement et de sécurisation foncière auxquels font face les États africains en général et le Mali en Particulier.

La problématique

Pendant des siècles, le mode de production de ces régions a été traditionnel et communautaire. L'activité des communautés de ces régions (Bambara, Peul, Marka, Sénoufo/Minianka) était essentiellement basée sur l'agriculture et l'élevage. L'agriculture n'impliquait pas de dépenses et ne rapportait, en tant que telle, que peu de revenus. La production était destinée essentiellement à la consommation. De ce fait, la plupart des produits ne passaient pas par un marché et ne devenaient donc pas des marchandises. Ces échanges, loin d'être inexistants, tenaient cependant peu de place dans la vie des populations. La production n'était pas orientée vers des débouchés mercantilistes. On ne cherchait pas à vendre pour amasser de l'argent. L'élevage était essentiellement pratiqué par les Peulh.

À travers l'histoire, malgré l'existence d'autres modèles économiques, l'autosuffisance n'a pas disparu et la zone n'a pas dépendu de l'extérieur. Elle produisait la quasi-totalité des biens nécessaires à son maintien et au fonctionnement des institutions sociales et religieuses. Le mode de production reposait sur l'activité des communautés familiales. L'appartenance à celles-ci déterminait l'accès à la terre et à ses produits, ainsi que les obligations de donner, de recevoir ou de coopérer. Les techniques agricoles et les outils accessibles à tous étaient rudimentaires. C'est l'introduction de la culture du coton, l'utilisation de la culture attelée et l'irrigation qui ont favorisé le démantèlement des modes traditionnels d'exploitation des terres et des ressources naturelles (Koné 1983). À cela s'ajoute l'introduction d'une logique antagoniste de gestion des biens par la colonisation.

Au cours de la colonisation, le Barrage de Markala fut construit, mais l'ordre ancien fut relativement épargné par le colonisateur. C'est donc la pratique de la culture de rente du coton, à travers l'installation de l'Office du Niger, l'irrigation dans cette région de Mali Sud et la création de la CMDT, qui a apporté des changements profonds dans ces régions fertiles. D'un côté, à l'Office du Niger, une nouvelle catégorie d'agriculteurs apparaît sous la coupe du droit étatique, et de l'autre, dans les régions cotonnières plus au sud, toujours selon les mêmes principes, les paysans sont transformés en agriculteurs, sous le nom de « petits producteurs marchands » (PPM), à travers l'utilisation des méthodes modernes de culture attelée. Avec l'avènement de la culture de rente et de la culture attelée (la mécanisation de la culture), des paysans de type A (paysans riches), B (paysans moyennement riches) et C (paysans pauvres) apparurent, ce qui démultiplia l'utilisation de cultures agressives et extensives.

En conséquence, les terres s'appauvrirent et elles se firent rares. Par ailleurs, la migration, l'augmentation rapide de la population (la population totale du Mali était estimée à environ 3 519 600 habitants en 1950 ; 6 168 800 en 1975 ; 11 350 800 en 2000 ; elle est projetée à 23 461 400 en 2025 et 41 723 800 en 2050)[18], la sédentarisation des pasteurs et leur demande accrue en terres, l'utilisation de l'élevage de bovins par les agriculteurs et la transhumance, sont autant de facteurs qui exercent une forte pression sur les ressources naturelles, laquelle renforce à son tour les tensions sociales et conduit à la multiplication et à la complication des conflits entre les différents acteurs. Tous ces facteurs entraînent des problèmes de développement, ainsi qu'une instabilité constante dans le Sud Mali.

À côté de ces antagonismes, persistent des conflits entre logique étatique[19] et logique bamanan[20] séculaire. Les textes coloniaux, qui n'ont pas apporté de grands changements dans le mode de vie des paysans, continuent toujours sous d'autres formes à gérer les systèmes fonciers et soulèvent bien des interrogations face à la récurrence des conflits. Comme l'ont si bien dit Kouassigan (1966) et Traoré (1991), dans la logique africaine en général et bamanan malinké en particulier, la terre est l'élément central du lien social car ce ne sont pas les rapports entre individus ou groupes qui constituent les alliances, mais la terre. C'est la terre qui domine l'homme et c'est à partir d'elle qu'on détermine le statut des groupes dans la société. La liberté de l'homme se mesure à sa position statutaire par rapport à la terre et le lien à la terre est un lien total, car il n'y est pas fait de distinction entre le politique, le juridique, l'économique et le social.

Contrairement à la logique bamanan malinké, la logique étatique sépare la structure sociale du lien à la terre. Ce n'est plus donc la terre qui détermine le statut de l'homme, c'est à l'inverse l'homme qui lui donne un sens. Disparaissent la vision sacrale du monde par rapport à la terre et le lien qui existait entre l'homme et la terre, tandis que demeure le seul lien économique.

Dans ce type de lien, il y a une nette autonomie de l'économie par rapport au politique et au social. L'État se fait ainsi, par le bien de ses services compétents, le spécialiste des divisions spatiales, et les terroirs et territoires, qui auparavant étaient homogènes deviennent désormais des micros espaces (Kouassigan 1966 ; Traoré 1991:24).

Quant aux rapports à la terre, le lignage en constitue l'essence, car :

> L'individu acquiert sa personnalité juridique dans le groupe (lignage Kabila), il tient ses droits de son appartenance aux groupes parentaux, résidentiels, aux classes d'âge, aux confréries, aux groupes politiques… L'homme non intégré au groupe ou qui en est expulsé se trouve privé de droits ; le premier devoir de l'étranger est de se soumettre aux autorités du lieu où il vient résider ; s'il désire cultiver une terre et s'installer durablement, il devra solliciter l'accord du chef de lignage ou de village qui contrôle la répartition des terres ; ici il deviendra le sujet du chef politique, là il deviendra le parent adoptif ou par alliance du lignage donateur. L'appartenance au groupe comporte plusieurs degrés : plus forte est l'intégration de l'individu, plus grande est sa personnalité juridique. (Verdier 1971:86)

L'individu en tant que tel n'a donc de signification que dans un groupe ; toute politique et relation avec la terre sont déterminées au niveau de la communauté lignagère. Ce qui signifie, contrairement à la logique de l'État, que le lien à la terre ne peut être seulement économique. Ce qui précède nous montre que la logique étatique des questions foncières est fondamentalement individualiste. Depuis le discours colonialiste jusqu'à celui de l'État indépendant, l'individu est le centre des rapports à la terre, des conceptions et des décisions. Cette logique tend à favoriser l'épanouissement individuel, sans lequel le groupe ne saurait se développer.

Cet individualisme s'oppose à la logique paysanne selon laquelle l'apport du groupe est essentiel dans la création et le maintien du lien entre la société et la terre. Si ce rapport disparaissait, les liens avec la terre n'auraient plus de sens. Pour l'État colonial et indépendant en revanche, le droit sur la terre n'a d'importance qu'avec l'usage qu'on en fait, notamment sa mise en valeur. C'est ainsi que les législations foncières, conçues sur le modèle de la propriété privée et de l'immatriculation, ignorent les principes juridiques des systèmes fonciers locaux et laissent l'essentiel des populations rurales dans une situation de précarité, sinon d'illégalité aux yeux de l'État (Lavigne Delville 1999).

L'objectif de notre étude est d'analyser l'évolution de la contradiction entre logiques étatique et coutumière – le foncier : vers une gestion individualiste des terres ?

Les conflits de logiques et de concepts que nous venons de présenter nous mènent aux questions de recherche suivantes : quel est le régime juridique de la tenure coutumière de la terre dans le bassin du fleuve Niger ? La résistance de la logique coutumière s'est intensifiée après l'indépendance et nous assistons à une certaine ineffectivité des textes législatifs étatiques. Quelle est la manifestation de l'ineffectivité des législations et quel est l'effet des politiques de désengagements de l'État sur l'évolution des institutions foncières ?

La méthodologie

L'étude de l'évolution des systèmes fonciers au Mali est importante pour l'historien du droit que nous sommes car elle permet non seulement de faire l'examen systémique des rapports entre les différents acteurs et les différentes logiques des systèmes de droit à des périodes différentes, mais aussi d'aborder les conséquences de ces interactions. L'utilisation d'une approche diachronique et systémique nous permet d'avoir une vision plus large et plus approfondie du phénomène des conflits liés à l'exploitation de l'espace-ressource au Mali. Pourquoi une approche historique et anthropologique pour aborder notre thème ? Verdier (1971) nous éclaire sur ce point : selon lui, l'« approche anthropologique » consiste principalement à « traiter le droit à la fois comme un phénomène socioculturel spécifique, comme un ensemble articulé avant sa logique propre, et comme un système ayant sa dynamique particulière[21] ».

Comme on le voit, ces orientations d'analyse rejoignent les méthodes de la sociologie et de l'anthropologie juridique. Pour la réussite de notre recherche, nous avons utilisé quatre outils au cours de nos enquêtes de terrain le focus group, le guide d'entretien, l'observation participante et les récits de vie. Nous avons ciblé les autorités politiques locales, les services déconcentrés de l'État, les associations et organisations paysannes, les agents de l'Office du Niger, les individuels paysans, les femmes, les jeunes et les ONG. À côté de la recherche qualitative de terrain, notre démarche a aussi été basée sur la recherche documentaire. Elle a été effectuée à Bamako au Mali et au Sénégal (Dakar et Saint-Louis). Les voyages d'études hors du Mali se sont effectués sur quatre ans. Chaque année, nous effectuons un voyage d'études de trois à quatre mois appelé « Mobilité » à l'Université Gaston Berger de Saint-Louis (UGB) car nous sommes enseignant-chercheur à l'université de Bamako. Les deux premières années ont été consacrées à la recherche et à la collecte documentaire dans les bibliothèques universitaires de l'Université Gaston Berger de Saint-Louis, de l'Institut fondamental d'Afrique noire (IFAN) de Saint-Louis, de l'Université Cheick Anta Diop de Dakar et de l'IFAN de Dakar au sein de la même université. Nous avons aussi exploité la bibliothèque scientifique virtuelle www.jstor.org à laquelle l'UGB de Saint-Louis est connectée pour la collecte de documentation. Les archives de l'Afrique-Occidentale française (AOF) et les Archives nationales du Mali ont été exploitées. Les autres périodes pendant lesquelles nous restions au Mali étaient consacrées à nos tâches d'enseignement à l'Université de Bamako, ainsi qu'à la recherche documentaire dans les différentes bibliothèques du pays et aux sorties de terrain pour la collecte des données.

Nos sorties de terrain ont été effectuées entre 2007 et 2008 : notre première sortie a été exécutée du 15 mars au 14 avril 2007 dans le cadre du projet CDP[22] (Consortium pour le développement partenariat) ; la deuxième sortie a été effectuée en deux temps, simultanément du 1er au 15 août 2007, par deux équipes composées de chacune deux chercheurs juniors dont nous-même et de quatre assistants enquêteurs répartis entre les deux équipes à Bla et à Koutiala. Cette sortie de terrain s'est faite dans le cadre d'un programme de l'Institut de recherche et d'application des méthodes de développement (IRAM). La troisième sortie a été effectuée à Niono entre le 15 et le 22 février 2008 par nous-même ; la dernière sortie a été effectuée simultanément en deux temps par deux assistants enquêteurs à Massina et M'Pèssoba entre le 28 septembre et 27 octobre 2008. En tout, la recherche qualitative de terrain s'est étendue hors de la ville de Bamako pendant 90 jours. Dans la ville de Bamako, nous avons aussi interviewé des personnes-ressources sur le plan académique et sur le plan historique. La tradition orale a été également exploitée.

Les conditions de recherche dans les différents sites (Zone CMDT : Koutiala, Yorosso, Bla, M'Pèssoba, Niono et Massina) n'ont pas été les mêmes. À Massina et Niono, zones inondées et aménagées, les difficultés que nous avons rencontrées étaient liées à la réticence de la majorité des autorités administratives (services déconcentrés de l'État concernés par l'étude) à nous recevoir pour un entretien, et à leur faible motivation à répondre de façon satisfaisante à certaines de nos questions de fond. Nous avons été obligé de demander une autorisation non seulement au Centre national de la recherche scientifique et technique (CNRST) à Bamako, mais aussi à l'Office du Niger à Ségou pour effectuer nos enquêtes. Nos tentatives pour rencontrer le juge de Massina (personne-ressource incontournable pour la consultation du registre au tribunal) ont été vaines... car il était en passation de service avec son successeur. Par ailleurs, le temps d'entretien qui nous était accordé par la plupart de nos interlocuteurs était le plus souvent insuffisant pour discuter en profondeur de certaines questions importantes. Les questions relatives à la gestion foncière dans les zones exondées sont les points insuffisamment traités dans ce rapport. Toutefois, nous avons pu recueillir des informations essentielles touchant aux modes d'accès à la terre en zone aménagée, en zone hors-casier et aussi, en zone exondée. Notre séjour nous a permis de connaître les différentes formes de transaction foncière, les conflits fonciers et leurs modes de résolution dans les deux communes. Dans la zone CMDT (Bla, M'Pèssoba, Koutiala et Yorosso), les principales difficultés auxquelles nous avons été confrontés sont la non-disponibilité immédiate ou le déplacement temporaire de nos cibles enquêtées ; nous avons aussi noté, au départ, la méfiance des services administratifs et judiciaires. Par contre, ici, nous avons pu rencontrer quelques juges et des greffiers (Koutiala, Bla et Yorosso). À côté de ces difficultés, il faut aussi évoquer le problème de déplacement entre les villages. Nous étions souvent obligés de louer sur place des motocyclettes pour nous rendre dans les villages ou hameaux reculés.

À l'égard des difficultés liées au financement de nos études, la première année (2006) a été financée par nous-même ; la deuxième année (2007) (quatre mois) par le Programme de bourse de perfectionnement à la formation de l'agence universitaire de la francophonie (AUF) ; la troisième année (2008) par le Programme de bourse UNESCO/Keizo Obuchi 2008 ; et la quatrième année par le Programme de formation des formateurs du rectorat de l'Université de Bamako (six mois).

Pour aborder l'évolution des systèmes fonciers au Mali, notre étude couvre une période de onze siècles qui va de la fin du IXe siècle (1000) au début du XXIe siècle (2008). La première partie est consacrée à l'étude des systèmes fonciers du Mali précolonial. La connaissance de ces systèmes précoloniaux est importante et nécessaire pour la compréhension de la deuxième partie, qui est consacrée à l'analyse des systèmes fonciers du Mali colonial et postcolonial, car la période précoloniale détermine l'évolution des périodes coloniale et postcoloniale. Ce plan diachronique est adopté afin de mettre en exergue aussi bien l'ordre chronologique des différents changements survenus dans le bassin du fleuve Niger que leurs effets sur les populations de la région.

Notes

1. Recensement général de la population malienne de 2009.
2. Cadre stratégique de lutte contre la pauvreté (CSLP) au Mali – 2002-2006.
3. Dans certaines régions du Mali la conscience d'appartenance de classe est accentuée même si elle n'est pas officielle.
4. Quand nous parlons de « Mali », il s'agit du Mali actuel qui constitue une République indépendante depuis 1960.
5. Source : http://www.patrimoine-de-france.org/mots/mots-acade-30-18131.html
6. D'une part, Malinowski insiste sur la nécessité du terrain, car il rapproche le droit de la réalité : celui-ci ne consiste pas seulement en normes abstraites, mais aussi en phénomènes concrets, saisissables par l'observation directe. D'autre part, sa conception de la société comme système culturel dont toutes les parties sont reliées entre elles le pousse à affirmer la dépendance du droit vis-à-vis d'autres données biologiques ou culturelles (Rouland 1995).
7. Selon l'AFSCET, « la grande aventure intellectuelle de la fin du XXe siècle aura été la découverte de l'extraordinaire complexité du monde qui nous entoure. Complexité du cosmos, des organismes vivants, des sociétés humaines, mais aussi de tous ces systèmes artificiels conçus par les hommes et qui sont, comme l'entreprise, aussi bien de facture technique, organisationnelle, économique et sociale. Le phénomène de la mondialisation des échanges, qu'ils soient commerciaux, financiers ou culturels, ne fait qu'accélérer cette prise de conscience de la complexité et en accentuer les effets. Certes, la complexité a toujours existé même si sa perception est récente. Pendant longtemps, dans leur quête de connaissance et de sagesse, les hommes ont recherché des explications simples et logiques à la luxuriance du monde. Ce fut d'abord le programme de la philosophie puis, à l'âge moderne, celui de la science positive fondée sur la méthode cartésienne et caractérisée par la tentative de réduction de la complexité à ses composants élémentaires. Fabuleuse méthode d'ailleurs, puisqu'elle est à l'origine des grands progrès réalisés par la science au cours des XIXe et XXe siècles. Il se trouve cependant que cette méthode, parfaitement adaptée à l'étude des systèmes stables constitués par un nombre limité d'éléments aux interactions linéaires (c'est-à-dire pouvant être décrites par des lois mathématiques continues et additives) ne convient plus dès lors que l'on considère la complexité organisée telle que rencontrée dans les grands systèmes biologiques, économiques et sociaux. Une autre approche est alors requise, fondée sur de nouvelles représentations de la réalité prenant en compte l'instabilité, l'ouverture, la fluctuation, le chaos, le désordre, le flou, la créativité, la contradiction, l'ambiguïté, le paradoxe. Tous ces aspects qui étaient perçus naguère comme ascientifiques par le positivisme régnant, sont désormais considérés comme autant de préalables pour comprendre la complexité du réel. « Si nous ne changeons pas notre façon de penser, nous ne serons pas capables de résoudre les problèmes que nous créons avec nos modes actuels de pensée » disait Albert Einstein. Or, cette nouvelle manière de penser a un nom : l'approche systémique. »
8. Née aux Etats Unis au début des années cinquante, connue et pratiquée en France depuis les années soixante-dix, l'approche systémique ouvre une voie originale et prometteuse à la recherche et à l'action. La démarche a déjà donné lieu à de nombreuses

applications en biologie, en écologie, en économie, dans les thérapies familiales, le management des entreprises, l'urbanisme, l'aménagement du territoire, etc. Elle repose sur l'appréhension concrète d'un certain nombre de concepts tels que: système, interaction, rétroaction, régulation, organisation, finalité, vision globale, évolution, etc.

9. Un maffioso doit faire attention à ne pas se faire prendre par la police etc.
10. Voir aussi : http://keur.eldoc.ub.rug.nl/FILES/wetenschappers/2/11886/11886.pdf
11. En bambara aussi bien qu'en dioula.
12. Voir Sanankoua Bintou, 1990, *Un empire peul au XIXe siècle – La Diina du Massina*, Paris : Karthala.
13. L'annexion totale du Haut-Niger s'est achevée en 1899 : la pénétration coloniale menée par Faidherbe puis Joseph Gallieni se fait à partir du Sénégal en allant vers l'est. Les Français conquièrent progressivement tout le Haut-Sénégal Niger entre 1876 et 1899 : Saboucіré en 1878 ; Kita en 1881 ; Bamako en 1883 ; Ségou en 1890 ; Nioro en 1891 ; Tombouctou en 1894 ; Sikasso en 1898 et Gao en 1899. Voir Becker C., Mbaye S., et Thioub I. (eds), 1997, *AOF : réalités et héritages – Sociétés ouest-africaines et ordre colonial, 1895-1960*, t. I, Dakar : Direction des Archives du Sénégal ; Delafosse M., 1972, *Haut-Sénégal Niger – L'Histoire*, t. II, Paris : Maisonneuve et Larose ; et Delafosse M., 1972, *Haut-Sénégal Niger – L'Histoire*, t. III, Paris : Maisonneuve et Larose.
14. Il est important de noter que l'annexion totale du Haut-Niger s'est achevée en 1998. Le morcellement du « Soudan Occidental » qui s'étendait du Futa Djalon au Futa Toro et du Futa Toro à l'est au Niger et la région du Volta en passant par Siguiri en Guinée et le nord de la Côte d'Ivoire, a réduit cette région au « Soudan français » (voir carte) qui a changé de statut juridique en 1960 et est devenu la « République du Mali ».
15. La zone CMDT de Koutiala est composée des Cercles de Yorosso et de Koutiala. Récemment, le cercle de Kita à l'ouest du Mali a été érigé en zone CMDT de culture de coton.
16. La terre et tout ce qui se rapporte à la terre comme ressources naturelles.
17. Voir Office du Niger, Rapport provisoire sur la relecture du décret de gérance des terres affectées à l'Office du Niger, 2011.
18. Source : United Nation *World Population Ageing 1950-2050*. Sur le Web : http://www.un.org/esa/population/publications/worldageing19502050/pdf/137mali.pdf
19. La logique de l'État moderne hérité de la colonisation.
20. Le mot s'écrit de plusieurs manières dépendant des auteurs : bamana, bamanan ou bamanan. Nous avons choisi le dernier.
21. Ainsi, selon Verdier, 1. le droit est un ensemble de normes renvoyant à un ensemble de faits et d'actes ; il reflète une culture, il exprime une société ; d'où la nécessité de l'appréhender à la fois sous l'angle philosophique et sociologique ; 2. le droit est un ensemble totalisant plusieurs parties et regroupant divers éléments ; il convient d'en définir la composition et l'articulation ; d'où l'importance de l'étude des catégories, classifications et concepts et la nécessité d'une approche linguistique ; 3. le droit est une réalité vivante ayant sa dynamique et sa temporalité propre. Dans le dialogue du fait et du droit, ce sont tantôt les faits qui se révoltent contre le droit, tantôt le droit

qui se révolte contre les faits ; si le droit tend le plus souvent à privilégier la continuité, il peut aussi susciter le changement: les principes ne sont pas éternels aux yeux du sociologue et, s'ils conservent parfois leur identité formelle, ils ne gardent pas dans la réalité leur apparente immuabilité. D'où la nécessité d'une approche historique des règles et des faits juridiques.

22. Le programme CDP (Consortium pour des partenariats en vue du développement) a démarré en 2006 avec le projet « Contextes locaux de conflit et de construction de la paix » qui constitue le module 5. Les recherches ont été coordonnées par le CODESRIA, le Centre d'études africaines de Leiden aux Pays-Bas et du Centre de recherches sur le savoir local – Point Sud de Bamako (Mali). L'objectif du programme est de faire une analyse critique des conflits violents et des méthodes de construction de la paix en Afrique de l'Ouest. Le point crucial de cette étude « est non seulement d'explorer certains aspects des complexités des sites locaux de conflits, mais aussi de sonder la relation capitale entre les configurations locales et celles qui sont nationales ou internationales ». L'hypothèse du programme est qu'il existe des liens importants entre les différents niveaux de l'organisation socio-économique et politique et l'éclatement des conflits violents ou la prévention de ces conflits en Afrique de l'Ouest.

PREMIÈRE PARTIE

Les systèmes fonciers du Mali précolonial

Introduction

Comme nous l'avons souligné plus haut, les deux régions étudiées dans le bassin du fleuve Niger sont essentiellement habitées par des Bamanan et autres communautés mandingues. Dans cette étude, l'accent est mis sur les systèmes fonciers des sociétés bamanan. Une attention particulière est accordée aussi aux sociétés peules et au pastoralisme. La société mandingue en général et bamanan en particulier est une société fondamentalement agraire. Pour le Bamanan, le droit foncier est basé sur le principe de la première occupation de la terre. Cela veut dire que la première occupation d'une terre vacante constitue le titre juridique. Selon le principe : *res nullius primo occupanti*, l'occupation permet à ceux qui s'établissent pour la première fois sur des terres vacantes de s'opposer à ceux qui y viendront après eux. C'est ainsi que la terre vacante devient le bien de la collectivité qui l'a matériellement appréhendée même si cette appréhension matérielle ne correspond pas à toute l'étendue du territoire et n'est pas effective, car les dimensions du territoire occupé dépassent toujours les besoins immédiats de la collectivité qui s'y établit (Kouassigan 1966).

Bien que ce principe soit en général appliqué, dans certaines régions du bassin du fleuve Niger, le droit de premier occupant a été fréquemment remis en cause par des conquêtes ou par d'autres voies de domination. Le bassin du fleuve Niger est très riche en migration de peuples et a connu beaucoup de guerres d'expansion territoriale. La formation de grands États dont l'apogée se situe aux XIIIe-XVIe siècles a permis à des groupes ethniques mandingues de s'étendre au-delà de leur pays d'origine et de s'imposer à d'autres ethnies moins organisées. C'est le cas des Soninké après la dislocation de l'empire du Ghana par les Almoravides au début du Xe siècle et des bamanan malinké entre le XIIIe et le XVIe siècle. En effet, les Bamanan auraient quitté le Mandé originel pour s'installer dans le Toron et vers l'est, le long du fleuve Niger, dans le bassin jusque dans le Delta intérieur.

Malgré le fait que ces peuples mandingues aient particulièrement essayé de fermer leurs aires de domination territoriale à toute influence étrangère, des peuples venus du Nord du Sahara, plusieurs fois, pendant des siècles, ont conquis une partie de leurs territoires en violant les droits de première occupation. Il faut reconnaître que, le plus souvent, les conquérants, en occupant ces terres, s'intéressaient davantage à la gestion politique et économique qu'à la gestion des terres, qu'ils laissaient aux autochtones gestionnaires coutumiers (Traoré 1991). Les conquérants introduisaient aussi souvent d'autres valeurs de gestion des ressources. C'est ainsi qu'au droit de premier occupant, s'est ajouté parallèlement dans certaines communautés et dans certains cas, le « droit de l'épée » ou « droit de feu » ou encore « droit des armes (à feu) ». Ce sont des droits qui appartiennent au conquérant des lieux conquis ou au clan qui domine d'une manière ou d'une autre.

La gestion des terres chez les Bamanan était d'inspiration religieuse. Le génie était propriétaire de l'espace-ressource dans le pays bamanan (Chapitre I), et l'organisation sociale des communautés était basée sur le principe de la hiérarchisation qui était aussi déterminée par les modes d'occupation du terroir et des activités de la population (Chapitre II).

Dans le système foncier bamanan, la tenure foncière était basée sur trois principes : selon le premier, la terre, en dernier ressort dépend de la communauté et ne peut être aliénée sans son consentement. C'est pourquoi, après le chapitre II, nous analyserons la terre, le terroir et le territoire : les enjeux fonciers et le régime juridique des terres dans le pays bamanan et dans le Delta intérieur du Niger (ch. III). Les tenures coutumières dans le bassin du fleuve Niger (Chapitre IV) sont ensuite basées sur le principe qu'à l'intérieur de la communauté, chaque membre a droit à une étendue correspondant à ses divers besoins : terrain de construction, jardin ou champ sous la gestion d'un « maître de la terre » ; selon le troisième principe, nul ne restera sans terre (Jones 1949 ; Kouassigan. 1966:54) car le souhait de tout premier occupant est l'augmentation de « ses gens », de sa population. Enfin, nous verrons dans le dernier chapitre, les différents conflits précoloniaux et leurs effets sur le mode de tenure foncière dans le bassin du fleuve Niger (Chapitre V).

1

L'espace ressource dans le pays bamanan

> L'animisme est une forme de représentation de la réalité sociale pour des hommes qui considèrent l'être suprême comme trop éloigné de la terre et qui s'adressent à des agents intermédiaires pour l'atteindre (Amadou Hampaté Bah 1972:119).

La question de l'espace foncier nous impose de déterminer les catégories de statuts d'espaces spécialisés dans le pays Bamanan. Comme évoqué plus haut, le mot foncier, dans le droit positif occidental, est synonyme de propriété foncière, d'exploitation foncière. Quant à l'espace-ressource, il s'agit la terre et des ressources naturelles qui s'y rapportent. Depuis quelques décennies, à travers le monde en général et au Mali en particulier, les questions foncières se trouvent au centre des discours relatifs au développement. Comme partout dans les sociétés mandingues et spécifiquement chez les Bamanan, l'espace foncier est constitué de toutes les aires sur lesquelles se manifeste l'activité humaine et qui en font l'objet d'enjeux particuliers (Traoré 1991). Le peuple bamanan vit par excellence sur de vastes territoires fertiles inondés ou exondés. Sur ces vastes territoires, les droits fonciers, correspondent ou sont liés d'un côté aux groupes statutaires dans les zones inondées, et correspondent de l'autre à une logique d'intégration des espaces. Ces espaces se divisent en espace agricole, espace sacré, espace pastoral et espace halieutique. Mais avant d'analyser ces subdivisions du foncier, nous allons d'abord voir ce que signifient « la terre » et l'espace agricole pour le Bamanan.

L'espace foncier

Le Bamanan vivait dans un environnement géographique fertile dans lequel il avait développé un système agraire performant et productif. Le système agraire peut être défini comme l'ensemble des données relatives à la terre et aux techniques culturales sur lesquelles reposent les productions agricoles. D'après cette définition, le système agraire est compris dans l'espace d'où une communauté agricole, définie par des liens de résidence, tire l'essentiel de sa subsistance : le terroir, auquel nous nous attacherons au chapitre III. Au sein du terroir, c'est-à-dire de l'ensemble de l'espace foncier (l'espace des habitations, les terres de culture etc.), c'est l'espace agricole et le culte qui nous intéressent dans cette section.

L'espace agricole : la terre, une propriété des esprits

Comme nous venons de le dire, les Bamanan vivent sur de vastes territoires fertiles dans le bassin du fleuve Niger sur lesquels ils pratiquent essentiellement l'agriculture. Au sein de ce vaste territoire, il y a une zone inondée qui a toujours été l'objet des enjeux fonciers entre Bamanan sédentaires et Peuls pasteurs. Sociologiquement, la société bamanan n'est pas une société à multiples spécialités malgré l'abondance en cours d'eau et en pâture. Ce qui fait que dans les zones exondées, il existe des espaces agricoles fertiles en abondance qui ne constituent pas d'espaces spécialisés selon les techniques. Dans ces régions, s'exerce une logique d'intégration totale des espaces quelle que soit l'utilisation qu'on en fait. Cette confusion des espaces est sûrement due au système politique, surtout au niveau du village, où les maîtrises politique et foncière étaient souvent cumulées, car même si les guerriers annexaient un territoire, un village, et s'y fixaient, en dehors de la gestion rituelle des terres, c'étaient les vrais maîtres des lieux. Ce phénomène est à l'origine de la transformation d'aristocraties guerrières en aristocraties terriennes sur plusieurs territoires mandingues. Cette situation se résout le plus souvent par une fusion entre le pouvoir guerrier et le pouvoir foncier. C'est pourquoi on appelle souvent le *Faama* de *djitigui* maître (propriétaire) des eaux, *dougoutigu*i (chef de village, propriétaire du village), *kèlètigui* (maître de la guerre, chef guerrier), *jamanatigui* (roi, mansa, faama) etc.

C'est ainsi que s'est réalisée la concentration du commandement militaire et politique, et de la maîtrise foncière. Dans cette perspective, on peut dire que la domination des hommes et de la terre s'exerçait par le même aristocrate guerrier. La terre, l'espace a toujours constitué dans le bassin du fleuve Niger, un enjeu fondamental dans les rapports sociaux et dans les rapports avec le pouvoir. Chez les Bamanan, il n'y a pas, à côté de l'agriculture, d'autres activités principales. Cependant il faut noter que dans le pays bamanan, certains groupes sociaux qui étaient agriculteurs au départ se sont spécialisés dans la pêche. C'est le cas des Bozos et des Somonos. De cette manière, alors que la pêche et l'élevage étaient au départ fondus dans l'espace agricole, la pêche s'est détachée progressivement avec la spécialisation d'un groupe Bamanan dans cette activité surtout sur les fleuves et sur les grands lacs. Les mares, au niveau de certains terroirs, étaient gérées par le « maître de mare » *dala tigui* qui était aussi agriculteur, comme tout le monde.

D'un autre côté, l'élevage qui était aussi une activité intégrée à l'agriculture et qui l'est toujours, est devenu une spécialisation avec l'arrivée des Peuls à partir du XIIIe siècle. C'est ainsi que l'on trouve, dans le Delta intérieur, des régions spécialisées, que l'on appelle les Bourgou, réservées aux pâturages des animaux des Peuls, et d'autres régions de culture de sédentaires bamanan. En somme, le pays bamanan constitue une entité complexe dans sa composition et dans sa gestion, car plusieurs peuples s'y sont rencontrés à un moment de l'histoire du Mali et y ont marqué de leurs empreintes la gestion foncière. Dans le pays bamanan du bassin, certaines catégories sociales jouissent de la « maîtrise autonome », autonomie dans la maîtrise communautaire des eaux, à côté de la maîtrise foncière et de la maîtrise de l'élevage des bovins des Peuls. Il faut ajouter que les espaces spécialisés relatifs au pâturage dans le Delta intérieur l'ont été par la force des armes. Ils ont été imposés au fil des ans par les nomades sédentarisés.

Dans les zones exondées où la culture se fait sous pluie, l'espace réservé à l'élevage coïncide avec une part de l'espace agricole car le séjour des animaux dans les champs contribue à enrichir les sols. Le passage des animaux des transhumants des zones inondées est souvent exploité à cet effet car les animaux des villageois à eux seuls ne suffisent pas à enrichir les terres de culture bamanan. C'est d'ailleurs pourquoi entre les agriculteurs et les éleveurs peuls de la boucle du Niger, il y a des conventions qui datent de la Dîna et qui réglementent les périodes de récolte, d'hivernage et de décrue comme la pratique de vaine pâture, qui sert aux éleveurs à faire face à la rareté de l'herbe et permet aux agriculteurs d'avoir du fumier pour la prochaine saison.

La terre propriété des esprits

La société bamanan a ses origines dans le Mandé. C'est une société à fonctions multiples. Chaque groupe statutaire, comme nous le verrons au chapitre II, a une fonction déterminée dans les communautés bamanan. Tous ces groupes statutaires sont liés à une chose commune : la terre, le village *Dugu*. Dans la pensée du Bamanan, le sol, avec tout ce qu'il comporte, est la propriété des esprits. Nul ne peut disposer à son gré de la terre ou prétendre s'installer ou cultiver un terrain libre, sans procéder au préalable à certaines cérémonies.

Selon Monteil (1923), dans la cosmogonie bamanan, les esprits, les génies, les dieux peuvent être répartis en trois classes : les *Mânes* devenus des esprits ; les génies ou dieux du sol, et les génies de toutes sortes confondus sous l'appellation vague et confuse de *Gnana*. Il convient de préciser que les deux premières classes sont aussi appelées *Gnana* :

- Les Mânes devenus des esprits : il n'est pas rare qu'il s'agisse d'esprits errants, vagabonds et d'humeur maligne. C'est pourquoi le *Gnana* s'emploie le plus souvent avec une signification péjorative, négative car, parmi les Mânes, il y en a qui sont susceptibles de se perfectionner dans le mal au point de devenir de vrais esprits du mal, tout comme d'autres deviennent des esprits, sinon parfaitement bons, au moins indifférents.
- Une deuxième classe comprend les génies du lieu, ou Dieux du sol que l'on appelle *Gnanadugu dasiri*. Il n'est aucun lieu habité, cultivé, fréquenté ou au contraire isolé, désert, qui n'ait son génie. Mais seuls certains d'entre eux ont un culte organisé. Ces génies sont généralement les protecteurs des gens qui habitent, cultivent, fréquentent ou visitent les lieux en question, moyennant

qu'ils soient honorés à leur convenance. Souvent, ils révèlent d'eux-mêmes leur présence en entrant directement en relation avec celui qui se présente dans le voisinage de leur demeure et lui indiquent comment ils veulent être honorés pour accorder leur protection. D'autres fois, ils ne sont découverts que par le « voyant » ou *don na ba*. Quoi qu'il en soit, le génie d'un lieu a la pleine possession de ce qui est dans ce lieu et l'homme ne peut tirer quoi que ce soit de ce lieu s'il ne se conforme au pacte intervenu entre le génie et lui : en principe, il n'a qu'un droit de simple jouissance consistant en un usufruit, différent et plus étendu que celui du droit romain.

– Enfin, la troisième classe, selon Monteil, renferme la foule immense de génies de toutes sortes confondus sous l'appellation générale de *Gnana* (Monteil 1923:126).

Dans cette classification, nous pouvons répartir les *Gnana* en deux catégories : celle des vagabonds, les isolés, ceux pour lesquels aucun culte permanent ou précis n'est organisé[1], et l'autre, qui compte des esprits très divers mais tous pourvus d'un culte. Ces cultes constituent des pratiques magiques visant à asservir des esprits à la volonté de l'homme[2]. Dans les pages qui suivent, en paragraphe II, nous allons étudier les *Mânes* ou culte des ancêtres et le culte du *Gnana dugu dasiri* génie protecteur du village, car ces deux cultes, inséparables pour ce qui regarde le foncier traditionnel, constituent un de nos objectifs d'études dans ce chapitre. Mais auparavant, voyons comment, avant de s'établir sur un espace, les Bamanan procèdent à la recherche du *Gnana* des lieux.

La recherche de Gnana dugu dasiri ou génie maître des terres

Avant d'occuper un terrain libre, le Bamanan passait par le biais du *Do ma* ou *Don na ba*, celui qui connaît ou le « savant », pour rechercher le génie *Gnana* auquel appartient le terrain et surtout pour déterminer son gîte. Le gîte du génie peut être une colline, un rocher, une source d'eau, un arbre « extraordinaire » ou un bosquet, une forêt etc., aux environs de l'endroit où l'on veut s'installer. Le *don na ba* informe sur les conditions selon lesquelles le génie permet que l'on s'établisse sur son domaine pour y demeurer et cultiver. L'accomplissement des rituels conseillés par le *don na ba* constitue le contrat qui règle l'exploitation par l'homme du domaine territorial du génie. Le génie gnana devient donc le génie protecteur des occupants de son territoire et devient *Gnana dugu dasir*i ou « génie protecteur du village ». Quiconque a pris part au contrat directement ou par représentation en bénéficie à condition d'en observer scrupuleusement les clauses (Monteil 1923:227).

Dans la plupart des cas, la fondation d'un village exige le concours de plusieurs communautés, chacune représentée par son *Fa*[3], chef de famille, chef de clan. Parmi ces chefs de clans, on en choisit un ou il s'impose aux autres et devient leur représentant ou chef. Ou bien encore, celui qui est devenu le chef a eu autrefois à s'imposer aux autres par sa supériorité, sa force ou ses pouvoirs. Il faut aussi ajouter que le clan le plus nombreux était celui qui s'imposait, car le nombre de bras valides déterminait la richesse et la force des clans et familles. C'est le chef de clan désigné, ou qui s'est imposé d'une manière ou d'une autre, qui traite avec le génie pour toute la collectivité. Il devient ainsi le « grand prêtre du génie » en bamanan, *Gnana son na ba*. Celui qui a pour fonction essentielle de « faire les offrandes » qu'exige le culte. Il administre le domaine terrestre du génie et est appelé à cet effet *Dugu tigui* ou *Dugu kolo tigui* « Maître de la terre » (Monteil 1923:228). La répartition des terres de culture et d'habitation est faite par le clan ou les clans fondateurs du village.

À chaque fois que de nouvelles personnes ou familles étrangères arrivent, leur *diatigui* ou hôte, par le biais du grand prêtre, leur donne une place pour construire et des parcelles de culture à partir des terres du clan de l'hôte. Il faut toutefois remarquer que le *dugu tigui* et le *dugu kolo tigui* ne sont pas les mêmes partout. Cela dépend des villages et de l'histoire, différente d'un village à un autre. *Dugu* veut dire « terre ou village », *dugu kolo* peut aussi bien signifier « sol » ou « terre », que « terrain » ou « parcelle ». On peut être *dugu tigui* mais ne pas être *dugu kolo tigui* car le mot *dugu tigui* désigne la détention du pouvoir politique et la domination. Le *Gnana son na ba* est *dugu tigui* (chef de village) en même temps que *dugu kolo tigui* (propriétaire/administrateur de terre, maître de terre), grand prêtre du génie dans certains villages dont l'appréciation des choses n'a pas changé au cours de l'histoire du village. Par contre, dans d'autres villages, le *dugu tigui* (chef de village) est différent du *dugu kolo tigui* (*gnana son na ba*) parce que le *dugu tigui* (chef de village) s'est imposé d'une manière ou d'une autre (de force ou par consensus) au fondateur du village *dugu kolo tigui* qui, ne détenant plus le pouvoir politique reste toujours le maître de terre, grand prêtre du génie protecteur du village. Dans le pays bamanan, il n'y a donc pas forcément cumul des fonctions de « maître de terre » et de « détenteur du pouvoir politique ». Dans certains villages, il y a cumul mais dans d'autres, les deux rôles sont séparés (Bagayoko 1989).

Le culte

Le culte, du latin *cultus*, est un hommage rendu à Dieu, au génie *Gnana dugu dasiri*. C'est la pratique par laquelle on rend cet hommage (*Larousse 2005*). Il est assuré par le grand prêtre dont l'office est de faire des sacrifices, des offrandes au *Gnana* génie protecteur. C'est pourquoi, comme nous l'avons indiqué plus haut, il est appelé *Gnana sonna ba* (celui qui fait abondamment des offrandes). Il est assisté par le conseil des chefs de clan ou de famille. L'un des chefs de clan le supplée au besoin et il est appelé *Syere* ou celui qui suit (suivant). La charge de grand prêtre est à vie et héréditaire, dans les mêmes conditions que sa *faya* (puissance familiale).

Chez les Bamanan, comme chez tous les Mandingues, la religion et la magie s'appuient également sur la croyance à une révélation permanente que les *Mânes*, les esprits, les dieux font aux hommes au sujet des événements de la vie. Monteil a énoncé les divers moyens dont dispose l'homme bamanan pour connaître la révélation des invisibles : le principal est la divination ou la mantique. La mantique est une science extra-rationnelle car elle fait savoir des choses que l'on n'apprendrait pas par le seul effort du raisonnement ; elle s'applique à l'avenir, tout comme au présent et au passé. La mantique diffère de la magie qui permet à l'homme, par certains procédés, de se subordonner les forces naturelles et extra-naturelles ; c'est une science contemplative qui n'empiète nullement sur la liberté divine et se borne à mettre la pensée divine en rapport avec l'intelligence humaine.

Toujours selon Monteil, en principe, le devin n'est pas lié à un culte déterminé et ne se confond pas avec les prêtres, car il transmet la volonté divine en dehors du sacrifice, fonction du prêtre. Cependant, il arrive aussi que le devin soit l'oracle propre d'une divinité et également, que le même individu cumule les fonctions de devin et de prêtre (Monteil 1923:123), ce qui nous amène à nous poser la question de la distinction entre la religion et la magie dans le pays bamanan. Monteil trouve que rien n'est aussi touffu, incohérent et contradictoire que les coutumes culturelles bamanan. C'est pourquoi nous allons essayer de faire la distinction entre la religion et la magie dans le pays bamanan. Nous avons deux situations : premièrement, le Bamanan honore les *mânes*, les *gnan dugu dasiri* et quelques autres *Gnana* sans prétendre leur imposer sa volonté. Au contraire, il s'efforce même de conformer sa conduite à ce qu'il croit être leurs désirs ; deuxièmement, la majorité des *Gnana* est composée d'esprits séduits par l'homme et asservis à sa volonté ; des rites appropriés permettent de capter une portion de l'énergie universelle de ces *Gnana* pour en user à son gré. Partant de ce constat, nous pouvons dire que le culte des *Mânes* et des *Gnana* indépendants constitue la religion, tandis que l'asservissement des esprits et la capture de l'énergie universelle constituent la magie, qui sous sa forme la plus redoutée, est appelée sorcellerie. La religion et la magie admettent toutes deux l'existence d'un monde invisible en contact de toute part avec ce qui tombe sous nos sens. Mais, tandis que la religion pose en principe la dépendance de l'homme envers cet invisible, la magie estime que tout ce qui existe est au pouvoir de « celui qui sait » (*don na ba*).

Cela est d'autant plus vrai que *N'gala* (Dieu) semble se désintéresser de son oeuvre, ses créatures ne faisant rien pour l'honorer tandis qu'elles ont recours à ces Esprits, ces puissants *Gnana* qui s'empressent à se mêler des affaires humaines. La religion organise pour ces bienveillants *Gnana* un culte afin de s'assurer leur protection. La magie, au contraire, les contraint à exécuter ses volontés. Toutes deux, la religion et la magie, croient fermement à la nature double de l'homme : un corps périssable et une âme qui survit à ce corps. À la mort, l'âme va prendre place dans la famille des *Mânes*, âmes désincarnées comme elle, et de là, continue à s'intéresser aux affaires de ses parents encore dans cette vie terrestre. La religion tient les *Mânes* pour tutélaires et s'efforce d'assurer la continuité de leurs volontés et de leurs désirs. Quant à la magie, elle traite – surtout dans les procédés qui la font qualifier de sorcellerie – avec ces âmes désincarnées, comme les *Gnana*, et vise à les employer à des fins utilitaires.

La religion, par les croyances qui lui servent de base, engendre une certaine morale, tandis que la magie emploie ses connaissances à l'exploitation de l'Univers pour son profit matériel. Dans ces deux institutions traditionnelles, il y a des initiés. Mais alors que dans la magie, les plus forts et les plus fameux tendent à s'enfermer dans l'isolement pour garder jalousement le secret de leurs pratiques et vivent à l'écart des sociétés humaines qui les redoutent et les honorent tout à la fois, la religion, quant à elle, étale ses cultes, sinon d'une manière absolument publique, dans le cercle de ses fidèles qui le plus souvent n'ignorent rien des cérémonies du culte, et de ses grands prêtres qui constituent par ailleurs les maîtres les plus vénérés de la société (Monteil 1923:140).

La religion a son plus solide appui dans la famille naturelle et les communautés qui en dérivent. La magie licite a copié ces organismes sous la forme de confréries appelées « sociétés secrètes », sortes de familles spirituelles où l'on n'accède que par degré à la connaissance des mystères[4]. Les modes de cultes et de divination sont innombrables et, après avoir fait la différence entre la religion et la magie, nous nous bornerons, dans les sections qui suivent, à étudier le culte du *Gnanadugu dasiri* et celui des ancêtres, qui sont extrêmement liés, surtout quand il s'agit d'un village entier.

Le culte du Gnana dugu dasiri

Les cérémonies du culte du *dugudasiri* sont relativement simples mais peuvent prendre plusieurs jours. Le grand prêtre présente les offrandes au génie tout en lui indiquant pourquoi ces offrandes sont faites. La cola ou le poulet sont utilisés comme offrandes divinatoires. Pour la cola, après avoir séparé les deux parties qui la composent, l'officiant les rapproche en les tenant entre le pouce et l'index, il leur fait toucher la terre en même temps qu'il demande au *Gnana* de faire savoir s'il agrée l'offrande qui lui est faite. Après quoi, il jette la cola, à faible hauteur, contre ou un peu en avant de ce qui est réputé être le siège du *Gnana* : si les deux parties se présentent alors toutes deux tournées vers l'officiant par leurs faces qui étaient en contact, la réponse est favorable. L'officiant reprend les mêmes gestes pour savoir si le *Gnana* accepte que l'offrande soit faite par lui-même : la réponse affirmative résulte de la position alternée, une face contre la terre, l'autre vers l'officiant. En cas de doute ou d'insuccès, l'opération est recommencée jusqu'à trois fois (Monteil 1923:136).

C'est au moment des semailles et des récoltes que ces cérémonies ont lieu. Les cérémonies de ces deux périodes de l'année intéressent spécialement l'exploitation du sol et sont obligatoires. Pour ces fêtes, tous les fidèles doivent, en principe, apporter une contribution proportionnelle à leurs moyens, leurs ressources. Les contributions sont des animaux (bœuf, chien, mouton, cabri, volailles etc.), des céréales et surtout du *Dlo* (*Dolo*), la bière de mil. Ces cérémonies constituent des assemblées générales au niveau du village. Le grand prêtre et les membres du conseil pénètrent seuls dans le bois sacré ou avancent au plus près de la demeure du génie s'il n'y a pas de forêt. Le grand prêtre expose l'objet de la cérémonie au génie, le remercie de sa protection et de ses bienfaits pour le village. Il dit au génie qu'il lui offre les dons apportés par toute la communauté pour qu'il continue de faire prospérer le village. Les animaux sont égorgés et leur sang répandu sur le tronc de l'arbre ou sur le lieu ou l'objet qui représente le gîte du génie. En plus du sang, le jus de noix de cola mâchée et le *dlo* (*Dolo*), bière de mil, sont versés sur le gîte du génie protecteur du village. La viande des animaux sacrifiés est le plus souvent consommée sur place.

À côté de ces cérémonies relatives à l'exploitation du sol, il y en a d'autres qui sont organisées pour demander la protection du village contre les calamités naturelles, les guerres etc. Mais ces dernières sont simplifiées par rapport à celles qui sont liées à la terre. Par ailleurs, chaque personne peut individuellement, à des fins personnelles ou pour toute la famille, faire des offrandes au génie protecteur pour la réalisation d'un voeu ou pour la protection contre des dangers de toutes sortes. Ces offrandes sont faites par le grand prêtre *Gnana sonna ba*. L'individu[5] ou la famille concernée s'engagent parfois à faire ultérieurement un don au génie protecteur si leurs voeux se réalisent. Ces offrandes peuvent se faire à n'importe quel moment de l'année et chacun peut le faire. Le génie *dugu dasiri* est le patron spirituel de la communauté qui l'honore. Les communautaires du terroir sont ses enfants. Le génie et les habitants forment une famille et il y a une fête annuelle pour les morts au cours de laquelle on honore les personnages de marque, en premier lieu, les grands prêtres *gnana sonna ba* défunts.

– Le culte de la terre : les cérémonies religieuses que nous venons de décrire étaient intimement liées à l'agriculture. Au Mali en général, et chez les Bamanan Malinke en particulier, les rites agraires avaient la même importance que les autres facteurs de production. On implorait la bienveillance des esprits pour la réussite des opérations agricoles. Les chercheurs qui ont travaillé sur les sociétés bamanan et maninka[6] ont mis en exergue le rôle « capital » de certaines sociétés d'initiation, telles que le *Komo* et le *Tchiwara*, dans l'agriculture. Il s'agissait donc du « sacrifice à la terre » ou culte de la terre, ou encore de la fête des semailles, que plusieurs auteurs ont considéré comme un culte de purification, de protection, de fécondité et de prospérité. Cet important sacrifice, qui avait lieu après les fêtes annuelles comportait, selon les mêmes auteurs, quatre phases bien précises : la purification de la terre, le sacrifice aux autels, génies et ancêtres protecteurs du village, la danse des mères, le sacrifice au génie protecteur du village le *gnana dugudasiri*.

Parmi les premiers actes, après les sacrifices rituels, on mettait le feu à la brousse quand il s'agissait du début de l'hivernage. Cet acte a été diversement interprété par les agronomes et anthropologues qui se sont penchés sur les agricultures tropicales. Selon Dominique Zahan (1980:33), c'est l'étape qui semble relever directement du travail de la terre, c'est-à-dire de l'agriculture. Or ce point de vue ressortit davantage à une mentalité agricole moderne que traditionnelle. Selon cette dernière, le cycle de la graine commence avec la mise en terre de celle-ci et se termine par la moisson. Il existe, à ce point de vue, une grande différence entre les civilisations dans lesquelles les labours existent et celles qui ne pratiquent pas cette activité (Zahan *op. cit.*).

Ces rites agraires, qui étaient très importants dans la mesure où ils traduisaient les représentations que ces sociétés se faisaient du travail agricole et les perceptions qu'elles en avaient, ont pu avoir une influence sur l'adoption – ou le rejet – de nouveaux concepts de gestion des interactions au sein de la société, ainsi que sur celle d'une nouvelle technique, extérieure à cette culture.

Le culte des ancêtres

Selon Amadou Hampaté Bah (1972), parmi les intermédiaires entre l'Être suprême et les hommes, nous avons quatre éléments fondamentaux de la vie : le feu, l'air, l'eau et la terre. Ces éléments naturels jouent un rôle important dans la vie des hommes. Mais le plus proche et le plus efficace des intermédiaires est constitué par l'ancêtre : l'ancêtre fondateur du village ou l'ancêtre de la tribu. Toujours selon Bah, un lien sacré de sang relie l'ancêtre à sa descendance mâle, tandis que le lien du cordon ombilical et du lait relie celui-ci à sa descendance par les femmes. Le musulman et l'animiste se rejoignent dans la pratique du culte des ancêtres : pour le musulman, c'est le culte des saints et pour l'animiste, c'est le culte des anciens. Tout comme Monteil, Amadou Hampaté Bah l'illustre parfaitement quand il écrit :

> Les anciens, en mourant, deviennent des « esprits tutélaires », à condition que leur postérité ou leur pays aient rendu à leur dépouille les honneurs funéraires traditionnels dus aux morts : cérémonies du 1er, du 3e, du 7e, et du 40e jour après la mort. La mort permet à l'âme de trouver sa fluidité astrale une fois débarrassée de son poids charnel qui la maintenait à fleur de terre. C'est cette pesanteur, cette lourdeur, qui demeure dans le cadavre et qui rend celui-ci impur. Une fois désincarnée, l'âme trouve une base valable d'où elle peut s'envoler à chaque appel pour écarter le danger qui menace l'individu ou la collectivité de sa lignée. (Bah 1972:119)

Les ancêtres continuent donc à faire partie de la communauté des vivants et restent la pierre angulaire de toutes les cérémonies religieuses ou de tous les sacrifices nécessaires à la vie du groupe social. Le culte des ancêtres, dans le pays bamanan, exerce actuellement une fonction sociale importante et participe activement à la régulation des rapports sociaux (Diop 2007). Cette fonction est incarnée dans le monde vivant par le *Fa*, le doyen ou l'aîné, ou encore le prêtre, dans chaque lignée ou famille. Selon Louis-Vincent Thomas et René Luneau, cités par Diop Moustapha, cinq fonctions principales seraient dévolues au culte des ancêtres.

- la première est la réorganisation de l'équilibre des forces spirituelles que la première mort mythique a perturbées, afin d'assurer l'ordre métaphysique et social et de régénérer le groupe.
- la deuxième consiste à assurer la continuité du phylum social en relation avec la filiation clanique.
- la troisième va favoriser la fécondité de la terre en réalisant le rituel des semailles.
- la quatrième veut multiplier les contacts et maintenir la bonne harmonie entre les vivants et la mort, la société visible et la société invisible, et permettre l'unité, la cohésion et la durabilité du village.
- enfin, la cinquième fonction est de satisfaire les besoins matériels, de demander pour soi et sa famille la richesse, la santé et surtout la paix (Diop 2007).

La Faya

D'après tout ce que nous venons de voir, le culte des ancêtres est l'essence même de la famille. La manifestation la plus caractéristique de ce culte est celle des funérailles du chef de famille, du patriarche *Fa*. L'on assiste là à la transformation de l'homme en « dieu-mâne » en un espace de quarante jours. Cet espace est comme une marge où s'élabore, dans le présent, la liaison entre le passé et l'avenir, où s'établit la continuité entre les morts et les vivants par l'intermédiaire du défunt. Coutume religieuse, pratique magique et loi civile, tout se trouve là accumulé (Monteil 1923:163).

L'analyse du culte Bamanan nous conduit à déterminer les différentes catégories d'espaces sur lesquels ont lieu ces activités.

Les espaces spécialisés intégrés et non intégrés

Au Mali, la société pense l'espace dans une optique multidimensionnelle et les rapports de l'homme à la terre trouvent leur signification réelle au niveau de l'exploitation de l'espace-ressource. En effet, le Mali, un pays multiethnique qui a été l'objet d'agression extérieures, s'est diversifié en matière d'utilisation de ses terres. Tout comme au Futa Toro, dans le droit foncier du Delta intérieur du Niger, nous avons des espaces spécialisés intégrés et non intégrés qui correspondent aux groupes statutaires : agriculteurs, éleveurs et pêcheurs, et des espaces non statutaires qui constituent des divisions internes à l'organisation de l'espace dans le pays bamanan (Traoré 1991). Selon Salamana Cissé (1996), dans le Delta du Niger ou dans la boucle du Niger, l'organisation spatiale dépend autant des éléments à organiser (terre, eau, herbe) que de l'objectif visé par cette organisation (système de production).

L'organisation spatiale s'est donc essentiellement traduite par l'organisation de l'exploitation des supports physiques de l'espace à savoir la terre, l'eau et l'herbe. Selon lui :

> La combinaison de deux éléments de ce trinôme, en excluant ou en minimisant l'influence du troisième facteur, détermine et circonscrit un objet de travail autour duquel s'affairent les groupes sociaux. La combinaison de l'eau et de l'herbe détermine ainsi l'objet des activités pastorales, celle de la terre et de l'eau celui des pratiques culturales : l'eau combinée à un de ces éléments, en fonction de son importance, devient un milieu favorable pour la pêche (Cissé 1996).

Ce sont ces divisions écologiques qui font que l'on assiste à une superposition de droits sur le même espace exploité depuis des siècles. L'utilisation de l'espace foncier dans le Delta intérieur est plus complexe que celle des régions exondées du bassin du Niger à cause des périodes de crue et de décrue des zones inondables. Dans les zones exondées, nous assistons aussi à l'intégration des différentes activités.

Les espaces spécialisés et intégrés

Le Delta intérieur ou Delta central du fleuve Niger se divise en Delta mort et Delta inondable. Ces deux zones s'étendent de Markala et Niono à Tombouctou en passant par Massina, Djenné et Mopti. La zone exondée irriguée s étend de Markala, dans la région de Ségou, à Mopti, de Mopti à Nampala, et de Nampala à Markala en passant par Niono ; la zone inondable s'étend entre les villes de Djenné, Mopti et Tombouctou. Plus d'un million de personnes y vivent sur un territoire de plus de 35 000 km^2. Dans les zones inondables, nous parlons d'espace « spécialisés intégrés » car pêcheurs, éleveurs et agriculteurs exploitent tour à tour les eaux et les terres pour la consommation et l'exportation des ressources du Delta. La zone du Delta mort est une zone irriguée. La surface inondée est de 40 000 hectares en inondation maximale et fonctionne encore de manière très naturelle car elle peut être aménagée. La zone irriguée de l'Office du Niger est vaste de 82 000 hectares et est arrosée par le barrage de Markala. Cette région du Mali, comparée aux autres régions exondées, connaît une organisation sociale sophistiquée qui assure le chassé-croisé des uns et des autres en fonction de la hauteur de la crue.

La vie humaine se gère et s'organise à l'intérieur du Delta en fonction des saisons, elles-mêmes déterminées localement par le rythme de la crue annuelle. Selon Marie Laure De Noray (2003), « dans le Delta, l'homme est subordonné à la nature et aux caprices de l'eau. L'eau, par sa présence, son absence et les multiples degrés de son niveau, dicte à la société ses règles de vie, son code du savoir-vivre ensemble ». Le terroir se partage ici selon une répartition qui donne autant d'importance au temps qu'à l'espace (Poncet 2000). Autour d'un même point géographique, alternent périodes de pêche, avec comme exploitants principaux les Bozos ou les Somono (communautés ethno-professionnelles entièrement tournées vers l'exploitation du fleuve et des mares), et périodes de pâturage pendant lesquelles les lieux sont investis par les Peuls, ethnie présente dans toute l'Afrique de l'Ouest, dont la spécialité est l'élevage selon un mode de vie favorisant le nomadisme et la transhumance. À moyen terme, l'espace peut être cultivé par les uns et par les autres, ou encore par les Bamanan, les Soninké (Marka), installés dans des villages exondés.

Pour une meilleure exploitation des ressources en fonction du temps et de l'espace, depuis des centaines d'année, éleveurs et pêcheurs ont confié aux *dugu kolo tigui* (maîtres des terres) ou « dioro » (maître de pâturage en peul) et aux *dji tigui* (maîtres des eaux) *bozo* ou *somono* le soin d'ériger des règles et des arrêtés saisonniers et de les faire respecter, à tour de rôle, au rythme de l'eau. L'objectif visé est d'assurer la paix sociale, l'harmonie entre l'homme et la nature, et la régénération des ressources et des sols. Les règles et les arrêtés permettent entre autres d'éviter les pillages anarchiques des lieux de ponte ou de frayage des poissons, ou de veiller à une répartition équitable des meilleurs pâturages, d'une année sur l'autre (Poncet *op. cit.*). La Dîna, empire peul du Macina (1818-1863), était un État théocratique dont l'empereur était Sékou Ahmadou. Il a imposé une réforme foncière qui domina toute la région du delta intérieur du fleuve Niger de Markala jusqu'à Gao. Les deux faits majeurs qui ont été imposés par la Dîna et ont influencé la gestion du foncier furent d'une part la sédentarisation forcée des nomades pasteurs et pêcheurs, qui se traduisit par la transformation de l'élevage nomade en élevage sédentaire, avec obligatoirement des périodes de transhumance, et de l'autre, la codification du système de gestion foncière. Selon Coulibaly et Diakité :

> Loin d'être une négation totale de l'ordre préétabli, les changements opérés par la Dîna ne furent en fait qu'une codification écrite et réglementée de droits anciens établis sur des espaces de production, des groupes de producteurs et des ressources naturelles. Cette codification reposait essentiellement sur deux types de règles : les règles dites « d'accès libre » et les règles dites « d'accès limité » aux ressources naturelles. (Coulibaly et Diakité 2007:12)

Les règles de libre accès

Elles étaient appliquées aux ressources forestières, foncières, et aux pâturages des zones exondées. Ce qui rendait certaines ressources naturelles de la zone exondée libres de réglementations nouvelles et coutumières locales. Tout le monde y avait accès. Pour des raisons sûrement économiques, la Dîna a interdit la coupe du balanzan. Toute personne qui enfreignait cette règle était punie de mort.

Les règles d'accès limité

Elles portaient uniquement sur les terres agricoles, les pacages et les pêcheries situées dans la zone inondée. À cet effet, le Delta fut divisé en une trentaine de *leyde* (unités territoriales), et chaque *leydi* subdivisé en zones agricoles, agropastorales, pastorales et piscicoles.

Les pâturages

Dans chaque *leydi*, l'application des règles de gestion édictées par la Dîna était confiée à un *Dioro* correspondant généralement à l'homme le plus âgé du lignage fondateur, qui était également investi de l'autorité de gestion sur les pâturages. Le *Dioro*, généralement Peul de statut *Horon* (homme libre, noble), avait sous son autorité les pâturages de plusieurs villages appartenant au même clan. À ce titre, il était plus ou moins assimilable à un patriarche ou un chef de *kafu* (canton). Il était chargé de veiller sur les troupeaux – de contrôler le nombre de troupeaux étrangers admis à suivre ceux du clan dans les pâturages du *leydi* en fonction de leur état et de leur qualité ; de fixer les dates d'entrée et de sortie des animaux desdits pâturages ; de percevoir des redevances sur les troupeaux étrangers autorisés à paître avec ceux du clan.

Les terres de culture

En zone inondée, les terres de culture étaient gérées soit par le Diomsaré ou bras droit du *Dioro* dans les hameaux de culture peuplés de *Rimaïbé* ou esclaves, soit par des communautés Bamanan ou Soninké (Marka) à travers leurs chefs lignagers respectifs. Les *harimas* ou pâturages proches des villages étaient gérés par l'*Amirou*, constitué du chef du village et de son conseil de sage.

Les espaces halieutiques

Ils étaient sous l'autorité du maître des eaux ou *Djitu* qui était généralement de l'ethnie Bozo ou Somono. Après consultation avec les sages, le maître des eaux réglementait l'accès aux pêcheries pendant les saisons sèches et de décrue et coordonnait les pêches collectives. Toutefois, avec le temps et les sécheresses, les maîtres des eaux sont devenus des cultivateurs et même des éleveurs.

Cette forme d'organisation sociale, économique et politique, tendait vers une recherche d'équilibre entre l'homme et la nature, et non vers la recherche sans concession d'agrandissement de son territoire. Ce respect était la condition *sine qua non* de la présence de l'homme dans cette zone où l'eau, la crue du fleuve, décidait de la praticabilité et de l'exploitation des lieux, et la gestion des conflits était une des caractéristiques principales de la vie sociale du Delta, d'où une répartition des pouvoirs à la fois complexe et rigide qu'Olivier Barrière (2002) a appelée une « superposition de droits sur le même espace ».

Cette organisation humaine, comparée à celle des zones exondées de la région CMDT, où la culture se fait sous pluies et qui a une structuration foncière relativement simple, est sophistiquée. Les régions CMDT sont écologiquement stables et sont occupées par des sédentaires. C'est pourquoi le pouvoir colonial, vu la complexité de l'organisation traditionnelle des pouvoirs dans le Delta, n'a apporté que très peu de nouveautés. Les grands changements étant intervenus lors des siècles précédents avec l'arrivée de l'islam, et plus particulièrement à son apogée, sous Cheikh Amadou (Barrière 2002).

La même organisation sociopolitique et économique a influencé les zones exondées du Delta mort de l'Office du Niger, jusqu'à la création de cette institution en 1932, selon le principe que toutes les terres appartiennent à l État. L'aménagement du Delta mort jusqu'à la région de Massina a transformé les rapports à la terre dans cette zone. Certaines populations se sont déplacées, d'autres ont migré de gré ou de force, l'ancienne organisation foncière a disparu pour laisser la place à une gestion moderne des espaces aménagés. Ici, il n'y a pas de *dugu kolo tigui* (chef de terre) ou de *dji tigui* (chef des eaux). L'État, à travers l'Office, est le propriétaire des terres et des eaux.

La situation est différente dans les régions CMDT. Historiquement d'abord : dans les régions CMDT, l'influence de la Dîna ne s'est pas trop fait sentir car il s'agissait d'une zone d'agriculture sous pluies, pratiquée par des sédentaires mandingues Bamanan. La compagnie CMDT ne s'est pas comportée comme l'Office du Niger en s'appropriant des terres. Elle ne s'est pas non plus contentée de promouvoir la culture du coton, elle l'a également industrialisée. Ici se trouvent, pratiquant des activités identiques (agriculture, élevage et pêche), les mêmes peuples que dans le delta.

Jadis, dans ces régions, les sols propres à la culture étaient en grande quantité, les cours d'eau abondants. Mais de nos jours, à cause de la sécheresse et du boom démographique, les terres et l'eau se font rares. Tout comme dans le delta, la maîtrise politique et la maîtrise foncière ne sont pas partout cumulées. La différence est que ces régions, qui s'étendent de Ségou à Sikasso, n'ont que modérément reçu l'influence de la Dîna. C'est pourquoi, depuis des siècles, les conflits liés à la gestion de l'espace-ressource y sont fréquents, souvent meurtriers. Dans des régions comme Yorosso à l'Est de Koutiala, des chartes pastorales ont récemment vu le jour. L'objectif de ces chartes est de réglementer et de délimiter le passage des animaux en transhumance en provenance du Nord et en partance pour le Nord pendant les différentes saisons.

Dans le vaste territoire du bassin, diversifié selon les activités, nous trouvons des espaces intégrés qui conservent toujours une certaine spécificité, fondée non pas sur le statut du groupe qui les utilise, mais sur le sacré et sur les origines plus ou moins mythiques des différents groupes, un espace lointain miniaturisé (Traoré 1991).

Les espaces spécifiques spécialisés non intégrés

Dans le Delta intérieur inondé ou exondé, l'islam a fait son apparition depuis la destruction de l'empire soninké de Wagadou au IXe siècle. Comme partout en Afrique, malgré l'expansion de l'islam dans le pays bamanan, les pratiques traditionnelles ont continué de plus belle. Les Bamanan ont pu adapter l'islam à leurs pratiques ancestrales, de sorte qu'il est souvent difficile de dissocier islam et coutume. Des lieux de cultes traditionnels et islamiques cohabitent dans un même village. Dans cette région du Mali, les familles royales étaient plus ou moins converties à l'islam jusqu'aux conquêtes de Cheick Amadou et d'El Hadj Oumar Tall au XIXe siècle. Le royaume bamanan était dominé par les *Ton djons* qui étaient chasseurs animistes ou féticheurs. Selon un de nos interlocuteurs, les familles royales ne pratiquaient l'islam qu'une fois par an : le jour de la grande fête musulmane *Tabaski* ou *Eid El Kébir* en arabe (Konate, Interview, 10 avril 2008). C'est pourquoi, du Delta intérieur à Sikasso en passant par Ségou, nous avons des espaces spéciaux retirés de la culture céréalière et qui ne font l'objet d'aucune appropriation foncière familiale. Depuis l'installation des différents clans, ces lieux spéciaux ont été consacrés au culte : ce sont les lieux de rituel traditionnel, les cimetières et les mosquées. Ces espaces ont une fonction religieuse qui rattache les hommes à Dieu, d'un côté, et aux mânes des anciens et des Djinns protecteurs du village ou du terroir, de l'autre. Nous en distinguons ainsi trois : l'espace réservé au culte des anciens, les mosquées et les cimetières.

Les espaces sacrés, les espaces de renvoi et les espaces bannis

Tandis que les espaces sacrés sont physiques et constituent des lieux dans les villages ou dans les terroirs, les espaces de renvoi constituent des lieux imaginaires dans l'esprit de ceux qui s'y réfèrent.

Les espaces sacrés

Les espaces sacrés considérés comme des lieux spéciaux de culte : les mosquées, lieux de culte des mânes et du *dugudassiri* et les cimetières.

- Les mosquées (*missiriw*)

Dans chaque village, se trouvent des espaces qui constituent des patrimoines communs du village ou du quartier. Ces terres sont généralement situées au centre des villages et ne sont pas soumises à la gestion du propriétaire terrien. Elles ne sont donc soumises à aucun droit spécial. C'est-à-dire qu'à la différence des terres de culture lignagères où il fallait souvent payer des redevances traditionnelles aux familles détentrices du droit de propriété, les mosquées sont la chose commune de tous. En effet, une fois qu'une parcelle est affectée pour servir de mosquée, elle cesse d'être la propriété de son ancien détenteur pour devenir une chose commune. Les maîtres fonciers, qui se sont d'ailleurs islamisés, se conforment à la règle qui dit que les mosquées l'emportent sur la détention foncière.

Ce principe est similaire ou a la même force que l'article 26 alinéa 1 du code domanial foncier moderne du 22 mars 2000 qui dit que : « Les détenteurs de terrains compris dans le domaine public, qui possèdent ces terrains en vertu d'un titre foncier, ne pourront être dépossédés, si l'intérêt public venait à l'exiger, que moyennant le paiement d'une juste et préalable indemnité. » La différence est que l'expropriation pour la construction d'une mosquée n'est pas sanctionnée par une indemnisation comme dans le droit moderne. Quand Traoré avance, à propos du pays soninké du Gajaaga, que « c'est à cause du caractère communautaire du droit que l'intérêt foncier familial ou villageois recule devant l'intérêt général » (Traoré 1991), il oublie d'ajouter qu'en plus du caractère d'appartenance collective ou de gestion collective des terres villageoises, c'est le sacré lié à la mosquée, considéré comme étant au-dessus de tout, qui fait qu'à la différence du droit moderne, il n'y a aucune indemnisation, du moins chez les hommes – le divin s'occupant de l'indemnisation…

Par ailleurs, malgré l'islamisation des maîtres des terres, dans certaines localités, comme Yorosso, les maîtres de terres continuent à faire des rites ou des sacrifices aux génies protecteurs du village ou de la famille. Ce qui prouve que chez les Mandingues en général et les Bamanan en particulier, malgré l'islamisation, les croyances ancestrales persistent et restent en vigueur dans certaines contrées.

- Espace réservé au culte des mânes, du gnana dugu dassiri ou du génie protecteur du village (*boli son yorow*)

Ce sont des espaces qui se situent dans les familles, à l'intérieur ou en dehors du village. Comme nous l'avons dit, ces espaces peuvent être des forêts, des bosquets, des mares ou même des roches Ces espaces de culte, surtout collectifs, tout comme les mosquées, appartiennent à tout le village ; mais ce sont généralement les maîtres des terres qui sont chargés de les gérer et de diriger les cérémonies, comme l'imam dans la mosquée. Ces lieux existent depuis la création du village car avant toute installation, des alliances avec le génie protecteur étaient célébrées sous peine de grands malheurs pour le village. Ces espaces ne peuvent être donnés pour en faire des champs. Contrairement à la mosquée et au cimetière, l'espace du *gnana dugu dasiri* est immuable, définitivement consacré, et quelle que soit la période ou la fertilité éventuelle du sol, il n'est pas permis d'y pratiquer l'agriculture (Traoré 1991:41). C'est dans ces lieux que le maître des terres entre en communion avec les ancêtres et les *Djinns gnana dugu dassiri* protecteurs du village ou du terroir.

Les sociétés secrètes initiatiques ont aussi leurs espaces sacrés, qui sont souvent confondus dans ceux des maîtres de terre car les maîtres de terres font partie de ces sociétés secrètes, qu'ils dirigent souvent.

• Les cimetières (*kaburulow*)

Les cimetières constituent la troisième catégorie d'espace sacré. C'est le lieu où reposent les morts, et qui unit le monde des vivants au monde invisible. Tout comme chez les Soninkés, du point de vue de l'espace et des droits fonciers, les parcelles réservées aux cimetières dans les villages ne respectent pas les segmentations familiales, encore moins les différentes répartitions foncières (Traoré 1991:38). Aucun droit foncier n'est exercé sur les cimetières, même s'ils se trouvent sur les terres d'une famille lignagère. Tous les morts du village y sont enterrés sans distinction[7] entre les différents statuts sociaux. Les cimetières, en tant qu'espaces sacrés, sont inviolables. Mais à la différence de la mosquée, ils peuvent perdre leur valeur sacrée une fois qu'ils ne servent plus à enterrer les morts. C'est pourquoi, quand les villages grandissent, les anciens cimetières servent de lieux d'habitation aux populations. C'est à ce moment que les droits fonciers qui étaient suspendus du fait de l'utilisation antérieure sont réactivés et que les maîtres de terres retrouvent la plénitude de leurs droits sur les terres du cimetière abandonné.

Les espaces de renvoi

Traoré (1991) a remarquablement développé la signification de l'espace de renvoi qu'il a appelé espace miniaturisé. Selon lui, l'espace de renvoi, bien qu'étant physique, se trouve dans l'imaginaire des peuples mobiles en général et des Mandingues en particulier. Contrairement à l'espace sacré qui est contenu dans l'espace foncier, l'espace de renvoi est un espace de référence historique des clans et des lignages avec lesquels il a perdu tout lien direct depuis des siècles. De ce fait, les liens entre les populations du bassin du fleuve Niger en général et bamanan en particulier et leurs espaces de renvoi ne sont qu'affectifs et justificatifs de leurs origines. L'espace de renvoi ou *bôyôrô* (lieu d'origine) ne se trouve pas matériellement inclus dans l'espace foncier bamanan et ne génère par suite ni droit ni pouvoir sur la terre. Cette référence à la terre d'origine n'est pas un mode de contrôle de la terre mais un moyen de rattachement à un espace perçu à distance. Cet espace, selon Traoré, est miniaturisé et constitue un bagage transporté par les populations lors de leurs migrations, qu'elles gardent dans leur mémoire collective et non dans leur vécu. Il est miniaturisé car ceux qui s'y réfèrent ne peuvent prétendre y retourner et le contrôler. Ce n'est donc qu'un cliché qui permet aux acteurs de ne pas perdre leurs racines lointaines (Traoré 1991:44).

Ce sont les hommes libres qui faisaient le plus souvent référence à leurs terres d'origine, justifiant ainsi leur domination. Les captifs, qui avaient quitté tôt leur pays, n'avaient pas de lieu de référence car au bout de deux générations, les descendants de captifs n'ont qu'une seule référence : la terre de leurs maîtres. Selon Messailloux (1986), on ne disait jamais aux descendants de captifs l'origine de leurs parents, que l'on ne connaissait d'ailleurs pas à cause de l'éloignement des marchés d'esclaves. Un captif de guerre ou un enfant enlevé était généralement vendu dans un marché assez éloigné de son lieu de capture. Par ailleurs, était utilisé tout un processus de dépersonnalisation de l'esclave, qui tendait à annihiler de son esprit toute notion selon laquelle il pourrait appartenir à un autre groupe que celui de son maître.

Malgré tout, les esclaves arrivaient à se créer un espace de référence artificiel, dont ils n'étaient pas sûrs d'être originaires mais qui constituait pour eux le symbole du rattachement nécessaire à une terre. L'élément utilisé est le nom de famille ou patronyme (Messailloux 1986). Le nom patronymique d'origine, que le captif garde dans la plupart des cas, renvoie toujours à un espace contrôlé par une famille portant ce nom. Le captif qui se nomme Coulibaly, par exemple, dans le pays malinké, viendrait de Ségou (ou du Kaarta) ; un Diarra captif de Nioro, du Sahel, viendrait aussi de Ségou, tout comme un Kéïta, de Ségou ou du Nord, aurait pour espace de renvoi le Mandé originel etc.

Relativement aux catégories dirigeantes et à leurs clients, nous parlerons d'espace de renvoi car ils viennent d'horizons divers. C'est ainsi que les Coulibaly viendraient du Mandé au nord de l'actuelle Guinée Conakry[8]. Les Traoré, les Kéïta, les Camara, les Coulibaly, les Diawara, Sacko etc. et tous les autres patronymes du bassin du fleuve Niger, originairement catégories dirigeantes, viennent soit de Wagadou (les Marka/Soninké), soit du Mandé (les Bamanan/Malinké), sauf les Peuls qui viennent d'horizon divers : du Fouta Toro et de l'est ou du nord est du Mali actuel. Avec le déplacement, la mobilité, l'immigration, ces groupes ont perdu tout lien physique et spirituel avec leur espace d'origine.

L'espace agricole du bassin du fleuve Niger dans la boucle du Niger est un territoire vaste et hétérogène où se côtoient, depuis des millénaires, des groupes statutaires différents, spécialisés dans leurs activités et dans leurs rapports avec la terre. Cet espace est l'objet de grands enjeux politiques, économiques et fonciers depuis toujours, et c'est à travers l'analyse de ces enjeux que l'on peut déterminer les différents types de terres et de droits. Ces enjeux fonciers se manifestent sur des territoires et des terroirs que nous analyserons au chapitre III. C'est pourquoi nous abordons dans le paragraphe suivant les terres bannies.

Les terres bannies

Dans le bassin du fleuve Niger, il y a des terres que nous appellerons des terres bannies. Ce sont des terres qui soit ont fait l'objet de convoitises, de conflits et de guerres sanglantes, soit ont été l'objet de calamités naturelles, d'épidémie (onchocercose, varicelle etc.) graves – elles sont donc habitées par des esprits malins. Les protagonistes (dans le cas des guerres) ou les populations (dans le cas des épidémies etc.) se sont mis d'accord pour ne pas les utiliser ou y habiter. Ces terres sont restées pendant des siècles ou des décennies sans appartenance. Il existe des exemples de terres bannies à cause de conflits dans le pays sénoufo/minianka, et pour les terres bannies en raison de calamités naturelles, nous pouvons citer le cas du Delta mort du Niger qui a été irrigué et aménagé par l'Office du Niger. Dans d'autres régions du bassin, subsistent des régions tout entières qui ont été abandonnées par les populations à cause d'épidémie d'onchocercose. Il peut arriver aussi que tout un village soit abandonné pour les mêmes raisons. Ces terres, dans l'imaginaire des paysans, sont possiblement hantées par les mauvais génies, ou bien le *Gnana dugudassiri*, génie protecteur du village, s'y est peut-être énervé à cause de pratiques allant à l'encontre du pacte initialement signé avec les premiers occupants.

Notes

1. Cette catégorie de *gnana* gîte un peu partout : d'aucuns ont une préférence marquée pour le voisinage de l'homme, les carrefours, les bifurcations de sentiers, les abords des puits, les points d'eau. Ils vaquent aussi, invisibles et facétieux, dans les cours des maisons où, la nuit, ils aiment venir rôder autour des poteries de cuisine, dans lesquelles ils disposent des immondices si l'on n'a eu soin de retourner l'orifice de ces ustensiles contre le sol etc. D'autres de ces esprits sans culte pullulent dans la campagne et sont la terreur des voyageurs car ils peuvent emprunter toute sorte de forme à leur gré et se mêler à la vie des hommes sous les apparences les plus diverses.
2. Par ce moyen, l'homme bamanan prétend avoir à sa disposition des forces surnaturelles de même nature que celles dont il redoute l'action envers lui : il puise dans l'invisible des armes pour se défendre et attaquer. Toutefois, ces pratiques ne doivent jamais sortir de certaines limites pour demeurer licite. Sinon, ça devient de la sorcellerie, qui est particulièrement redoutée et qui peut être férocement punie.
3. Ce mot *Fa* veut aussi dire « Maître » ; *N'Fa* veut dire « mon maître ».
4. Alors que la religion des Mânes est le lien le plus fort, qui tient ensemble les membres d'une même communauté et forme l'armature de la société, la magie ne se soucie point de cette union. Elle aide ou provoque sa rupture par la haine qu'elle engendre : par elle, l'individu est de taille à lutter contre la communauté et il n'y manque pas.
5. Par exemple une femme stérile qui veut avoir des enfants ; une personne qui veut être riche ou avoir quelque chose qu'il désire, un bonheur, un mariage etc.
6. Maninka égale Malinké.
7. Récemment, avec la colonisation et la reconversion de certaines populations au christianisme, des cimetières chrétiens sont apparus à travers le pays.
8. Le Mandé originel est aujourd'hui partagé entre le Mali, la Côte d'Ivoire, la Guinée-Conakry, le Sénégal, la Gambie et la Guinée-Bissau.

2

Organisation sociopolitique et économique traditionnelle précoloniale du pays Bamanan et du delta inondé du Niger

L'organisation sociale du pays Bamanan est la manière dont cette société est organisée, structurée, arrangée, combinée pour son bon fonctionnement. Comme nous l'avons dit, la zone étudiée s'étend du Delta intérieur du Niger à Koutiala. Cette région est peuplée par les Bamanan, les Bozo, les Peuls et les Soninké, appelés ici Marka[1]. Ces communautés ont subi pendant des siècles des déplacements et des brassages ethniques. Les Marka et les Bamanan font partie du grand groupe mandingue et ont à peu près les mêmes organisations sociales avec des différences négligeables héritées de contacts permanents avec d'autres cultures. C'est suite à la chute de l'empire du Ghana que les Soninkés, fondateurs de cet empire, se sont dispersés et ont créé des villages devenus ultérieurement des sites importants pour l'histoire du Mali. Ces fondateurs de villages ont très peu exercé le pouvoir politique dans les villages qu'ils ont créés et ont cédé très tôt ce pouvoir politique à des bâtisseurs de royaumes et d'empires (Coulibaly et Diakité 2007).

Par exemple, la ville de Ségou a été créée par un Soninké religieux plus préoccupé de l'enseignement de l'islam que de la défense du village contre les razzias des Maures venus du Nord. Biton Coulibaly, le fondateur du royaume bamanan de Ségou, n'a pris le pouvoir que parce qu'il a su organiser cette défense avec son groupe d'âge (Coulibaly & Diakité 2007). Les Peuls sont des migrants et des conquérants venus principalement du Futa Toro. Ils ont longtemps cohabité avec les peuples mandingues. Il est donc impossible d'étudier les Bamanan/Malinké et Marka de la boucle du Niger dans le Mali Sud sans parler de la population peule et de son organisation sociale et politique – surtout s'agissant de la gestion de leurs territoires et terroirs. À quelques différences près, l'organisation sociale est presque identique chez les Bamanan, les Malinké et les Peuls.

Le mot *Bamanan* serait significatif et plusieurs sens concurrentiels sont avancés. Selon la version la plus répandue, le mot Bamanan voudrait dire « le refus du maître » (*ban maa na* ou *ban mara*) ou « ceux qui ont refusé le maître » Allah (Dieu), ou encore « ceux qui refusent l'asservissement », la religion musulmane et/ou le « maître des hommes » le Mansa (Empereur ou Roi)[2]. Une autre version, le plus souvent avancée par certains griots, nous informe qu'étymologiquement, le mot *Bamanan* voudrait dire « *i ban man* » ou « *i ban ban* ». C'est-à-dire, s'appuyer sur, s'accrocher à, prendre courage, être assidu (au travail de la terre, l'agriculture)[3].

C'est la déformation du mot *Bamanan* par les colonisateurs français qui a donné naissance au mot « Bambara ». Les communautés qu'on appelle Bamanan et qui se reconnaissent comme telles sont composées aujourd'hui de Sénoufo, Minyanka et de Bambara. Ces peuples ont quitté leur pays d'origine, le Mandé[4], au début du XIIIe siècle, bien après la chute du Ghana, pour s'installer dans le Toron, au sud-est de Kankan[5] et au nord-est[6] du Mandé, dans la région de Ségou, pour échapper à la domination malinké (Delafosse 1972). Ce qui confirme leur nom actuel car, à côté du refus d'adhésion à l'islam, ils auraient refusé aussi la dynastie des Kéïta, suite à la grande réunion de *Kurukan Fuka* près de Kaaba[7] en 1235. Partis du Toron, les Bamanan ont progressé dans la direction du Nord-Est où ils ont fondé les royaumes du Kénédougou, Ségou et Kaarta (Monteil 1923). Pour comprendre les systèmes fonciers bamanan et les rapports des hommes à la terre, nous allons analyser dans les sections qui suivent les groupes statutaires et le système de production de la société Bamanan.

Les groupes statutaires traditionnels du pays Bamanan et du Delta inondé

Le statut résume la position conférée par un système juridique à un individu à partir de critères tels que la naissance, le sexe, la profession ou l'origine sociale, et fixant ses droits et ses devoirs vis-à-vis des autres individus et des groupes sociaux qui composent la société (Rouland 1990 ; 1995). Dans la société traditionnelle bamanan, le statut de l'individu ou du groupe détermine le rôle qu'il remplit dans le cadre des relations ou rapports dans la communauté. Ces rapports peuvent être simples ou complexes en fonction de leur nature. La propriété foncière, dans l'entendement des Bamanan, dépend de la place qu'occupe l'individu ou le groupe dans la société. Tout comme dans la société malinké, soninké ou peule, dans la société bamanan, les hommes naissent nobles, libres, esclaves ou serfs. Comme l'a si bien dit Monteil, « tout au sommet de l'édifice social, se dresse une manière de noblesse constituée par le chef du clan, sa famille et les familles claniques ; au-dessous, des gens libres, purs ou castés ; enfin, des esclaves ». Ce qui fait que la société bamanan est structurée autour de deux grandes catégories sociales ou groupes statutaires : les *Horon* ou « hommes libres » et les captifs. Ces différentes catégories connaissent une pénétration réciproque et continue qui les soude entre eux. Les *Horon* se subdivisent en quatre sous-groupes qui sont : les « seize clans porteurs de carquois » ou *ton ta djon tan ni wôrô* (littéralement, les seize esclaves porteurs de carquois) ; les quatre clans princiers ou *mansa bonda naani* ; les cinq clans de marabouts ou *mori duru* (*lolu*) et les quatre groupes de *Nyamakala* ou *N'gara naani*[8]. Les captifs étaient composés d'hommes et de femmes libres capturés à l'occasion des guerres (ou de famine etc.) et réduits à l'esclavage ; les enfants nés dans l'esclavage étaient appelés Wolosso (né à la maison, chez le maître).

Il faut noter que ces groupes statutaires existent aussi bien chez les Peuls que chez les Bamanan ou les Soninké. Ce sont seulement les noms ou la prononciation qui changent. On dira par exemple *Gnamakala* chez les Bamanan malinké et *Gnaxamala* chez les Soninké (Traoré 1991).

Pour comprendre ces différentes catégories sociales et leurs droits, nous considérerons successivement les Horon et les captifs.

L'organisation sociale traditionnelle des Bamanan et des Peuls du Delta

La société mandingue traditionnelle était fondée sur une hiérarchisation harmonieuse. Cette organisation hiérarchisée avait son origine dans la longue histoire qui dérive des royaumes et des empires construits par ces peuples. C'est le fruit de centaines d'années d'interactions des peuples mandingues. Cette société traditionnelle était composée de trois groupes : les *tontigui* (porteur de carquois), les tontan (qui ne portent pas de carquois, des non-guerriers, des clients) et les *djon* (esclaves, captifs). Les *tontigui* et les *tontan* étaient de la classe *horon* (hommes libres), et les *djon* étaient des captifs de différentes catégories.

Les Horon ou « hommes libres »

Selon la thèse de Bathily (1985) touchant les catégories dirigeantes des Soninkés et citée par Traoré (1991), la catégorie dirigeante *Horon* est un ensemble de groupes sociaux qui se distingue par la position éminente qu'ils occupent dans la société. Ces groupes exercent un contrôle collectif sur l'appareil d'État et entretiennent des rapports de domination et d'exploitation avec les autres classes et groupes sociaux. Cette catégorie dirigeante est appelée *Horon*. Le mot *Horon*, selon Tamari (1991), est emprunté à l'arabe *hurr*[9] qui veut dire « libre », « noble », « non-esclave ». Celui qui se suffit à lui-même par son activité et sa position dans la société. Celui qui dispose de moyens propres et suffisants d'existence (Traoré 1991). L'homme libre est celui qui jouit de tous les privilèges de la coutume[10]. Pour comprendre la composition des *horons* et leurs statuts juridiques, nous verrons successivement les familles princières, les porteurs de carquois, les *gnamakala* et les marabouts.

Les familles princières ou « nobles »

À l'origine, dans les régions mandingues en général et chez les Bamanan en particulier, seule une petite catégorie d'« Hommes » libres pouvait en principe prétendre au pouvoir politique, c'étaient des « nobles » : les familles princières. Juridiquement, ces familles constituaient la catégorie dirigeante. Ils cultivaient souvent la terre et participaient aux guerres ou les conduisaient. Cette catégorie minoritaire était constituée de lignages princiers et guerriers qui héritaient du pouvoir politique. Ce groupe statutaire contrôlait non seulement l'appareil d'État et les villageois, mais aussi les terres. Comme dans le Gajaaga (Traoré 1991), les rapports entre les hommes dans le pays bamanan étaient déterminés par les rapports entre les hommes et la terre. Ces lignages se chargeaient de la collecte des taxes symboliques qui étaient payées en nature par les paysans ou par les commerçants.

Du point de vue politique, chez les Bamanan, les catégories dirigeantes étaient composées, selon la période et la circonstance, de Coulibaly, Traoré, Diarra[11] etc. Mais dans le « Mandé primitif », elles étaient essentiellement constituées des clans Kouloubali (l'aîné), Douno ou Soumano ou Danhon ou Somono, Konaté et Kéita (benjamin) (Kouyaté 2006). Tous ces clans princiers et les porteurs de carquois ont dirigé ou dominé, durant une certaine période de l'histoire du pays. À côté des familles princières, il y avait d'autres *horon* alliés qui n'avaient pas le même statut juridique que les familles princières, mais qui constituaient des sous-groupes de catégories dirigeantes. Ce sont les porteurs de carquois, les marabouts et les *gnamakala* (Traoré 1991).

Les porteurs de carquois : les Tondjons ou Sofas

Une autre catégorie de Horon est celle des *Ton Djons*[12], les esclaves de la communauté, qui étaient les guerriers des différentes armées bamanan. Ces *Ton Djons* ont été créés par Biton Kouloubali[13] après qu'il a fait la paix avec le roi du Mandé Mama Maghan vers 1669 et 1670. Après avoir promis à ce dernier de ne pas aller au-delà de Niamina, il songea à accroître sa puissance en asseyant son autorité sur les deux rives du fleuve Niger. Pour atteindre son objectif, il constitua une armée puissante en recrutant des criminels et des esclaves affranchis. Son procédé consistait à payer l'amende de criminels condamnés. S'il s'agissait de criminels condamnés à mort, il les graciait. Au moment où il payait l'amende des criminels ou les graciait, ils devenaient de droit ses esclaves. Quand ses sujets n'arrivaient pas à s'acquitter de leurs impôts, il les libérait de ces dettes à condition qu'ils se constituent esclaves. Quand le contribuable insolvable était trop âgé, il était obligé de mettre un de ses fils à la disposition de Biton. Dans tous les cas, l'homme ainsi privé de liberté individuelle devenait la chose privée de l'empereur et prenait le nom de *Ton Djons*. C'est-à-dire étymologiquement « esclave de l'association », « esclave de la compagnie réglementée », ou encore, « esclave de la loi, captif légal ». Il était immédiatement enrôlé sous les drapeaux pour servir l'État. C'est ainsi que les *Ton Djons* formèrent une sorte de garde impériale dont le souverain était le véritable maître.

Petit à petit le nombre des *Ton Djons* grandit, car de nombreux volontaires demandaient à devenir des *Ton Djons*. Par la suite, une véritable armée permanente se forma. Elle était divisée en plusieurs compagnies qui étaient dirigées par les premiers Ton Djons qui, à leur tour, étaient remplacés par leurs descendants (Delafosse 1972). Cette masse de dépendants associés volontaires ou prises de guerre *Ton Djons* constituait la force militaire semi-permanente chargée d'assurer la domination de Ségou sur les voisins soumis, c'est-à-dire la perception d'un tribut ; ou sur les voisins insoumis, par le biais d'une expédition militaire et du racket de butin de guerre (Bazin 1970).

Les Somono, qui étaient spécialisés dans la navigation, n'étaient pas nombreux. Pour construire une marine redoutable ayant en son sein un véritable corps d'ingénieurs, Biton militarisa les Somono et leur donna une quantité considérable d'esclaves qu'ils devaient diriger et à qui ils devaient apprendre à fabriquer les pirogues et à pêcher. Ces esclaves furent donc traités sur le même pied que les hommes libres. Ces catégories de guerriers devaient, pour faire partie de cette nouvelle vague d'esclaves militaires, payer au préalable une redevance en cauris, constituer un ou plusieurs contingents pour l'armée, construire et entretenir les enceintes des villes fortifiées, faire le service des courriers impériaux et des passages et transport des troupes (Delafosse *op. cit.*). C'est ainsi que les Somono reçurent le monopole de la navigation et de la pêche sur le Niger. Biton leur donna le droit de percevoir pour eux-mêmes des taxes de passage et de transport des particuliers.

Les marabouts[14], les Gnamakala ou N'Gara (talentueux)

Tout comme les *Gnamakala*, les marabouts sont la plupart du temps des étrangers. Dans la société bamanan, l'accueil des étrangers est un mode privilégié d'établissement de rapports de toutes natures entre acteurs sociaux. Comme l'a si bien dit Bagayoko (2004), « le signe de la puissance sociale se mesurera bien moins à l'accumulation des richesses matérielles qu'à celle des hommes et des femmes au sein des clans, des familles, des villages. Hier comme aujourd'hui, on estime que plus on est nombreux, mieux on se porte ». Ce qui nous montre que dans les sociétés mandingues en général et bamanan en particulier, l'hébergement de l'étranger était un enjeu social : plus on a d'hommes et de femmes chez soi, plus on y est respecté, riche ou puissant. Ici, les règles de l'hospitalité peuvent donc dériver du code d'honneur des guerriers, des sofas ou des tondjons.

Selon Bagayoko toujours, la première marque aristocratique du code de l'hospitalité réside dans le fait que seuls les hommes libres de toute dépendance ou servitude avaient (et conservent) la capacité de recevoir des étrangers chez eux ou sur leurs terres. À la différence des Marabouts et des *Gnamakalas*, les esclaves, toutes catégories confondues constituent par définition des étrangers absolus (Bagayoko 2004). Les *Horon* nobles sont les hôtes des marabouts, des *gnamakala* et des esclaves. Les esclaves étant pris soit en guerre, soit en capture ou en rachat etc. Tout le monde ne peut donc être hôte. C'est pourquoi, même aujourd'hui, dans les sociétés bamanan, les relations entre *Dunan* (étranger) et *Diatigui* (hôte) existent toujours.

Les nobles ont jadis fait de l'hospitalité une véritable stratégie d'accumulation d'hommes et de femmes dans leurs foyers (Bagayoko op. cit.) et dans leurs villages, car il est traditionnellement dit que « quand tu crées ton village ou ton hameau, il n'est pas évident que des gens viennent t'y rejoindre ». La venue d'étrangers constituait, pour les créateurs de villages, la manifestation du génie protecteur, donc une chance. Les étrangers participaient par conséquent à la protection du village, soit par leurs connaissances mystiques, soit par leur art des armes. Les marabouts, les *gnamakala* et quelques chefs militaires privilégiés (des étrangers privilégiés), étaient les proches du *Faama* et bénéficiaient de ses largesses.

- Les marabouts

Les marabouts sont les détenteurs de la connaissance du Coran et sont chargés d'être les éducateurs et les maîtres dans l'enseignement de la nouvelle religion qu'est l'islam. Il y a cinq clans maraboutiques : les Cissé, les Bérété, les Touré, les Diané et les Sylla[15]. Il y a plusieurs versions quant à l'origine des marabouts. En tout cas, les marabouts sont apparus dans le bassin du fleuve Niger au contact des Arabes et grâce aux vagues d'islamisation de l'Empire de Wagadou jusqu'au XIXe siècle, avec les dernières guerres de conquête islamiques de Sékou Amadou, de El Hadj Omar Tall et de Almamy Samori Touré. Les différents clans maraboutiques cités n'ont pas tous les mêmes origines : tous les Cissé ne sont pas Peuls descendants du clan de Sékou Amadou, car le nom Cissé serait venu du mot arabe « Cheick » qui veut dire vieux, sage. Il suffisait donc d'avoir une certaine sagesse ou connaissance du Coran et de ses dogmes pour être appelé cheick ou « Cissé » par déformation du mot arabe. L'histoire des Touré est construite de la même manière, mais avec plus de complexité : les Touré seraient à l'origine descendants de Soninké, mais mélangés à des Arabes venus du Maroc (probablement lors des invasions marocaines). Bérété ou Berthé doit avoir le même mode d'élaboration. Diané et Sylla sont le plus souvent connus comme étant des Soninké. En fin de compte, dans le bassin du fleuve Niger, il y a eu pendant des siècles une mobilité sans précédent des peuples, qui a contribué à plusieurs mutations ethniques et claniques. Tous ces clans maraboutiques ne se retrouvent pas seulement dans le bassin cotonnier du fleuve Niger, mais partout à travers l'Afrique occidentale. Les marabouts, à côté de l'enseignement du Coran jouaient aussi souvent le rôle de conseillers des Faama.

• Les Gnamakala

Le mot *Gnamakala* est la combinaison du mot *gnam*a et *kala*. *Gnama* a une signification plurielle : il peut vouloir dire bête, celui qui est bête, qui n'est pas malin ; ordures, détritus, force occulte maléfique, effet néfaste du pouvoir mystique, ou effets issus de la sorcellerie (Ba 1987), ou encore, le peuple. *Kala* est tout aussi polysémique : ce mot peut vouloir dire défiance, limite, immunité, antidote, remède, manche, connaissance. Comme verbe, il peut aussi signifier « confectionner ». *Gnamakala* peut donc désigner avant tout l'antidote de ce qui est bête, mauvais (méchant), à savoir l'effet néfaste de la sorcellerie ou du pouvoir mystique ou encore, selon Broulaye Kouyaté[16], « la manche des *diatigui* » c'est-à-dire « le conseiller de l'hôte », « l'illuminateur, l'éclaireur de l'hôte ou du *kèlètigui* ». Le *gnamakala*, détenteur donc de la connaissance, des pouvoirs mystiques et des pouvoirs de domination, défie tous les interdits (Kouyaté 2006). Ici, nous nous bornerons à utiliser le mot *Gnamakala* dans le sens de la définition que Broulaye Kouyaté a donnée : la manche, l'illuminateur, l'éclaireur et le conseiller du roi, du *mansa, mansa si*, du *faama* ou du *diatigui*. Les Gnamakala sont ainsi non seulement craints, dans les sociétés Mandingues, mais respectés : ils sont les conseillers des *Mansa*, de leurs hôtes, ce sont « ceux qui doivent éclairer le *Mansa* », « construire la société », « restaurer les relations détériorées », en un mot prévenir et gérer les conflits quelle que soit leur nature. Les *Gnamakala* ont aussi la capacité d'encourager le souverain ou n'importe quel homme libre à faire des miracles, la guerre ou la paix. Ce sont eux qui détiennent l'histoire du pays bamanan et de tous les Mandingues. Ils constituent en quelque sorte l'État civil. Ils veillent au respect des traditions et des coutumes (Simaga 2006). Aujourd'hui, selon certains détracteurs, les *Gnamakala* sont les juifs mandingues : éveillés, intelligents et artisans.

– Rôle des Gnamakala dans la société bamanan malinké

Les *Gnamakala* sont apparus au Mandé vers les années 1300 (Tamari 1991). Selon Monteil (1923), les *Gnamakala* seraient des gens déchus. Les *Gnamakala*, qui sont aussi des « *horon* » (hommes libres), seraient des hommes libres ayant détenu à un certain moment de l'histoire du Mali le pouvoir politique, le pouvoir de faire la guerre et celui, mystique, que tout héros de l'histoire du Mali était censé détenir. Mais déchus dans leurs sociétés, ils seraient restés après *Kurukan Fuka* à Kaaba (aujourd'hui Kangaba) dans le Mandé (ou à une époque antérieure[17] selon certains historiens traditionnels détenteurs de la tradition orale), ravalés au deuxième rang dans l'organisation sociale des pays Mandingues. Nés libres, les *Gnamakala* n'avaient pas accès aux charges dynastiques civiles, militaires ou religieuses, sauf dans des cas exceptionnels. Ils se sont donc cognitivement spécialisés dans diverses occupations artistiques ou industrielles, abandonnant toute quête de pouvoir. Certes, Monteil a raison quand il évoque « celui qui, par une conduite jugée indigne, est chassé de sa communauté et perd ses droits à la *faya*, c'est-à-dire la responsabilité de chef de famille dans cette communauté », mais lorsqu'il affirme que « si son indignité se rattache à l'exercice de certains métiers tenus pour avilissant, il tombe dans ce que les Bamanan appellent *Gnamakala*... », il se trompe ; car toute personne chassée, ou qui a quitté de son propre gré la communauté à cause de la honte, ne devient pas pour autant *gnamakala*, à moins qu'il ne le devienne par infraction, parce qu'il se trouve dans un milieu où il n'est pas connu et qu'il aspire à bénéficier des avantages dévolus aux *Gnamakala*. Ce cas est très fréquent avec l'avènement de la colonisation et l'apparition de l'argent et du mode de propriété occidentale. Il faut toutefois noter que d'autres catégories sociales sont devenues des *Gnamakala* par la force des choses (la faim, la sécheresse ou même les guerres) en se déplaçant d'un territoire à un autre, devenant ainsi étrangers dans le territoire où ils se sont rendus. De ce fait, l'autochtone devient leur *diatigui*, c'est-à-dire « celui qui est propriétaire de l'ombre de l'étranger », son protecteur, le protecteur de son ombre. Il est donc l'hôte de l'autochtone. Ceci constituerait l'origine de l'hospitalité, le *diatiguiya* au Mali.

Les vrais *Gnamakala*, considérés comme pouvant défier tous les interdits, sont :

- ***Djéli*** (griot) : ce sont les dépositaires des traditions, des archives. Ils s'attachent aux emplois de maître de la parole, conseiller des rois, artiste et musicien. À leur tête se trouvent les Kouyaté et les Diabaté. Selon Kouyaté (2006), à la longue, les *Djéli* sont devenus une sorte de congrégation à laquelle peuvent adhérer tous ceux qui en respectent les règles. C'est ainsi que de nos jours, se trouvent dans cette classe des Kéïta, des Condés, des Kanté, Doumbia, des Koïta, des Touré, des Diawara, des Camara, des Fofana, etc.
- ***Numun*** (forgeron) : Les *numun* sont les maîtres du fer et du feu. Les *numun* sont divisés en trois groupes spécialisés : les *numun fing* travaillant le fer et ses dérivés pour en faire des outils de toutes sortes. Les femmes *numun fing* font des poteries ; les *siaki* façonnent les métaux précieux, or et argent, pour en faire des parures ; les *kulé* s'occupent du travail du bois pour en faire des objets d'art. De nos jours, l'appellation *kulé* a été travestie, au point que le mot est devenu faussement péjoratif et injurieux sans que rien ne le justifie (Kouyaté 2006). Les *numun* sont essentiellement composés de clans Kanté, Camara, Ballo, Koroma etc. Il faut également noter que les numun cumulent souvent les différentes fonctions ci-dessus citées.
- ***Fissana, Fina*** ou ***Founè*** (griot du prophète de l'islam) : Les *Founè* formeraient une catégorie de *gnamakala* relativement récente. Selon le traditionniste Richard Toé :

> « Les *Founè* auraient été, au temps des grands empires mandingues, des commerçants imports et exports qui étaient subventionnés par les rois ou empereurs. À l'affaiblissement des empires en général, des royaumes en particulier et surtout du Mandé, ou même à leur dislocation, les *Founè* ne jouissant plus des subventions royales seraient tombés dans la décadence, la pauvreté et même

souvent dans le mépris et la crainte de certaines catégories au sein de la société. Après donc l'effondrement du Mandé, les Camara *founè* se seraient reconvertis dans d'autres métiers. Comme exemple, ceux qui se seraient reconvertis à l'islam seraient devenus des érudits et des avocats de l'islam[18]. »

Cette version, même si elle n'est pas en contradiction avec celle de Vasé Camara (Geysbeek 1994)[19] en diffère à cause de la légende qui raconte que les Camara founè seraient des descendants de Fissana[20]. Cela aurait peut-être une relation avec la légende racontée par les griots, qui dit que les Kouyaté seraient descendants de Sourakata, griot du Prophète, à l'image des Keïta qui seraient descendants de *Djon Bilal,* compagnon du Prophète Mahomet. Quant aux *Founè*, ils seraient descendants d'un vieil aveugle qui aurait accueilli le Prophète Mahomet chez lui malgré sa pauvreté. Lequel en retour l'aurait béni, ainsi que sa descendance[21]. Cela serait-il en relation avec la pénétration de l'islam au Mali (ou en Afrique de l'Ouest) ? Toujours selon Richard Toé :

> Les gens du Mandé ont commencé à se convertir à l'islam depuis le IXe siècle, plus précisément depuis 1050[22]. Ce sont les Haïdara qui constitueraient les premiers marabouts et Soundiata est né quand l'islam était déjà dans sa famille. [...] En 734, deux ans avant la défaite de Poitier en France, les Arabes sont arrivés à Wagadou. Leur conquête échoua mais ils la transformèrent en relations commerciales et en islamisation (Interview, Toe Richard : le 5 février 2007).

Les traditionnistes sont le plus souvent discrets sur certaines vérités. Ils pensent que leur dévoilement pourrait être source de discorde ou d'instabilité sociale. Cette croyance se justifie quand on sait que c'est après des dizaines d'années de conflits fratricides et d'anarchie que Soundiata Keïta a instauré une nouvelle organisation sociale à *Kurukan Fuga* pour préserver la paix sociale. En outre, quand nous prenons en compte la période qui se trouve entre le XVe/XVIe siècle et la conquête occidentale, nous découvrons qu'elle a été marquée par l'esclavage, les guerres fratricides et une anarchie qui ne disait pas son nom. De nos jours, les Founè ont des occupations variées mais ils représentent aussi une maîtrise de la parole. Paroliers alternatifs, dépositaires du Tarikh, ils s'établissent, tout comme les griots, hommes de confiance, diplomates, envoyés des chefs, conseillers des rois. Ils ne sont pas musiciens. Ils sont spécialisés dans la médiation et sont essentiellement Camara.

- ***Garangué*** (cordonnier) : Ce sont les maîtres du cuir et du tissage. Les *garangués* forment la classe des cordonniers et les tisserands. Certains parmi eux sont spécialisés dans la fabrication des harnais de cheval et des bourrelets. Ils sont essentiellement Sylla, mais d'autres clans les ont rejoints (Toé loc. cit.).

Les quatre groupes de *gnamakala* cités ci-dessus étaient des groupes de caste[23], composés de gens spécialisés dans la pratique d'arts et d'outils (l'industrie) qui se sont formés à différentes époques et dans des conditions différentes. Ils étaient très redoutés et ne pouvaient être réduits en captivité. Les autres classes leur devaient ménagement, cadeaux et subsistance. Comme l'a si bien dit Amadou Hampaté Bah (1992) au sujet des différentes classes sociales, chaque fonction correspondait à une voie initiatique spécifique. Pour conserver leur pureté, les *gnamakala* constituèrent, à travers l'endogamie et certains interdits sexuels, des ensembles héréditaires fermés auxquelles certains assignent aujourd'hui, certainement à tort ou par ignorance, les qualificatifs « d'intouchabilité » ou « d'infériorité »[24].

À côté de ces quatre grands clans *gnamakala*, nous avons d'autres clans comme les Diogorame[25], Bozo/Somono (pêcheur)[26] etc., qui constituent des classes intermédiaires.

Comme nous l'avons remarqué, depuis les familles princières jusqu'aux *gnamakala*, plusieurs clans se trouvent dans plus d'une classe. Cela s'explique par le fait qu'au fil des ans, des événements particuliers tels que les migrations, les conflits et les famines en ont bouleversé les structures. Tous les clans et classes connaissaient une pénétration réciproque et continue qui les soudait.

– Rôle des *Gnamakala* et *Djéli* (*jéli*) dans la manifestation de la solidarité

Comme nous l'avons dit plus haut, les *Djéli composent une catégorie de gnamakala de la société mandingue qui a une pl*ace toute particulière. Les rôles et les fonctions qui leur sont confiées sont étonnamment multiples. Ils sont les magistrats, les porte-paroles, les ambassadeurs, les éducateurs, les historiens de la famille et de la Nation, les organisateurs, les garants des liens familiaux, etc. La stabilité de la société dépendait en grande partie de leur prestation.

Depuis toujours et aujourd'hui encore, ils sont les artisans bâtisseurs et animateurs de la société civile.

Au plan social, ils interviennent dans tous les actes de la vie :

- **Le mariage** : (*Furu, ni Furunyongonya*) c'est-à-dire le point de départ de la société ; le *Djéli* (griot) est le démarcheur privilégié qui va mettre en relation les familles, les villages, voire les communautés entières, et fonder ainsi les bases de la solidarité. C'est sur cette base que les villages et les villes sont établis.

En même temps qu'ils les construisent, ils sont aussi les garants du bon fonctionnement des institutions de notre société, à commencer par la famille qui est la première institution de l'édifice social.

- **Les baptêmes** : La vie qui vient entre les mains des Hommes. Les *Jelis* replacent cet acte à la fois religieux et civil, dans un contexte traditionnel. Le nouveau-né appartient bel et bien à une lignée qui doit être rappelée au souvenir de tous.
- **Les décès :** La vie qui s'en va d'entre les mains des Hommes. Événement d'une grande importance, le décès est l'occasion de voir se manifester toutes

les solidarités possibles de la part des voisins et amis proches et lointains. Les valeurs traditionnelles comme le Siginyogonya se manifestent alors de façon évidente.

Là encore le *Djéli* trouvera les mots justes afin de faire apprécier les valeurs sociales, les devoirs des uns envers les autres.

Ils sont garants de la stabilisation des rapports sociaux.

Les *gnamakala* ou *To n'tan* : *nyamakala* veut dire « celui qui connaît le *nyama* », autrement dit « celui qui connaît le peuple » (l'élite en réalité). Le peuple est le *gnama (jama ye gnama de ye)*[27]. La société qui a donné naissance aux *nyamakalas* connaissait mieux leur importance que nous, qui en avons hérité. En ces temps, la norme de fonctionnement était qu'il fallait au moins 10 pour cent de *gnamakal*a au service d'une communauté donnée pour assurer un bon fonctionnement des institutions civiles et politiques, les *jelis* font partie de ces 10 pour cent.

Ainsi, les communautés *gnamakala* se mettent au service de la société pour les médiations, les démarches multiples, les conciliations. Ils sont porte-paroles, communicateurs publics et familiaux, ils sont disponibles pour toutes les tâches sociales à risque. Comme Monteil l'a si bien dit, ils ont l'outil redoutable du verbe. Ils sont l'interface entre le pouvoir et le peuple, entre le riche et le pauvre. Ils conseillent les uns et les autres, éduquent et enseignent. Ils interviennent auprès des riches en faveur des pauvres.

Artiste de la parole, la catégorie *gnamakala Djéli* (y compris les femmes) crée des chansons et poèmes à chaque événement important de la vie sociale. Leurs messages sont entendus par le peuple parce que délivrés dans la langue du peuple. Ces messages sont chantés pour éduquer, encourager, avertir, critiquer au besoin et construire la nation. Les tâches, enfin, qui reviennent aux *gnamakala* consistent à prévenir et gérer les conflits et à garantir la paix sociale.

– Al Tamari (1991) : une explication des origines des *gnamakala*

Selon Al Tamari, les sociétés mandingues sont patrilinéaires et pratiquent le système de mariage virilocal. Le plus âgé des enfants est l'héritier de la famille et tout adulte est censé rester à cette place. Sa femme vient d'une autre famille ou d'un autre village. Dans la vie de tous les jours, la position d'un jeune frère est liée de près à celle de son grand frère. Si la famille paternelle n'est pas riche, le jeune frère doit quitter la famille, d'autant que c'est le grand frère qui a préemptivement le droit de succession. Dans la tradition et dans la vie de tous les jours, le jeune frère est destiné à s'engager dans des activités externes comme la guerre ou le commerce. Le plus jeune, quand il était le *Kèlètigui*, gérait l'armée, conduisait les guerres et perpétrait des razzias. Il rendait compte à son aîné, lui faisait des dons ou lui remettait le butin de guerre. L'aîné restait donc dans le royaume pour veiller à la sécurité et au bien-être du pays ; il symbolisait la reproduction de la famille (Tamari 1991). Il était le Mansa et dirigeait la politique du pays. Il décidait des guerres et des traités. Selon Al Tamari, s'agissant du royaume du Mandé et de Sundiata, les descendants de ce dernier se placent dans la position de jeune frère par rapport aux autres dirigeants des *Kafu*[28] du Mandé. La place du jeune frère *Kèlètigui* est prestigieuse à tous les niveaux. La position du plus âgé des frères possède une certaine signification ou englobe une manifestation du pouvoir, mais elle n'était pas comparable[29] à celle du *kèlètigui* qui rayonnait par sa bravoure et ses conquêtes. Le *kèlètigui* aurait-il, à cause de sa position de force détenant l'armée et la fortune, usurpé le pouvoir de son aîné, transformant ainsi ce dernier en « un homme dépendant », chargé de chanter ses louanges et de raconter l'histoire de la lignée princière ? Si nous prenons l'exemple des Soumamo, griots mandingues, le mot *soumano* serait au départ *so manon* en bamanan qui veut dire « faire la maison », « avoir la responsabilité de la famille », « garantir la famille », « perpétuer le sang familial » – d'où, probablement, le nom Djéli qui veut dire, en Bamanan malinké, « le sang ». Tous les griots n'auraient pas la même origine. Les Diabaté seraient des Traoré. Diabaté étant l'aîné et Traoré le cadet, le *kèlètigui* et le chasseur. Il en est de même pour les forgerons Kanté, descendants de Soumaoro, le roi Sosso qui a conquis le Mandé et régné sur ce royaume Malinké pendant sept ans. Quant aux *Fina* (*Founè*) qui ne sont pour l'essentiel que des Camara, ils se seraient convertis précocement à l'islam et se seraient déclarés griots porte-parole de cette religion (Ba 1987) – ceux qui témoignent pour l'islam et ont la responsabilité de garder pérenne la religion musulmane. Ils auraient donc, à cette occasion, été relégués au second plan par les autres Camara *Ton Tigui* (chefs d'association ou porteurs de carquois) et les membres des autres clans de même catégorie du Mandé. Somme toute, il conviendrait de remarquer que ces clans ont dominé à certains moments de l'histoire du Mali à des périodes différentes, et qu'il existe des pactes séculaires entre ces groupes spécialisés du pays mandingue en général et du pays bamanan en particulier.

Au sommet de la hiérarchie *Gnamakala*, nous avions les Griots (Kouyaté), puis les *Kanté* forgerons, ensuite les *Fina* Camara et enfin les *Garanké* et autres. Toutes ces catégories *Gnamakala* se rencontrent dans les villages mandingues en général et Bamanan en particulier, même si leur nombre et leur importance varient. Du point de vue juridique, les *Gnamakala* étaient libres, et de tout temps, ils ont eu les mêmes droits que les « *Horon* catégorie dirigeante » ou familles princières ; mais ils ne participaient pas à l'activité politique.

Selon Sèkènè Modi Cissoko (1969), suite à la disparition des grands empires, l'organisation sociale a reçu un coup dur. Des guerres fratricides, des brigandages, firent que les individus cherchèrent d'abord assistance dans la famille, qui se gonfla démesurément. D'anciens clans se reconstituèrent dans les régions où ils avaient disparu au Moyen-âge[30]. La solidarité familiale était entière, suffisamment forte pour encadrer les hommes et empêcher la désintégration totale de la société. Cependant, selon Cissoko, la famille ne pouvait assurer l'ordre public : elle était elle-même victime de l'insécurité générale et cherchait protection auprès des maîtres du jour, les chefs de guerre. Le guerrier avait donc la primauté dans cette situation globale, généralisée dans le Soudan occidental.

C'est dans ces circonstances que les Royaumes Bamanan de Ségou et de Kaarta virent le jour. Des royaumes où l'aristocratie guerrière *ton djon* dominait la société entière, car elle seule pouvait assurer une protection et une subsistance efficaces (Cissoko 1969:13). Cette nouvelle aristocratie, qui sévissait dans tout le pays bamanan et ailleurs en Afrique occidentale, était issue de la guerre. D'anciens clans princiers des royaumes et des empires de Ghana, du Mali, du Songhaï (comme Wago et Fado du Wagadou ; Kéïta, Camara, Traoré du Mali, et tant d'autres) n'avaient plus le privilège découlant de leur origine. Ils existaient toujours, certes, mais avaient perdu de leur importance suite à la disparition de ces États. Ils n'avaient de considération que lorsqu'ils détenaient encore quelque pouvoir réel. Beaucoup étaient d'ailleurs tombés dans l'esclavage et d'autres étaient devenus des *Gnamakala.* C'est peut-être ce qui expliquerait la thèse de Monteil selon laquelle les *Gnamakala* seraient des « gens déchus ».

Quand les Horon se maintenaient au pouvoir, ils gardaient un grand prestige. C'est le cas des Coulibali Massassi du Royaume de Kaarta, qui regardaient avec dédain la dynastie Diarra de Ségou, de noblesse récente et dont le fondateur N'Golo Diarra (1768-1790) avait été esclave de Biton Coulibali (Cissoko 1969)[31].

Avec le temps, *horon* est devenu le qualificatif des personnes honnêtes, fidèles qui ne manquent jamais à leur parole. Aujourd'hui, le mot *horon*, tout en préservant ses significations premières, veut dire « un homme qui tient à sa parole », qui ne manque jamais à sa parole, qui a un comportement correct, exemplaire, digne.

Depuis le XVIIIe siècle, les sociétés bamanan ont connu des changements qui ont bouleversé leurs structures sociales et leurs modes de production. Depuis l'abolition de l'esclavage vers la fin du XIXe siècle et au début du XXe siècle, les esclaves n'existent plus à Ségou, ni ailleurs dans le pays bamanan. Malgré la modernisation et l'occidentalisation, l'ancienne structure sociale, tout en n'étant plus fonctionnelle comme au temps des grands royaumes, subsiste tant bien que mal dans l'esprit et dans la vie de chaque jour du Bamanan. Même si les anciennes « familles princières » n'existent plus en tant que telles ou n'ont plus le même prestige et le même pouvoir, les *Horon* (hommes libres) *djatigi* (hôtes) et les *Gnamakala* (hommes libres) « clients » (étrangers) continuent d'exister. Ce phénomène est visible lors des mariages, des baptêmes et autres cérémonies.

Les *Gnamakala*, qui ont toujours préservé les anciennes relations avec leurs « hôtes » d'antan continuent de fréquenter ces « hôtes », soit en guise de reconnaissance, soit parce qu'ils veulent bénéficier matériellement des anciens *djatigi*, nantis ou non. Par ailleurs, depuis l'abolition de l'esclavage, des *horons* et des *gnamakala* se sont « fabriqués », en ce sens que des anciens esclaves, prenant le patronyme de leurs anciens maîtres se sont fondus dans la société et sont devenus des *horons* hommes libres au même titre que leurs anciens maîtres. Beaucoup, devenus riches et puissants, se font chanter par les *gnamakala* les louanges des anciens rois, empereurs ou familles princières du passé, dont ils se réclament. D'autres, au même titre que les *horons* hommes libres, sont devenus des *gnamakala* par la force des choses (pauvreté, famine ou fainéantise). C'est pourquoi nous assistons à la prolifération des *gnamakala* dans les grandes villes en général et à Bamako en particulier. Nous observons donc là une perversion de la société bamanan. Malgré tous ces phénomènes, jusqu'à présent, dans les sociétés bamanan, du moins dans les villages et même dans certaines villes, l'origine : esclave, hommes libres ou *gnamakala*, se cache difficilement car la société malienne, large par sa taille est petite à cause des relations, des alliances entre les familles et entre anciens clans. Tout le monde est susceptible d'avoir un lien de parenté avec tout le monde. L'on a donc le plus souvent la possibilité de connaître l'origine d'un individu rien qu'en sachant d'où il vient et quel est son nom de famille.

Comme nous l'avons dit plus haut, le mode de production dans les sociétés bamanan reposait sur l'activité des communautés familiales. L'appartenance à celles-ci déterminait l'accès à la terre et à ses produits ainsi que les obligations de donner, de recevoir ou de coopérer. Les techniques agricoles et les outils accessibles à tous étaient rudimentaires. Ce sont l'introduction de la culture du coton, l'utilisation de la culture attelée et l'irrigation[32] qui ont favorisé le démantèlement des modes traditionnels d'exploitation des terres et des ressources naturelles (Koné 1983).

Les Horon ou « hommes libres » chez les Peuls du Delta intérieur

Dans le Delta intérieur, la Dîna Sékou Amadou a entrepris l'intégration des différents peuples dans la société globale dont la strate supérieure est constituée de Peuls sédentarisés. Depuis leur entrée dans le Delta, les pasteurs peuls se sont partiellement soudanisés et ont subi l'influence islamisante, commerciale et agricole des Mandingues, essentiellement des Marka. En réalité, malgré l'influence de la Dîna, elle n'a pas pu faire disparaître la tradition pastorale nomade des Peuls du Sahel du Delta. C'est pourquoi de nos jours, dans cette région du Mali, il existe une complexité ethnique et culturelle et une diversité au sein de la population peule. À côté des Marka, Bozo ou Bamanan, cohabitent les *Poulo Bodédyo* ou Peuls rouges et les *Poulo Balêdyo* ou Peuls noirs. Les Peuls rouges (*Poulo Bodédyo*) sont les frères de tous les Peuls nomades dispersés du Ferlo sénégalais au Sahel du Niger. Ce sont les bergers du Delta. Les Peuls noirs (*Poulo Balêdyo*) sont les Peuls de la Dîna. Ce sont les Massinakobé, citoyens du Massina et Peuls sédentarisés. La société de la Dîna était une société compliquée et hiérarchisée (Gallais 1984:127 ; 128).

Le peuple peul est traditionnellement divisé en quatre grands groupes claniques : les hommes de chaque clan possèdent les mêmes patronymes ou « *yettoré* », « *yettodé* » au pluriel et sont descendants du même ancêtre mythique. On retrouve donc dans le Delta des sous-groupes relevant des quatre clans : les

Dialloubé (*yettoré* : Diallo, Diall), les Ouroubé ou Baabé (*yettoré* : Ba, Bari), les Fittobé (*yettoré* : Sankaré, Bari), les Férobé (*yettoré* : So, Sidibé) (*ibid.*:127-128).

Les catégories sociales

La Dîna regroupe les habitants de la région en trois ensembles : deux sont inclus dans la société peule traditionnelle : les hommes libres *Rimbé*, les captifs *Rimaïbé* ; le troisième ensemble est celui des peuples marginaux, habitants non peuls du Leydi Massina. Comme l'a dit Gallais (*op. cit.*), le modèle social de référence est une société poulo-islamique incorporant et assimilant progressivement l'ensemble des peuples de la région dans une hiérarchie socioprofessionnelle assez stricte permettant à la théocratie de vivre, dans la pureté, des activités intellectuelles et du service divin.

- *Rimbé (Hommes libres)*

Au sein des Rimbé, nous distinguons plusieurs catégories :

Familles maraboutiques : si dans la société bamanan, ce sont les familles princières qui constituent le sommet de la hiérarchie, dans la société peule, ce sont les familles maraboutiques. Sékou Amadou a élevé les familles maraboutiques (modi-babé) Cissé ou Sidibé au sommet, supprimant ainsi le pouvoir des Ardo (chefs militaires) et limitant celui des Dioro (maîtres de pâturages). Il a constitué des groupes peuls en rassemblant des suudu-baabas[33] isolés autour des marabouts. C'est ainsi que naquirent les groupes Ouro-Alfaka, Ouro-Modi parmi tant d'autres (*ibid.*:127-128).

Fulbé wodêbé ou Peuls rouges ne constituent ni une caste, ni une classe sociale mais un groupe largement endogamique. Ils sont les soutiens traditionnels des Dioro. Selon Gallais (*op. cit.*), ce sont des familles peules restées en dehors de l'évolution négritique et villageoise de la société peule. Elles fournissent les bergers qui, de père en fils, s'initient aux itinéraires, aux points d'eau, aux sites des terres salines, aux soins à apporter aux animaux, à la constitution hiérarchisée des grands troupeaux. Dans certaines tribus peules, les familles de Peuls rouges sont nombreuses. Tel est le cas des *Yallalbé* ou des *Dialloubés*. Par contre, elles constituent la totalité de certaines tribus marginales restées en dehors de la sédentarisation comme les *Ouarbé* de la bordure occidentale. Certaines des familles de ces Peuls rouges sont des *balikobé* éleveurs de moutons et portent le nom de Kelli (*ibid.*:127-128).

- Peuls villageois

Au même niveau social que les Hommes libres mais un peu au-dessous des précédents, nous avons les *Ouronké* ou habitants de l'*Ouro*. Ils possèdent tous des animaux et sont *diom-diaudi*, propriétaires de bétail. Mais à la différence des *Fulbé wodêbé*, ils ignorent souvent les détails concrets de la vie pastorale et ne peuvent donner aucun renseignement sur les itinéraires et la constitution du troupeau. Certains ne savent même pas traire. Ils sont propriétaires fonciers et maîtres de captifs. Leurs préoccupations agricoles dominent leur vie de tous les jours car ils participent eux-mêmes aux travaux champêtres. Leurs captifs négligent souvent de payer les redevances. Selon Gallais, les *ouronké* conservent, de leur appartenance au peuple peul, les « traits fins, l'allure élégante et quelquefois nerveuse ». Ils sont noirs, solides avec des muscles puissants. Traits qui révèlent leur ascendance soudanienne.

- *Diawando* ou *diawanbé* (au pluriel) communément appelé au Mali *Diogoramé* :

  La caste marchande du groupe peul. Leurs patronymes sont le plus souvent Bocoum, Naouré, Daou, N'diaye etc. Ils se font également les hommes de confiance, les diplomates, les envoyés des chefs de la tribu. Ils sont rusés, souples, et la fidélité leur est attribuée par tradition. Ils se considèrent comme parents utérins des Peuls[34]. Leur aire traditionnelle correspond à l'ancien Ghana. Dans la région de Nioro, le Kingui et le Kaarta furent des pays *Diawambé* dès le XVe siècle. Malgré leur origine mythique, selon leur localisation géographique, ils apparaissent comme le produit d'une combinaison entre les nomades et les anciens commerçants Marka (Sarakolé)/Malinké du Sahel du Ghana ou Mali (Gallais *op. cit.*). On prétend d'ailleurs que le Peul du Delta intérieur est le fruit d'une alliance noble entre aristocrates du Mali et nomades, alors que les *Diawando* représenteraient le produit « bâtard » de ce même rapprochement. Les *Diawambé* du Delta sont venus du Kaarta en plusieurs vagues. Déjà au XVIIIe siècle, des Daou sont installés auprès des *Ardo* du Massina (Gallais *op. cit.*).

- *Niéyébé* (artisans)

  Cette catégorie, tout comme les *Diawando*, regroupe les N'gara de la société Peule. Ils constituent de véritables castes endogamiques héréditaires, à caractère tant social que professionnel. Ici aussi, il est exceptionnel que les artisans se limitent à leurs spécialités artisanales car ils cultivent plus ou moins la terre et certains s'y consacrent entièrement. Ils sont considérés à l'égal des quatre groupes précédents comme des Hommes libres (Rimbé). Parmi eux, les plus nombreux sont *Maboubé* (*mabo* au singulier) ou tisserands et nommés Kassé, Sengo, Ida, Saré[35]. Ils sont célèbres pour leur habileté et les tribus peules les plus pastorales possèdent les plus nombreux et les meilleurs *maboubé*, ainsi que les *Dialloubé-bourgou* ou les *Yallalbé*. La grande spécialité des *maboubé* est le tissage des couvertures de laine, les kassa. Les tisserands achètent les fols de coton aux femmes. Les *maboubé* du Delta intérieur fabriquent quatre types de *kassa* définis d'après le tracé de leurs dessins géométriques et leurs couleurs. Le rôle des *maboubé* ne s'arrête pas à l'artisanat. C'est une communauté qui a l'esprit vif et intrigant, dotée d'une grande habileté et d'une grande fidélité lorsqu'ils sont dans la confiance d'un personnage, tout comme leurs cousins Diongoramé ou Diawambé. Il y a un dicton qui dit que « le mabo pur ne trahit jamais un secret ».

Saké ou *Sakébé* (au pluriel) : artisan du cuir ; les *Laobé* (singulier : *Labbo*) sont des menuisiers, et les *Wailbé* (singulier : Baïlo) sont les forgerons. Les *Bambabé* ou *Bambadio* au singulier sont des griots et musiciens et remplissent les mêmes rôles que leurs cousins griots dans les sociétés mandingues (Malinké/Bamanan/Sarakolé [Marka]).

Les captifs ou esclaves dans le bassin du fleuve

L'autre grande catégorie de statut social dans le bassin du fleuve Niger est celle des esclaves ou captifs. Cette catégorie existait aussi bien chez les Mandingues, que chez les Peuls. Selon Mongo Park, les esclaves formaient à l'époque les trois quarts des populations dans les sociétés du Soudan occidental. Selon cette thèse, la société malienne ancienne se composait d'une infime minorité d'hommes libres et d'une masse d'esclaves. L'esclave aurait constitué la richesse la plus répandue et toutes les couches de la population auraient pratiqué l'esclavage. À l'instar des rois, qui possédaient des centaines d'esclaves, tout particulier horon, homme libre, pouvait avoir quelques esclaves avec lesquels il produisait dans les champs ou ailleurs quand il s'agissait d'une autre activité.

Les Rimaïbé (esclaves) chez les Peuls

Tout comme dans les sociétés bamanan/malinké ou marka que nous aborderons au paragraphe suivant, le servage existait dans les sociétés peules du Delta avant même la Dîna. Mais le nombre de captifs a augmenté sous Sékou Amadou car chaque expédition de l'armée du royaume théologique ramenait de nombreux prisonniers. La sédentarisation ordonnée des Peuls les a contraints à vivre et à être dépendants des grains. Ce qui les amena à élargir les champs et à utiliser un plus grand nombre de captifs. Le zèle religieux fut donc un prétexte pour perpétrer des razzias dans des villages *Habbé*, païens, des régions périphériques des pays bamanan et ramener les captifs au *Leydi* Massina où ils étaient vendus (Gallais *op. cit.*). Tout comme les captifs bamanan, les captifs peuls étaient divisés en deux catégories:

D'un côté, les captifs de case (les *kadimé* ou *dimadio-ouro*) : ils vivaient avec leurs maîtres, exécutant les tâches domestiques : corvée d'eau et de bois, réparation des cases, fauchage de l'herbe pour les chevaux et les animaux, pilage du riz ou du mil pour les femmes. D'une manière générale, chaque famille peule possède un ou deux *kadimés*, un homme et une jeune fille. Lorsqu'ils se marient, leur maître fournit à l'homme la compensation matrimoniale que doit payer le fiancé et à la femme le petit matériel domestique qu'elle doit apporter dans son ménage. Quand les Peuls se sentent trop étroits sur un tertre alors qu'ils possèdent plusieurs *kadimé*, ils les placent dans un hameau distinct, appelé *debbéré*, situé dans le voisinage immédiat du village peul.

- À côté de ces captifs de maison, le captif destiné aux travaux agricoles est le simple *dimadio*. Il est souvent appelé *saré-kobé* ou l'homme du saré ou village de culture. Comme le *kadimé*, le *dimadio* est marié par le soin du maître à une jeune captive puis le ménage est placé dans le *saré*. Il reçoit du Peul, propriétaire de toutes les terres, quelques parcelles à cultiver. Tout compte fait, la situation des captifs dans les sociétés peules était relativement différente de celle des captifs dans les communautés mandingues.

Les esclaves (djon) chez les Bamanan malinké

Dans le royaume Bamanan, chacun pouvait renoncer à la liberté en devenant l'esclave d'un autre à la condition de quitter le pays. Mais en général, le statut de captif résultait de plusieurs situations : la vente *san djon* (esclaves achetés), la force, la capture, suite à une guerre *mina djon* (esclaves attrapés ou vaincus) ; la misère ou la famine (esclaves volontaires ou de garantie). Pendant la guerre, tous les butins, parmi lesquels des captifs, étaient remis au *Faama* (Mansa). Les captifs étaient réduits à l'esclavage au profit du *Faama* qui pouvait en faire don aux guerriers (Gallais *op. cit.*). Le *Faama* pouvait sortir les prisonniers de guerre dignitaires ou *Horons* de la captivité, donc de l'esclavage, à condition qu'ils acceptent de servir loyalement dans son armée. Dans ces cas de figure, le *Faama* pris à la guerre était gardé dans la cour du *Faama* vainqueur pour lequel il travaillait pendant un certain temps avant d'être chef d'armée ou dignitaire.

Dans le royaume bamanan de Ségou, le *djon* (esclave du particulier) se distinguait du *tondjon* (esclave de la communauté) parce qu'il était, d'une part, captif d'un particulier et non de la communauté ou de l'État, et d'autre part, parce qu'il ne participait pas aux guerres et était utilisé pour le seul travail agricole. Il était donc *cikè-djon*, l'esclave agricole ou « l'esclave des travaux » (Bazin 1970:39).

Dans le royaume, l'esclave ne jouissait pas de la personnalité juridique. Le maître avait sur son esclave droit de vie et de mort. Il pouvait l'aliéner à titre onéreux ou à titre gratuit. Mais le maître ne mettait son esclave à mort que pour des motifs graves, l'adultère avec sa femme par exemple. Il n'avait pas à en rendre compte à la collectivité. L'esclave travaillait pour son maître. Les enfants de la femme esclave étaient la propriété de son maître. Quant au maître, il se devait de protéger son esclave, lui donner de la nourriture, les vêtements nécessaires et une épouse.

L'esclave qui était né dans la famille du maître était un *Wolosso* ou serf ; ce « né dans la famille » ne pouvait être vendu que pour des fautes graves. Il avait aussi son ou ses propres esclaves appelés *djon bri djon* ou « esclaves d'esclave » (Cissoko 1969:19). « Il était membre de la famille de son maître et avait des droits plus étendus. Il pouvait être prêté, donné comme dot, mais [...] les liens avec le maître [allaient] au-delà de simples rapports de maître à serviteur » (Traoré 1991).

Le serf pouvait recevoir de son maître un habitat et une terre prélevés sur ses biens propres. Il pouvait transmettre à ses héritiers naturels les biens ainsi obtenus de son maître. Mais ces biens restaient la propriété du maître. Le serf n'en avait que la jouissance.

Le serf jouissait de deux jours non ouvrables : lundi et le vendredi. Ces deux jours de la semaine étaient considérés comme des jours de repos pour les captifs et pour les Hommes libres. Les deux catégories sociales consacraient ces deux jours aux travaux personnels pour acquérir des bénéfices en nature ou en cauris.

Les esclaves ou serfs qui se distinguaient à la guerre ou au service de leur maître pouvaient recouvrer la liberté. L'affranchi recevait de son maître, en toute propriété, la terre à cultiver pour sa famille. L'affranchissement ne s'étendait pas d'office à la femme de l'esclave libéré, ni à ses enfants, même s'ils appartenaient au même maître.

La femme serve qui était devenue l'épouse d'un homme libre prenait la condition de son mari. Les enfants issus de leur union étaient libres. La femme ainsi affranchie redevenait serve si son mari la répudiait ou si elle obtenait le divorce. Cependant, ses enfants demeuraient libres (Gallais *op. cit.)*.

La deuxième manière de devenir esclave était de renoncer soi-même à la liberté. Cette cession survenait en période de grande misère lorsque la famine sévissait. Dans la plupart des régions mandingues en général, et dans le pays bamanan en particulier, celui qui se trouvait dans la misère empruntait à son voisin et se plaçait chez lui en garantie (*tonomada*) de sa dette (Gallais *op. cit.*).

Depuis l'avènement de la colonisation et l'abolition de l'esclavage, bien que l'organisation sociale soit restée relativement intacte, nombre d'anciens esclaves se sont intégrés dans la société en changeant de statut ou en prenant le nom de leurs anciens maîtres. Certains esclaves, dans le Delta intérieur du Niger par exemple, ne sachant où aller ni que faire, psychologiquement annihilés, sont restés continuellement esclaves.

Quant aux *Horon* hommes libres, à cause des guerres puis de la dislocation des différents empires (Mali, Songhai etc.), de l'influence de l'Occident, de la pacification et du développement économique, leurs statuts n'ont plus la même importance, malgré l'appellation, la croyance, et même la pratique sociale qui survivent dans nos sociétés. Que ce soit du côté des *horon* familles princières, des sofas (*ton djon*) ou des *horon Gnamakala*, le *Horon* ne respecte plus le *Horon ya* (la fidélité, le respect de la parole donnée, socle de la dépendance des *non-Horon* aux familles princières).

Les horon familles princières, dépourvues des privilèges d'antan, n'ayant plus de main-d'œuvre pour produire abondamment, n'ont plus les moyens d'assumer la responsabilité du soutien de leur propre famille, à plus forte raison de celui des *Gnamakala*. Des membres de familles princières sont devenus des *Gnamakala* et des *Gnamakala* ne pratiquant plus le *Gnamakala ya* (statut de *Gnamakala*, comportement) se sont spécialisés dans d'autres métiers, comme l'agriculture par exemple. Malgré cette situation, les *Gnamakala* reconnaissent toujours leurs *Djatigui* (hôtes) et se chargent volontiers de faire la médiation, d'organiser les mariages, la société, etc. Cette situation est très accentuée dans les zones rurales. Dans les villes, il est souvent difficile de distinguer les anciennes familles princières des *Gnamakala* car le *gnamakala ya* est devenu une stratégie de survie pour tous.

C'est autour de ces groupes statutaires que s'organisait le système de production qui consistait en une mise en œuvre des droits fonciers et une exploitation des terres. Cette organisation sociale, malgré l'abolition de l'esclavage il y a plus de cent ans, détermine toujours la situation foncière dans les régions rurales, car l'autochtonie et la maîtrise foncière dépendent du statut de premiers venus, c'est-à-dire créateurs d'un village donné. Quant aux différentes fonctions statutaires, du point de vue politique, le pouvoir ne se manifeste plus comme au temps des royaumes ou des grands empires. Les familles princières se reconnaissent toujours par leurs patronymes mais n'ont plus ni pouvoir politique d'envergure ni pouvoir de guerre. Ce sont quand même des notables dans leurs villages ou leurs quartiers. Par contre, les propriétaires terriens conservent leur maîtrise foncière et spirituelle. Quant aux *gnamakala*, le *gnamakalaya* tend à perdre son essence, qui résidait dans la préservation de l'harmonie, de la paix dans la société. Avec l'avènement de la colonisation, l'introduction de « l'argent », la pauvreté et la dislocation des grands clans familiaux, la nouvelle notion de propriété, la plupart des *gnamakala* se sont transformés en quémandeurs et en opportunistes prêts à vendre leur âme au premier opulent venu.

Les aspects fondamentaux du pouvoir et les systèmes de production bamanan et peuls

Dans son acception étymologique, le mot « institution » signifie « action d'instituer, d'établir ». Juridiquement, une institution se compose d'un ensemble de règles établies en vue de la satisfaction d'intérêts collectifs. C'est un organisme qui vise à maintenir ces intérêts. Comme exemple, nous pouvons citer l'État, le parlement, le mariage, la famille. Au pluriel, « les institutions » désignent communément l'ensemble des formes ou des structures politiques établies par la loi ou la coutume et relevant du droit public (telles les institutions démocratiques) (Larousse 2005). Pour ce qui est du pays bamanan, notre étude analysera l'unité de production et les rapports existant entre les différents acteurs. Les institutions politiques et foncières ne sont pas uniformes dans les différentes contrées car le *Faama* (Roi), au sommet de la hiérarchie politique, était plus attaché à la gestion des hommes qu'à la terre, bien que toutes les richesses de ces hommes aient été issues de cette même terre et qu'ils aient possédé des droits sur ces terres conquises ou soumises par eux. Le *Faama* était installé à Ségou et ses représentants étaient placés dans les différents *Kafu* (cantons) de l'Empire. Les *Kafu* étaient composés de villages. Dans cette section, tout en étudiant les aspects fondamentaux du pouvoir bamanan, nous analyserons les systèmes de production dans le pays de « ceux qui refusent leurs maîtres » ou de « ceux qui travaillent assidûment la terre ».

Les modes d'administration des territoires – Les aspects fondamentaux du pouvoir Bamanan et Peul

En Afrique occidentale et dans les pays mandingues en particulier, au niveau territorial large de l'empire, le pouvoir politique n'était pas nécessairement lié à la gestion des terres. Le politique gérait plutôt les hommes car le Mansa (ou le *Faama* à défaut d'être nommé *Mansa*) s'établissait par la force des armes, les guerres et les conquêtes. C'était donc le *Fanga ma*, le détenteur de la force, du pouvoir mystique ou matériel, qui devenait le roi détenteur du pouvoir politique. Les royaumes et empires mandingues n'étaient pas des systèmes politiques hautement centralisés où le pouvoir était aux mains d'un exécutif tel que nous le connaissons aujourd'hui, avec les États-nations modernes. Dans ces États médiévaux et contemporains, une certaine décentralisation du pouvoir faisait que les gestions politique et foncière n'étaient pas confondues au niveau de tout le royaume ou empire. L'empire bamanan avait un régime social qui s'apparentait aux notions de vassalité et de fief dans le Moyen Âge européen[36]. C'était une aristocratie foncière et militaire sur la base de laquelle existait un morcellement territorial et politique, un affaiblissement du pouvoir royal au profit du *horon ya* (état d'homme libre que d'aucuns appellent « noblesse », à l'image de l'Europe du Moyen Âge) (Cissoko 1969:26). C'est pourquoi Monteil disait que les territoires avaient deux modes d'administration : un direct et l'autre indirect.

Il y avait ainsi deux catégories de territoires : les territoires directement administrés par l'autorité clanique au pouvoir et « les territoires dont la position à l'égard du clan [est] très variable – depuis la sujétion étroite jusqu'à la quasi-indépendance » (Monteil 1923:157). Le pouvoir se trouvait partagé entre le souverain suprême d'une part, les autorités locales, roitelets provinciaux ou chefs des villages d'autre part. L'autorité souveraine du roi se trouvait généralement limitée à la province qu'il régissait lui-même. Dans les autres provinces, qui étaient d'ailleurs souvent plus grandes que celle où se trouvait le roi, son autorité était sans assise et dépendait, selon Cissoko (*op. cit.*), de la bonne volonté du chef de la province, qui prenait souvent le titre de roi et était maître de son armée, de ses finances, garantissait l'ordre public et rendait la justice. Chez lui, il détenait le pouvoir dans son intégralité car de tradition, le pouvoir délégué ou usurpé dans le pays mandingue résidait sans restriction dans les mains de son détenteur, le plus souvent le roitelet de la province. Le lien qui le reliait au roi n'était pas contractuel mais généralement parental. Les relations étaient alors familiales et les petits frères devaient répondre à l'appel du grand frère, lui fournir des guerriers quand il le demandait et des présents sur les récoltes, qui étaient donc considérées comme le di songo (prix du Dolo, bière traditionnelle). La puissance du souverain était ainsi donc réduite, limitée par la liberté de ces subordonnés que l'on peut dénommer ses vassaux (Cissoko op. cit. : 28).

Toujours, d'après Cissoko, l'empire bamanan de Ségou a été fondé par la dynastie Diarra à la fin du XVIIIe siècle. Selon lui, cet empire contrôla tous les pays situés entre Tombouctou et Bélédougou. Le pouvoir bamanan était tyrannique et n'avait pas la forte structure des États médiévaux. Il se juxtaposait au morcellement des vieux empires mandingues et n'unifiait pas. En dehors du royaume de Ségou et de ses environs, qui étaient le domaine propre des empereurs, l'empire était constitué de royaumes hétérogènes. Les rois vaincus par l'armée bamanan payaient périodiquement un tribut mais restaient maîtres absolus de leurs royaumes. Ils pouvaient entreprendre des campagnes de guerres sans le consentement de l'Empereur et lever à volonté des impôts sur leurs sujets ou sur les voisins qu'ils avaient vaincus. En dehors des rois de province avec lesquels l'Empereur avait des liens de parenté, l'empire était donc formé de royaumes vaincus qui n'avaient d'autres relations avec l'Empereur que les tributs qu'ils devaient envoyer au souverain suprême et dont le paiement était objet d'expéditions guerrières périodiques.

L'empire bamanan n'était pas aussi bien structuré que les précédents empires islamiques médiévaux tels que l'État Songhaï. L'organisation se limitait à la Cour impériale et ne couvrait que les provinces voisines de Ségou. L'armée des *Ton djon* était la base du pouvoir impérial. Elle fournissait les cadres de l'administration de la Cour et les commandants des régiments de la région de Ségou. Ailleurs, l'autorité impériale s'effaçait derrière celle du roi local et ne s'affirmait que par les incessantes expéditions punitives (loc. cit.).

Utilisant un noyau de forces permanentes, le pouvoir bamanan tirait pour une grande part ses ressources des razzias et de la chasse aux esclaves, imposant aux sujets et aux vassaux des tributs lourds et souvent prélevés de force. L'empire bamanan ne vivait que de la guerre. Il n'avait d'autres ressources que celles tirées de la guerre. L'État était confondu avec le chef de la guerre, l'empire avec l'armée. C'est pourquoi le pouvoir bamanan, basé sur l'esclavage, le pillage systématique des pays amis ou ennemis traversés par ses armées, a concouru à semer l'anarchie et à intensifier le déclin économique du bassin du fleuve Niger (Monteil 1923: 157).

Dans l'empire bamanan de Ségou, les vrais maîtres du pays restaient en général les détenteurs des pouvoirs locaux car les pouvoirs centraux, malgré leur prestige, ne pouvaient satisfaire les besoins de sécurité des hommes. La famille était certes solide, mais elle était incapable d'assurer une protection valable. Chaque royaume vassal ou chaque ville et village, sous la direction de son chef, était doté d'une armée personnelle et était souvent protégé par des *tatas* (mûrs). Richard Toé schématise ainsi cette forme d'administration, de décentralisation du pouvoir :

Figure 3 : La décentralisation administrative ancienne dans les principaux États mandingues

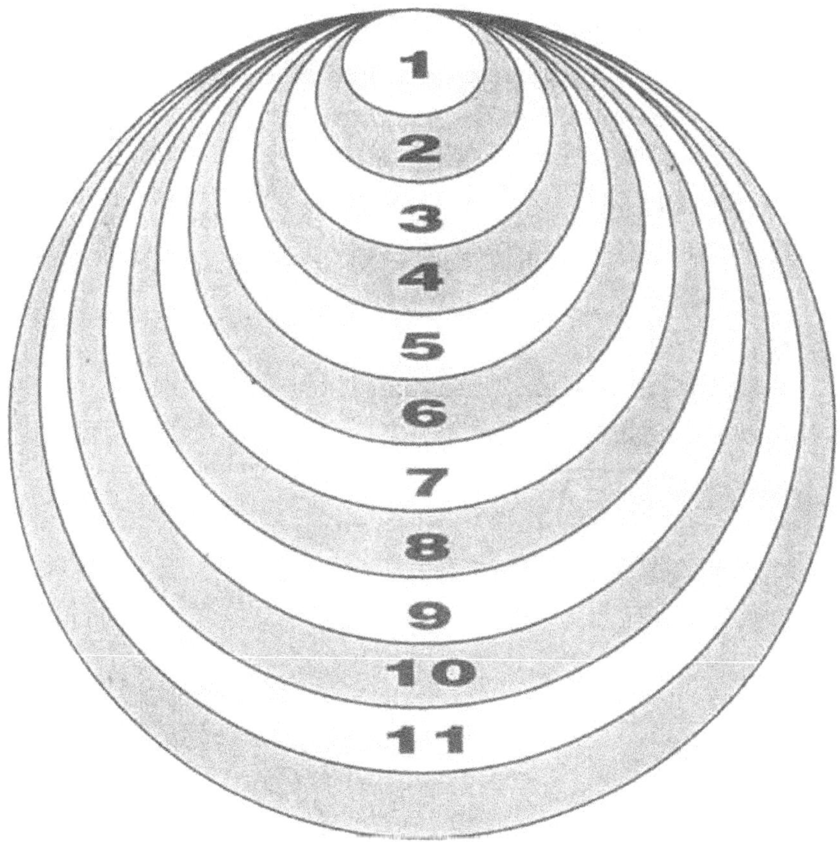

Source : Toé Richard, 1997, *La décentralisation au Mali – ancrage historique et dynamique socioculturelle*, Bamako, Imprim Color, p. 37.

Tableau 1 : la représentation en tableau de la figure 3

N°	Niveau (échelon d'organisation)		Niveau de responsabilité	
	Bamanan	**Français**	**Bamanan**	**Français**
1	*Dèbèn* *Flaba*	Couple (la natte symbole du couple dans notre culture)	*Kè = cè ni muso, furunj¡ng¡nma*	Homme, Femme, Epoux
2	*Gua* *Korè*	Famille (père mère et enfant)	*Lutigi* *dutigi*	« chef de famille »
3	*Luba* *Duba*	Grande famille (plusieurs guas se dit Du aussi)	*Lutigi* *Dutigi*	« Chef de la grande famille »
4	*Babon* *Fabon*	Ligne par le père Kabila (mot arabe) Ligne par la mere	*Fabonda.* *Cèmogo.* *Kèmogo.* *Babonda*	Le patriarche
5	*Kinda kunda*	Quartier	*Kintigi* *kabilitigi*	« chef de quartier »
6	*So Dugu*	village	*Sotigi* *dugutigi*	« chef de village »
7	*Kaforen* *Kafobolomisin* *Marabolomisin*	Commune Arrondissement Sous préfecture	*Kaforetigi*	Maire chef d'arrondissement
8	*Tinkuru*	Cercle	*Marabaa*	Comandant de cercle ou d'arrondissement
9	*Kafobolon*	Region	*Kafobolokunasigi*	Gouverneur
10	*Kafo* *Jamana* *Kambin*	Etat. République	*Kafotigi* *Jamanatigi* *Kantigi*	Chef d'Etat Président
11	*Kurufa*	Fédération (Mandén kurufa) Fédération du Mali	*Kurufamansa* *Faama*	Empereur

Source : Toé Richard (1997). *La décentralisation au Mali – ancrage historique et dynamique socioculturelle, Bamako* : Imprim Color, pp.37

En outre, au niveau micro de l'organisation sociale du pays bamanan malinké, se trouvent aussi des associations (Tons) villageoises de groupes d'âge (*Kari*), des confréries de chasseurs (Donzo), et des sociétés initiatiques comme le Komo, le Gna, le *Nama,* etc. Ce sont ces organisations traditionnelles qui constituaient à l'époque la « société civile ». Elles influençaient directement ou indirectement le pouvoir et l'ordre social ainsi que les systèmes de production. Nous verrons dans la deuxième partie que les ONG et associations contemporaines vont le plus souvent partir de ces associations traditionnelles pour participer à l'activité politique et économique du pays, de la campagne aux villes.

Les systèmes de production traditionnels et leurs changements

Dans le pays bamanan il y a toujours eu des systèmes de production diversifiés selon les régions : les systèmes de production végétale, de production animale et de production halieutique. Selon Coulibaly et Diakité (2007), dans chaque système, on distingue une tendance dominante et des sous-systèmes. À l'échelle du territoire national, existent une forte interaction et une interdépendance des différents systèmes. À partir du XVIIIe siècle, les systèmes de production dans le pays bamanan se sont fondés sur l'unité de base formée par la famille et les *foroba foro* des villages et des *kafo*[37]. Depuis l'avènement de la colonisation, avec l'utilisation de cultures commerciales et la création de la culture attelée, les systèmes fde production traditionnels, malgré leurs résistances, ont au fil des temps connu de profonds changements. Pour comprendre l'organisation sociale du travail agricole dans le bassin cotonnier du fleuve Niger, nous allons donc étudier en premier lieu le système traditionnel politisé des villages et des kafo des royaumes bamanan malinké, avant d'aborder la parenté et la famille comme unités de base de production des communautés de la région.

Le système de production traditionnel politisé au niveau des villages et des Kafo *des royaumes bamanan*

Ce système, nuancé et fort complexe, existait à l'époque du royaume bamanan de Ségou. Il a pris fin après la survenue de la colonisation et l'abolition de l'esclavage. Tout compte fait, cependant, l'esclavage existe toujours, sous une autre forme, dans la région. Dans ce système, nous distinguons plusieurs unités de productions ayant des statuts différents mais produisant toutes au bénéfice du *Faama* :

- *Les kèlè-bolo* (aile de combat, bras de combat, détachement) :

  les *kèlè-bolo* sont des villages garnisons, installés par le *Faama N'Golosi*. Chacune de ces unités, composée de *Tondjons,* était dirigée par un *Tonkuntigui* (chef de *Ton*) nommé par le *Faama*. Malgré son rôle strictement militaire, l'installation de cette structure *kèlè-bolo* avait aussi des objectifs de culture de la terre pendant l'hivernage (Bazin 1970:34).

- Les communautés *horon* de peuplement, dites « Maraka » :

  ces communautés se trouvent dans des villages appelés « *marakadougo*u », comme Sansanding (Sinzani) ou Marakadougouba. Cette population est majoritairement musulmane et a une nette tendance à former des réseaux endogamiques, quoique des échanges de femmes puissent être effectués avec des Bamanan de statut horon. Selon Bazin (*ibid.*:35), ces communautés ont gardé une large autonomie vis-à-vis du *Faama* parce que ce dernier n'y a pas installé de guerriers. Malgré cela, le *Faama* intervient de diverses manières dans les conflits entre familles. Ces communautés paient au *Faama* le *disongo*, signe de leur allégeance politique à Ségou, mais ne sont pas astreintes aux travaux de *foroba-foro* – c'est-à-dire à la culture des champs communautaires au profit du *Faama* – ni à l'envoi de guerriers lors des expéditions militaires. Ces communautés restent à l'écart de la vie militaire du royaume et se consacrent à l'agriculture et au commerce à moyenne et longue distance. C'est pourquoi des villes comme Sansanding et Nyamina sont devenus de véritables ports de commerce du royaume (*ibid.*:35).

Toujours selon Bazin, certaines communautés bamanan peuvent se trouver dans la même position marginale que celle des « Maraka ». Cela est généralement dû à la taille de leurs familles ou à leur faiblesse économique. À cette catégorie, nous pouvons adjoindre les Peuls nomades à qui le Faama consent également une large autonomie, qui n'exclut pas la possibilité de contracter une alliance militaire librement consentie.

- Les communautés mixtes :

  Ces communautés sont des villages dans lesquels le Faama, prétextant des querelles internes, a envoyé ses gens pour qu'ils s'y installent. Son objectif était d'intégrer ces communautés, de les surveiller et de distribuer de bonnes terres à ses guerriers. Ces communautés, horondugu à l'origine, sont ainsi investies par les guerriers Tondjons ou Sofas du Faama. Il s'agira souvent de villages « Maraka » de la rive gauche du Niger comme Souba, Kamalé, Sama-markala ou de villages bamanan comme Masala, Konodimini etc.

Généralement, ces communautés, outre le *disongo*, doivent envoyer des guerriers à Ségou pour les expéditions du *Faama*. Ils sont donc enrôlés dans des *kèlè-bolo* déterminés. Les communautés les plus nombreuses cultivent aussi le *foroba foro* dont le produit revient à Ségou bien que, dans certains cas, les lignages *horons* soient dispensés de ce travail. Souvent, l'autorité se dédouble entre *dugutigui (dugukolotigui)* descendant des premiers fondateurs, responsables du culte de la terre et le *Faama dugutigui* (ou *Fanga dugutigui*) chef des guerriers (*Kèlètigui*) du *Faama* installé au village. Les deux groupes ainsi rassemblés dans un même village se marient rarement ou jamais entre eux. Dans certains cas, il semble que le *Faama* exerçait des pressions pour que des mariages aient lieu entre les deux groupes. Dans cette configuration, il pouvait exister une autre communauté, composée des « gens du *Faama* », des *Sofa* ou *Tondjons*. Elle naissait lorsque les familles d'origine s'étaient éteintes ou s'étaient réduites à quelques individus, trop peu nombreux pour jouir d'un statut à part même s'ils restaient chargés des cultes villageois, ou encore quand le village était créé ou installé sur un nouveau site par le *Faama*.

Dans ce cas, le village, tout comme le *kèlèbolo* devenait presque un rouage de l'appareil guerrier du royaume : le chef de village était quelquefois choisi par le *Faama*, parmi ceux qui s'étaient distingués au combat. Le village cultivait sous la direction de ce chef un *foroba foro* spécial dont le produit était à la disposition du *Faama* ou d'un de ses fils. À chaque fois qu'il y avait un nouveau *Faama*, pour mieux contrôler la fidélité du village, il envoyait ses propres gens, qui s'ajoutaient à ceux du *Faama* précédent. Dans ce cas de figure, il pouvait y avoir des gens de plusieurs anciens *Faama* dans un même village.

À ces communautés, il faut ajouter les *wèrè* ou campements peuls appelés *foroba-fula* qui étaient chargés de l'entretien du bétail du *Faama*. En tant que tels, ils étaient dispensés des travaux agricoles obligatoires (Bazin *op. cit.* : 37).

Enfin, cette échelle des catégories statutaires ne correspond pas à l'échelle des situations réelles : est *horon* aussi bien tel paysan modeste d'un *horondugu*, village de *horon*, que tel riche commerçant d'un markadugu, village de « Maraka », ou de tel prince de la famille royale. De même, parmi les *gnamakala*, certains voient leur sort lié à celui des paysans et sont, comme eux, soumis à des prestations en travail au profit du *Faama* ; d'autres, par contre, ont une position largement dominante : les *garankés* du *Faama* ou ses griots.

Ce système de production politisé était pratiqué sous le règne des *Faama* de Ségou aux XVIIIe et XIXe siècles. Après l'avènement de ces grands empires, le système de production a évolué, tout en conservant son caractère communautaire, et les familles, dans le but de la sécurité collective, se sont organisées en groupes soudés autour de la gestion collective des biens de leurs ancêtres.

La famille et la parenté

La définition de la parenté et de la famille est différente dans le milieu bamanan. Dans la société bamanan, la famille constitue l'unité de base sur laquelle s'édifie toute l'organisation sociale. Dans les sociétés mandingues en général, en l'occurrence Soninké, elle constitue l'unité de base de chaque groupe statutaire. Chastanet (1983:13) estime que la famille est constituée de l'ensemble des dépendants du chef de famille, c'est-à-dire ses parents en ligne patrilinéaire, leurs épouses et leurs enfants, et par extension, de la concession où vivent ces différentes personnes. Selon Traoré, la famille, c'est le « lignage, unité de production, de consommation et d'habitation d'un groupe de personnes descendant d'un ancêtre commun, plus précisément la descendance par les hommes : le patrilignage » (Traoré 1991). Ces deux auteurs se basent sur la consanguinité pour donner leur définition de la famille, ce qui nous amène au Kabila. Mais quand nous considérons la notion de parenté dans la famille, nous relevons que la famille est un groupe de personnes qui se disent parents, vivent dans la même concession et travaillent ensemble pour la satisfaction de leurs besoins fondamentaux. Cette définition de la parenté va au-delà du simple lien consanguin pour inclure semblablement les clients et les esclaves de la famille.

Cette définition est inclusive et touche tout individu, du lignage ou pas, car en Afrique, et en particulier au Mali, la notion de famille/parenté ne repose pas entièrement sur la consanguinité. Elle comprend également les liens matrimoniaux et de clientèle. On peut trouver au sein de certaines familles des éléments parfaitement intégrés qui n'ont pas de lien de sang avec le noyau familial. C'est le cas d'anciens esclaves qui restent attachés à la famille de leurs anciens maîtres. Ils s'y marient et prennent le nom de leurs maîtres, et s'ils quittent la famille, surtout lorsque les femmes se marient, ils y reviennent de temps en temps comme s'il s'agissait de leur famille paternelle. Le plus souvent, ces personnes sont tellement intégrées qu'on ne les distingue pas des autres enfants du lignage.

Ainsi, la notion de famille avec l'idée de parenté est inclusive et au sens large du mot ; dans les pays mandingues, tous les ressortissants d'un village ont une propension à se dire parents lorsqu'ils se rencontrent en d'autres lieux. Il semble difficile de réduire la parenté au seul lien biologique car elle est bien davantage un ensemble de relations sociales. En Afrique et au Mali en particulier, la forme la plus connue et la plus fréquente était celle qui correspondait à la famille étendue. Comme nous l'avons dit, le *Kabila* était jadis composé de *gwa* (*lu, du*) regroupant généralement un homme, sa femme et ses enfants. Les notions de *Kabila* et de famille peuvent prêter à confusion dans la mesure où dans une famille étendue, les hommes mariés ne peuvent pas tous avoir le titre de *Gwatigui* puisqu'ils sont sous la responsabilité de l'aîné, seul habilité à porter ce nom et à gérer les biens de la communauté familiale. Concrètement, quand un chef de famille vit dans la même concession que ses frères cadets mariés et leurs enfants, les frères cadets n'ont pas le titre de *gwatigui* et ne gèrent rien, d'autant que la cuisine est commune. Dans ce cas, ils sont des *gwaden* (littéralement traduit : enfants de famille) (Koné 1983).

Dans notre acception de la notion de famille, nous allons retenir la définition donnée par Traoré qui nous semble bien cerner les rapports homme-terre dans le bassin du fleuve Niger : « La famille est constituée de l'ensemble des dépendants du chef de famille, c'est-à-dire ses parents en ligne patrilinéaire, leurs épouses et leurs enfants, et par extension, la concession où vivent ces différentes personnes. » Il s'agit ici d'un lignage dans lequel les personnes issues d'autres lignages sont exclues. Sont notamment exclus de cette acception, tous ceux qui en descendent par les femmes, notamment des femmes mariées à l'extérieur du *Kabila*. Contrairement au pays Soninké où il arrive souvent que les filles soient mariées dans le *kabila* lui-même avec les fils des frères de leur père, dans le pays bamanan, en lieu et place du frère du père, ce serait plutôt le fils du cousin de leur père. Par contre, tout comme dans les communautés soninkés, concession et lignage se confondent le plus souvent, mais il arrive parfois que le *kabila* lignage englobe deux ou plusieurs concessions.

Depuis des temps immémoriaux, la famille, soit réduite à la définition vague de parenté, soit selon la définition restrictive du lignage, constitue la cellule essentielle de la vie économique et sociale du pays bamanan. Les différents groupes statutaires des villages sont composés des *Kabila* ou clan, des Du, Lu ou familles, et des *Gwa*. Jadis, le *Kabila* constituait l'unité de production de base de chaque lignage et village. Il constituait le socle de l'organisation communautaire des Bamanan. Le Kabila était composé de tous les parents ayant le même ancêtre du côté du père, et le plus âgé était le *Kabila tigui* (chef de clan). Dans le *Kabila*, tous les frères, cousins et neveux travaillaient dans le champ du chef de *Kabila*. Depuis l'avènement de la colonisation et sous l'influence de l'extérieur, les *Kabila* ont éclaté, laissant ainsi la place aux *Du* et aux *Gwa*.

Cette unité de base influençait profondément les modalités de tenure foncière. Les unités familiales apparentées constituaient donc un segment de patrilignage localisé, ensemble d'hommes descendant d'un même ancêtre et formant l'armature sociale d'un quartier du village. Cette entité patrilinéaire et exogame jouait le rôle d'unité de gestion des affaires matrimoniales, de consommation et de contrôle de la richesse commune. Par ce double rapport au terroir et aux épouses, chacun recevait son identité et son statut d'une référence aux ancêtres (Bagayoko 1984).

L'organisation était marquée par l'autorité du *Gwatigui* ou *Du Fa*. Celui-ci constituait le trait d'union entre les membres et les ancêtres. Son autorité s'exerçait aussi bien sur ses frères cadets que sur le reste de la famille, à savoir les enfants et les épouses. Il avait la charge de gérer les biens familiaux et collectifs au mieux pour satisfaire les besoins fondamentaux de tout un chacun. Il s'établissait ainsi un rapport de dépendance entre lui et les autres membres. L'autorité avec laquelle chaque chef de famille dirigeait ses dépendants pouvait varier d'une famille à l'autre.

Dans le cas de la famille étendue, le *Kabila*, le chef de famille, avait le pouvoir de décision mais il se référait cependant au conseil de famille qui regroupait la catégorie des fa pères. Cette institution pouvait prévenir les abus éventuels du seul *gwatigui* ou *fa* chef de clan. Quant à la famille restreinte du fa, sa femme et ses enfants, c'est le fa ou *gwatigui* qui décidait à cette échelle. La seule référence étant pour lui sa première femme. Dans ce cas précis, le chef de famille détenait toutes les initiatives.

L'autorité familiale, exercée de manière collégiale ou pas, s'incarnait toujours en la personne de l'aîné. Elle était un facteur de cohésion du groupe familial aussi longtemps que l'aîné faisait preuve de ses qualités de bon gestionnaire du bien collectif et à condition qu'il possédât une certaine fermeté (Bagayoko 1989:449).

Dans la société bamanan, les enfants nés des filles mariées à l'extérieur du *Gwa* ne font pas partie de la famille mais ils sont néanmoins considérés comme tels. La différence est que ces enfants ne jouissent pas des mêmes droits de succession que les parents de leur mère. Il peut arriver cependant que la femme soit épousée dans la même Kabila par un de ses cousins. Dans ce cas, ses enfants auront les mêmes droits que les enfants de ses frères.

Les hommes bamanan étaient généralement polygames. Ils se mariaient à autant de femmes qu'ils le pouvaient. Chaque femme engendrant entre un et quinze enfants, la famille pouvait comporter quelques dizaines de membres. Comme nous l'avons mentionné, tout comme le *Kabila*, le *Gwa* possède un champ collectif dirigé par le *gwatigui*, le *Fa* (père, aîné), dans lequel tout le monde doit travailler, cadets et aîné, sous la supervision des plus âgés.

Les femmes ne participent pas à ces travaux. Elles s'occupent de préparer le repas et de l'apporter aux champs avant d'aller travailler dans leurs propres champs. Dans le pays bamanan, les femmes n'ont pas la propriété foncière, mais à côté du champ collectif, chaque enfant ou sa mère possède des champs individuels dans lesquels ils travaillent les lundis et les vendredis car ces jours sont fériés. Souvent, quand ils finissent tôt leur travail sur le champ collectif, les enfants vont labourer dans l'après-midi leurs propres champs. Les femmes possèdent toujours à côté un petit champ d'arachide ou de riz qui leur permet de contribuer à l'alimentation de la famille.

Chaque *Gwa* ou famille, chaque *Kabila* ou clan avait ses esclaves qui travaillaient dans les champs. Comme on l'a dit plus haut, les esclaves se consacraient eux aussi à leurs propres travaux les jours fériés, lundi et vendredi.

Selon Shaka Bagayoko :

> Le « village » (*dugu*), qu'il soit d'un seul bloc ou éparpillé en des quartiers séparés par des champs, regroupe plusieurs patrilignages entre lesquels s'instaure une hiérarchie en fonction de l'ancienneté d'installation. L'aîné du lignage fondateur a la responsabilité des cultes annuels qui, en répétant symboliquement l'alliance avec le sol, assurent la prospérité générale. Le quartier des maîtres du sol est fréquemment appelé bamanan, comme si l'on était d'autant plus bambara qu'on est enraciné dans un terroir. (Bagayoko 1989)

De ce que nous venons de voir, nous tirons la conclusion que la polarisation du pouvoir au niveau des aînés montre que la structure sociale bamanan était dominée par la catégorie sociale la plus âgée. Nous pouvons dire, de ce fait, que les communautés villageoises connaissaient un pouvoir gérontocratique.

L'unité de base de production : la famille

Le travail agricole était une entreprise familiale. La famille, telle que nous l'avons définie était à la fois une unité sociale de base et une unité de production agricole. Koné (1983) l'a établi à propos de l'organisation sociale du travail agricole de Baninko dans la zone CMDT de Fana dans le bassin du fleuve Niger. Selon lui, et comme nous l'avons déjà relevé, l'unité de production que constituait la famille travaillait sous la direction du Fa, le plus âgé. Dès le début de l'hivernage, il procédait aux sacrifices et à la répartition des tâches. Organisateur du travail, il était le pourvoyeur en instrument de production : les dabas[38]. C'était à lui de voir, selon l'urgence et la distribution des cultures sur les parcelles, s'il fallait que tout le groupe familial travaille ensemble, ou bien par petits groupes sur différentes parcelles appartenant à la communauté familiale.

Dans ces familles, il y avait une division du travail par sexe et par âge. Cependant, il faudra retenir que les femmes, à côté des travaux ménagers, pratiquaient aussi des activités agricoles. Les enfants, jusqu'à l'âge de quinze ans, devaient s'occuper du troupeau familial dans le cas où la communauté en possédait. Il était aussi de leur responsabilité de protéger la culture contre les animaux prédateurs comme les oiseaux et les singes etc. Ce travail de gardiennage était commun aux garçons et aux filles.

L'une des caractéristiques de l'organisation des travaux agricoles était la distinction établie entre deux sortes de champs : *Forobaforo (duforo)* et *Jonkériforo (Jonforo)*. Toutes les cultures destinées à la satisfaction des besoins fondamentaux de la communauté familiale se faisaient dans le *Forobaforo*, champ collectif, public ou grand champ. Le champ personnel appelé *Jonkériforo*, différent du champ collectif et qui était un lopin de terre relativement petit, était cultivé et mis en valeur par chaque membre actif de la famille capable de l'entretenir individuellement. Il jouissait personnellement de ce fait de ses produits. Le système de *Jonkeriforo* fut à l'époque circonscrit pour sauvegarder le caractère communautaire de la population et la cohésion du groupe familial. Les travaux des champs personnels ne devaient pas empiéter sur ceux du *forobaforo*. C'est pourquoi les *jonforo* ou *jonkériforo* étaient de très petite envergure ; car le temps réservé à leur culture était petit par rapport à celui du champ collectif[39]. Par ailleurs, pour l'organisation des travaux du *forobaforo*, chaque communauté familiale pouvait recourir à certaines formes de coopération établies entre les producteurs au niveau du village. Cela lui permettait de bénéficier de manière ponctuelle d'une main-d'œuvre suffisante pour juguler les goulots d'étranglement.

Notes

1. Nous avons utilisé l'appellation « Marka » ici parce que les Soninkés sont communément appelés dans les milieux Malinké et Bamanan « Marka ».
2. *ban* = refus ; *maa na, mana* ou *mara* = maître, qui gère, domine, administre, roi ou mansa. Source : anonyme.
3. Le griot traditionniste Abdoulaye Diabaté fait allusion à cette version dans une de ses chansons.
4. Le Mandé original est la région où vivent les Malinké. Il s'étendait de Gambie à Kankan (Guinée-Conakry) et de Kankan à Woyowayanko près de Bamako au Mali en passant par Kaaba (Kangaba) et Siby. De Woyowayanko à Tambankounda en passant par Kita et Kéniéba dans le bassin du fleuve Sénégal. La capitale était Dakadialan. L'Empire du Mandé (l'Empire du Mali), à son apogée, s'étendait d'ouest en est de Dakar au Sénégal à Macina au Mali, du nord au sud de Tichit en Mauritanie à Beyla en Guinée-Conakry.

5. Le sud-est de Kankan est habité par les Malinkés et les Wassolonkés.
6. Région de Ségou, de Koutiala et de Sikasso.
7. Actuel Kangaba à 90 km de Bamako.
8. La charte de Kurukafuga, chapitre I, article 1er, 2 et 3.
9. Le pluriel de *Hurr est : a r r*
10. Comité d'Études Historiques et Scientifiques de l'Afrique Occidentale Française (1939). *Coutumiers Juridiques de l'Afrique Occidentale Française*, t. II, Soudan, p. 35, Paris Ve, Librairie Larose.
11. Les Traoré étant les premiers occupants, les Coulibaly qui ont su organiser la défense du village et prendre le pouvoir politique et les Diarra qui ont pris le pouvoir par la force en la personne de N'Golo Diarra, ancien esclave de la famille royale Coulibaly.
12. Dans les milieux malinkés, cette appellation devient « Ton tigui » ou chef d'association, propriétaire des règles afférentes à l'association.
13. Biton Coulibaly.
14. Certains traditionnistes considèrent aussi les marabouts comme faisant partie des *gnamakala.*
15. Charte de Kurukanfuga en 1236.
16. Griot mandingue du village de Komana dans le cercle de Kangaba ou Kaaba, une des anciennes capitales du Mandé et de Mali.
17. Certains traditionnistes affirment que les patronymes existaient déjà depuis le Wagadou.
18. Source : entretien avec Richard Toé, traditionniste mandingue, entre le 5 et le 7 février 2009.
19. Dans la version de l'Épique racontée par Vasé Camara analysée par Geysbeek, il ressort que Founégama qui se serait absenté pendant longtemps aurait été privé du trône qu'il avait hérité de son père par ses frères ou demi-frères [...], et qu'il aurait échappé à un complot, un assassinat par le biais d'un descendant de Fakoly et d'un descendant de Balla Fassèkè Kouyaté… Même si Geysbeek dit à la fin de son étude que Founégama serait l'ancêtre des Founè par le rapprochement du radical « Founé » du mot Founégama en faisant référence à une autre étude menée par Conrad, et qu'un marabout arabe serait apparu au début du récit de Vasé Camara, il n'est pas fait mention de la descendance de Founégama comme étant quelqu'un de lié au Prophète. Voir aussi: Conrad, D.C., 1995 « Blind Man Meets Prophet – Oral Tradition, Islam *an&funé* Identity », in *Status andldentity in West Africa* – Nyamakalaw *of Mande*, D.C. Conrad & B.E., Frank (eds), Bloomington, Indianapolis, p. 86-132.
20. Voir Jan Jansen, *Les secrets du Mandé : Les Récits du sanctuaire Kamablon de Kangaba* (Mali). Publié par Research School of Asian, African and Amerindian Studies (CNWS), Universiteit Leiden, The Netherlands, 2002.
21. Ibid.
22. Baramadena serait le premier Roi mandingue à se convertir à l'islam en 1050.
23. Nous définissons les « castes » comme des « rangs endogènes de groupes spécialisés ».
24. Voir Monteil (1923) à ce propos.
25. Les Diogorame forment une catégorie dérivée des Peuls et du Marka/Sarakolé/Malinké.

26. Certaines personnes interviewées affirment que les Bozos et les Somono sont des Gnamakala.
27. Nous avons vu que le mot « *gnama* » a plusieurs significations.
28. Cantons.
29. Les Kéïta de Kisidougou ne sont pas puissants, probablement à cause du fait qu'ils étaient liés à Mansa Dankaran Touman, chassé du Mandé par Soumaoro Kanté, le roi de Sosso.
30. À l'époque des Empires du Mali et du Songhaï.
31. À cette époque, la plupart des Horon Faama (Fanga ma=celui qui a la force, le pouvoir) étaient en effet d'origine récente et descendaient soit d'hommes libres, soit d'esclaves fortunés. Dans ces temps de guerre, tout homme audacieux qui arrivait à s'imposer par ses armes pouvait fonder une dynastie. La plupart des noblesses actuelles remontent à cette époque (XVIIe et XVIIIe siècles).
32. Nous parlerons largement de ces aspects dans la deuxième partie de ce live.
33. Fractions de tribus.
34. À l'origine, il y aurait eu la mésalliance d'une femme peule. Selon les interprétations, le père des *Diawambé* fut un Maure, un esclave ou le diable.
35. Des patronymes.
36. Le fief est, au Moyen Âge européen, le domaine concédé par un seigneur à son vassal à charge de certains services. Cette notion de fief n'est pas tout à fait adéquate pour ce qui existait durant le Moyen Âge du Haut-Sénégal-Niger, c'est-à-dire l'ex-Soudan français.
37. Confédération de villages dirigée par un chef de guerre représentant de *Faama* ou fils du *Faama*.
38. Les *daba* simples, étaient fabriqués par les artisans appelés forgerons et étaient de dimensions diverses : le *daba* est composé d'une partie supérieure en fer et d'un manche en bois mesurant de cinquante à soixante centimètres avec lequel on le tenait pour le labour. Dans la plupart des régions de Mali-Sud, ces instruments sont restés longtemps – jusqu'à aujourd'hui – les seuls employés dans les travaux agricoles.
39. Le temps de travail consacré au *forobaforo* pouvait varier en fonction des exigences du calendrier agricole. Dans la plupart des cas, les membres actifs devaient y travailler tous les jours de six heures à dix-sept heures au plus sauf le vendredi et le samedi.

3

Terre, terroir et territoire – enjeux fonciers et régime juridique des terres dans le pays Bamanan et dans le Delta intérieur du Niger

> La gestion des *kafos*, *leyde* ou *jamana* (territoires) était plutôt politique. Le *Faama* s'occupait juridiquement du recouvrement du dissongo (taxes et tribus) et de la gestion des conflits par des expéditions punitives (Monteil 1924).

En pays Banmana, l'unité territoriale est le terroir. En banmana, les mots terre (*dugukolo*), terroir (*sigida*) et territoire (*jamana, kafo*) ont des significations différentes : le premier se trouvant dans le second et le second dans le troisième. Ces trois notions constituent des concepts clés relatifs à la gestion du politique comme à celle du foncier. Au niveau du terroir, la terre appartient au génie protecteur du village qui la gère par le biais du « maître de terre » (*dugukolo tigi*, le premier occupant). Mais en réalité, la gestion des terres était et est toujours communautariste dans les villages banmana. Malgré l'influence étatique des royaumes, *kafos* et empires, organisations politiques à une échelle plus vaste qui pouvaient disparaître, les communautés villageoises ont persisté à vivre ensemble et à organiser les interactions au sein des sociétés sur des bases juridiques communautaires. Ces communautés ne connaissaient pas l'intérêt individuel, mais seulement le collectif.

Chez les Peuls du Massina, l'unité territoriale est le *leydi* (*léidi*). Gallais (1984) a analysé en profondeur le Delta intérieur, son peuplement et son environnement. Selon lui, les Peuls ont pris possession du Delta par la force militaire et ont ignoré les droits de première occupation des vieux peuples. Ils les ont expulsés, réduits à l'état de captifs ou de sujets. Malgré la prise de possession des terres, il n'y a pas eu d'organisation fine de l'espace. Durant la période du nomadisme, un partage approximatif et exclusif suffisait. C'est la *Dîna*, sous Sékou Amadou, qui organisa l'espace du Delta après avoir ordonné la sédentarisation des éleveurs. À l'exemple des *Sigida banmana*, la Dîna créa des villages différents de nature et liés ensemble à un niveau spatial plus élevé : le *Leydi* (Gallais 1984:137). Depuis cette époque, dans le Delta intérieur, les leyde constituent l'unité territoriale de la population peule.

Les terres du pays banmana, composées de vastes plaines fertiles exondées ou inondées, ont été pendant des siècles l'objet d'enjeux, de rivalités et de conquêtes pour le pâturage, le foncier ou l'eau des fleuves et des mares. Quelle qu'ait été l'issue des conquêtes ou la nature de la domination, la gestion des terres et des eaux fut toujours confiée au maître des terres et au maître des eaux. Dans le Delta intérieur, le maître des pâtures ou *Dioro* jouissait de la maîtrise des *Leydi*. C'est pourquoi nous analyserons le Leydi peul mais aussi le *Sigida* (le terroir) banmana et le jamana, le *kafo* dans la première section. La deuxième section sera consacrée à l'aspect physique et à la pesanteur des sols du Delta intérieur et des régions Cotonnières.

Terre (*dugukolo*), Terroir (*sigida*), *Leydi* et Territoire (*jamana ; kafo ; mara*)

Dans le pays banmana, dans la zone inondée comme dans la zone exondée, la terre et le terroir sont confondus au niveau des villages. L'ensemble des terres forme le terroir et constitue un bien collectif. La gestion de cette entité n'incombe pas au seul maître des terres, mais également au chef de village, aux notabilités et aux sociétés initiatiques, car chacun vit et travaille dans cet environnement naturel nettement défini et délimité. Au-delà de cette entité de base sociale, politique et juridique, sont les *jamana kafo,* vastes territoires politiques regroupés par des conquêtes ou par des négociations.

Terre et Terroir

*La Terre (*dugukolo*)*

Chez les Banmana, *dugukolo* signifie « sol » ou « terre » et désigne le lieu d'habitation pour tous les êtres animés ou non animés. Selon Bagayoko (2004), dans les différentes cosmogonies élaborées par les peuples habitant la zone mandingue en général et banmana en particulier, la terre, l'eau, le feu et l'air représentent les quatre éléments constitutifs de l'univers. La combinaison de ces éléments deux à deux, leurs rythmes et leurs séquences, permettent de décrire la genèse du monde. Dans le pays banmana, la terre est une divinité qui non seulement nourrit l'Homme, mais lui indique en outre, à travers la géomancie pratiquée à même le sol, les voies de son destin collectif (Bagayoko 2004). C'est une divinité qui est, en même temps, le lieu d'accueil après la mort et le lieu du culte des ancêtres. Le rapport à la terre, dans la société banmana, relève donc du domaine sacré que les musulmans arabes et les colonisateurs chrétiens ont appelé dès leurs contacts avec ces peuples, « fétichisme » ou « paganisme ». Au reste, jusqu'à présent, le rapport à la terre dans les sociétés banmana n'a pas changé totalement, du moins dans les zones rurales, malgré l'agressivité de la modernisation et de la mondialisation. Sur le plan comportemental religieux des croyances, malgré l'islamisation ou la christianisation de la majorité des Banmana de nos jours, ces derniers observent encore leurs traditions ancestrales religieuses ou coutumières.

*Le Terroir (*Sigida*)*

En banmana, le mot *sigi* veut dire « s'asseoir », « poser », « s'établir », et « da » a deux significations : « le lieu », et « se coucher », les deux mots combinés donnent *Sigida* « s'asseoir, s'établir et se coucher » ou « le lieu d'établissement ». Ce qui rejoint la notion d'agglomération, les terrains de culture, de chasse, et les ressources naturelles qui se trouvent sur une terre déterminée et dont l'exploitation relève prioritairement de ceux qui y vivent en permanence : le terroir. Ce concept de Sigida nous renvoie étymologiquement au *Leydi* (pluriel : Leyde) qui désigne initialement la terre. Gilles Sautter et Paul Pélissier (1964) définissent le terroir comme « la portion de territoire appropriée, aménagée et utilisée par le groupe qui y réside et en tire ses moyens d'existence ». Pour Traoré (1991), les terroirs forment un ensemble de terres exploitées par un village, sur lesquelles s'exercent les droits fonciers ; ce sont les terres effectivement exploitées ou mises en jachère, ou qui servent incidemment à la pêche ou à l'élevage. Ce sont des espaces exploités par une communauté rurale. Les terroirs naissent des interactions entre l'Homme et la nature. C'est-à-dire que l'Homme, mobile à la recherche d'abris, de terre de culture ou de pâturage, s'établit là où il juge pouvoir se procurer nourriture et si possible, sécurité alimentaire, à travers le travail. Le terroir banmana est donc une unité spatiale de relativement petite dimension sur laquelle vit un village (ou plusieurs). Chaque terroir, dans le pays banmana, a son histoire qui commence par celle des premiers habitants ayant défriché les terres et contracté une alliance avec le génie de la brousse, qui devient le génie protecteur du village, du terroir en question (Traoré 1991).

Au centre du terroir, il y a le village « *dugu* », que nous analyserons au chapitre IV. L'existence du village est tributaire du cycle des saisons, qui partage le temps entre tâches productives et activités sociales. Les terroirs sont composés d'agglomérations *sow*[1], de champs *forow*[2], de terrains de chasse ou de cueillette wula ou kungo[3], de chemins de chasse ou de brousse *wula siraw*[4], de chemins du village *sosiraw*, de chemins des champs *foro siraw*, de carrefours rituels *dankun*[5], de jardins potagers *nakow*, et aussi des mares et des rivières, si elles traversent le village, car les villages étaient presque tous installés non loin d'un point d'eau. Ce mode de répartition des terroirs villageois banmana repose en grande partie sur un système de production où la parenté sert de support au rapport de production polarisé autour du chef de famille fa ou dutigui ou encore gwatigi et de ses descendants et dépendants appelés *dudenw*[6]. Toujours selon Bagayoko, « le recours exclusif jusqu'à l'ère coloniale, à l'énergie humaine, rendait nécessaire entre les unités familiales autonomes, l'établissement de rapports horizontaux axés sur différentes formes de coopération » (1989:448).

Chaque terroir correspond à un type de sol et un régime juridique spécifiques aussi bien du point de vue des droits fonciers que de l'occupation effective des terres. Certes certains terroirs sont dépourvus d'enjeux majeurs, mais d'autres en suscitent à profusion, sur les plans politique, social et économique. Dans l'histoire du Mali et surtout celle du bassin cotonnier du fleuve Niger et de la boucle du Niger, il y a eu pendant des siècles des batailles sanglantes, des évictions de groupes statutaires pour le contrôle de ces régions et l'installation de pouvoirs politiques.

Figure 4 : Schéma des composants du terroir

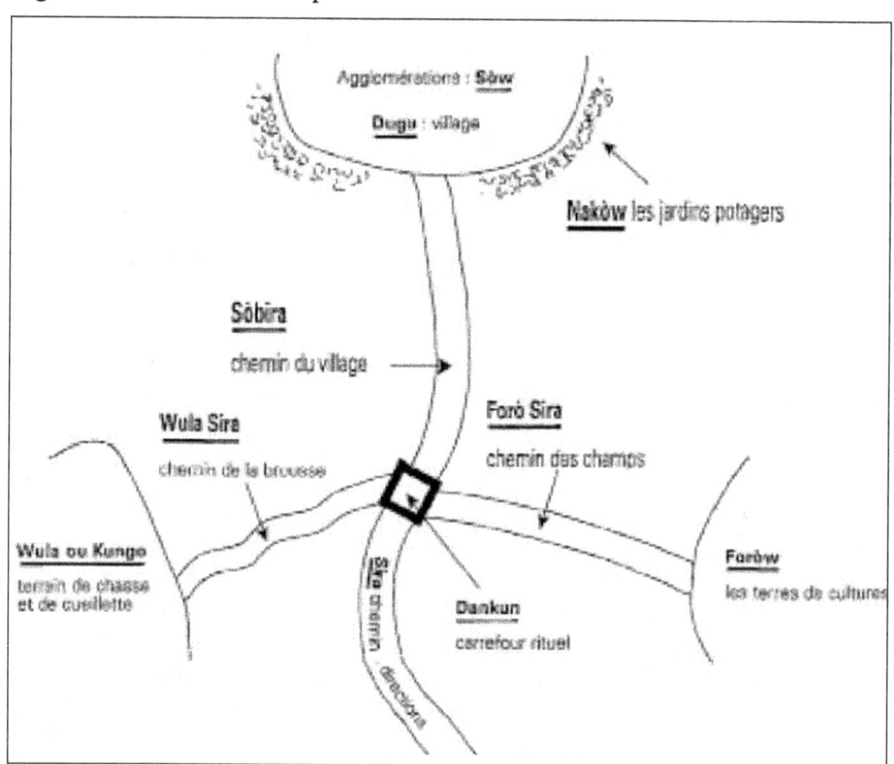

Sources : Shaka Bagayoko 1989:447

Leydi, Jamana, Kafo, mara ou Territoire

Selon Monteil (1923), derrière les expressions « empire » et « royaume » dont l'Européen s'est servi pour désigner les États soudanais, se cache une organisation sociale plus ou moins analogue à celles que ces mots recouvrent dans les pays occidentaux. Mais pour lui, à la différence des pays européens, les royaumes et les empires soudanais étaient composés de clans, c'est-à-dire de groupements politiques imposant une domination à d'autres groupements dont les membres deviennent à leur égard tributaires, gens de castes ou esclaves. Selon lui, un tel empire n'a, à vrai dire, aucune limite topographique précise, ou bien est en perpétuelle variation. Les limites des territoires des royaumes et empires soudanais, à l'encontre de cette thèse, étaient connues, car ces territoires étaient composés de *Kafo* ou de *Leydi*[7], formés à leur tour de villages chez les Banmana et de *ouro* et *saré* chez les Peuls.

Le *Jamana* était un État relativement centralisé ayant sous sa domination des *kafos* qui, à leur tour, géraient des villages. Différent du terroir par la taille et par la gestion, le territoire (*Jamana, Kafo* ou *Leydi*) a un sens politique et regroupe l'ensemble des terres, des hommes et des cours d'eau placés sous le contrôle d'un pouvoir politique. Juridiquement, l'étendue de pays englobée sous cette dénomination est composée de deux parties : les territoires administratifs directs dans lesquels l'autorité clanique s'exerçait immédiatement, et les territoires dont la position à l'égard du clan s'échelonne de la sujétion étroite à la quasi-indépendance.

Les *jamana* (territoires) banmana étaient divisés en *Kafos* (confédération de villages, qui sont donc des provinces) qui étaient composées de terroirs sur lesquels étaient installés des villages. Le clan royal agissait le plus souvent sur des gens de races autres que celles de ses membres qui, fréquemment, relevaient à l'origine d'éléments ethniques divers. L'harmonie existait dans cette société, malgré son hétérogénéité, à cause de l'organisation sociale que nous avons analysée dans le chapitre II. Selon Bagayoko, dans l'histoire du Mali :

> La genèse des *kafo* révèle des différences très sensibles. Certains sont en fait des territoires lignagers comme ceux du Wasulu. D'autres sont nés d'intenses jeux diplomatiques à l'issue desquels des villages se sont fédérés. Par contre, beaucoup, parmi les *kafo* du Bélédugu et de Bamako, ont procédé à des conquêtes menées par des chefs de guerres étrangers à la région. D'autres *kafo* apparaissent encore comme la contraction d'une formation politique plus ancienne ; tels ceux du Mandé originel (Bagayogo 1989:458).

Le *jamana* (territoire) plus étendu, peut donc, à la différence du terroir, être un royaume, une province (*kafo*) ou même un empire.

Pour les rois banmana, l'expansion du territoire était synonyme d'expansion de leurs pouvoirs politique et économique. Ils ne géraient pas directement la terre mais la population qui était installée sur leurs territoires. La gestion du terroir était réservée aux habitants qui le régissaient selon leur propre tradition. C'est-à-dire, en réalité, selon le mode de formation d'un village.

Bagayoko (1989) a abondamment discuté de l'existence des *kafo* au Mali avant la colonisation. Selon lui, à la veille de la conquête coloniale, tout le territoire était quadrillé par des *kafos*, dont certains jouissaient d'une grande autonomie. La majorité était sous le contrôle de grands États comme celui de Ségou. Suite à la disparition de ces États du fait de la conquête coloniale, certains *kafos* sont restés disparates car ils ne se concevaient plus comme des territoires politiques, ou conquis, d'autres ont noué des alliances comme à l'accoutumée. Le colonisateur, face à cette situation a créé de toutes pièces des cantons à la place des *kafos*. Ces cantons coïncidaient souvent avec les limites des *kafos*, antérieures à la conquête européenne. C'est pourquoi :

> Le triptyque terre-terroir-territoire et ses fondements sociohistoriques, religieux et juridiques circonscrivent dans le temps et l'espace, la trame des pratiques foncières. Malgré la triple épaisseur historique des périodes précoloniale, coloniale et postcoloniale, la mémoire collective a gardé les traces parfois matérielles de l'inscription sur le sol de ces différentes délimitations (Bagayoko 2004).

Au Mali, la mémoire collective est dominée par celle des diverses fractions rivales des anciens clans guerriers. Ces mémoires expriment les prétentions politiques et foncières des résidus de ces anciennes couches sociales banmana ou maliennes.

Leyde ou *Kafo* : Selon Traoré (1991), le leydi peul, qui comme nous l'avons vu signifie aussi « terre », « territoire », donne dans le langage foncier une catégorie spatiale géométrique et statutaire, recoupant plus la notion de terroir que celle de pays ou jamana banmana malinké. Le *leydi* peul correspond donc, selon lui aux espaces d'évolution des différents groupes statutaires peuls. Selon Jean Schmitz, cité par Traoré, le *leydi* constitue, « pour le Fuuta Toro, une « écologie politique » dans la mesure où la place de chaque groupe par rapport à sa « niche politique » dépend de celle des autres communautés ».

Claude Fay a beaucoup écrit sur le Delta intérieur du Niger. Il avance que dans les régions inondées, les « *leyde* » du Massina constituent, à l'image des *kafo* banmana, des aires agropastorales instaurées par la *Dîna*, dont un lignage ou un groupe de lignages détient la maîtrise politique et mystique. Ces aires sont idéalement constituées d'un village peul noble *wuro* (*horon*), d'un ou de plusieurs villages de captifs, d'un gîte et d'un chemin de transhumance menant au « *harima* ». Toujours selon Fay, on peut aussi, dans le cadre de découpages effectués par les *ArBe* d'abord, par la *Dîna* et par l'État colonial ensuite, utiliser ce terme pour désigner une aire politique « recouvrant » les territoires de degrés inférieurs, et dont la chefferie est dévolue à un lignage (Fay 2000:128). Les frontières des leyde pastoraux aussi bien que des *leyde* politiques, qui coïncident parfois, ont pu varier à chaque époque dans le cadre de rapports de forces divers, mais assez faiblement, d'autant que dans la région, les chefs de canton coloniaux[8] ont presque toujours été choisis dans les dernières familles dominantes de l'époque précoloniale. Enfin, le terme pourra s'appliquer ensuite, selon le contexte, à toute aire ou territoire déterminés géographiquement et politiquement : on emploiera « *Leydi* Massina » pour l'ensemble de la région ; on dira « *leydi* » d'un village pour désigner l'ensemble des terres sur lesquelles il a des droits, que ce village soit peul, bozo ou banmana (*ibid.*:128).

Dans le Delta intérieur, comme nous l'avons dit plus haut, le *Leydi* est un territoire sociopolitique fondamental élaboré par la *Dîna*. Il constitue une unité organique et une subdivision du *Leydi* Massina. Le *Leydi* a existé avant le royaume théocratique mais a été consolidé par lui. Pendant la colonisation, l'ancienne organisation du Delta a été perturbée par le découpage arbitraire des territoires en cantons, bien que ces derniers correspondent souvent aux anciens *Leydi*. Malgré cette perturbation, trente-sept leyde ont été identifiés. Ce sont des territoires limités appartenant à un groupe historique, tribu ancienne ou regroupement politique décidé par Sékou Amadou (Gallais 1967 ; 1984). Selon Gallais, ainsi que Fay l'a dit, l'organigramme est le même : un noyau, l'ouro (*wuro*) ; des satellites, les villages de captifs dispersés selon les conditions agricoles ou reportés à la périphérie pour mieux surveiller la frontière du *Leydi* ; un tissu, le bourgou, grignoté autour des villages par les rizières. Ainsi organisé, le *Leydi* n'est pas un espace économique parfaitement autonome car le *bourgou* le plus complet ne peut nourrir le troupeau de façon permanente. Les éleveurs peuls ne peuvent donc pas s'enfermer dans le *Leydi* comme les paysans banmana peuvent le faire dans leurs terroirs.

Toujours d'après Gallais le *Leydi*, comme le fief médiéval, peut être spatialement discontinu et exclaves et enclaves en compliquent le territoire. Ainsi le Sogonari, un des *Leydi* du Diaka amont, possède des villages de captifs, Ninga et Véligara dans le *Leydi Salsalbé*. Le *Leydi Ouro Alfaka* est constitué de pièces séparées, enclavées dans les *Leydi Dialloubé* et *Yallalbé*. À cause du fait que le *Leydi* est un territoire limité, souvent discontinu, un espace rizicole et pastoral économiquement ouvert et le domaine d'un groupe peul généralement hétérogène et instable, une définition simple comme celle du terroir est difficile. Malgré la difficulté d'une définition simple et unique, le Leydi constitue un espace vécu fortement ressenti comme l'unité élémentaire de l'organisation peule. C'est la seule unité sociopastorale du Delta et les Peuls la proposent comme base communautaire pour le développement (Gallais 1967 ; 1984).

Le droit de propriété et le régime juridique des terres et des espace-ressources

Le régime juridique des terres dans le Delta intérieur et la zone cotonnière est en harmonie avec l'organisation sociale. Ces structures sociales ont été façonnées par le milieu et adaptées aux genres de vie que ce milieu conditionne. Le régime de propriété chez les Banmana a été amplement discuté par Diakité (1976). Le droit de propriété qui nous intéresse ici est celui relatif au foncier et à tout ce qui s'y rapporte. Diakité s'est limité au mode de gestion de la terre dans le pays banmana sans aborder la gestion des eaux et du pâturage. Certes les Mandingues (Banmana, Marka/Sarakolé) sont traditionnellement agriculteurs ou commerçants, mais pendant des siècles, ils ont été en interaction avec les communautés nomades qui sont arrivées du Fuuta Toro ou du nord avec de nouveaux modes de vie et de production qui consistaient à élever du bétail et à le faire paître. Parmi ces communautés, il y a des pêcheurs qui, tout comme les premiers occupants des terres, sont des maîtres des eaux : les Bozo ou les Somono.

La terre, propriété collective et inaliénable

Dans le pays banmana traditionnel, un fondement mystique peut être décelé dans chaque comportement ; de même, la notion de collectivité sert de référence aux démarches de chaque individu, qui agit pour le compte du groupe auquel il appartient (Bachelet 1968:114). Selon Diakité (1976), la définition d'Ortoli (1939), qui avance que la propriété est un droit par lequel une collectivité ou un individu peut utiliser et disposer d'un objet comme il l'entend, n'est pas suffisante car le critère principal pour définir la propriété est le rapport entre deux individus ou groupes de personnes par rapport à un objet. Il n'y a pas de contradiction entre ces deux conceptions car lorsqu'on parle de propriété collective du foncier, il s'agit de la propriété du premier arrivant, dans laquelle la gestion des terres peut être confiée à un clan dominant en raison du nombre de ses membres ou par sa puissance, sachant que les autres clans auront la gestion familiale ou lignagère des espaces qui leur sont alloués. Mais contrairement à la thèse d'Ortoli, qui affirme que la terre et les eaux sont divines, dans le pays banmana, elles sont propriété des génies qui sont chargés de les protéger et de les faire fructifier. La délégation de la gestion et de l'exploitation est confiée à la première famille qui s'installe sur le sol ou qui exploite les eaux mais, avant de commencer toute activité, on procède à des sacrifices pour demander l'autorisation et la protection du génie. C'est pourquoi, dans le pays banmana, tous les objets, qu'ils soient ou non mobiles (arbres, rochers, terre fertile ou non) ont un propriétaire. Les familles de chaque clan ou lignage disposent de terrains de culture dans le cadre de l'appartenance collective de ces terres ; ils jouissent donc de l'usufruit. Mais, le plus souvent, les limites entre ces espaces étaient vagues. Ainsi, à côté du *dugukolo tigi* (maître de la terre) collectif au niveau du village, chaque fa ou patriarche chef de famille jouissait des prérogatives de *dugukolo tigi* du *kabila* ou clan ou du lignage. À l'intérieur de cette famille élargie, se trouvent plusieurs noyaux composés par les cellules primaires que sont les couples et leurs descendants directs. Le patrimoine foncier est l'apanage de tous ceux qui, à un titre quelconque, se considèrent comme apparentés et forment des clans unis par de multiples ramifications biologiques, majeures à l'intérieur d'un clan, mineures entre clans. Le clan, communauté de sang, est également communauté du sol. Tous les membres sont les descendants d'un ancêtre commun qui a jadis conclu un pacte avec le génie de la terre duquel il tient le droit d'établissement, descendants qu'il a représentés une fois pour toutes à l'origine des temps anciens du clan (Ortoli 1939:118).

Dans certains villages banmana, le maître de la terre (prêtre de la terre), le chef du lignage et le chef de village (détenteur du pouvoir politique) ne font qu'un. Mais dans d'autres, les deux entités ou les deux fonctions coexistent ; car chaque village a sa propre histoire et les villages n'ont pas été installés de la même manière. Dans les deux cas, selon Bachelet (1968), le maître de la terre ou le prêtre de la terre, en qualité de doyen du lignage, exerce davantage un rôle religieux qu'une fonction foncière administrative. En effet, si dans certains cas le chef de terre cumule les fonctions de prêtre de la terre avec celle qui est spécifique à son titre premier de chef de terre, la réciproque n'est pas vraie. Ainsi, le prêtre de la terre n'est pour ainsi dire jamais à ce titre chef des terres. Toujours selon Bachelet, les attributions du chef des terres se caractérisent par deux traits essentiels :

- il distribue des droits de jouissance sur les sols où s'exerce la souveraineté d'une communauté villageoise ;
- il administre les biens fonciers, non pas au regard d'un lignage particulier, mais pour toutes les classes composant l'unité territoriale du village dont il gère le patrimoine foncier (Bachelet 1968:122).

Il conviendra donc d'admettre que, malgré le cumul rencontré dans certains villages banmana, une distinction doit être faite entre la fonction de chef des terres et celle de chef de village ou chef politique. Le chef est d'abord investi de l'autorité administrative et judiciaire. Et en tant que représentant de l'ancêtre fondateur, son pouvoir s'étend à tous les villages qui se créent, dont les chefs (lignagers) ne sont que les délégués. D'autre part, sa qualité de descendant de l'ancêtre fondateur, portée au traité d'alliance avec les Dieux du sol, lui confère une autorité particulière en matière foncière (Kouassigan 1966).

Le chef des terres détient le pouvoir sur les hommes parce qu'il a autorité sur le sol, et le chef politique détient une autorité sur le sol parce qu'il a le pouvoir sur les hommes. La terre et le chef apparaissent ainsi comme le lien social par excellence. C'est pourquoi toute interprétation romaine individualiste et subjective du droit sur le sol serait erronée. Il faut en conclure que l'autonomie du chef de terre réside dans la disposition des droits de culture et non dans une disposition répondant aux critères de la propriété selon le droit romain. Ces droits sont en fait ceux d'un gérant plutôt que d'un propriétaire. Les pouvoirs du chef sont ceux d'un administrateur. Il gère pour l'intérêt de la communauté les biens fonciers de celle-ci. Dans un village, nul n'a le droit d'aliéner le domaine collectif. Des aliénations peuvent survenir au sein d'un même groupe mais ce sont plutôt des prêts ou des échanges qu'une dépossession définitive (Kouassigan 1966). Il faut toutefois remarquer que, jouissant de ses responsabilités et de la délégation du pouvoir collectif, il arrivait que le Fa outrepasse ses prérogatives familiales et villageoises, surtout depuis la colonisation et l'avènement de l'argent, aspect que nous étudierons dans les chapitres prochains.

Dans le pays banmana, comme l'a si bien exprimé Ortoli : « quiconque désirera utiliser une terre et bénéficier de ses produits devra au préalable obtenir l'autorisation du chef de la terre [...] les usagers verseront une fois l'an une redevance au chef de la terre généralement en nature : une fraction de la récolte ». C'est en qualité de chef que le titulaire de droits sur la terre perçoit des redevances et non en qualité de propriétaire. C'est lui seul qui accorde le droit d'occupation et d'usage du sol. Son autorisation s'inspire du bien de la communauté et de l'occupation héréditaire d'une terre par une famille ; le départ vers un centre urbain ne supprime pas les droits de l'émigrant à une terre lors de son retour au pays (Bachelet 1968:125).

Alors que Sohier (1954) considère la conquête comme synonyme d'acquisition foncière sans restriction et qu'il n'est pas douteux que les droits ainsi acquis répondent à la définition de la propriété du droit européen, dans la plupart des cas au Mali en général, et dans le pays banmana malinké en particulier, les conquérants ne s'arrogeaient jamais le pouvoir de chef de terre. Dans de rares cas d'annexion cependant, celui qui annexe une portion de terre du voisin et s'y installe de force procède aux sacrifices nécessaires pour se mettre en communion avec le génie protecteur des lieux. L'espace annexé change alors de propriétaire, de prêtre, donc de terroir. Ces cas étaient fréquents au XVIIIe et XIXe siècle avant la conquête européenne. Les pâturages, les arbres, les fruitiers et les eaux étaient les propriétés de lignages sur lesquels on pouvait jouir de l'usufruit.

D'ailleurs, la famille patrilocale étendue ne possédait, elle aussi, qu'un droit d'usufruit sur la terre. Elle avait néanmoins droit de propriété sur certains objets : les esclaves, le bétail, les maisons et le mobilier, les dots des filles à marier, et tous les produits issus du travail collectif effectué par la famille étendue. Les semences, les principaux instruments de culture comme la *daba* (houe) et les grands greniers communs relevaient aussi du patrimoine familial.

Les eaux, les pâturages

Comme la terre cultivable, les pâturages, les arbres fruitiers et les eaux étaient la propriété de lignages sur lesquels l'individu ne pouvait obtenir que l'usufruit. Les pâturages du Banmana se trouvaient aux alentours du village dans le terroir. Comme nous l'avons dit plus haut, le pays banmana s'étend sur tout le bassin cotonnier, incluant une partie du Delta intérieur. Les informations existantes, concernant la population du Delta intérieur, donnent à penser que la région était d'abord peuplée de groupes aux activités polyvalentes, tous guerriers à des degrés divers et pratiquant inégalement chasse, pêche, cueillette, bûcheronnage, agriculture et élevage (Fay 1999b). Ces populations sont des Bozos, des Dogon et des Marka (Sarakolé) qui tous sont des Mandingues. Les Banmana[9] peuvent donc être considérés comme faisant partie des premiers habitants du Delta – les Marka étant historiquement les premiers après la destruction du Ghana par les

Almoravides au IXe siècle. Selon le Tarikh Es-Soudan, dès avant le IXe siècle, les Bozo étaient présents dans le Djennéri. Ce sont les gens de l'eau : les Bozo et les Sorko (pêcheurs) et les Nono (Marka ; riziculteurs), qui à cette période déjà, avaient commencé à se fixer dans des villages stables, lesquels ont ensuite essaimé en conservant leurs caractères. Entre ces différentes communautés, qui étaient spécialisées dans la pratique des différentes fonctions ou dans au moins deux d'entre elles, existaient des pactes de sang qui ont déterminé par contraposition les identités et les spécialités. Elles ont créé, à terme, la série des ethnies existant dans la boucle du Niger (Gallais 1967). Fay (1995b, 1997) a montré que ces pactes, en instaurant des droits différenciés et inégaux sur les territoires et les ressources, ont souvent consacré des rapports de forces divers entre groupes se rencontrant sur un même espace, dans le cadre des contractions et expansions des empires mandingues. Toujours selon Fay, à l'issue de ces contrats inégaux, on constate le plus souvent que les moins forts sont rejetés dans la catégorie des travailleurs producteurs (*golloBe* en peul). Les dominants se réservent la qualité de guerriers (*baasiinkobe*), de gens du pouvoir (*laamunkobe*).

Les premières vagues peules sont arrivées dans le Massina au cours de la seconde moitié du XIIIe siècle. Mais les premiers chefs *ArBe* Diallo-Dicko qui vont régner sur la zone jusqu'au XIXe siècle arriveront entre le XIVe et le XVe siècle. Suite à des conflits, ces premières vagues de Peuls s'imposent et délimitent leurs pâturages, tout en soumettant de façon plus ou moins formelle une partie des groupes qu'ils ont trouvés sur place, qui leur payait un tribut.

Ainsi, quelques siècles après la destruction du Ghana, les empires médiévaux du Soudan central[10] ont organisé entre le XIIIe et le XVIIIe siècle de vastes territoires dont le centre était le Delta, du Toron (nord-ouest de la Côte-d'Ivoire et nord-est de la Guinée) à Gao, en passant par Ségou, Tombouctou et Djenné. Tout l'espace entre le Bani et le Niger était concerné. Le commerce et le trafic, favorisés par ces grands empires, renforcèrent l'installation Bozo, Marka ou Sorko. L'organisation Marka était fondée sur la ligne du fleuve (Gallais 1967). Claude Fay note que les groupes divers qui ont progressivement peuplé le Delta central se réclament tous du Mandé et sont, selon la tradition orale, relativement polyvalents : ils pratiquent la chasse, la pêche, la cueillette, l'élevage, etc. Les premiers peuples de la boucle du Niger, des Banmana venus du Mandé et des Marka (Sarakolé) de l'ancien Empire du Ghana, étaient animistes ou musulmans ou pratiquaient en même temps les deux religions. Mais ce sont des Banmana qui, jusqu'à une époque récente, se montraient réticents envers la croyance et la pratique de l'islam.

Les Bozo et les Somono, originellement agriculteurs et Banmana, ont progressivement changé de statut social et se sont spécialisés dans la maîtrise de l'eau et la pêche. Tout comme les cultivateurs banmana/malinké pour les terres, les Bozo et les Somono sont détenteurs de techniques et de mystiques et procèdent à des sacrifices aux divinités qui fondent et permettent les pratiques productives (Gallais 1967 ; Fay 1995b et 1997). Ils sont les maîtres des eaux et se chargent des sacrifices au génie de l'eau pour faire fructifier la pêche et les protéger contre la colère des eaux. « Le Bozo est l'eau et l'eau c'est le Bozo ». Ce lien intime, selon Fay, s'exprime dans le *jeyal*, terme qui renvoie à ce qu'on nomme dans la littérature anthropologique « chefferie » ou « maîtrise » de l'eau ou de la terre. Tout comme le maître de la terre, le Bozo est le maître de l'eau. Ce qui définit l'identité de groupe même si, concrètement, les droits sacrificiels et de pêche appartiennent à des lignages déterminés.

Comme nous l'avons déjà mentionné au chapitre II, les Peuls sédentarisés et non sédentarisés, connus par leur tradition de pratique de l'élevage de bovins et par leur mobilité, liée à la recherche de pâturage, sont traditionnellement divisés en quatre groupes claniques (Gallais 1984). C'est l'installation des Peuls dans le Delta intérieur avec leur bétail qui a provoqué un réel développement économique. Comme on l'a signalé, les Banmana ne pratiquaient pas spécialement l'élevage et surtout pas en grand nombre comme les Peuls. Chaque village avait son pâturage les bovins et les ovins partaient y paître. C'est suite à la vague d'immigration des Peuls du Fuuta Toro et de l'est des anciens empires du Mali et du Songhaï vers le Delta Central et plus au sud, que les Banmana ont commencé à posséder une grande quantité de bétail et à connaître des problèmes de gestion des pâturages et des champs de culture. Selon Gallais :

> Au moment où l'ordre dit *marka* se confortait sous l'empire du Mali vers le XVe siècle, les Peuls du Futa Toro avaient commencé leur migration vers l'est et arrivaient par petits groupes sur la rive gauche du Delta. Leur espace était structuré de va-et-vient des troupeaux entre les aires sèches (pâturages d'hivernage) et la zone inondable (pâturages de saison sèche). Leurs chefs, les *ardubé*, s'organisèrent en petites principautés avec quelquefois des points d'attache fixes. Ces installations commencèrent sur le *Diaka*, le traversèrent et allèrent jusqu'à la rive gauche du Bani (Gallais 1967).

Ces Toucouleurs se sont heurtés aux armées de Sékou Amadou sur la rive gauche du Niger.

Après sa victoire le 21 mars 1818 contre les Banmana, Sékou Amadou créa son empire appelé la *Dîna* et s'évertua à réorganiser le Delta central. Réorganisation qui passait inévitablement par un changement de statuts et de droits. Sékou Amadou a ordonné la sédentarisation de toutes les familles peules mais les troupeaux encadrés pour la transhumance selon de nouvelles normes devaient poursuivre leur déplacement (Gallais 1984). Les pâtures sont alors confiées aux Dioro (maître de la terre) qui sont de nature pastorale. Le *Dioro* est à l'origine le guide, le conducteur de la fraction nomade de l'ouro (des gens, du peuple). Lorsque la sédentarisation eut fixé les Peuls, il devint le meneur du troupeau, le chef des bergers et le surveillant du pâturage. Actuellement, le titre de *Dioro* est porté à la fois par des chefs de tribus qui possèdent des *bourgous*, tel le *Dioro-Dialloubé*, et par des personnages sans titre politique ni administratif, mais qui détiennent des pâturages (Gallais 1984:130).

L'ordre de la *Dîna*, empire théocratique selon Fay, ne se résumait pas à une organisation rationnelle de l'espace politique et productif. La *Dîna* a remanié la carte des bourgous lignagers en déplaçant les frontières et en créant de nouveaux bourgous au profit de groupes alliés. Elle a divisé le *Delta* en autant de *Leydi* agropastoraux et a codifié les chemins de transhumance (*burtol*) ainsi que les attributions et droits d'occupation des gîtes (*winde* : lieux de repos et de traite des animaux en période de décrue, situés sur des bosquets surélevés). L'ordre institue également les *harima* et le *bourgou beit-el*. Les premiers constituent des pâturages villageois liés à la sédentarisation forcée. Interdits de culture, ils sont placés sous le contrôle d'un ou plusieurs chefs de village. Les seconds sont des pâturages souvent prélevés sur le bourgou d'opposant et dévolus aux chefs politiques implantés par la *Dîna*, à savoir les Marabouts portant le nom de Cissé et placés à la tête des principaux *Leyde* « politiques » (Fay 2000:125).

Les aspects géographiques des régions Office du Niger et CMDT de Koutiala

Les régions CMDT de Koutiala et de l'Office du Niger sont situées dans le bassin cotonnier de Mali Sud mais c'est l'Office du Niger qui se trouve au cœur du bassin dans le Delta central fossile. Les deux régions constituent des zones de culture importantes au Mali mais n'ont pas la même histoire ni le même environnement naturel. L'Office du Niger est le plus ancien des périmètres irrigués de l'Afrique de l'Ouest, et du Mali en particulier. Il a été créé en 1932 et est divisé en cinq zones de production rizicole. Il devait devenir selon les premiers projets élaborés, le principal fournisseur de coton des industries textiles de la France coloniale, le grenier à riz de l'Afrique occidentale et un lieu d'innovation technique et sociale. Mais l'échec des premiers essais de culture du coton a provoqué l'abandon de cette culture au profit de celle du riz pour les régions du bassin hors du delta du Niger[11]. C'est ainsi que la zone CMDT fut créée en 1974. La région CMDT est divisée en cinq régions : Koutiala, Fana, Sikasso, Bougouni et San. Cette section sera essentiellement consacrée à l'analyse des sols et des pesanteurs des sols des deux régions.

Le fleuve Niger et le Delta Central

Le fleuve Niger joue un rôle prépondérant dans l'inondation du Delta intérieur du Niger. Il est classé troisième par sa longueur (42 000 km) après le Nil et le Congo. Il s'écoule de la dorsale guinéenne au Sahara suivant un axe nord-est en décrivant, dans sa traversée des régions sahéliennes et subdésertiques, une grande boucle formant un delta intérieur où il perd une part importante de ses apports hydriques.

Le Delta intérieur du Niger, encore connu sous les noms de Delta central et de cuvette lacustre – un des traits spécifiques de l'hydrographie du Mali –, est situé en zone sahélienne semi-aride (figure 1). C'est une vaste zone inondable d'environ 40 000 km qui s'étire selon un axe sud-ouest/nord-est (de Ké-Massina à Tombouctou) sur plus de 350 km entre les parallèles 17° et 13° N et les méridiens 2°30 et 6°30 O. Il est parcouru par un réseau très dense et hiérarchisé de défluents alimentés par le fleuve Niger et par son confluent, le Bani, qui le rejoint à Mopti.

La morphologie du delta intérieur du Niger comporte plusieurs régions hydrographiques (Gallais 1967, 1984). Dans cette étude, nous distinguerons deux grands ensembles aux caractéristiques distinctes.

Le delta amont se déploie de Ké-Macina sur le Niger et de Douna sur le Bani au sud (entrée du delta) à Akka, Awoye et Korientzé (stations situées à la sortie des lacs centraux du Wallado-Débo et de Korientzé). Il s'étire sur environ 30 000 km^2. Sa partie extrême-sud qui s'étend de Ké-Macina et de Douna jusqu'à une ligne schématique Tilembeya, Kouakourou sur le Niger et Mopti (où le Bani rejoint le Niger), appelée la Mésopotamie (Brunet-Moret 1986), couvre près de 12 000 km^2. Les chenaux sont larges, bien tracés et stabilisés entre les hautes berges constituées par des dépôts d'anciennes alluvions formant des levées massives, exondées en permanence et à dominante sableuse.

En amont de la ligne schématique Tilembeya, Kouakourou et Mopti apparaît une autre morphologie caractérisée par de nombreux méandres, chenaux, plaines et mares. De nombreux défluents, dont le principal, le Diaka, drainent cette zone en convergeant vers les lacs centraux, zones de dépôts alluviaux et sablo-argileux (Picouët 1999).

Le Delta aval se déploie des lacs centraux à Tombouctou. Dans la suite de l'étude, nous situons la sortie du Delta à la station de Diré qui offre des séries de données remontant aux années 1920. Sa partie centrale comporte un immense champ de dunes mortes dénommé « erg de Niafunké » et traversé, à partir du lac Débo, par le Niger (Issa Ber) et son bras le Bara-Issa et, à partir du lac Korientzé, par le Koli-Koli.

Le long des deux rives, apparaissent de grands lacs dont le remplissage est lié à l'importance des apports en amont. Le réseau hydrographique et les lacs sont répartis sur environ 37 000 km^2 qu'on ne doit pas confondre avec les surfaces inondables du Delta aval qui atteignent en moyenne 10 000 km^2 (Mahé 2002).

Les terres de l'Office du Niger : Aspect physique, organisation du sol et pesanteurs agraires

La région Office du Niger s'étend sur le Delta sec et le Delta inondé de la boucle du fleuve Niger. Quand nous parlons de région ON et de Zone Office du Niger, il faut entendre les territoires géographiques et agroécologiques de l'Office du Niger et de l'Office riz Ségou. Il faudra avoir à l'esprit que ces territoires sont consacrés à la seule riziculture. Néanmoins, il est nécessaire de présenter la zone dans sa globalité, afin de mieux situer ou mettre en évidence la situation des enjeux fonciers.

Selon divers travaux, notamment l'étude portant sur la restructuration de l'Office du Niger (1997, ARPON [Amélioration de la riziculture paysanne à l'Office du Niger] III), l'Office du Niger couvre la partie occidentale du Delta Central du Fleuve Niger appelé Delta Mort. Cette partie du delta tire son qualificatif de Delta « mort » du fait que la région de l'Office du Niger est située en dehors des limites des inondations naturelles actuelles du fleuve, alors qu'autrefois, elle constituait une région lacustre : c'est donc un delta fossile. Certaines particularités topographiques, hydrologiques, climatiques et pédologiques essentielles sont caractérisées par l'existence de défluents fossiles anciens, bras millénaires d'une des plus grandes réserves de terres alluvionnaires d'un seul tenant. Ces terres alluvionnaires sont irrigables de façon gravitaire à partir des défluents fossiles après la mise en eau de ceux-ci (notamment les *falas* de Boky Wèrè et de Molodo) ; Bélime concevra un projet d'aménagement du delta base fondé sur la construction du barrage de Markala – achevé en 1947 – et des infrastructures nécessaires (canal adducteur, canaux du Sahel et Macina) à la mise en eau des falas de Boky Wèrè et de Molodo, à partir desquels de vastes superficies pouvaient être irriguées par gravité.

Le potentiel de la zone du Delta Central du Fleuve Niger :

Les études techniques ont mis en évidence huit systèmes hydrauliques dans le delta central nigérien couvrant 1 470 000 ha :

- le système du Kala Supérieur couvrant une superficie de 64 000 ha ;
- le système du Kala Inférieur couvrant une superficie de 67 000 ha ;
- le système du Kouroumari couvrant une superficie de 83 000 ha ;
- le système du Kokéri couvrant une superficie de 111 000 ha ;
- le système du Méma couvrant une superficie de 95 000 ha ;
- le système du Farimaké couvrant une superficie de 94 000 ha ;
- le système du Kareri couvrant une superficie de 372 000 ha ;
- le système du Macina couvrant une superficie de 583 000 ha.

Toutefois, les phénomènes techniques qui ont présidé à la naissance du système ont concerné une région d'environ trois millions d'hectares délimitée approximativement par le quadrilatère Markala – Sokolo – Niafunké – Djenné.

Le potentiel de l'office du Niger :

Relativement à l'Office du Niger proprement dit, le barrage de Markala et les autres ouvrages de base ont été construits pour permettre l'irrigation de 960 000 ha, surface que des études ultérieures ont portée à 1 105 000 ha. Ces superficies devaient être totalement aménagées en 1992. Mais aujourd'hui seulement environ 60 000 ha sont aménagés[12].

La zone d'intervention de l'ORS (Office riz de Ségou) se situe dans la moyenne vallée du fleuve Niger qui est la 4e région économique du Mali : Ségou. Elle couvre une commune urbaine et vingt-trois communes rurales relevant de deux cercles.

Le cercle de Ségou : la commune urbaine de Ségou et les communes rurales de Diganibougou, Diébougou, Dioro, Farakou – Massa, Sébougou, Pélengana, N'Gara, Massala, Konodimini, Sansanding, Sibila, Boussin, Markala, Sama – Foulala, Souba, Farako, Togou.

Le cercle de Barouéli : les communes rurales de Boidié, Tamani, Sanando, Somo, Dougoufè et Barouéli.

Le fleuve Niger est le principal réseau hydrographique. L'ORS encadre 234 villages avec une population totale de 200 386 habitants. Les actifs, au nombre de 115 833, se répartissent en 54 155 hommes et 61 678 femmes. Les principales cultures sont le riz, le mil, le sorgho, le maïs, le fonio, le voandzou, les arachides et les cultures maraîchères.

Les zones de Niono et de Ké-massina constituent deux des cinq zones de production rizicole de l'Office du Niger.

La zone de Niono : elle est limitée au Nord par la zone de N'debougou ; au sud par le barrage de Sansanding appelé barrage de Markala ; à l'est par la Zone exondée ; et à l'ouest par la zone de Molodo.

La zone a été créée en 1937 en tant que secteur et constitue l'une des plus vieilles divisions de production agricole de l'Office du Niger dont la scission, dans un souci de réorganisation, a donné en 1976 les divisions de production de Niono et du Sahel. Au début de sa création, elle pratiquait la culture du coton associée à celle du riz.

La zone du cercle de Macina[13] : elle fait aussi partie des cinq zones de l'Office, elle a été créée en 1996.

Plusieurs recherches sur les aspects physiques, le climat, la nature et les pesanteurs du sol à l'Office du Niger ont été effectuées par des auteurs comme Toujan en 1980 et Bertrand en 1986. Les premières et plus vieilles études ont été effectuées par Dabin (1929 ; 1948 et 1951) et sont toujours valables car une nouvelle, et dernière étude à ce jour, fut effectuée par Keïta B. et Bertrand R. (1992), qui ont confirmé la nature et pesanteur du sol à l'ON. Tous ont parlé de la situation géographique, de la nature du sol, du climat et de la végétation de cette région du Mali.

Géologie, géomorphologie

Les sols du Delta central sont formés à partir d'alluvions du quaternaire reposant sur des dépôts plus anciens. L'essentiel des connaissances actuelles est dû aux travaux de R. Bertrand (1973 et 1985), J. Tricart, J.-P. Blanck, R. Bertrand, B. Keïta (1988-1989)[14]. Ainsi de grands ensembles géomorphologiques ont été formés par étapes successives correspondant aux effets des oscillations climatiques sur le régime hydrologique du Niger et du fala de Molodo.

La région que l'Office du Niger met en valeur occupe une des marges du Delta intérieur du fleuve Niger. Ce delta est construit dans une région affaissée entre le Plateau de Bandiagara, à l'est et des régions à structure complexe encore pratiquement inconnues, à l'ouest. Il s'agit, à première vue, d'une série de compartiments inégalement soulevés et gauchis, probablement séparés par des failles. Cette tectonique influe de manière souvent déterminante la disposition du réseau hydrographique que les aménagements de l'Office du Niger tentent d'utiliser, soit pour amener l'eau (distributeurs), soit pour se débarrasser de celle qui est en excès (« collecteurs »).

Des épandages alluviaux se sont mis en place dans les cuvettes occupant des compartiments affaissés. Les principaux ensembles se situent le long des défluents recreusés plus ou moins en canaux de drainage. Ces ensembles deltaïques sont constitués principalement de matériaux fins, imperméables, de sorte que seul un écoulement très lent (en raison de nombreux seuils sableux mis en place postérieurement) et l'évaporation permettent l'évacuation des eaux excédentaires.

Les sols : comme nous l'avons dit plus haut, avant les aménagements des périmètres irrigués, Dabin (1929 ; 1948) a défini les caractères des sols du Delta central nigérien, en rapport avec leurs végétations et leurs vocations culturales. Les sols ont été caractérisés en langue vernaculaire banmana. Ce sont : Séno, Danga, Danga blé, Danga fing, Dian, Dian-péré, Moursi, Boi fing et Boi blen.

Les sols avant les aménagements des périmètres

Ils ont été formés sur les dépôts alluviaux du quaternaire. Cette origine engendre une assez grande diversité. L'actuelle étude morphologique remplit un vide sur la connaissance pédologique des sols de l'Office du Niger. Contrairement au programme général des études de 1920, qui exprimait une distinction initiale des sols de l'ON en terre à riz et terre à coton, les études ultérieures de 1929 et celles de Dabin (1948) ont fortement modifié cette conception du classement sommaire des sols.

Les terres du Delta central nigérien sont des alluvions provenant de la désagrégation des roches cristallines du bassin supérieur et du bassin moyen du Niger. Les études, depuis Dabin (1951), ont dégagé l'importance du rapport Na/Ca sur la stabilité des sols. Ces sols sont, d'une façon globale, pauvres en matière organique et certains groupes ont un rapport Na/Ca favorable à la dispersion. Plus récemment, Toujan (1980) a montré, à travers ses études sur l'évolution des sols de l'Office par rapport à 1951, que la situation des terres a évolué vers des caractéristiques défavorables à la production (N'diaye s.d.).

L'ingénieur Dabin (1948) a étudié en détail les sols de l'Office du Niger. Il a démontré que les sols avaient subi une évolution très lente et peu marquée sous une végétation steppique ou de savane épineuse dans un milieu climatique semi-aride depuis l'exondation définitive. Il existe d'importantes variations, tant entre les divers types de sols, qu'entre les parcelles voisines. Selon Dabin (1951), les sols *danga*, *dian* et *boi* sont compacts et très durs en saison sèche. Les sols seno et moursi sont plus friables en surface et très faciles à labourer. Les caractéristiques structurales ont ainsi permis l'établissement du tableau 2 ci-dessous suivant les noms traditionnels locaux de la région. À l'exception du Seno, tous ces sols peuvent donner de bons résultats en rizières avec des techniques plus ou moins différentes. Mais leur grande variation à l'intérieur d'une même parcelle rend difficile l'élaboration de techniques uniformes pour ces divers types de sols. Ainsi, on peut admettre la répartition suivante : les sols danga fing, moursi et boi fing seront travaillés à sec ou avec une légère humidité. Tous les autres *danga*, *dian* et boi seront labourés après une bonne dose d'irrigation et immédiatement hersés avant ressuyage complet, sinon ils se transformeront en blocs compacts (Maïga 2007).

Tableau 2 : Classification des types de sols dans la zone Office du Niger

Noms vernaculaires	Caractéristiques
Seno	Formation dunaire sableuse réservée à la culture du riz et de l'arachide.
Danga	Sol sablo-limoneux, battant en saison des pluies et dur en saison sèche.
Danga blé	Sol ocre, rouge plus ou moins foncé, limono-argileux généralement friable en surface sauf dans les zones érodées où il peut être couvert de gravillons ferrugineux très pauvres en matière organique ; ne donne de bons rendements qu'après un amendement.
Danga fing	Sol beige, noirâtre, analogue au danga mais plus riche en matière organique ; convient bien à la riziculture.
Moursi	Sol noir, très riche en argile noire gonflante à structure friable en surface, contenant de nombreux nodules calcaires et largement crevassé.
Dian	Sol brun argilo limoneux, très compact présentant fréquemment des fentes de retrait, c'est un sol marécageux qui convient à la culture au riz.
Dian perre	Sol dian très argileux, largement crevassé.
Boi	Sol gris ardoisé, limoneux, compact pouvant être crevassé, fond de mare pseudo gley.
Boi fing	Sol noir, limono-argileux, généralement friable en surface, riche en humus non crevassé.

Source : Rapport projet Besoins en eau « B-EAU ». Voir aussi : Maïga Minkaïla (2007). Analyse des effets de la semence sélectionnée du riz sur les exploitations agricoles de l'Office du Niger : cas des villages de Nango (N3) et de Tigabougou (N5) dans la zone de production de Niono, Institut National de Formation des Travailleurs Sociaux : mémoire de fin d'études.

Les sols après l'aménagement : caractéristiques actuelles des sols :

Un certain nombre d'études récentes ont donc été réalisées avec divers buts et ont été traduites ou non par des cartes, à des échelles allant du 1/10.000e au 1/20.000e. L'étude morphopédologique de 30 000 ha par Keïta et Bertrand (1992) distingue 4 grands types de sols dans le Kala inférieur à l'Office du Niger : les *Moursi* (22 %), les *Dian* (35 %) et les *Danga* (40 %) et les *Seno* (3 %). À ces unités de sols correspondent des unités géomorphologiques : cuvette, Deltas d'épandage terminaux. Les caractères communs à toutes les unités morphopédologiques sont les suivantes :

- la densité apparente des sols relativement élevée variant entre 1,4 et 1,8 entraînant un encroûtement superficiel (forte compacité, cohésion d'ensemble élevée et prise en masse) ;
- la teneur relativement faible en matière organique de tous les sols.

Selon une étude menée par N'diaye (1990), les *Seno* et les *Danga* sous riziculture semblent les plus sensibles à la salinisation/alcalinisation mais les *Moursi* et les *Dian* sont les plus affectés en maraîchage.

Les diverses études pédologiques évoquées plus haut avant et après les aménagements des périmètres ont mis en évidence l'existence et l'évolution de la salinisation et/ou de l'alcalinisation des sols. Le tableau ci-dessous nous montre 3 grands types de sols.

Tableau 3 : Types de sols après aménagement – liaison géomorphologique dans la zone Office du Niger

Texture	Nom local	Liaison géomorphologie
Sableux	Seno, sols peu évolués d'apports alluviaux	Hautes levées alluviales, dunes
Limoneux	Danga, hydromorphes minéraux Amphigley	Delta d'épandages terminaux, Petites levées
Argileux	Moursi, Dian, vertisols grumosoliques ou non	Cuvettes de décantation

Source : Keïta et Bertrand (1992).

Ces unités morphopédologiques étudiées par l'IER [Institut d'économie rurale] (1990) donnent les caractéristiques suivantes :

- UNITES ΔQ et ΔS1 : sols sableux à sablo-limoneux ou appelés SENO, profonds et excessivement drainés, totalement inaptes (classe d'aptitude N2 = Non apte) à la riziculture irriguée suite au drainage excessif, à la texture trop grossière et à la fertilité naturelle médiocre. Dans le cadre de la diversification des cultures, ces sols pourraient être réservés à la culture du mil et seraient particulièrement aptes au maraîchage avec la classe d'aptitude S1.

- **UNITE ΔS2 :** sols limono-sableux à sableux, passant à de l'argile entre 40 et 50 cm de profondeur. Ce sont la plupart des SENO et/ou des DANGA très sableux et qui sont marginalement aptes (Classe d'aptitude S3) à cause de la combinaison de la texture grossière en surface du drainage interne rapide et de la fertilité naturelle assez faible.
- **UNITE ΔL1 et ΔL2 :** sols limoneux assez bien drainés passant à de l'argile entre 25 et 50 cm, 50 et 100 cm ou plus de profondeur ; sont considérés comme des sols aptes (classe d'aptitude S1/2) suite à une combinaison de faibles contraintes liées à la texture, au drainage interne, à la fertilité naturelle faible et à leur sensibilité accrue à l'alcalinisation.
- **UNITES C1 et C2 :** sols argileux à drainage imparfait classés comme des sols aptes (classes d'aptitude S1/2) au niveau actuel et demandant un assainissement par drainage profond. Ils sont alcalinisés.

Le climat

Il est dans son ensemble soudanosahélien et se caractérise par une courte saison humide qui s'étend du mois de juin au mois d'octobre et une longue et pénible saison sèche avec une forte évapotranspiration de la deuxième moitié d'octobre au mois de mai. La température moyenne annuelle est de 22 à 23 °C, avec un maximum de l'ordre de 42 °C en avril mai. Pour le système de culture, la saison peut être divisée en 3 périodes : la saison pluvieuse avec une pluviosité variable du sud au nord entre 700 et 550 mm ; une saison sèche relativement fraîche (novembre – février) avec des minima en décembre – janvier entre 13° et 12° et des écarts jours nuits très élevés ; une saison chaude (mars – juin) avec un maximum en mai et une forte évaporation, entre 6 et 11 mm/jour (G. eau, 1984).

La plupart des précipitations tombent entre juin et septembre avec les plus grosses pluies de l'année en août[15]. Les vents dominants sont de deux sortes : les moussons venant de l'ouest et du sud-ouest de la zone, qui soufflent de mai à septembre apportant ainsi les pluies ; et l'harmattan qui souffle du nord-est de décembre à avril, un vent chaud et sec qui favorise l'évaporation, endommageant ainsi le couvert végétal. Les dégâts enregistrés sur les cultures sont moins importants dans la zone car son action intervient après la moisson du riz.

La végétation

Elle est située dans la zone sahélienne. Sa médiocrité s'explique par l'aridité du climat dans le Delta central du Niger. Elle se compose presque exclusivement d'épineux. Cependant quelques espèces herbeuses sont représentées par les principales plantes adventices du riz. Ces herbes envahissent la presque totalité des rizières et les bordures des canaux d'irrigation. Ce sont notamment :

- ***Ischaemum rugosum*** : couramment appelée Tamba[16], cette plante est la plus redoutée des adventices du riz. C'est une graminée annuelle qui colonise les rizières grâce à son pouvoir germinatif élevé. On lutte contre cette plante par un double labour, un désherbage systématique ou un désherbage chimique.
- ***Oryza longistaminata*** : appelé diga, nuisible au riz à cause de sa facilité de germination. La lutte contre cette adventice est délicate. On fait soit un faucardage suivi d'un labour de fin de cycle, soit une lutte chimique.
- ***Oryza breviligulata*** : ou riz rouge qui pousse spontanément dans les rizières et les canaux. À cela il faut ajouter Oryza glaberrima, *Cyperus rodontus*, les Bambusées et les Nénuphars qui gênent la circulation de l'eau dans les canaux d'irrigation (Maïga 2007).

L'hydrographie

l'hydrographie de la zone de Niono se résume à son infrastructure générale, mise en place pour l'aménagement du Delta mort. L'irrigation, dans cette partie, se fait par gravitation. Le canal adducteur, construit en 1935, fait prise dans le fleuve sur la rive gauche. Il a un débit de 200 m³/s. Il est long de 9 kilomètres et se termine en un point triple dit Point « A » d'où partent trois canaux adducteurs : le canal du Macina, le canal Costes-Ongoïba et celui du Sahel. Le canal du Macina date aussi de 1935 et est le plus ancien. Il est équipé à sa tête d'un ouvrage de prise comportant cinq passes et d'un système d'éclusage avec une capacité maximale de 75 m³/s. L'ouvrage de prise alimente le canal du Macina, creusé à une largeur dite provisoire de 25 m sur 20 km qui débouche dans le fala de Boky-Wéré, ancien bras du fleuve Niger long de 50 km. Le canal Costes-Ongoïba date de 1984 et est équipé à sa tête d'un ouvrage de prise de deux passes avec une capacité maximale de 48 m³/s[17]. Le canal du Sahel a été creusé en 1937 et est équipé, à sa tête, d'un ouvrage de prise identique à celui à celui du Macina avec une capacité de 110 m³/s. L'ouvrage de prise débite dans le canal du Sahel, qui débouche dans le fala ou marigot de Molodo, ancien défluent divisé en trois biefs de longueur moyenne de 55 km chacun par deux ouvrages de régulation au Point « B » et au Point « C ». Il irrigue les systèmes hydrauliques du Kala Inférieur et du Kouroumari.

La zone rizicole de Niono est arrosée par le canal du Sahel, qui prend ses eaux dans le canal adducteur à partir du Point « A ». Le canal du Sahel est creusé à une largeur provisoire de 25 m lui permettant un débit de 50 à 55 m³/s. Il rejoint à 25 km au nord de point « A » le marigot de Molodo. C'est un canal endigué sur une longueur de 63 km jusqu'à Niono, qui constitue la tête des casiers rizicoles de la zone.

La zone de production de Niono est essentiellement arrosée par le marigot de Molodo à partir de trois distributeurs : « le Gruber » qui ravitaille les partiteurs de Kolodougou à l'exception du « KL0 » « KL1 » et « KL2 »[18] dont les eaux quittent directement le marigot. Les partiteurs « K0 » reçoivent leurs eaux à partir de Kouia tandis que le retail arrose les « N3 » et « N5 »[19].

Le canal Gruber ravitaille les partiteurs de la partie nord de la zone à savoir du G1 au G6. Dans ce système d'irrigation par gravité, les partiteurs servent les arroseurs dont le rôle est de conduire l'eau dans les champs à travers les bouches à eau. Ce réseau est renforcé par les sous-partiteurs et les sous-arroseurs pour un meilleur ravitaillement des superficies cultivables. À la maturité du riz, l'excès d'eau est évacué par des drains de vidange[20].

La faune

elle est presque inexistante et n'est représentée que par quelques hyènes qui causent de nombreux dégâts sur les petits ruminants (moutons, chèvres) pendant la saison sèche. On rencontre également des lièvres, des écureuils et même des souris qui se nourrissent de pieds de riz. Les principaux oiseaux de la région sont les perdrix et les mange-mil ou *quéléa quéléa*, qui dévastent eux aussi le riz au moment de l'épiaison ; on y trouve d'autres oiseaux migrateurs comme le héron.

Les aspects physiques et l'organisation du sol des zones CMDT (Koutiala, Fana, Bla) du bassin

Depuis le XIe siècle, la culture du coton est connue et pratiquée au Mali. Le coton était commercialisé localement pour le tissage. La culture moderne a fait son apparition avec la création de l'Office du Niger en 1932. L'Office du Niger, ayant la culture du coton comme but principal, projetait de produire du riz pour assurer l'alimentation des « indigènes ». Il s'agissait alors, pour les promoteurs du projet, de convaincre les paysans d'améliorer la qualité de leur coton par l'adoption de semences sélectionnées. Ce n'est qu'en 1952 que la Compagnie Française de Textile (CFDT) commença à être opérationnelle au Soudan français[21]. La culture sèche connut un essor fulgurant. Après l'indépendance, le nouveau gouvernement malien mit sur pied un plan de développement systématique de la culture du coton dans les zones propices à cette culture. Mais il fallut attendre 1974 pour voir apparaître la Compagnie Malienne des Textiles (CMDT) qui, avec l'aide du gouvernement, engagea une opération appelée « Opération Mali-Sud » (Songoré 1983).

L'opération Mali-sud s'étend de la région de Ségou à Sikasso en passant par Bamako, Bougouni et Koutiala. Elle englobe en partie ou en totalité les régions de Koulikoro, Ségou et Sikasso et dispose de 2 000 000 d'hectares cultivés de façon permanente. L'opération Mali-sud fut d'abord appelée « opération coton » avant de prendre le nom de « Projet de développement intégré » où le coton occupe la première place. En 1983, la CMDT était subdivisée en 5 grandes régions dites CMDT qui sont Koutiala, Fana, Sikasso, Bougouni et San. La région CMDT qui nous intéresse ici est Koutiala.

Il n'y a guère d'étude englobant la totalité des régions du bassin cotonnier, mais des études d'appoints rares ont eu lieu, en particulier celle menée par l'Institut royal des régions tropicales, qui a entrepris en 1988 des travaux relatifs à l'aménagement antiérosif des champs dans les régions cotonnières de Mali-sud. Selon cette étude, la région CMDT de Koutiala s'étend sur une superficie de 1 700 000 ha répartis entre les espaces cultivés (1986-1987) (21,4), la brousse (73,6 %) et diverses superficies, villages, routes, etc., (5,00 %). Dans la zone CMDT de Koutiala, le paysage est le résultat d'une dégradation de grès et se caractérise par une topo-séquence géomorphologique qui comprend un plateau cuirassé, un escarpement et une zone d'éboulis, une zone à dépôt colluviaux, un glacis cuirassé ou non en voie de dégradation, un bas-fond avec des berges et parfois des bourrelets de berge et un lit de marigot. Dans toute la zone, on rencontre des affleurements de grès qui, localement, donnent lieu à des sols sableux. Le relief devient plus faible vers le Nord où les glacis cèdent la place à des plaines limono-sableuses ou à des plaines limoneuses, inondées temporairement pendant les années à pluviométrie normale. (Wim, Jan, Poel 1988).

Toujours selon cette étude sur la zone CMDT, les sols gravillonnaires des plateaux et des pentes colluviales sont peu profonds tandis que la profondeur des sols sur les glacis varie de 50 cm à quelques mètres selon un microrelief complexe. Ces sols ferrugineux tropicaux sont caractérisés par une texture sablo-limoneuse à limono-sableuse sur une carapace et une structure médiocre. Ils forment facilement des croûtes de battance, étant limoneux et ayant un taux de matière organique bas (0,3 – 2 %) et une stabilité réduite des agrégats, ce qui limite la vitesse d'infiltration. En général, les sols sont déficients en N et P, tandis que le PH bas du sol (5 à 6) et un sous-sol plus argileux et plus acide (PH de 4 à 5) ont une influence négative sur le développement racinaire et en conséquence sur la vitesse de percolation dans le sous-sol.

Les types de sols qu'on rencontre dans le bassin sont :

1. ***Fuga*** : c'est un sol dénudé formant une cuirasse ou ayant subi un processus de latérisation. C'est un sol infertile où on ne rencontre que des termitières géantes.
2. ***Fugada*** : des sols hydromorphes, riches en limon ; il s'agit là des zones qui se trouvent en contrebas des *Fuga* et qui reçoivent des eaux de ruissellement les débris de matières organiques qu'elles charrient.
3. ***Kuluw*** (singulier : *kulu*) : ce sont des collines. Elles correspondent aux buttes gréseuses très peu convoitées pour les cultures.
4. ***Bèlè*** : ce sont des sols généralement recouverts de gravillons. Ils correspondent aux sols ferrugineux tropicaux lessivés.
5. ***Nginigini*** : ce sont des sols limoneux argileux peu fertiles, situés à proximité immédiate des marigots.
6. ***Nganga*** : comme cela a déjà été expliqué dans l'étude des sols à l'Office du Niger, le nganga est un sol ferrugineux appauvri. En général, ce nom est toujours accompagné d'une couleur indiquant la richesse en matière

organique. Ainsi nous avons le Ngangan blén (sol rouge) qui est riche en matière organique.

7. *Nganga fing* : sols riches en matière organiques.
8. *Jè* : ce terme désigne surtout les sols où l'eau pluviale stagne assez longtemps sans pouvoir s'infiltrer. Ils conviennent à la riziculture.

Quel que soit le type de sol, l'irrégularité des facteurs climatiques influe sur le rendement et donc sur la production.

Le climat

Il est soudano-sahélien dans le nord et soudano-guinéen dans le sud. La pluviométrie annuelle normale suit cette variation et comporte 700 à 1 200 mm par an. Néanmoins, depuis 1972, la zone subit une période de baisse de pluviométrie d'à peu près 100 mm, soit une moyenne d'environ 600 mm par an. La saison des pluies s'étend de mai à octobre. Les pluies sont souvent caractérisées par une haute intensité (Puech 1984).

La végétation

La végétation naturelle se distingue par une savane, arborée sur les plateaux et les glacis, une forêt galerie, le long des marigots et une végétation herbacée dans les bas-fonds, périodiquement inondés. Sur les plateaux, escarpements et éboulis, la surexploitation de bois et de pâturage, les feux de brousse fréquents et la sécheresse ont causé une dégradation progressive de cette végétation et la disparition, sur de grandes superficies, des herbes pérennes qui, auparavant, caractérisaient la strate d'herbacées. De grandes parties des glacis sont défrichées pour l'agriculture, en conservant quelques grands arbres utiles. Le long des marigots, les forêts galeries ont souvent été abattues et on en trouve les vestiges dans les bois sacrés. Ces changements ayant eu lieu dans un espace de temps n'excédant pas les 40 ans sont particulièrement visibles dans la zone de Koutiala.

L'étude des enjeux fonciers des terres dans le bassin du fleuve Niger nous amène à analyser les tenures coutumières dans cette région.

Notes

1. En bamanan, le mot « *sow* » (agglomérations) est le pluriel de « *so* » (maison d'habitation).
2. « *Forow* » (les champs) est le pluriel du mot « *foro* » (le champ).
3. « *Wula* » ou « *kungo* » désigne la brousse, les terrains de chasse ou de cueillette.
4. *Sira* (le chemin) est le singulier du mot *siraw. Wula siraw* : les chemins de brousse, des terrains de chasse ou de cueillette.
5. *Dankun* veut dire carrefour rituel ou simplement carrefour.

6. *Dudenw* : les membres de la famille.
7. Il faudra noter que quand nous parlons de *Leydi*, il s'agit de l'unité territoriale des Peuls du Delta intérieur. Les *Kafos* existaient dans les autres royaumes et empires soudanais comme le Mandé, l'Empire du Mali et les royaumes banmana de Ségou.
8. Le canton peut aussi être désigné comme « Leydi ».
9. Comme nous l'avons déjà vu, les Bozos et les Bamanan se déclarent tous originaires du Mandé, qui était d'ailleurs un royaume vassal de l'Empire du Ghana.
10. Royaume du Mandé, Empire du Mali, Empire Songhaï et colonisation marocaine.
11. Voir Présentation Office du Niger (2005). *Office du Niger : aujourd'hui et demain*, Bamako : Imprim color.
12. Source : La restructuration de l'ON contribution de ARPON III (1997).
13. Le relief du cercle de Macina est entièrement plat et formé de plaines favorables à la riziculture et à l'élevage. L'année est divisée en trois périodes climatiques : la saison sèche et froide d'octobre à février, la saison sèche et chaude de mars à juin et la saison pluvieuse de juillet à septembre. La commune, essentiellement située dans la vallée du fleuve Niger, est longée par le fleuve dans toute sa partie est. Le paysage est marqué par une forte occupation humaine et agricole. La faune sauvage est rare à cause de la très grande accessibilité des forêts de la commune aux braconniers et de la sécheresse. La faune halieutique est également en baisse et seule une intensification de l'effort de pêche permet aux Bozo et Somono de la commune de continuer leur activité préférée. Actuellement, la plupart d'entre eux ont embrassé une autre activité : l'agriculture, l'élevage ou le commerce.
14. Pour cet aspect particulier de notre étude, nous nous sommes référé à de nombreux travaux spécialisés, en particulier aux travaux de synthèse dont nous reprenons les conclusions principales. Cf. p. ex. : Diarra, L., Doumbia, O., Kergna, A. O., Kouriba, A., N'Diaye, M., Verkuijl, H., 2003 « Analyse des externalités environnementales des deux systèmes de productions ciblés », Paper prepared for the Roles of Agriculture International Conference 20-22 October 2003 – Rome, Italy Agricultural and Development Economics Division (ESA), Food and Agriculture Organization of the United Nations Environment Mali. Disponible en ligne :ftp://ftp.fao.org/es/ESA/roa/pdf/2_Environment/Environment_Mali.pdf.
15. Rapport du projet « Besoins en eau » (B-EAU).
16. *Tamba* est le nom de l'exploitant de l'Office du Niger qui a découvert l'adventice dans son champ de riz.
17. Entretien avec les chefs techniques du siège de l'ON et les techniciens des bureaux de Niono, Molodo etc. du 06 au 14 février 2008. Voir aussi : Présentation Office du Niger (2005). *Office du Niger : aujourd'hui et demain*, Bamako : Imprim color.
18. Kolodougou.
19. Niono 3 et Niono 5
20. Entretien avec les chefs techniques du siège de l'ON et des techniciens des bureaux de Niono, Molodo etc. du 06 au 14 février 2008.
21. Actuel Mali.

4

Les tenures coutumières dans le bassin du fleuve Niger

Dans les systèmes coutumiers du bassin du fleuve Niger, l'accès à la terre et aux ressources fait partie intégrante des rapports sociaux. Comme nous l'avons vu dans les sections précédentes, ces systèmes coutumiers sont fondés sur l'alliance et reposent sur un certain nombre de principes : accès aux ressources, lié à l'appartenance à la communauté, en fonction des règles en vigueur ; droit d'usage confirmé par la marque du travail, etc. Ces principes sont mis en œuvre et arbitrés par des autorités dont la légitimité tient à la fois à l'antériorité d'installation et à la reconnaissance de l'alliance magico-religieuse passée avec les génies du lieu. Ces autorités disposent de la maîtrise foncière territoriale qui est, de fait, un pouvoir politique, puisqu'il leur permet d'accepter ou de refuser l'installation d'une famille.

Plusieurs auteurs, juristes, sociologues, historiens et anthropologues, parmi lesquels Niang (1974) ont montré que la terre s'est toujours trouvée au centre de toutes les structures sociales de l'Afrique traditionnelle et contemporaine. Comme source fondamentale de la vie, la terre constitue un moyen de conciliation entre le monde réel et le monde invisible, les vivants et les morts. Traoré (1991) a approfondi nos connaissances sur les systèmes fonciers dans la région Soninké du Bakel au Sénégal ; tout comme Niang, il a fait ressortir les dimensions sociales et religieuses des rapports à la terre en Afrique, ainsi que leur importance en tant que début et aboutissement de tout processus social. Les fonctions socioreligieuses et politiques de la terre montrent son lien inextricable au système social auquel elle donne parfois son fondement. De ce point de vue, les droits fonciers en Afrique en général et au Mali en particulier ne peuvent être définis selon la conception romaine du droit de propriété.

Comme nous l'avons déjà indiqué au chapitre III, les droits fonciers dans le bassin du fleuve Niger et dans le pays banmana en particulier sont des droits communautaires. L'individu ou le groupe n'est qu'un simple gérant du patrimoine villageois, clanique ou lignager. Il ne dispose point du droit d'aliénation définitive de tout ou partie du patrimoine commun. Cette inaliénabilité constitue une garantie pour la pérennisation de son caractère communautaire. Comme le montre Bathily (1985) cité par Traoré (1991), la terre fait le plus souvent l'objet d'une appropriation collective par une classe dirigeante qui, au terme d'un processus aux formes variables d'un cas à un autre, transforme toutes les autres classes ou groupes de société en simples possesseurs des terres qu'ils cultivent. Il existe donc en Afrique en général et surtout dans les pays mandingues, en l'occurrence le bassin du fleuve Niger, différents droits sur la terre, hiérarchisés et détenus par les différents groupes statutaires ou familiaux. Mais quel que soit le groupe statutaire qui exploite ou détient la terre, celle-ci reste toujours franche. Elle ne change pas de statut en fonction du groupe social qui la détient. Ce qui est différent du cas de l'Europe occidentale féodale où la nature de la terre et son statut étaient fonction du rang social de celui qui la détenait. C'est pourquoi il existait dans ces pays médiévaux des tenures nobles et des tenures serviles (Bathily 1985).

Dans le bassin du fleuve Niger, et dans sa boucle inondée et exondée, avant l'arrivée des migrants peuls au XIIIe siècle, la terre était gérée selon les vieilles traditions animistes mandingues. Au début du XIXe siècle, à partir de 1818, Sékou Amadou, après avoir conquis les régions du Delta du Niger, apporta un nouvel ordre juridique et politique. Pour éviter les conflits sur l'utilisation des ressources en fonction du temps et de l'espace, il l'a codifiée avec le concours des habitants de la région et il a délimité les droits de propriété et d'usufruit dans la plaine inondable. L'édiction et l'application de ces règles étaient confiées aux « Maîtres des terres », « Maîtres des pâturages » et « Maîtres des eaux » et à leurs différents ministères.

Les paysans et les pasteurs pensaient que la nature était prodigieuse, providentielle et qu'elle avait la capacité de se régénérer pour combler le vide créé par l'homme. C'est cette vision qui a guidé le comportement des paysans et des pasteurs jusqu'à une époque récente où, avec l'influence de la mondialisation et l'avènement du développement et de la monétarisation de la terre, des auteurs et des acteurs de l'agriculture essayent de démontrer que cette attitude des paysans et des pasteurs est contraire à toute innovation et à tout changement.

Dans la hiérarchie des droits fonciers de la boucle du Niger, il y a les droits du maître de la terre *Dugukolotigi*, du maître des champs *Forotigi*, du maître des eaux *Djitigi* ou *Dalatigi* (maître de mare) et du maître des pâtures *Dioro*. Dans les tenures foncières, nous avons des tenures claniques, familiales, lignagères et communales.

Le village, le maître de la terre et des espace-ressources

S'exprimant sur les principaux modes communautaires d'acquisition des droits fonciers en Afrique, Étienne Le Roy (1982) parle de répartition de l'espace entre groupes. Pour Le Roy, il existe trois modes de partage des terres, fondés sur la présence ou l'absence de préétablis. S'il y a absence de préétablis et que le groupe décide de s'installer, son responsable opère la découverte par des moyens à la fois matériels et culturels. S'il y a présence de préétablis, trois situations sont possibles :

> Soit les préétablis chassent les nouveaux venus qui continuent ainsi leurs trajectoires spatiales [...] soit inversement, ils sont dépossédés et les nouveaux venus s'imposent comme dominants. Enfin, les deux groupes peuvent s'entendre par voie d'arrangement plus ou moins amiable pour régler de façon pacifique leur coexistence par voie de spécialisation de fonctions ou de professions (Le Roy 1982:75)

Ainsi, pour Le Roy, la découverte, la dépossession et l'arrangement constituent les trois modes fondamentaux d'accès à la terre qui déterminaient la situation juridique des espaces. Dans la boucle du fleuve Niger, ces partages de l'espace ne sont autres, comme Le Roy l'a si bien dit, que la maîtrise foncière par les armes, la découverte ou le pacte. Dans cette boucle du Niger, se mêlent la maîtrise de la terre, celle des eaux et celle de l'espace. La maîtrise de la terre et celle de l'espace se confondent souvent dans certaines régions du Delta inondé et exondé, où les terres et les espaces sont conquis ou non. Même dans les cas de conquête, la maîtrise rituelle n'est aucunement perturbée. C'est pourquoi nous aborderons dans le premier paragraphe, la maîtrise rituelle des maîtres de l'espace avant d'étudier les différents droits relatifs à ces terres dans le paragraphe suivant.

Le village et son organisation sociopolitique et juridique

Le village est généralement constitué par un ensemble de lignages, apparentés ou non, vivant sous la responsabilité du fondateur ou de l'un de ses descendants. Gallais (1960) définit le village comme étant plus que la somme des individus qui le constituent. Pour lui, c'est une organisation communautaire possédant une vie intérieure institutionnelle, économique, qui lui est propre. Quant à Bagayoko (1985), le village est selon lui un ensemble d'unités familiales structurellement homologues : ces unités vivent, depuis des générations, de l'exploitation agricole de terroirs aux limites spatio-temporelles connues et reconnues. Ces deux définitions du village se rejoignent et se complètent : le premier met l'accent sur « la vie institutionnelle et économique propre » au village et le second, sans négliger ces aspects, s'attache à l'unité familiale, au mode d'exploitation, aux limites spatiales et temporelles. D'après ces deux définitions, nous pouvons dire que le village est une unité organique où l'existence des intérêts particuliers des membres de la communauté, se trouve en fait dominée par un esprit de solidarité.

Koné (1983) a effectué une étude sociologique sur les paysans du Baninko dans la zone CMDT de Fana. Selon lui, la cohésion au sein d'une communauté villageoise est tributaire de son histoire c'est-à-dire de sa constitution comme unité sociologique et des solutions qu'elle apporte aux impératifs de subsistance.

Et c'est cela qui détermine la différence de fonctionnement des structures sociopolitiques d'un village à l'autre. Cette étude de cas renforce nos arguments, développés aux chapitres précédents, sur la diversité et la complexité des fonctions de *dugukolotigui* (maître de terre) et de *dugutigui* (chef de village). Au sommet des structures sociopolitiques au Baninko – et comme nous le verrons dans les sections suivantes, dans d'autres régions du bassin cotonnier – se trouvait le fondateur ou le plus âgé de ses descendants. Il dirigeait les affaires du village avec le concours des différents chefs de lignage ou de segments de lignage. Sa voix était prépondérante dans l'attribution des terres de culture. Cependant, dans certains villages, le chef de village n'était pas le chef de terre ; autrement dit, il ne pouvait attribuer de terres qu'avec l'accord du maître de la terre.

Dans certains villages où les Peuls ont pris le pouvoir politique alors qu'ils n'en étaient pas fondateurs, la dichotomie entre chefferie des terres et chefferie politique a toujours existé. Malgré cette dichotomie, la distinction des autorités avait très peu d'effet sur la cohésion au sein des communautés villageoises compte tenu du fait qu'elle n'engendrait pas de confiscation de terres au profit d'un lignage. Dans les villages banmana, la reconnaissance de l'autorité d'un chef dépendait surtout des représentations religieuses que l'on avait à l'égard de la terre. Ce qui explique par ailleurs, en partie, le fait que les conquérants se sont généralement contentés du paiement de tribut sans vouloir confisquer les terres à leur profit. Tout compte fait, la possession du pouvoir politique est synonyme de domination économique. Et de ce fait, les hommes et leurs terres étaient donc « possessions » des conquérants (Koné 1983).

Pour ce qui est des structures sociopolitiques du village, au Mali et dans le bassin du fleuve Niger, il est difficile de dresser un schéma valant pour toutes les communautés villageoises. Ce schéma peut varier pour plusieurs raisons : le caractère homogène ou hétérogène d'un village, les oppositions au sein d'un même lignage et d'autres facteurs extérieurs. Lorsqu'un village est uniquement peuplé d'un seul *Kabila* ou groupe de lignages ayant le même ancêtre, l'autorité du chef de village connaît une certaine fermeté car elle s'adresse à un groupe homogène. Le rôle de chef lui est reconnu par tous car il constitue le lien entre les ancêtres et le *Kabila*. Par contre, quand il s'agit d'un village hétérogène, peuplé de lignages différents et s'étant constitué par une guerre ou par toute autre calamité, cet ensemble peut devenir difficile à gérer. C'est le cas d'un ancien village de Baninko appelé Maban. Ce village a été fondé par un lignage Dembélé qui a accueilli sur ses terres un autre lignage Dembélé venu de Marakadougouba dans la région de Ségou, déjà islamisée. Avec le développement du village, il fut divisé entre les deux groupes de Dembélé. Le chef de village ne pouvait plus cumuler le rôle politique et le rôle religieux, c'est-à-dire les rituels relatifs aux anciens et au génie protecteur du village, car son autorité était de plus en plus contestée par les nouveaux venus. Le village fut divisé entre les deux autorités. Le chef titulaire traditionnel, c'est-à-dire le maître de la terre, était devenu l'intermédiaire entre le village et l'administration coloniale. D'aucuns ont parlé d'opposition à l'islam mais en réalité, les Dembélé venus de Marakadougouba voulaient se servir de la religion pour faire basculer l'autorité de leur côté.

À côté de cet exemple, il existe beaucoup d'autres cas dans le bassin cotonnier du fleuve Niger où des lignages ont voulu profiter de leurs relations avec l'administration coloniale pour briguer la chefferie du village. Dans ces cas, on parlera de deux chefs : celui des Blancs et celui de ceux qui ne veulent pas de lui. Outre ces facteurs nuisant au pouvoir du chef traditionnel, dans plusieurs contrées du Mali, l'agrandissement du village avec plusieurs *sokala* ou quartiers a aussi contribué à l'amenuisement de son pouvoir car les chefs de *sokala*, qui étaient des auxiliaires du chef de village, ont eu tendance à se considérer comme chefs à part entière. Cette tendance a donné naissance à des intrigues quand il s'agissait de remplacer un chef de village décédé ; au sein de la communauté villageoise des rivalités apparaissaient. Et la convoitise était exacerbée par l'autorité centrale coloniale dans les procédures de désignation des chefs de village (Koné 1983).

Avec l'avènement de la colonisation, il s'agissait davantage, pour certains notables, d'être le premier, l'interlocuteur de l'administration *tubab (toubab)* blanche, que de remplir le rôle réel du maître de la terre par les sacrifices et les rituels.

La maîtrise rituelle

La maîtrise rituelle constitue, dans le cadre de la maîtrise foncière, le soubassement des rapports de l'homme avec l'invisible car, comme nous l'avons dit plus haut, quel que soit le mode de détention des espaces, ce rapport est incontournable (Traore 1991:104). Comme il a été souligné dans le chapitre I, dans le pays banmana, le premier occupant, pour s'installer, pactisait d'abord avec le génie des lieux. L'accomplissement des rituels instaurait le contrat réglant l'exploitation par l'homme du domaine territorial du génie. Le génie *gnana* devient alors le protecteur des occupants de son territoire, le *Gnana dugu dasiri* ou « génie protecteur du village ». Quiconque a été partie au contrat, directement ou par représentation, en bénéficie moyennant qu'il en observe scrupuleusement les clauses. Il devient ainsi le « grand prêtre du génie » en banmana, *Gnana son na ba*, celui qui a fonction essentielle de « faire les offrandes » qu'exige le culte. Il administre le domaine terrestre du génie et est appelé à cet effet *Dugu tigui* ou *Dugu kolo tigui* « Maître de la terre » (Monteil 1923). Les rituels sont effectués dans les *boli so yorow*, c'est-à-dire les « lieux des cultes »[1]. En agissant ainsi, ce chef coutumier s'occupe de la réglementation ou de la réparation des actes maléfiques entrepris par les humains à l'égard des génies de la terre, qui exigent des cérémonies de purification.

La terre donc, dans la pensée Banmana, relève d'une propriété, celle du génie des terres. L'importance des alliances avec la terre se manifeste au niveau des rapports entre le monde vivant et l'invisible, le génie et les ancêtres – les morts.

Elle est également considérée comme une divinité génitrice dont la mission est de pourvoir aux besoins des hommes qui l'occupent. Elle n'est pas davantage le bien, au sens économique du terme, de la collectivité que celui de l'individu. Elle s'appartient à elle-même et personne ne peut en disposer :

> Elle ne peut être l'objet d'un droit de disposition surtout selon la conception quiritaire de la possession. N'étant pas un bien matériel, les liens qui existent entre elle et les hommes ne peuvent être interprétés comme exclusivement constitutifs de rapports juridiques. [...] Avant d'être source de richesse, elle est source de vie et se prête mais ne se soumet pas aux hommes (Kouassigan 1982).

Toute forme d'établissement (conquête, découverte ou négociation) sur la terre doit être au préalable soumise à certains rites, pour mettre en harmonie les forces du visible et de l'invisible d'un côté et de l'autre, la société elle-même, avec sa pensée (Traoré 1991). D'un point de vue juridique, la dimension religieuse de la terre a autant d'incidence sur les modalités de son occupation et de sa répartition que sur les modalités du travail agricole, dans la mesure où la signification de chaque acte détermine les fonctions de chacun (Kouassigan 1982:52).

Dans les zones Office du Niger, ces principes juridiques coutumiers ne sont pas appliqués aujourd'hui car, depuis les années 1930, le colonisateur, après avoir aménagé la région, a procédé au repeuplement de la zone par des colons Mossi, Banmana (Bambara, Minianka/Sénoufo) transportés de la Haute-Volta et des autres régions de Mali-sud, en l'occurrence le pays Minianka/Sénoufo[2]. Par contre, dans les régions cotonnières du bassin du fleuve Niger, la maîtrise rituelle des terres par les premiers occupants maîtres de la terre est toujours de rigueur.

Dans la commune rurale de N'Pèssoba dans le Cercle de Koutiala, pendant que le *nampoun dugutigui*, chef coutumier ou chef des fêtes, s'occupe de l'administration de la collectivité, le *tutigui*[3], le maître de terre s'occupe du culte des ancêtres et du génie de la terre. Les familles détenant l'autorité sur les terres la détenaient aussi dans une large mesure sur les esclaves. La couche sociale esclave, ainsi que nous l'avons signalé dans le chapitre II, n'existe plus depuis l'avènement de la colonisation. Ici, toutes les chefferies sont de patronyme Coulibaly. En fait, le terroir de N'Pèssoba est exigu et les vrais propriétaires des terres seraient les Coulibaly de Zandiéla, Kintiéri, Nankorola et Kola qui l'entourent. Les Coulibaly de N'Pèssoba n'auraient pas assez d'influence territoriale – au contraire de ceux de ces villages, qui sont reconnus comme des maîtres de terre. Cette situation serait due au fait « qu'au moment des guerres tribales, les communautés du village de N'Pèssoba qui est actuellement le chef-lieu de commune, avaient échangé leur autorité territoriale contre l'économie de guerre après les différentes razzias effectuées »[4]. Par ailleurs, « la généralisation du patronyme Coulibaly serait liée à un consensus [...] les fondateurs avaient décidé de donner ce nom de famille à tous les habitants pour renforcer la cohésion sociale et éviter les conflits fratricides »[5]. Selon eux, la présence d'un autre patronyme pouvait remettre en cause la cohésion sociale.

Le *nampoun dugutigui*, chef administratif, s'occupe des fêtes et des sacrifices liés au *nampoun*[6]. Il s'occupe traditionnellement des sciences occultes, de la relation entre la communauté et les ressources naturelles. Comme sa fonction l'indique, à M'Pèssoba, la relation entre l'homme et les ressources naturelles est réglementée par les sacrifices expiatoires auxquels procède le *nampoun dugutigui*, c'est-à-dire le sacrificateur, qui est le garant de cette communauté ésotérique.

Le *nampoun* est un fétiche, qui serait originaire du village de N'Kankorola. Selon la légende, dans ce village, il y avait un couple arabe[7] dont les deux composantes étaient considérées comme des saints. Après leur décès, leurs tombeaux ont servi de lieu de culte pour les Minianka qui venaient y faire une sorte de pèlerinage pour les implorer. Ils ont fini par les immortaliser par un *boli*, fétiche, pour faire d'eux un organe protecteur et régulateur. Il y a un *nampoun* mâle et un *nampoun* femelle : le mâle reçoit de simples sacrifices qui n'entraînent pas de grandes manifestations mais la femelle reçoit des sacrifices grandioses qui sont l'occasion d'inviter tous les villages environnants. Les festivités pour célébrer son anniversaire d'acquisition par la communauté ont lieu un lundi et sont accompagnées de galettes à base de haricot ainsi que de *dolo* (bière de mil)[8]. C'est pourquoi le lundi est un jour sans activité pour les non-musulmans à M'Pèssoba.

L'acquisition du *nampoun* fétiche par les habitants de N'Pèssoba renvoie aux temps où, la sécheresse ayant sévi au village, les baobabs s'étaient asséchés, les semences ne poussaient plus, et où la communauté, dans la famine, risquait la disparition. Pour remédier à ce fléau, les paysans de N'Pèssoba sont allés prendre le nampoun afin d'arrêter la sécheresse. Les causes de cette catégorie de malédiction seraient la souillure de la terre par des actes immoraux ou par des assassinats et des violations des interdits.

Depuis des temps immémoriaux, dans cette société agraire, quiconque commet un crime est sanctionné par la communauté ésotérique : le contrevenant devait s'acquitter d'un bouc qui devait servir de sacrifice au *nampoun* pour la réparation de la souillure faite à la terre. De même, les actes sexuels commis dans la brousse étaient sanctionnés et les contrevenants, hommes et femmes, payaient leur acte par un bouc. Ces sacrifices réparaient les préjudices portés aux génies. Sans quoi la colère de ces derniers se manifestait par la rareté des pluies ou même par la sécheresse et la famine. Qu'il y ait acte de souillure ou non, en cas de calamité naturelle, telle que la pénurie d'eau en période hivernale, on recourt au chef coutumier pour les cérémonies rituelles afin qu'il implore le « *nampoun* ».

Le *tu* (forêt, buisson) est un lieu de culte protecteur de M'Pèssoba. C'est là que se trouve le *Dugudassiri*, génie protecteur du village. Comme nous l'avons vu déjà, ce lieu de culte est antérieur à la fondation du village. Contrairement au nampoun la succession verticale[9] est de rigueur au lieu de la succession gérontocratique[10]. Le tutigui, maître de la terre, détient une fonction autonome de celle du nampoun dugutigui, et s'occupe des sacrifices expiatoires qui ont lieu chaque année au début de l'hivernage pour solliciter la bienveillance du génie du tou dugudassiri sur les récoltes prochaines. Des sacrifices sont faits aussi bien au début de l'hivernage (début des semences) qu'à la fin des récoltes. Le tutigui est l'unique sacrificateur car il est le seul habilité à jouer ce rôle, même s'il est le moins âgé de la lignée des fa pères. Les cérémonies se font chaque année et les bêtes à immoler peuvent atteindre une vingtaine selon les possibilités. Le jour de la cérémonie, chaque chef d'unité de production et de consommation, gwatigui (chef de famille), apporte spécialement un poulet à titre de contribution. Le rituel se fait sans *dolo*, sans effusion de sang au lieu de culte. Autrement dit, excepté l'eau, ce tu ne reçoit rien d'autre que les incantations rituelles. Après le rituel, la cérémonie festive commence au village par les immolations. Le nampoun dugutigui et le tutigui jouent chacun un rôle particulier, de manière parfaitement autonome, mais n'exécutent pas leurs fonctions de façon isolée ou unilatérale. Tout se passe dans un cadre consensuel et organisé dans le sens du bon fonctionnement de toute la communauté.

Le droit de hache et le droit de feu ou droit de l'épée : droit de feu de culture et droit d'occupation militaire

Le droit de feu, le droit de l'épée

Dans les pays mandingues en général, et dans le bassin cotonnier du fleuve Niger en particulier, le droit de feu a deux significations : le premier est issu de la conquête par les armes et le deuxième est le droit qu'a le paysan après avoir défriché un terrain de culture par le feu. La deuxième signification accorde un droit postérieur au droit dévolu au maître de la terre car la maîtrise des champs vient après la maîtrise des lieux par les premiers occupants. Le droit de premier occupant, maître de la terre, est donc supérieur à la maîtrise des champs car elle l'autorise. Partant de cette distinction, le droit de feu constitue un procédé de maîtrise de la terre par le feu.

Plusieurs auteurs ont écrit sur ce droit et ils en donnent dans l'ensemble une définition commune. Des auteurs comme Niang (1974) postulent que le droit de feu n'est qu'un droit de première occupation par le feu de brousse : le procédé du feu consiste à délimiter sur un espace donné la surface cultivable et, à partir de ce moment, l'acte devient créateur de droit et le titulaire s'affirme comme le premier occupant : seul maître de la terre qu'il met à la disposition de sa famille. Mais contrairement à cette thèse, le droit du feu dans le bassin du fleuve Niger est un droit acquis par la force des armes : le feu du guerrier. Le droit dont parle Niang n'est qu'un droit procédant du mode de culture utilisé par les paysans, en guise de prédéfrichement de la parcelle à cultiver. Cette technique est toujours appliquée de nos jours et ce droit n'est pas aussi statutaire que celui qui est acquis par les conquêtes. Tout comme au Fouta Sénégalais (Traoré 1991), le droit de feu est un droit de seconde catégorie, à distinguer du droit éminent du maître des pâturages dioro dans le Delta intérieur[11] et *dugu kolo tigui* dans les villages banmana Malinké et certains villages du Delta[12]. Le droit du feu, d'un côté, n'est qu'un droit de « maître de champ » ou du terrain défriché par le biais du feu, alors qu'il est, de l'autre, une domination par la guerre d'un clan sur l'autre, donnant au dernier soit la maîtrise foncière indirecte par le pouvoir politique, soit la maîtrise totale du foncier, tout en respectant les rituels du premier occupant.

Le droit du « feu des armes » n'est de fait que politique. C'est un droit acquis par les armes, la conquête. Les *dugutigui* qui ne sont pas maîtres de terre sont, le plus souvent, des descendants d'ancêtres qui ont conquis les lieux par les armes. C'est pourquoi nous trouvons des chefs de villages *dugutigui* qui ne sont pas des maîtres de terre, mais exercent plutôt une gestion traditionnelle administrative du terroir. Comme nous l'avons mentionné au chapitre II, l'occupation militaire, surtout dans les zones exondées du Delta intérieur, n'avait pas forcément d'influence sur la tenure foncière traditionnelle. Mais dans certains cas, la « dépossession » avait lieu ; dans certains villages et certaines régions[13]. C'est le cas par exemple du Delta Central, qui fut habité par les Banmana Malinké et les Marka, puis par les *Ardo*[14] peuls qui se virent plus tard, au fil des ans, dominés et dépossédés de la maîtrise foncière des espaces au profit des Peuls pasteurs venus de l'Est et du Fouta Toro.

En effet, c'est après avoir reçu du gouverneur mandingue du Bagana l'investiture officielle d'*ardo* – ou chef des familles peules qui l'avaient suivi dans son exode du Kaniaga au Diara – que Maga Diallo, vers 1400, l'étendit aux Peuls d'autres clans, principalement Barry, qui vinrent peu après s'établir dans la même région. C'est ainsi qu'il fonda au début du XVe siècle le royaume de Massina, sous la suzeraineté de l'empereur de Mali (Delafosse 1972:223). De 1400 à 1494, le royaume peul du Massina fut vassal de l'Empire de Mali mais, dans le royaume, c'est par le droit de feu, donc des armes, que Maga Diallo et ses descendants ont perpétué la maîtrise du royaume et de ses terres jusqu'à l'avènement de Sékou Amadou (1810-1862), qui renversa partiellement ce droit pour instaurer la Dîna, avec de nouvelles règles, plus rigoureuses, de gestion des affaires publiques, du foncier et des ressources naturelles. Avant cette époque, le royaume, sous la dynastie des Diallo, constituait une entité vassale des empereurs Banmana de Ségou, car les pachas marocains de Tombouctou n'existaient plus comme pouvoir depuis les années 1670 (Delafosse 1972:223).

Dans la zone exondée du Delta intérieur, à Ségou, c'est par la force des armes que les Coulibaly, l'un des principaux clans de « ceux qui ont refusé leurs maîtres et la religion musulmane », c'est-à-dire les *Bamanan*, commença, à partir de Ségoukoro, à étendre son pouvoir dans le bassin du Niger vers la première moitié de 1600. C'est Souma, fils de Danfassari, qui étendit le territoire banmana par des conquêtes. Son fils Fotigué, plus connu sous le nom de Biton (1660-1740), a rendu puissant le petit royaume fondé par son grand-père. Son territoire s'étendait approximativement, à son apogée, de Bougouni à Tombouctou. Toute la région de Bendougou, celles du Delta intérieur, du Bagara, et une partie du Bélédougou, faisaient partie de son territoire. La capitale était Ségou. Comme nous l'avons dit, le droit de feu est issu de la domination par les armes, donc politique, et ne signifie pas nécessairement une appropriation foncière. En fin de compte, dans la commune de N'Pèssoba dans le Cercle de Koutiala, les maîtres de la terre sont les Coulibaly. Dans d'autres contrées, comme Niono par exemple, le fondateur du village est Diarra ; à Bla, les maîtres de la terre sont les Tangara. Dans d'autres régions du bassin du fleuve, d'autres clans comme les Traoré sont propriétaires terriens.

Le droit de feu de brousse fonde, par ailleurs, le droit de culture du maître de champ, issu d'un autre droit appelé « droit de hache », qui consiste à couper les arbres d'un espace donné pour sa mise en valeur.

Le droit de hache

La hache est un instrument que le paysan utilise pour couper les arbres ou débroussailler un champ. Le fait de couper les arbres d'un terrain pour en faire un champ de culture confère donc le « droit de hache » à celui qui défriche. Dans les pays mandingues en général et banmana en particulier, le droit de hache est un droit subordonné à celui du maître de la terre. Parfois, il est plus effectif que ce dernier car il met l'homme en rapport direct et physique avec la terre. C'est un droit de culture dont les modalités diffèrent selon qu'il s'agit de l'organisation interne du village ou de celle des domaines familiaux. Quel que soit le mode par lequel ce droit de culture est obtenu, le titulaire n'est jamais considéré comme maître de la terre car il ne participe à aucun mode de maîtrise de la terre : ni premier occupant, ni conquête, ni arrangement politique. Ce procédé de la hache est issu, selon Niang (1974), des rapports personnels avec le maître de la terre et il tient son titre de l'instrument par lequel il a débroussaillé la terre. En outre le maître de culture peut dans certains cas perdre ce droit (Traoré 1991). Mais il faut noter que le « droit de hache » dont nous parlons peut aussi être assimilé avec le droit du premier occupant car, avant de s'installer, le premier occupant doit d'abord défricher le terrain pour s'établir. Mais quand on utilise l'expression, c'est surtout dans la signification première que nous avons donnée, de « celui qui défriche » et qui n'est pas forcément le premier occupant *dugukolotigui*.

Le droit de culture héréditaire

Ce sont des droits qui, dans le cadre général des droits de hache, sont les plus solides, car contribuant à l'organisation des rapports statutaires entre différentes familles à l'intérieur ou à l'extérieur des villages. Le droit de hache est accordé à ceux qui exploitent une terre par le débroussaillement. Tout comme dans les pays soninké tels que le Goy, dans les cas de droits héréditaires, l'acquisition du titre de maître de la terre remonte à une période assez reculée, généralement lors de la fondation du village ou au moment où les groupes statutaires et familiaux nouent leurs alliances (Traoré 1991). Tous les droits de culture héréditaires statutaires dans le bassin du fleuve Niger remontent à des temps lointains et renvoient à des processus historiques qui varient d'un village à un autre. Les droits héréditaires sont de deux types : *Foro tigui* (maître de champ) dans le cadre des champs familiaux et *dugukolo tigui* (maître de la terre), au sens général du mot, dans le cadre du terroir villageois. Tous deux droits héréditaires, ils remplissent des fonctions différentes. Le *dugukolotigui* exerce une fonction de régulation sociale villageoise tandis que le *forotigui* a un simple rôle de gestion des terres qui lui ont été octroyées par le *dugukolotigui*.

Le *dugutiguiya* (fonction de chef de village) ou *dugukolotiguiya* (maître de la terre) entre dans le cadre des relations entre groupes statutaires à l'intérieur du village. Ils sont souvent « maîtres politiques » au niveau du village. Ils font des cessions parfois assez importantes aux groupes statutaires alliés pour permettre une meilleure intégration et maintenir en même temps les liens politiques de dépendance. Ce sont eux qui octroient des terres aux autres statuts sociaux et aux étrangers. C'est ainsi que certains groupes statutaires comme les marabouts et les *gnamakala* se font attribuer à titre définitif des parcelles dont la taille varie selon l'importance de la famille en question. Juridiquement, ces marabouts et gnamakala ne deviennent pas pour autant des « maîtres de terre », mais ils ont le droit de transmettre héréditairement les terres qui leur sont concédées par leurs *diatigui* maîtres de la terre. Ils restent donc des maîtres de culture et jouissent de l'usufruit. Tout comme les maîtres de la terre, ils adoptent le système d'exploitation et de partage entre lignages et segments de lignages. Ils transmettent ces terres et les droits de culture qui y sont liés de génération en génération, sans possibilité pour le maître de la terre de les reprendre (Traoré 1991).

Par ailleurs, les titulaires de ces droits ont le pouvoir, à l'instar des maîtres de la terre, de prêter, de louer ou de donner les terres sur lesquelles ils se comportent comme de vrais « maîtres de terres » en percevant des redevances foncières. Ces terres ne peuvent revenir aux maîtres initiaux, sauf en cas de disparition totale de la famille. Ce qui n'arrive jamais à moins que la famille ne se déplace pour un autre village.

Comme nous l'avons déjà mentionné, dans le système foncier mandingue, il n'y a pas d'exclusion du procès foncier, que ce soit pour des causes politiques, sociales ou économiques. L'appartenance au groupe social villageois ou la décision de s'installer dans le village donne *de facto* le droit à la terre et la faculté d'exercer un ou plusieurs droits sur la terre.

Dans les sociétés mandingues, il est naturel que les uns contrôlent et que les autres se soumettent à ce contrôle. Mais le contrôle des maîtres fonciers est un moyen de réguler les rapports politiques et les rapports de l'homme à la terre. La mise en œuvre de tous les droits se fait dans le cadre d'une structure sociale : c'est au niveau des familles et des segments de familles que se font le partage et la gestion communautaire des terres sur lesquelles s'appliquent les droits fonciers.

Les droits sont hiérarchisés entre les groupes qui en ont la gestion. Les terres, dans leur mode d'acquisition, sont communautaires et ne peuvent par conséquent faire l'objet d'une gestion individuelle personnelle. La terre est un bien commun, mais elle est gérée par des groupes individualisés et non personnalisés. C'est une décentralisation qui permet aux groupes ou à certains groupes d'avoir une existence propre, de gérer de façon autonome des terres qu'ils ont héritées des fondateurs du village. Ce sont donc les entités claniques et lignagères qui ont des terres constituant le bien commun de tous les groupes statutaires – des terres communautaires ou communales, gérées par le doyen du ou des clans, selon les cas, tous groupes confondus.

Dans les régions aménagées de l'Office du Niger, le droit de culture héréditaire ne se rattache pas au statut du titulaire mais à sa capacité de payer les redevances sur l'eau car, comme nous l'avons souligné, dans cette région aménagée, il n'y a pas de maître de terre comme dans les autres régions du bassin cotonnier. C'est l'État, à travers l'Office, qui gère les terres et les octroie moyennant redevance sur l'eau. L'Office du Niger est un titre foncier et toutes les populations de cette région du bassin du fleuve ont été expropriées et/ou réinstallées. Des populations venues d'ailleurs, qui ne faisaient pas partie de celles de Ségou, y ont aussi été transférées entre 1932 et 1947 (nous reviendrons sur la situation de l'ON dans le chapitre des politiques agricoles dans la 2e partie).

La structure foncière : les différentes tenures

Dans les communautés banmana, les *Lu* ou *Du* (famille) ou *Kabila* constituent les unités sociales de base et de production mais ne constituent pas pour autant des unités foncières de base. En ce sens que la terre n'est jamais détenue individuellement ou par petits groupes, l'unité foncière de base est formée par le village dugu. Au sujet de la communauté Soninké ou Marka du Goy au Sénégal, Traoré (1991) a bien résumé cela en écrivant que la terre ne porte jamais le patronyme d'une famille particulière et qu'elle est toujours désignée par le nom du village auquel elle appartient. En général, les principaux patronymes sont désignés comme chefs politiques ou maîtres fonciers ; mais malgré tout, la terre ne porte pas leur nom de famille car le village est le seul véritable maître des terres.

Les *Kabila* et segments de *Kabila* ne sont que des divisions techniques des avoirs fonciers en vue de la mise en œuvre des droits sur la terre (Traoré 1991). Comme nous l'avons avancé plus haut, tout comme dans le Goy, l'emprise de la maîtrise supérieure ou politique du sol est moins exprimée au niveau des familles royales qu'au niveau des villages dans lesquels résident ces familles. Dans le bassin du fleuve Niger, le village est presque synonyme d'État en matière foncière. Cette dimension étatique s'exprime aussi en pratique au village des clans par l'existence d'un certain nombre de réserves foncières. Ni l'avènement de l'islam, ni celui de la colonisation n'ont réussi à altérer cette logique communautaire et ses aspects techniques. C'est ainsi que, depuis la fondation du village, et à partir de celui-ci, qui est considéré comme le seul maître foncier, le partage se fait autour des *Kabila* qui, à leur tour, répartissent les terres entre les différents lignages appartenant à ces *Kabila*. Au niveau du village et des *Kabila*, il y a toujours des réserves sous la tutelle du chef de village ou du dugukolotigui maître de la terre et du chef de *Kabila* : les *soforo* et les *kungo* ou *woula*. Que ce soit du côté des clans ou des lignages, la tenure foncière reste indivise et ses modes de gestion suivent la hiérarchie verticale de la société (rapports entre aînés et cadets).

Les rapports entre communautaires

Nous avons analysé l'étendue du pouvoir du *fa* dans le premier chapitre. Dans cette section, nous allons nous attacher aux rapports entre les communautaires, y compris le *fa*. Selon Monteil, les pouvoirs du fa sur les communautaires sont en principe absolus : il peut les louer, les donner en gage, les vendre et même les mettre à mort. Il dispose aussi de tout ce qui est à eux : personnes et biens. En revanche, il a envers eux des devoirs car il est dans l'esprit de cette institution de soutenir ses membres. Jadis, tous les actes du *fa*, même arbitraires en fait, étaient en droit sous le contrôle du Sénat, car les communautaires se divisaient en deux groupes hostiles : le groupe des « anciens » y compris le fa, et celui des « jeunes maîtres ». Le *fa* ne saurait donc prétendre à jouir exclusivement des biens indivis. Il les répartit autour de lui un peu à sa guise, mais bien entendu, les « anciens » sont parmi les bénéficiaires les mieux pourvus. Les jeunes obtiennent rarement des faveurs analogues. C'est pourquoi ils ont de la haine contre les « anciens » dont ils envient la situation.

Dans les communautés banmana, le fils aîné ou le premier né occupe une situation privilégiée, c'est pourquoi il est de tradition que le *fa*, placé à la tête d'une patriarchie, abandonne à son fils aîné la gestion de sa propre communauté (*gwa*) ou de sa famille. Cette séparation est indispensable pour éviter que le *fa* ne dépouille la patriarchie au profit de sa propre communauté. Mais généralement, cette règle est violée ou écartée par certains ambitieux fa qui tiennent au contraire à faire prévaloir la confusion qui leur permet d'édifier une fortune. Pour ce faire, ils trouvent parmi les « anciens » et les « jeunes » de faciles complicités et, au fur et à mesure qu'ils imposent davantage leur volonté, ils étendent leurs exactions[15].

Le plus souvent, dans la communauté, le jeune maître a une condition bien moins agréable que celle de l'esclave domestique qui vit à ses côtés et sous ses ordres. L'esclave domestique peut s'enfuir ou créer toutes sortes de difficultés qui aboutissent à une diminution du patrimoine. Le communautaire ne peut s'enfuir. Qu'on le châtie, qu'on le chasse ou qu'il s'en aille, le bien commun n'en pâtit pas. Parti au loin, s'il réussit, il ne saurait manquer de faire profiter la communauté de sa bonne fortune. Mais celui qui se désintéresse de ce qui se passe dans la communauté risque d'en être retranché. Il doit donc vivre effectivement avec elle, sinon il n'est plus compté que comme un membre mort. L'histoire des fils de N'golo de Ségou nous édifie sur ce point : des dissentiments éclatèrent entre les fils de N'golo Diarra à la mort de celui-ci. Nyana N'koro, qui avait été adulé par son père, se croyait désigné par cette affection pour occuper la place de son père défunt. Ce fut au contraire Monson, que N'golo avait expressément désigné en conformité avec la coutume. Pourtant, assuré de triompher, Nyana N'koro prétendit évincer Monson par la force ; mais il fut vaincu. Au cours de cette lutte fratricide, certains communautaires préférèrent garder la neutralité, pensant se réserver ainsi la bienveillance du vainqueur. À leur surprise, il n'en fut rien car, triomphant, Monson se retourna contre eux. Il frappa d'une sorte d'exclusion communautaire ses deux frères Séri et Ba, en leur attribuant à chacun une part réduite avec défense de l'accroître (Monteil 1923:185).

Cela dit, les biens étant indivis, le *fa* est obligé d'en faire profiter tous les communautaires. C'est ainsi que, le cas échéant, il paye la dot qui permet à un communautaire de fonder une famille ; il rachète les communautaires tombés en esclavage ; il pourvoit aux soins des malades quand ils exigent des dépenses extraordinaires ; il s'acquitte des dettes civiles, judiciaires ou autres quand le redevable y est contraint et que la communauté en est responsable. Mais il faut noter que ces paiements sont faits avec l'assentiment du Sénat et qu'ils sont tenus pour des prêts consentis au bénéficiaire, qui devient dès lors débiteur de la communauté. Il devra rembourser non seulement ce qui lui a été prêté, mais encore au-delà, et l'on exigera aussi qu'il s'en montre toujours reconnaissant. Si le remboursement traîne en longueur, comme c'est habituellement le cas, la communauté n'abandonne pas pour cela sa créance qui n'est d'ailleurs jamais prescrite : elle surveille le retour à meilleure fortune du débiteur, elle s'immisce dans ses affaires, intervient dans sa succession pour inquiéter ses veuves et ses enfants et tirer d'eux tout ce qu'elle peut. Souvent, sa rapacité est implacable et s'autorise de ce qui est dû pour accaparer tout ce que possédait le défunt.

Partant, tout communautaire est à la disposition de la communauté. Il lui doit de coopérer par son travail à sa prospérité. S'il ne peut ou ne veut travailler lui-même aux champs par exemple, il est tenu de se faire remplacer par un de ses enfants ou un esclave lui appartenant personnellement. Tant qu'il n'a pas trouvé un moyen de s'affranchir, il est traité comme les faibles *fanga tan* et il est obligé au travail personnel. C'est d'ailleurs pourquoi dans les sociétés mandingues, banmana malinké en particulier, pour se soustraire à une puissance aussi ombrageuse, tracassière et accaparante, les jeunes cadets partent souvent tenter fortune ailleurs. Ce qui se justifie et constitue l'une des causes de la migration dans cette région de l'Afrique occidentale. Beaucoup ne reviennent plus car soit ils ont réussi à se créer une vie autonome, soit ils se trouvent plus à l'aise loin des anciens, autoritaires et étouffants. Le plus souvent, ayant fondé au loin une famille indépendante, le jeune cadet garde des rapports suivis avec sa communauté. Il surveille à distance son évolution pour, le cas échéant, en profiter (Monteil 1923).

Quant aux cadets qui restent dans la communauté, ils forment un parti d'intrigue qui bat en brèche le *fa* et le Sénat. Mais au fur et à mesure que l'âge rapproche chacun de cette participation à la *faya* qu'il ambitionne tant, son opposition fléchit jusqu'à faire place progressivement, lorsque de *kamalen* (jeune) il devient *bina* ou *benögö* (c'est-à-dire oncle paternel), à cette autorité tatillonne qui suscite alors contre lui l'animosité des nouveaux *kamalenw* (les jeunes cadets). Comme nous l'avons dit plus haut, tout comme les fils, les filles appartiennent entièrement à la communauté, qui a le droit de retirer d'elles tout le profit possible. Ainsi, l'exogamie étant de règle, la communauté cède la fille en usufruit à qui paye la dot. Elle quitte la famille paternelle, donc la communauté, pour celle de son mari. De ce fait, la fille ne peut jamais y exercer une autorité. Condamnée à une perpétuelle impuissance, la femme n'occupe jamais en droit qu'une condition inférieure dans la société banmana. C'est pourquoi Monteil écrit que tout motif d'intérêt ou de sentiment qui modifie plus ou moins heureusement cette situation n'apporte en fait aucun changement au droit invariable qui fait le fond de tous les dissentiments entre époux ou entre communautés, à propos des femmes (Monteil 1923).

Les tenures familiales et claniques

Comme nous l'avons exposé dans le chapitre consacré à l'organisation sociale traditionnelle du pays banmana, le *Kabila* est l'ensemble des familles qui portent le même patronyme et descendent du même ancêtre, fondateur du groupe. Comme nous l'avons décrit au chapitre I, plusieurs auteurs, comme Traoré (1991) et Bathily (1985), ont aussi largement discuté le processus historique de la segmentation et du partage des terres, ainsi que l'origine de certaines tenures foncières. Dès la création d'un village ou d'une agglomération, les terres sont partagées en lots et distribuées entre les principales *bonda* ou *Kabila* que l'on appelle *Kabiladugukolow* ou terres claniques qui, à leur tour, sont réparties entre les différents segments du Kabila en fonction du nombre de personnes compris dans chaque segment.

Les terres familiales

Dans chaque famille maîtresse foncière banmana, la terre est une entité indivisible à la tête de laquelle on trouve un chef de famille *Fa* ou *Kabilakuntigui*, chef de clan chargé de la gestion et de la distribution. Au Mali, ce processus s'est arrêté depuis les XVIIIe et XIXe siècles mais selon les régions, car les villages étaient en général déjà établis et les familles fondatrices définitivement installées continuaient à recevoir des étrangers auxquels ils octroyaient des terres de culture. Dans ce travail de gestionnaire des terres, le chef de famille n'est que le représentant moral de l'ancêtre fondateur auquel se réfèrent les lignages appartenant au *Kabila*.

Même dans les cas d'éclatement de lignages au sein d'un *Kabila*, où nous assistons à la constitution de deux ou plusieurs unités de production et de consommation distinctes, les terres lignagères restent non divisées et sont toujours gérées par le chef de lignage doyen d'âge le *Fa* qui les répartit entre les différents membres de la famille. Par ailleurs, les champs réservés au chef reviennent toujours au doyen, même si les frères vivent séparément, dans le même carré ou non (Bathily 1969, cité par Traoré 1991). Prenons comme exemple, une famille appartenant au même *Kabila* maître foncier, composée de deux frères disposant d'un terrain de riziculture et de plusieurs champs de culture sous pluie : si la famille est unie, les champs de riziculture sont exploités au nom du *Kabila*, mais sous la direction de l'aîné, et s'appellent *foroba fara* (champs de riziculture collectifs). Le produit, loin d'être partagé, est réservé pour la consommation familiale (voir le système de production au chapitre II). Ce phénomène est fréquent quand la famille ne cesse de s'agrandir, et montre que les champs du *Kabila* sont divisés ou parcellisés en champs collectifs et en champs individuels pour les cadets et les frères aînés. Dans le cas où il y a séparation entre deux frères, le système ne change pas sensiblement car il n'y a pas de partage pur et simple – puisque l'individu familial demeure toujours – sauf dans le cadre du mode de production. La séparation de deux frères entraîne la création de deux familles et par conséquent de deux champs collectifs foroba foro et de plusieurs champs individuels si les deux frères ont des enfants.

La réserve clanique

Dans les pays mandingues, dans chaque terroir villageois, existait un certain nombre de *Kabila* qui se répartissaient les terres claniques. Mais pratiquement, toutes les terres du *Kabila* ou *Kabiladugukolo* qui n'avaient pas fait l'objet d'une répartition entre les du et les gwa demeuraient terres de tous les descendants. Même en cas d'anéantissement d'une famille – d'une unité de production – les terres qui lui étaient allouées dans l'indivision clanique étaient réservées dans le domaine collectif ou communautaire du *Kabila*. Le *Kabilakuntigui* gère les terres comme il l'entend et il s'en sert très souvent, en plus de son usage personnel, pour donner gratifications à des parents, des alliés, des serviteurs, des *gnamakala* et même des étrangers. Il n'y a juridiquement aucune limite à son action. Les donations de parcelles ou leurs locations se font à titre précaire en usufruit et le chef de *Kabila* peut reprendre les donations à n'importe quel moment, même en dehors d'un conflit, pour procéder à une nouvelle répartition. Il jouit donc en principe d'une totale liberté. Cette situation se rencontre quand les terres de culture sous pluie ou de riziculture *fala* abondent pour le village. Il existe d'autres situations où le terroir villageois est exigu et où toutes les familles *gwa* ou *du* ne peuvent jouir d'une parcelle familiale. Dans ces cas, c'est dans la réserve clanique qu'on puise pour attribuer à ces familles des parcelles. À la différence de celles des étrangers et alliés, le chef de clan ne peut reprendre leurs parcelles aux membres du lignage du *Kabila* car il jouit lui-même d'un simple droit d'usufruit sur ces terres claniques. À sa mort, c'est la personne qui le suit en âge (et non ses enfants) qui prend la tête. La responsabilité du chef de clan passe donc d'une famille *gwa* à une autre.

Pendant des siècles, les modes de tenures foncières du bassin du Niger que nous venons d'analyser ont été profondément influencés par des conflits de conquêtes qui ont eu des impacts indélébiles sur les coutumes locales.

Notes

1. Voir à ce propos le chapitre I.
2. Source : interview avec Richard Toé le 14-10-2008 à 8 heures AM.
3. Le chef de culte.
4. Source : Issa Natié Coulibaly chef de *tu* par intérim.
5. Source : Issa Natié Coulibaly chef de *tu* par intérim.
6. Le « nampoun » signifie littéralement « l'étranger ». Ici, ce mot a le sens de « fétiche » qui reçoit des sacrifices lors de son anniversaire de déportation.
7. L'association du « nampoun » fétiche à un couple arabe serait peut-être due au refus du Minianka de la reconnaissance et de la pratique de l'islam malgré sa croyance aux vertus de cette religion.
8. Crème de mil.
9. Cette succession se caractérise par l'alternance de statut de père en fils. Au lieu que la succession se fasse de façon horizontale, c'est-à-dire par la lignée des pères, la verticale bouscule cet ordre. Elle se fait de père à fils.
10. La succession gérontocratique ou collatérale est en forme de zigzag. Quand le tour de la lignée des pères est bouclé, vient le tour des fils, et ensuite celles des petits-fils. Mais tant qu'un père vit, si jeune soit-il, de la lignée du clan, les neveux, les fils n'ont pas le droit à la chefferie.
11. Comme l'ont bien démontré Olivier et Catherine Barrière, la dynamique foncière du Delta a été imposée au profit des élites politico-religieuses de la Dîna. Elle s'est axée sur les intérêts des Peuls en donnant lieu à une organisation agro-pastorale… L'empire de la Dîna a transféré progressivement la fonction de maître des pâturages (*Jom hudo*) détenue par les *Arbe* qui étaient des chefs militaires, aux *dioro*…Le *Dioro* est le représentant direct d'un lignage, *suudu baaba*, qui le désigne en son sein et au nom duquel il agit. Il est le gestionnaire des bougoutières de son lignage, il est chargé de surveiller l'accès des troupeaux aux pâturages, il autorise l'accès des troupeaux étrangers et fait sortir les animaux du Delta à l'arrivée de la saison des pluies. Selon les *leyde*, le Dioro possède un pouvoir plus ou moins important sur les hommes et sur l'espace. L'autorité du Dioro sur la terre varie en fonction de la première occupation. Les droits sur la terre sont en effet le plus souvent l'apanage des descendants des premiers occupants. Or, avant que les Peuls n'arrivent, le Delta était parsemé de villages d'agriculteurs et de pêcheurs qui contrôlaient légitimement leur espace en tant que premiers occupants ou en raison d'un droit de conquête. Les villages fondés avant la venue des Peuls sont restés maîtres de leurs terres et les pasteurs n'y ont jamais exercé de souveraineté terrienne. Dans ces villages, il existe un maître de terre qui continue de les distribuer et qui peut être en même temps chef de village. Parmi ces villages nous avons : Kadial, Serendu, Tuma, Saare Cine, Banaje, Farayeni, Jakankore, N'Garewoy et Togere Kumbe.

12. En fait, dans plus de 50 % des *leyde*, le *Dioro* possède des droits sur l'herbe ainsi que sur les terres. L'étranger qui cherche une terre s'adresse plus volontiers au chef de village qui est moins sensible aux aspects financiers que le *Dioro* en raison du fait que ses actes sont soumis à l'approbation de la communauté villageoise. A son tour, le chef de village s'adresse au *Dioro* pour obtenir la terre qu'il attribuera à l'étranger. (Voir Olivier et Catherine Barrière p. 36).
13. Voir chapitre sur les conflits.
14. Selon Delafosse, le mot *ardo* veut étymologiquement dire chef des familles. C'est une catégorie de Peuls qui s'est installée bien avant ceux venus du Fouta Toro…
15. Nombreux sont ceux qui perçoivent la fragilité de leur arbitraire. Aussi s'évertuent-ils généralement à régler par avance leur succession pour éviter la ruine de leur œuvre, mais n'y arrivent pas car la coutume faussée par eux reprend ses droits quand ils disparaissent. Souvent, cette situation arrive aussi de leur vivant et l'explication logique de l'écroulement de certains royaumes et grands empires mandingues n'est que cela : la cause, le plus souvent, est le comportement de leurs fondateurs.

5

Les conflits précoloniaux et coloniaux

En définissant le conflit dans les premières pages de ce livre, nous sommes parti du postulat que le conflit est inhérent à l'homme et ne peut être prévenu ; c'est une contradiction entre deux ou plusieurs personnes (groupe de personnes). Il est inévitable et peut se produire au sein d'une famille, d'une communauté, entre deux ou plusieurs communautés, entre des pays etc. Il n'atteint pas forcément le stade de la violence. Le conflit est susceptible d'arriver n'importe où et n'importe quand. On peut l'empêcher de s'exacerber, de devenir violent mais il n'est pas éradicable et ne peut pas davantage être prévenu – on ne peut que le gérer (Camara 2007).

Parce que l'histoire du Mali abonde en conflits, ceux que nous étudions dans ce chapitre sont des conflits précoloniaux et coloniaux. Ce sont des conflits qui avaient lieu à propos des successions de pouvoir ou des conquêtes de territoire. L'histoire du Mali, depuis le IXe siècle, regorge de conflits de ce genre. Plusieurs historiens, européens comme Monteil (1924), ou africains [Sissoko (1962) ; Ba. (1987) ; Sanankoua (1990)], ont décrit l'histoire du Soudan occidental et du Mali. Ces auteurs ne se sont pas trop attardés, dans leurs recherches, sur les conflits directement liés au foncier. Ils se sont intéressés surtout aux conquêtes territoriales des royaumes et empires mandingues médiévaux. Quant à nous, en tant qu'historien du droit, nos recherches se pencheront sur l'aspect foncier de ces conflits politiques, dont la finalité était territoriale. Nous avons vu au chapitre III les significations de la terre, du terroir et du territoire et avons montré que le territoire était basé sur le terroir, qui peut aussi être appelé « territoire » car cela dépend de l'étendue et du sens qu'on veut lui donner. Le territoire a une connotation politique mais aussi foncière. Derrière les conquêtes précoloniales et coloniales, il y avait des considérations relatives à l'espace-ressource : les ressources naturelles[1].

Les terres et les espaces riches en eau, les pâtures et les ressources minières faisaient l'objet d'enjeux politiques complexes. Ces enjeux, qui se retrouvaient et se retrouvent toujours, au niveau des terres fertiles et des pâturages, provoquent souvent des crises qui dégénèrent en conflits intracommunautaires et territoriaux, c'est-à-dire entre villageois ou entre membres d'une même famille, et des conflits dépassant le cadre communautaire pour atteindre des proportions dramatiques ou difficiles à gérer. Les causes des conflits internes des communautés peuvent être des contestations au sujet de droits sur la terre ou l'espace-ressource (agriculteurs paysans et nomades pasteurs), des problèmes de succession (le pouvoir) ou même de redevance. Tous ces conflits, inter- ou intracommunautaires sont des conflits de pouvoir politique, directement ou indirectement liés aux questions foncières.

La prévention et la résolution de ces conflits dépendaient d'un côté des pouvoirs locaux, des notabilités, et de l'autre des autorités coloniales vers la fin du XIXe siècle et le début de la deuxième moitié du XXe siècle, plus récemment de l'État. Le pouvoir colonial intervenait directement par le biais de la justice coloniale ou de son administration. Toutefois dans les régions fortement islamisées comme le Nord du pays, des conseillers du droit musulman étaient associés et siégeaient auprès du tribunal colonial. Dans les autres régions, des conseillers coutumiers étaient associés et étaient souvent des notabilités. Du nord ou du sud, les conseillers à qui le colonisateur avait recours étaient tous appelés conseillers coutumiers et connaissaient la coutume traditionnelle et musulmane ou les deux traditions ou coutumes combinées. L'analyse des conflits et de leur règlement par ces trois logiques témoigne de l'existence pluriséculaire du pluralisme juridique au Mali. Cette analyse nous dévoilera la dynamique des relations, des interactions des différents acteurs sur le même espace ou le même territoire.

Les règles juridiques coloniales ou musulmanes appliquées en matière foncière n'ont pas en réalité une grande influence. Malgré ces règles exogènes, le droit coutumier, de nos jours, est toujours en vigueur, non sans certaines altérations depuis le siècle dernier ; en fait, les règles coloniales n'ont pas été appliquées avec constance, indépendamment des conquêtes politiques qui les ont fait venir. Les règles coutumières ont la peau dure car elles sont profondément enracinées dans les mœurs, dans la vie de tous les jours du mandingue. L'interaction entre ces différentes règles de droit donne naissance à d'innombrables conflits qui s'avèrent souvent violents et meurtriers, et peuvent déstabiliser toute une région ou tout le pays.

Dans ce chapitre, pour comprendre ces contradictions et leurs causes, nous analyserons d'abord les conflits précoloniaux avant d'aborder la conquête coloniale, qui était en réalité dominée par la conquête foncière.

Les conflits précoloniaux

Les questions foncières sont inséparables des conflits qui ont marqué de leur empreinte l'histoire du Mali et du bassin du fleuve Niger en particulier. En réalité, quand nous suivons l'évolution de l'histoire du Mali du IXe au XIXe siècle, nous nous rendons compte que derrière les conquêtes de pouvoir, se cachait celle des territoires : des terres de culture, de chasse, de pâturage et des mines (de sel ou d'or).

Les conflits de culture et les conflits de succession et de conquête

Les conflits de conquête et de culture[2]

Les conflits à Gounguia[3], première capitale de l'empire de Gao (690-1009)

Delafosse (1972) nous informe que l'empire de Gao se développa et fleurit du VIIe au XVIe siècle dans la vallée du Niger inférieur et moyen et que Gounguia fut la ville principale et la résidence des souverains pendant les 320 premières années de l'empire.

Selon lui, à la fin du VIIe siècle, des Berbères des tribus *Lemta* et *Hoouara* venant de Tripolitaine s'étaient échoués auprès des Songhaï habitant la rive gauche du Niger en face de Gounguia, avaient débarrassé la contrée des Sorko qui s'adonnaient à des pillages et avaient fait de Gounguia leur principal repaire. Cet acte valut donc aux Berbères la reconnaissance de leur chef Dia Aliamen comme chef du pays. Il établit sa résidence à Gounguia vers 690 à la place des Sorko chassés vers Gao, créant ainsi un royaume qui devait devenir plus tard un véritable empire (Delafosse 1972:61).

Le quinzième roi de la dynastie de Gounguia Dia Kossoï ou Kossaï s'est converti à l'islam vers 1009 ou 1010[4]. Selon le Tarikh es Soudan, à l'occasion de cette conversion, Dia Kossoï fut surnommé *Moslem-dam*, c'est-à-dire « celui qui a embrassé l'islam volontairement ». C'est à cette époque que la capitale de l'Empire a été transférée de Gounguia à Gao, fondé par des pêcheurs Sorko peu après l'installation de Dia Aliamen à Gounguia (Delafosse 1972:64).

Les premiers princes convertis du Mandé (vers 1050)

Toujours pour ce qui a trait à l'islamisation au Mali, selon Delafosse (1972), elle a commencé dans le pays mandingue dans les régions comprises entre le haut Niger à l'est, le Bélédougou au nord et le haut Bakhoy à l'ouest au XIIIe siècle, plus précisément en 1213, date du pèlerinage du premier souverain mandingue. D'après Léon l'Africain[5] cité par Delafosse, le premier souverain musulman du Mandé aurait été converti par l'oncle du sultan almoravide Youssouf-Ben-Tachfine, fondateur de Marrakech, c'est-à-dire vraisemblablement par le chef lemtouna Omar, père de Yahia et d'Aboubekr, qui sont selon les historiens arabes des cousins de Youssof. Yahia-Ben-Omar étant mort en 1056 et Aboubekr en 1087, on pourrait placer la conversion du premier prince mandingue musulman vers 1050, un peu après celle de la famille royale de Tekrour et la faire correspondre avec le début du mouvement almoravide (Delafosse 1972:173). Le nom du premier prince islamisé est Baramandéna, chef du Mandé. Ses prédécesseurs étaient païens fervents, réputés comme d'habiles et dangereux soubaga (sorcier) jeteurs de sorts. Selon Delafosse, à l'époque de Baramandéna, la disette aurait frappé le Mandé et malgré les multiples sacrifices de bœufs, si nombreux que la race bovine faillit s'éteindre dans le pays, la sécheresse et la misère ne faisaient que s'accroître. Un pieux musulman – Lentouna Omar – qui logeait chez le roi, persuada Baramandéna que la pluie tomberait s'il embrassait l'islam.

Après lui avoir appris des dogmes de l'islam, lui avoir fait prendre un bain et l'avoir vêtu d'une blouse de coton bien propre, il se mit donc à prier toute la nuit avec lui sur une colline. Omar récitait les formules sacrées et Baramandéna répondait *amin*. Au lever du jour, la pluie se mit à tomber abondamment. Dès ce jour, Baramandéna fit briser toutes les idoles et expulser de sa résidence les prêtres païens et les sorciers. Ensuite, il entreprit le pèlerinage à La Mecque. C'est ainsi que le pouvoir a probablement commencé à être transmis de père en fils dans le Mandé jusqu'à Soundiata et après car, à la mort de Baramandéna, ses successeurs professèrent tous plus ou moins comme lui l'islamisme. C'est pourquoi leurs familles furent appelées El-Moslemâni ou les islamisés. Mais la masse du peuple resta païenne.

Cette relation du pays avec l'islam est importante parce que plus tard, cette religion influencera le processus de succession au sein des familles princières (*ibid.*:174), avant d'être généralisée quelques siècles plus tard à la masse du peuple.

Les conquêtes marocaines (1591-1600)

Comme l'ont si bien montré Delafosse (1974) et Sissoko (1966), les rapports entre l'Afrique noire et l'Afrique blanche furent pacifiques jusqu'à la fin du Moyen Âge. À partir du XVe siècle, les Sultans du Maroc changèrent d'attitude vis-à-vis de leurs voisins du Sud. Les richesses légendaires du Soudan avaient éveillé les appétits des souverains marocains, qui n'osèrent pas rompre les liens de courtoisie avec les puissants Askia. Mais dans l'immédiat, leur convoitise se porta sur les mines de sel de Teghazza, propriété de l'Empire Songhaï. Après avoir consenti à payer un tribut à l'Askia Daoûd pour exploiter les salines, ils tentèrent de les accaparer par les armes en 1584 sous l'Askia El Hadj, mais leurs expéditions se perdirent dans le désert. Ce n'est qu'entre 1591 et 1592 que les troupes du Sultan marocain purent envahir et détruire l'Empire Songhaï. Après la conquête, le pays tomba dans l'anarchie totale. Ce bouleversement concerne plus spécifiquement le Nord du Mali. Nous devons évoquer cette période, connue pour sa profonde influence sur les systèmes fonciers au Mali, car avant l'invasion marocaine, l'appropriation de la terre et des espaces de pâturage se faisait sur la base du droit coutumier, que nous avons longuement examiné dans notre première partie.

Comme partout au Mali, la pratique juridique coutumière usitée dans le septentrion était le principe de premier occupant. En matière de gestion de l'eau, c'est « le droit d'ouverture du premier puits sur l'espace pastoral ». Cette coutume est toujours en vigueur dans certaines zones de cette partie du Mali, malgré l'existence des textes législatifs étatiques. Selon cette coutume, celui qui creuse un puits dans un espace pastoral donné est considéré comme propriétaire de cet espace sur un rayon de vingt à quarante kilomètres. Les clans étrangers qui viendront plus tard rejoindre le premier occupant peuvent s'installer, mais doivent respecter ses limites territoriales. S'ils veulent faire un puits, ils doivent le creuser à 20 km du premier puits au moins[6].

Selon Coulibaly (1997b), sous l'occupation marocaine, un nouveau système commença à se mettre en place, avec l'apparition de seigneurs féodaux « latifundistes », c'est-à-dire détenteurs de domaines importants dans la zone :

> Pour mieux asseoir son pouvoir tant contesté et perturbé par des rébellions fréquentes à l'époque, l'occupant marocain a transformé les droits coutumiers communautaires en des titres de propriétés individuelles qu'il attribuait à ceux qui lui faisaient allégeance. C'est ainsi qu'il usurpa des terres à plusieurs communautés qui lui étaient hostiles, pour les attribuer aux chefs autochtones soumis ou aux lieutenants allochtones chargés de l'administration de certaines contrées. Ces actes de réaffectation de terres étaient légalisés, transcrits en arabe, et consignés dans des tarikhs, genre d'annales contenant toutes les décisions administratives, judiciaires et autres hauts faits du pouvoir marocain (Coulibaly *op. cit.*).

C'est ainsi, selon Coulibaly, que la notion de chef de terre, au sens de gardien gestionnaire des ressources communautaires, perdit progressivement son contenu à maints endroits du territoire conquis. En conséquence de quoi sont apparues des mutations sociales :

1- l'immigration de communautés dépossédées de leurs terres. Une immigration d'autant plus douloureuse que l'accès au foncier dans les zones où elles se sont installées est resté très difficile, entraînant une précarité de situation que connaissent encore certaines de ces communautés ;
2- l'apparition de nouvelles sources de conflits dans la mesure où les fameux *tarikhs* de l'envahisseur ne donnaient, eux non plus, aucune précision sur les limites physiques des terres attribuées[7] ;
3- récemment, la naissance d'un phénomène de caciquisme qui voit ces propriétaires imposer des termes excessifs de faire-valoir indirect, et même essayer de tirer des bénéfices politiques de leur position, en exigeant de « leurs métayers » qu'ils se transforment en clients politiques lors des élections (Coulibaly op. cit.).

El Hadj Omar et Ségou-Sikoro (1861)

Selon Sanankoua (2007), la procédure de succession était collatérale. C'est la domination de Sékou Hamadou qui a réussi à convertir à l'islam presque tous les Peuls et beaucoup de Banmana[8] malinké, dont la plupart étaient encore païens au début du XIXe siècle. Cette conversion a entraîné des changements, aussi bien dans la croyance des Banmana malinké, que dans leur mode de vie. À l'époque d'Ali Diarra à Ségou, la majeure partie des Banmana du royaume était païenne et, après la fuite de ce dernier et la prise de Ségou-Sikoro le 10 mars 1861, El Hadj Omar imposa aux anciens fonctionnaires, aux chefs d'armée, aux chefs de cantons et à toute la population de se raser la tête, de ne plus boire de liqueurs fermentées, de ne plus manger de chiens ni de chevaux ni d'animaux morts de maladie. L'objectif était de faire la prière musulmane et de se limiter à quatre épouses (Delafosse 1972:318).

Bien avant cette époque, du temps de la domination des Diallo, le système de succession en usage dans le pays était le système de succession patriarcale. Quand Sékou Hamadou créa la Dîna, il l'interdit et imposa à ses sujets la succession en ligne directe (*ibid.*:236).

Les conflits de succession et de conquête à Ségou (XVIIIe et XIXe siècles)

Les conflits de succession dans le bassin du fleuve Niger ne datent pas d'aujourd'hui. Suite à la deuxième expédition de N'Golo, qui ne fut pas aussi heureuse que la première (vers 1760), contre les Mossi du Yatenga, il contracta une maladie à la suite de laquelle il mourut en 1787 avant d'avoir rejoint sa capitale[9]. Après les obsèques, l'aîné de ses fils appelé Nianankoro lui succéda. Mais il était à peine monté sur le trône que son frère Makoro, fils d'une captive de N'Golo voulut s'emparer du pouvoir. Nianankoro s'était installé à Ségou-Koura et Makoro à Ségou-Sikoro : ces deux quartiers de Ségou furent transformés durant cinq ans en deux citadelles ennemies. Makoro fut d'abord battu par le Soninké Béma qui commandait l'armée de Nianankoro et maniait très habilement la lance. Afin d'augmenter le nombre de ses partisans, il fit main basse sur le trésor impérial et le distribua à tous ceux qui vinrent lui offrir leurs services. Cette situation emmena Nianankoro à faire appel à Dassé Coulibaly alors Empereur du Kaarta. Dassé vint camper à Niamina et exigea pour prix de son alliance que Nianankoro lui remît le crâne de son aïeul Foulikoro qui avait été tué par Biton. Nianankoro accepta cette condition, mais Béma lui ayant fait observer qu'il ne pouvait livrer ce crâne parce que les talismans de son père N'Golo y étaient renfermés, Nianankoro prit un crâne quelconque et le fit remettre à Dassé comme étant le crâne de son aïeul. Dassé prit le crâne et retourna au Kaarta en promettant à Nianankoro qu'il viendrait à son secours quand il le voudrait – il est difficile de savoir s'il a cru que c'était le crâne réel de son aïeul, mais il retourna dans sa capitale (ibid.:290).

Cependant, les gens de Makoro gagnèrent Béma à la cause de leur maître en lui donnant une partie de l'or qu'ils avaient reçu de ce dernier. Il fut donc décidé entre les chefs des deux armées que lorsqu'on livrerait bataille, les fusiliers des deux camps tireraient à blanc. Une fois cela convenu, Makoro envoya ses troupes contre Ségou-Koura : l'armée de Nianankoro les reçut à coups de fusils non chargés. Les troupes de Makoro firent semblant de fuir entraînant Nianankoro à Diofina au sud de Ségou-Koro. Une bande de guerriers postés là en avance prit Nianankoro par le revers, s'empara de lui et le conduisit à Makoro qui le fit mettre aux fers et le laissa mourir de faim en 1792. Ensuite, Makoro se fit proclamer Empereur de Ségou sous le nom de Monson ou Monson Diarra. Il régna de 1792 à 1808[10].

Alors que Nianankoro se faisait prendre par Makoro, Dassé arrivait face à Ségou, lorsque tout était fini. Il chercha à faire croire à Monson que son retard était voulu et qu'il avait désiré la défaite de Nianankoro. Pour rétribution de son abstention dans la lutte, il proposa à Monson une sorte de suzeraineté du Kaarta sur l'empire de Ségou. Monson rejeta ces propositions et partit en guerre contre Dassé. Son principal objectif fut la conquête de Bélédougou, qu'il réussit, sinon à annexer, du moins à piller de fond en comble. Au cours de cette guerre, il ravagea en particulier Gana, Touba-koro et d'autres villages de la région où se trouve aujourd'hui Banamba, tandis que son frère utérin N'Koro-N'Tyi étendait l'autorité de l'empire de Ségou sur la contrée comprise entre Niamina et Bamako (ibid.:291).

Les guerres de conquête de la dynastie des Diarra : le cas du Baninko[11]

Ayant besoin de tributs et de troupes pour mener à bien les conquêtes, l'aristocratie militaire ne pouvait concilier ses activités guerrières avec le travail de production agricole. Elle entendait assujettir le plus grand nombre de villages possible, non seulement afin d'y recruter des Tondjons guerriers, mais également dans le but de réduire une partie des populations en esclavage, pour la mise en valeur des terres royales.

De 1808 à 1827, Da Diarra de Ségou étendit donc son pouvoir sur une bonne partie du Baninko depuis Bla jusqu'au Baoulé. Il fit enlever par Tyan Mana chef du Saro, les Dioula établis à Kaya, Korodougou, Toun et Komina au Baninko et les obligea à habiter à Banankoro. À côté de ces déplacés du Baninko, des Marka (Soninké) de Tinénimba, furent aussi installés de force à Banankoro (Monteil 1924:96). Le Baninko était devenu une province de Ségou et, après chaque conquête, les villages nouvellement soumis étaient confiés à des Tondjons chargés d'acheminer le tribut annuel que les sujets devaient au royaume. C'est ainsi que les populations du Baninko, anciennement organisées en petits *Kafo*, furent soumises et payèrent régulièrement tribut au *Faama* de Ségou. Mais le recouvrement des tributs ne se faisait pas sans accrocs : certains villages se révoltaient contre les conditions qui leur étaient faites et refusaient de payer le tribut. Tel fut par exemple le cas de Tegena et de Domi, où des alliés de Ségou qui se trouvaient sur la rive gauche du Baoulé intervinrent pour mater la rébellion (Koné 1983:40).

Cette domination de Ségou sur le Baninko était précaire car le pays était vaste et le souverain de Ségou n'avait pas suffisamment de gens pour administrer tous les villages conquis. La région connut donc une instabilité politique et l'arrivée des Toucouleurs, plus tard au pouvoir à Ségou, n'y changea rien. Au cours de cette période d'instabilité le Baninko continua à recevoir de nombreux immigrants notamment des Peuls. Des Peuls de patronymes Barri, Diallo et Sidibé, au

XIXe siècle, vinrent s'installer dans le Baninko. Le premier groupe composé de Barri et de Diallo fonda alors un puissant *Kafo* au sud-est dont Fala village fut le Jamadugu ou chef-lieu de *Kafo*. Le second groupe, c'est-à-dire les Sidibé se dirigea vers l'ouest et s'installa à Kème, un village fondé par des Banmana, de patronyme Fomba. Ils finirent par chasser les fondateurs et conquirent d'autres villages pour fonder un autre *Kafo* peul – le plus vaste qu'a connu le Baninko, étant composé de vingt-quatre villages. Entre-temps, dans le Kaladugu, de nouveaux villages faisaient leur apparition, au nombre desquels Dioïla, fondé par le lignage des Mariko de Finyana vers 1847.

À l'arrivée des Toucouleurs au pouvoir à Ségou, l'autorité sur le Baninko devint encore plus précaire. On parlait même d'une certaine indépendance des villages du Baninko vis-à-vis du pouvoir peul. Les Banmana du Baninko, pour la plupart païens, avaient un sentiment de répulsion plus marqué à l'égard des Toucouleurs que vis-à-vis des *Faama* banmana de Ségou. Si des villages comme Dioïla et N'Gara ont reconnu l'autorité des nouveaux chefs pendant un certain laps de temps, les Banmana, d'une manière générale, étaient animés d'un esprit permanent de révolte (ibid.:42).

Un certain nombre de *Kafo* du sud-est se sont détachés, se sont ralliés à la chefferie de Kinyan, dont Fafa Togola était le fondateur, et se sont appelés pour cette raison le Fafadugu. À l'ouest du Bagoe, Kinyan contrôlait Dyogo, Baon-Fulala, Nyendgila, le Banda (chef-lieu Batona) et le Kledugu occidental (Person 1975:517). À la même époque, le royaume du Kénédugu étendit son autorité sur Korodugu. Ainsi, le Baninko se trouvait partagé entre le royaume de Ségou, le Fafadugu et le Kénédugu et en partie plongé dans une sorte d'anarchie où les villages faisaient se conquéraient les uns les autres (ibid.:43).

Les conquêtes non banmana

Pour illustrer les conquêtes non banmana, nous avons choisi l'avènement de la Dîna et les conquêtes de Samori dans le Baninko.

La Dîna et son influence dans le bassin du fleuve Niger

La réorganisation du Delta inondé et exondé du fleuve Niger

Comme nous l'avons déjà dit au chapitre III, les Peuls du Massina appartiennent à plusieurs familles réparties en clans. Au début de leur organisation, le clan Diallo ou des Dialloubé avait pris le pas sur les autres, et c'est ainsi que Maga Diallo put s'emparer du commandement, que ses descendants conservèrent durant quatre siècles. Le clan le plus puissant après celui des Dialloubé était le clan des Daébé connu sous le nom de Barri et Sangaré, et qui correspondait au clan toucouleur des Si et au Clan mandé des Cissé. Dans l'histoire du Delta, nous avons vu que les Barri et les Sangaré avaient pris le parti des ennemis du Massina contre les rois dialloubés.

Selon Delafosse (1972), vers la fin du XVIIIe siècle, Hamadou-Lobbo, un pieux musulman venant du Fitouka de la région est de Nianfounké, qui vivait à Yogoumsirou, près d'Ouromodi, dans le Massina central, donna naissance à un fils à qui il donna le nom qu'il portait lui-même et qu'on appela pour cette raison Hamadou-Hamadou-Lobbo, fils de Hamadou fils de Lobbo. Mais plus tard, il reçut le surnom de « Cheick » qui déformé donna « Sékou » ou vénérable. Il fut appelé Sékou Hamadou ou Sékou fils de Hamadou.

Sékou Hamadou, après avoir été instruit par son père à Yogoumsirou, voyagea beaucoup et eut maille à partir avec les Ardo de Djenné et du Massina plusieurs fois. Après qu'il se soit fait remarquer en tuant un des fils de l'Ardo Hamadou-Dickko, ce dernier sollicita contre lui l'aide de Da, empereur de Ségou et suzerain de Massina. Da ordonna à l'un de ses généraux, appelé Fatouma-Séri, d'aller s'emparer de la personne du Cheick. Arrivé à Dotala au nord-est et non loin de Djenné, Fatouma-Séri comprit que Sékou Hamadou constituait un adversaire sérieux. Il fit occuper la rive du Niger par les guerriers de l'Ardo et celle du Bani par Galadio, chef du Kounari (pays de Kouna entre Mopti et Sofara). Puis, il marcha sur Soï à la tête de l'armée banmana. Sékou Hamadou proclama alors la guerre sainte. Il marcha au-devant de Fatouma-Séri, battit ses troupes près de Soï et les repoussa jusqu'à Yari à côté de Dotala où elles se fortifièrent. On prétendit que le Cheick n'avait à sa disposition que quinze cavaliers, mais qu'ayant fait rassembler un grand troupeau de bœufs, il les fit recouvrir de guenilles auxquelles on mit le feu et les lâcha ensuite sur les Banmana, sur lesquels les bœufs, affolés par la douleur, jetèrent le désarroi et la panique. Fatouma-Séri, en apprenant qu'il avait ainsi été joué par son adversaire, se tua de honte et de dépit. Quant à ses guerriers, ils se dispersèrent et c'est à partir de cet événement que l'empire de Ségou perdit la tutelle qu'il avait jusque-là exercée, depuis 1670 environ, sur Massina (Delafosse *op. cit.* : 233).

Sékou Hamadou profita de cette victoire pour imposer fortement son autorité à tout le Sébéra, où il plaça l'un de ses *Rimaïbé*, Sanoussi Cissé, comme gouverneur. Les Peuls de la région, heureux en somme de l'occasion qui s'offrait à eux d'échapper au joug des Banmana, firent leur soumission à Sékou Hamadou et lui livrèrent la personne de Hamadou-Dicko, le dernier Ardo du Massina. C'était en 1810. Sékou Hamadou, en effet, répudia ce titre d'Ardo (qui veut dire guide, conducteur, chef de migration ou de tribu nomade) qui lui paraissait trop modeste et prit celui d'Amirou-l-Moumenîna (prince des croyants). Cependant, il installa son neveu Bokar-Amina à Ténenkou, avec le titre d'Amirou tout court (commandant), en lui donnant le gouvernement du Massina occidental et en en faisant en quelque sorte le successeur local de Hamadou-Dicko.

Sékou Hamadou fonda alors dans le Kounari, sur la rive droite du Bani et au pied des montagnes du Pignari, entre Kouna et Sofara, un village qu'il appela Hamdallahi et dont il fit sa capitale en 1815. Une fois solidement installé à

Hamdallahi, il organisa ses États, les partagea en provinces, mit dans chaque province un gouverneur et un cadi. Il établit des impôts et une sorte de service militaire. Les impôts consistaient principalement en une dîme sur les récoltes : un dixième de la dîme formait la solde du percepteur, un cinquième revenait au roi et le reste servait à payer le chef de province, à entretenir le contingent militaire et à secourir les indigents. On percevait en outre un impôt en nature sur les troupeaux, impôt dont le montant était dépensé par le Roi en frais de représentation : le taux était d'un taureau sur trente, une vache sur quarante, un mouton sur quarante et une chèvre sur cent. De plus, Sékou Hamadou institua une sorte d'impôt somptuaire qui consistait à prélever le quarantième de la fortune monnayée des gens riches (or, cauris) et le quarantième de leur provision de sel.

À la fête de la rupture du jeûne, chaque chef de famille payait un moudd (mesure variant entre un et trois litres) de mil par adulte dont un cinquième revenait au roi, le reste étant affecté au personnel des mosquées et aux indigents. Les serfs devaient aussi une contribution en mil ou en riz pour la nourriture de l'armée. Tous ces impôts étaient annuels. En dehors des impôts, existait la taxe de l'*oussourou* ou du dixième des marchandises importées de l'extérieur et vendus dans le royaume.

Quant au butin de guerre, une fois diminué d'un cinquième pour payer le chef de la colonne et racheter les prisonniers, il était partagé entre les guerriers à raison d'une part par fantassin et de deux parts par cavalier. Pour son alimentation et celle de sa cour et des hôtes de passage, le roi se réservait, dans chaque province, des terrains qui étaient cultivés par les Rimaïbés attachés à la couronne.

Chaque village devait fournir un contingent militaire divisé en trois fractions qui étaient appelées à tour de rôle. Mais en cas de nécessité, elles pouvaient être appelées toutes les trois à la fois. On faisait généralement une expédition militaire ou une razzia tous les ans au moment de la saison sèche. Pendant la durée de l'opération, les guerriers recevaient une indemnité de vivres en grains ou en cauris. Il y avait cinq généraux : le général en chef ou *amirou mawngal* résidait à Djenné et campait durant la saison sèche au Pondori, d'où il surveillait les Bamanan ; trois généraux résidaient à Hamdallahi pendant la saison des pluies. Le reste du temps, l'un campait à Poromani (ou Foromana), sur la rive droite du Bani et à peu près en face de Djenné, pour surveiller les Minianka, un autre au Kounari pour surveiller les Tombo et les Mossi, et le troisième à Saréniamou au nord de Badiangara pour surveiller les Touaregs et les Peuls de la boucle ; un cinquième général résidait à Ténenkou et surveillait la frontière de l'Ouest : c'était le remplaçant local des anciens rois de la dynastie des Diallo (*ibid.*).

Rapports de la Dîna avec le droit coutumier banmana

Sur le plan de la structure politique, nous retrouvons ici à peu près les mêmes unités territoriales de commandement (famille-village – au-dessus, le Kafo-province

– et au sommet, l'État-royaume et empire). Cependant, la structure politique n'est pas déterminante. C'est pourquoi nous allons découvrir des contradictions, notamment en matière de droits et obligations, entre les deux systèmes de l'État théocratique et du royaume banmana de Ségou. La contradiction la plus cruciale était celle qui opposait l'impôt coranique adopté et appliqué par la Dîna aux dons de reconnaissance ayant cours dans les sociétés banmana que nous avons étudiées dans les chapitres précédents. Contrairement aux systèmes de contribution des sociétés banmana, le droit coranique prévoit pour tout État musulman, le droit de percevoir des impôts sur chaque individu et dans le cadre de son activité professionnelle, pour les répartir comme indiqué dans le Coran. Sékou Amadou, roi de la Dîna va rencontrer de sérieux problèmes quant à l'organisation de son État conformément au droit coranique.

Sékou Amadou réussit à imposer avec vigueur les différentes taxes coraniques à savoir la zakkat, la dîme, le karadj et d'autres taxes jugées nécessaires pour la fortification de son royaume. Parmi ces taxes, nous pouvons citer le Middu, le Pabé et l'Usuru. La zakkat était perçue sur les récoltes de base et la dîme était levée sur les troupeaux. Pour les impôts spéciaux, le Muddu était levé en mil et par tête d'habitant : un cinquième (1/5) va au chef et le reste entre le clergé et les pauvres ; le Pabé est levé en mil et conservé dans les greniers au niveau des villages ; il est destiné à l'entretien de l'armée ; l'Usuru était levé sur les marchandises et payé en nature et en cauris sur le bétail et les esclaves. Dans ce domaine des relations entre État et populations, le droit musulman a eu une grande influence sur le système politique traditionnel qui finit par adopter le terme de zakkat en banmana malinké (*saraka ; sarakati* etc.) pour toutes les contributions anciennes. Ce terme est aussi assimilé, dans sa valeur sémantique, au sacrifice.

Relativement au système judiciaire, en matière civile, la Charia, droit musulman n'était que théoriquement adoptée ; sinon, c'était le droit coutumier banmana des deux parties en conflit qui était utilisé pour les départager. Dès la Dîna, cette pratique était autorisée par les Malékites. Ainsi, la coexistence des systèmes fut partout admise sans conflit. La notion de responsabilité individuelle propre au droit coranique a fini par cohabiter avec la notion de responsabilité collective coutumière banmana malinké. C'est d'ailleurs grâce à ce fait que d'aucuns assurent que le droit musulman s'est caractérisé par sa facilité d'adaptation à toutes les situations qu'il affrontait (Dia 1975).

Les conquêtes de Samori et le partage de Baninko entre les royaumes de Ségou, de Kénédugu et la chefferie de Fafadugu

Les contours du Baninko devenaient instables. La situation anarchique, qui régnait surtout dans la partie occidentale de Dioïla jusqu'à la boucle du Baoulé, facilitait les pillages et les rapts. Le plus souvent, trois à cinq personnes se retrouvaient, montaient des embuscades pour piller les rares caravanes Dioula qui sillonnaient le pays pour ensuite se partager le butin. Dans le Baninko, l'on a généralement eu affaire à des petites chefferies commandées par un Peul ou un Banmana ; ces unités politiques de petite envergure ne se sont pas unies pour faire front contre les puissants voisins. Son occupation facile et rapide par les troupes de Samori est une preuve de cet état de fait.

En effet, après la conquête du Banan en 1882, les *sofas* de Samori dirigés par les *Kèlèbolotigi* (ou *kèlètigi*), chefs de guerre comme Bolu-Mamadou, Tari-Mori et Kaba Sangaré, occupèrent le Baninko. À part quelques résistances isolées, comme celles des *Kafo* du Tilakumadugu et du Faladugu, la conquête fut relativement facile. Des dugukunasigi, représentants du pouvoir samorien, furent installés dans les villages.

Le Baninko constituait une région stratégique pour Samori, et cela pour au moins trois raisons :

- Le Baninko fut une réserve où Samori pouvait recruter un grand nombre de guerriers pour mieux attaquer les autres royaumes, notamment le Kénédugu. Les sofas de Samori ont procédé à un recrutement massif, duquel allaient surgir quelques personnalités marquantes comme Woto Mariko (Soly 1983).
- Samori en fit un grenier pour ravitailler ses troupes en vivres car les populations produisaient suffisamment de céréales. Le tribut généralement payé en nature lui permettait d'entretenir ses sofas.
- Il pouvait, à partir du Baninko, contrôler certains axes commerciaux importants : l'axe Massigui-Dioïla-Ségou-Djénné et l'axe Massigui-Bolé-Bamako. Ce sont les deux axes qui traversaient le Baninko de sud en ouest et de sud en est, venant de Tengréla dans l'actuelle Côte-d'Ivoire.

Ce sont ces trois raisons qui nous font penser que la région de Baninko avait une importance stratégique pour Samori, ce qui justifia pour lui la conquête de la région. Malgré cette occupation et le recrutement de *sofas*, des révoltes apparurent : une révolte partie du Banan ne tarda pas à gagner le Baninko en 1885. Les populations s'insurgèrent contre leurs nouveaux maîtres. Certains *dugukunasigi* ou représentants de Samori chargés de veiller sur les villages et de prélever le tribut furent massacrés par les populations en colère. Ces nombreux points de révoltes et de résistance n'inquiétèrent pas outre mesure Samori car la révolte paraissait trop anarchique pour être dangereuse. Dans la plupart des cas, en effet, c'étaient des villages qui ne pouvaient pas opposer une longue résistance aux Kélèbolo (contingents) de Samori, mieux organisés. La répression fut donc à la mesure de l'importance qu'avait la région pour Samori. Certains villages furent détruits en représailles, d'autres ont été repris sans trop de résistance. À Kola, par exemple, le chef Fatogoma Togola s'enfuit sans résister avec toute la population pour chercher asile à Nyantjila dans le Fafadugu. Quant au chef de Debèlè, Siraba Togola, il se réfugia au sommet du mont de Kekoro avec une partie de la population. Les réfugiés se défendirent et écrasaient les assaillants avec d'énormes rochers. Il finira lui aussi par fuir pour aller à Nyantjila. Les points de résistance dont les troupes ont eu du mal à s'emparer furent le Faladugu et le Tlakumadugu. Les ruines de Fala sont toujours perceptibles au pied du Falakulu (montagne de Fala).

Les survivants de ce dernier bastion de rebelles se dispersèrent à l'intérieur du Baninko dans le Bawu-Fulala. Selon Person (1975) cité par Koné (1983), la région fut confiée à Nakenem-Kaba, un des *kèlèbolotigi* de Samori. Cette occupation du Baninko par Samori dura à peine quinze ans, mais marqua fortement la mémoire collective : elle est restée gravée dans les souvenirs des populations. Cependant, l'aspect le plus important de cette période fut que toute chance d'union entre les Kafo pour une fédération de *Kafo* s'était quasiment évanouie. Les *kèlèbolotigi* de Samori avaient, pour réduire les résistances, recruté massivement des sofas dans les villages qui leur étaient restés fidèles. Ils recrutèrent des guerriers à Bolè pour combattre le Tlakumadugu, et à Massigui pour assiéger le Faladugu. Il devenait donc difficile à ces mêmes populations de se réconcilier pour constituer une unité politique forte. En outre, les *Kafo* qui avaient tenté de rejeter la domination étaient désormais affaiblis car une bonne partie de leur population avait fui pour se réfugier dans le Fafadugu.

La région était une fois de plus partagée entre le royaume de Ségou, celui de Kénédugu et la chefferie de Fafadugu. La plus grande partie revenait à Samori. Il fallut donc attendre la conquête coloniale pour voir une reconstitution du Baninko, mais avec des structures administratives tout à fait différentes des *Kafo*. La circonscription administrative du Baninko ne correspondra plus au Baninko initial et à ses limites (Koné 1983).

Les conflits coloniaux (1698-1899)

L'occupation du Haut-Sénégal et la marche vers le bassin du fleuve Niger 1698-1854

Les postes comptoirs de la côte Ouest-africaine et les tâtonnements français (1698-1854)

La conquête française du bassin du fleuve Niger est inséparable de l'occupation française du Haut-Sénégal entre 1698 et 1854. Maurice Delafosse (1972) a largement traité de cette période d'installation de postes et de forts, et de conquête par les armes de la France coloniale. C'est à la fin du XVIIe siècle que le premier poste permanent français fut installé sur la côte sénégalaise. Auparavant, depuis le XIVe siècle, des navigateurs français avaient été en contact avec les peuplements de la côte ; mais c'est seulement à partir du milieu du XVIe siècle que des informations sur les voyages des navigateurs français furent disponibles, surtout pour les voyages ayant pour but le Cap vert.

Le premier bateau français, « la Gallaire », a abordé à l'embouchure du fleuve Sénégal en 1558 vers l'emplacement où se trouve aujourd'hui la ville de Saint-Louis. Mais la première tentative d'installation ou d'implantation française régulièrement organisée n'eut lieu qu'en 1626, quand des armateurs de Dieppe et de Rouen formèrent une compagnie privée pour l'exploitation du Sénégal et de la Gambie. En 1638, le capitaine dieppois Thomas Lambert et le gentilhomme Jeannequin de Rochefort construisaient à la pointe de Bieurt, sur les bords du fleuve, le premier établissement français. Ils passèrent des traités d'amitié avec les rois du Cayor et du Oualo et remontèrent jusqu'à 280 km de la pointe de Bieurt. Après la destruction de ce poste par un raz-de-marée, Louis Gaulier de la Compagnie du Cap Vert et du Sénégal en construisit un autre, en 1658, qui fut également détruit par la mer. En 1659, la Compagnie du Cap Vert transporta le siège de ses opérations dans l'île de N'dar et construisit un fort qui fut la première maison de la ville de Saint-Louis.

C'est en 1696 que la nouvelle Compagnie du Sénégal, la troisième, née après l'expropriation de la Compagnie du Cap Vert par Colbert au profit de celle appelée Compagnie des Indes Occidentales en 1664, ainsi que des cendres d'autres compagnies que nous ne citerons pas ici, procéda sous la direction d'André Brue à l'occupation du haut fleuve. C'est ainsi qu'en 1698, le premier poste français du Soudan, appelé Fort Saint-Joseph, fut créé sur la rive gauche du fleuve à côté du village de Makhana, c'est-à-dire à quelques distances en amont de l'embouchure de la Falémé et en aval d'Ambidédi. Pour ce faire, une convention avait été passée entre André Brue et Boukari roi du Galam.

Le poste fut attaqué et détruit par des Mandingues de Bambouk en 1702, mais les relations des Français avec Galam furent reprises en 1706 par Courbe, qui avait remplacé Lemaître. En 1709, une nouvelle (quatrième) Compagnie du Sénégal était constituée et fut la première à être uniquement composée de commerçants. Elle fut la seule à effectuer de bonnes affaires. La nouvelle compagnie avait décidé de rétablir le comptoir du Galam : en 1710, La Courbe avait voulu bâtir un poste dans l'île de Cagnou, près de Médine, mais l'hostilité des Khasonkè l'obligea à renoncer à ses projets. Au cours du voyage qui précéda sa mort en 1711 près de Bakel à Tuabu, Mustellier, qui avait pris la direction de la compagnie en 1709, avait fait choix d'un emplacement sis sur une colline près de Médine. Il ne put réaliser son projet. Richebourg, qui l'a remplacé, choisit la région indiquée par Brue quatorze ans auparavant et fit commencer en 1712 l'érection d'un fort près de Dramané, entre Makhana et Tamboukané, à quelques kilomètres de l'ancien fort Saint-Joseph. Il fit baptiser le nouvel établissement « Saint-Joseph », du même nom que le précédent. Quand Richebourg se noya dans le fleuve Sénégal, il fut remplacé par André Brue dont la compagnie rouennaise avait tenu à utiliser la compétence. Ce dernier fit achever en 1714 le nouveau fort Saint-Joseph et en fit construire un autre appelé fort Saint-Pierre sur la rive droite de la basse Falémé entre Naye et Sénoudébou, de façon à tenir en respect les Mandingues du Bambouk et à faciliter l'exploration de ce pays dont les mines d'or avaient depuis longtemps attiré l'attention de la compagnie (Delafosse op. cit. : 400). Les membres de la quatrième compagnie, après avoir fait fortune, vendirent leurs établissements en 1718 à la Compagnie des Indes, qui a conservé André Brue comme directeur pendant quelques années.

En 1723, sur ordre de Du Bellay, qui avait remplacé Brue au Sénégal, un agent nommé Levens fonda deux comptoirs en plein territoire du Bambouk : l'un était situé à Farabana, à l'est de la Falémé et l'autre, achevé en 1724, à Samarina, près des mines de Tambaoura. Levens ne paraissait cependant pas très confiant dans l'avenir de l'exploitation aurifère du Bambouk, estimant que les frais dépasseraient les profits. De fait, l'exploration méthodique des richesses minières de ce pays, commencée en 1715 par Compagnon et poursuivie de 1730 à 1756 par divers voyageurs ne fut suivie d'aucune exploitation sérieuse. Quant aux postes de Farabana et de Samarina, ils avaient été évacués dès 1732 à la suite de l'assassinat du minéralogiste Pelays.

Suite à une guerre contre l'Angleterre, la France se rendit maîtresse de l'embouchure du Sénégal, sans pour autant s'occuper du Galam et du Bambouk. À la suite de la paix de Paris, la Compagnie des Indes ne réoccupa pas l'Île de Gorée ; elle entra d'ailleurs en liquidation en 1767 et, la même année, le Roi de France prenait possession de Gorée et de la péninsule du Cap Vert, tandis que Saint-Louis et le Sénégal demeuraient anglais. Enfin, en 1779, l'expédition du Marquis de Vaudreuil et du Duc de Lauzun enlevait Saint-Louis aux Anglais, et le bassin du Sénégal devenait une colonie française qui eut, à partir de cette époque, des gouverneurs nommés par le Roi. Néanmoins, une nouvelle compagnie privilégiée se fonda en 1783 sous le nom de « Compagnie nouvelle du Sénégal et dépendances ». Mais le gouverneur de la colonie n'en demeura pas moins nommé par le Roi.

Dumontet fut le premier gouverneur du Sénégal. Il fit reconstruire en 1780 le fort Saint-Joseph par Gauthier de Chevigny, en choisissant cette fois un emplacement plus proche de l'embouchure de la Falémé, entre Gousséla et Makhana sur la rive gauche du Sénégal, que les Soninké appellent « Toubaboukané » ou « escale des Européens ». Il avait également l'intention d'établir des postes sur la rive gauche de la Falémé à Sénoudébou et à Dentilia près de Sansanding, mais ne donna pas suite à ce projet. Dès 1782, d'ailleurs, le fort Saint-Joseph de Toubaboukané fut à peu près abandonné et tomba en ruine. Il fut réédifié en 1786 par Rubault sous le gouvernement du chevalier de Boufflers et fut abandonné de nouveau l'année suivante après l'assassinat de Rubault.

Au moment de la chute de la monarchie, la France ne possédait plus aucun établissement dans le Soudan. Après plusieurs alternatives d'occupation française et anglaise du bas Sénégal, la colonie fut rendue en 1814, par le traité de Paris, à la France, qui la réoccupa le 25 janvier 1817.

En 1818, un plan méthodique d'occupation du Haut-Sénégal fut établi par le baron Portal alors ministre des colonies. Mais des difficultés de différents ordres empêchèrent la réalisation du plan. En 1819, le capitaine de frégate Meslay avait remonté le fleuve jusqu'à Bakel et y avait fondé un poste. Mais son rapport concluait à l'inutilité des sacrifices qu'exigerait une occupation permanente du haut pays. Pourtant, les relations avec le Galam et le Khasso se trouvèrent renouées du fait de l'installation des Français à Bakel. En 1820, le capitaine de frégate Leblanc poussait jusqu'en amont de l'embouchure de la Falémé et, en 1824, les négociations de Saint-Louis fondèrent la Société de Galam qui dura jusqu'en 1840. En 1825, cette société établissait un comptoir à Makhana au fort Saint-Charles, un dépôt à Sansanding sur la Falémé, et envoyait un bateau stationner devant Médine. Ces diverses stations furent abandonnées successivement. En 1841, il n'en demeurait plus trace et Bakel était le poste le plus avancé sur le haut fleuve.

En 1844, le gouverneur Bouet-Willaumez traçait un remarquable programme de pénétration du Soudan. Mais il ne parvint pas à le faire adopter par la métropole et l'exécution ne devait en commencer que dix ans plus tard par Faidherbe. C'est avec lui que va finir la période de tâtonnement qui durait depuis plus de cent cinquante ans (Delafosse op. cit. : 401-403). C'est sous sa direction que va commencer la nouvelle phase : celle de la conquête et de la véritable occupation du haut bassin du Sénégal, puis du bassin du fleuve Niger.

La gestion du « Haut-Fleuve » ou du « Soudan » : entre traités et résistances – la marche au Niger (1854-1880)

C'est au cours de cette nouvelle phase que les gouverneurs se sont occupés directement des affaires du Soudan[12]. Dès 1855, Faidherbe concluait un traité d'amitié avec le Roi du Khasso pour faire de Médine sa résidence. Il y construisit une forteresse.

Le 12 septembre 1855, une colonne commandée par le gouverneur en personne, assisté du lieutenant de vaisseau Desmarais, débarquait à Kayes. Le lendemain, Faidherbe arrivait à Médine, que les bandes d'El Hadj Omar venaient d'évacuer. Il fut accueilli avec de grandes démonstrations d'amitié par Kinnti Samabala, roi du Kassho. Deux ans après la construction du poste de Médine, en 1857, El Hadj Omar vint mettre le siège devant la forteresse, commandée par un mulâtre de Saint-Louis, Paul Holle, assisté de sept Européens, de vingt-deux tirailleurs sénégalais et de trente-quatre « laptots » ou matelots indigènes. Le 20 avril 1857, El Hadj Omar donna l'assaut. Ses hommes reculèrent devant la résistance opiniâtre des assiégés, en laissant plus de 300 cadavres aux pieds du mur du fort et du tata de Médine. Les Français n'avaient perdu que six hommes[13]. Les Toucouleurs sont revenus à la charge, mais cette fois-ci, des renforts dirigés par Faidherbe avaient pu arriver de Saint-Louis pour libérer Médine du siège d'El Hadj Omar, en juillet 1857.

Après plusieurs défaites dans la région de Bakel et de Médine, soldées par la prise de Guémou dans le Guidimaka en octobre 1859, El Hadj Omar souhaita, un an plus tard, en 1860, un traité avec les Français : dans cette demande, il proposait aux Français de leur céder les pays, situés entre la Falémé et le Bafing, comprenant la rive gauche du Sénégal de Médine à Bafoulabé ainsi que le Guidimaka. Il entendait, par contre, se réserver le Diomboko, le Kaarta, le Fouladougou, le Bélédougou, le Manding et toutes les contrées du nord et à l'est de ces pays.

Pour répondre à cette demande, en revenant au Sénégal en 1863, Faidherbe envoya à Ségou Mage et Quintin, car la même année, il avait conclu à Saint-Louis avec l'envoyé d'Ahmed el Bekkaï, nommé Mohamed ben Zine, un traité garantissant la sécurité des Européens qui voudraient aller commercer chez les Kounta de Tombouctou, du Hodh et de la Mauritanie. La conquête du Massina et de Tombouctou par El Hadj Omar rendit ce traité pratiquement nul. Mais, ces derniers ne purent entrer en contact avec El Hadj, mort au Massina durant leur séjour à Ségou. Ils étaient donc revenus à Saint-Louis en 1866 sans avoir obtenu aucun résultat du point de vue politique. Ils étaient néanmoins revenus avec des cartes et des renseignements qui devaient servir pour avancer la conquête de la totalité du Soudan.

La marche française vers l'est ne fut reprise avec quelque vigueur que dix ans plus tard, sous le gouvernement de Brière de l'Isle, lequel arriva au Sénégal en 1876. En 1879, il fondait le poste de Bafoulabé et parvenait à faire demander au Parlement les crédits nécessaires à la construction d'un chemin de fer de Médine à Bafoulabé. Ce fut l'amorce d'une ligne destinée à relier le Sénégal au Niger[14]. En 1880, le gouverneur Brière de l'Isle envoya le capitaine Gallieni vers Ségou dans le but d'obtenir d'Ahmadou un traité reconnaissant le protectorat français. La mission du capitaine, s'acheminant de Kita vers Bamako, fut attaquée à Dio au sud de Daba par deux mille Banmana de ce dernier village (Daba). Le chef de Daba pensait servir les intérêts de son peuple en empêchant les Français de faire d'Ahmadou leur allié. L'attaque fut repoussée, mais le capitaine Gallieni comprit que l'état d'esprit des Banmana ne lui permettrait pas de fonder à ce moment un poste à Bamako comme il en avait eu l'intention. Passant au sud de Bamako, il franchit le Niger à Touréla et poursuivit sa marche jusqu'à Nango, à une quarantaine de kilomètres de Ségou. À Nango, il reçut l'ordre d'Ahmadou de ne pas s'avancer plus loin. Il fit alors porter au roi de Ségou le traité qu'il était chargé de lui faire signer. Mais Ahmadou conserva le document sous prétexte de l'étudier et dix mois se passèrent en pourparlers qui paraissaient sans issue. La mission se trouva ainsi dans une sorte de demi-captivité qui rappelait la situation de Mage.

Cependant, un poste fut créé à Kita, le 27 février 1881, par le lieutenant-colonel Borgnis Desbordes nommé commandant du Haut-Sénégal en 1880. Quand Ahmadou apprit cette nouvelle, il décida, le 10 mars suivant, de signer un traité dont le contenu était différent de l'original rédigé en français. Le texte arabe du document, rédigé sous la dictée d'Ahmadou, comportait une simple autorisation de commerce accordé aux Européens. Ledit traité ne pouvait donc être appliqué.

Les conquêtes françaises du bassin du fleuve Niger (1880-1899)

A L'occupation totale du bassin du fleuve Niger

À partir de 1880, le commandement des territoires du Soudan fut confié à un officier supérieur relevant du gouverneur du Sénégal. Ce dernier n'intervenait plus directement dans les affaires du « Haut-Fleuve ». C'est la création du poste de Kita en 1881 qui marqua le début de cette nouvelle période de l'histoire politique, militaire et juridique du Soudan français[15]. Après la création de ce poste, le colonel Borgnis Desbordes a transféré la capitale du Soudan de Médine à Kayes.

Entre-temps, un nouvel adversaire, en la personne de Samori Touré, venait de se dresser contre les Français et était en train de conquérir le Manding. Les Français dépêchèrent un lieutenant autochtone du pays du nom de Alakamessa auprès de Samori au Ouassoulou. Ce dernier ne put rien obtenir. Sans hésiter, Borgnis Desbordes franchit le Niger près de Siguiri au début de 1882, dégageant Kéniéra que Samori assiégeait, et revint à Kita, harcelé par les *sofas* du conquérant. En novembre 1882, il s'empara de Mourgoula, triompha en janvier 1883 de la résistance du chef de Daba, et installa un poste à Bamako le 1er février suivant. Ici, il lui fallut tenir tête aux attaques de l'armée de Fabou, frère de Samori. Après plusieurs combats sanglants, Fabou était mis en déroute par Borgnis Desbordes et le capitaine Piétri. Il repassa sur la rive droite du Niger à Bancoumana, à 60 kilomètres en amont de Bamako, en avril 1883[16].

En 1885-1886, le colonel Frey dut de nouveau dégager Niagassola, après quoi il infligea à Samori, du 17 au 18 janvier 1886, une défaite telle que l'Almami implora la paix, signa le traité que lui présenta la mission de Péroz et remit à cette mission, comme otage, son fils Karamoko. Le traité n'ayant pas été ratifié en France, un autre est présenté en 1887 par le capitaine Péroz à la signature de Samori qui acquiesce le 25 mars aux conditions imposées par le gouvernement français (Delafosse op. cit. : 411). C'est alors que les troupes françaises furent momentanément tranquilles du côté de Samori. Le colonel Gallieni se tourna vers Ahmadou avec lequel il signa le 12 mai 1887 un traité de protectorat qui ne fut pas respecté par ce dernier.

Quand le colonel Archinard arriva au Soudan en 1888, il sentit la nécessité d'en finir avec Ahmadou et les autres princes qui régnaient sur les provinces conquises par El Hadj Omar. Aguibou, qui résidait alors à Dinguiray, s'était avancé jusqu'à Koundian dans le Bambouk. Archinard parvient à dégager le Koundian en 1889. Il établit un poste à Kouroussa et refoule sur le Milo Aguibou qui tardait à se soumettre, tandis que le capitaine Quiquandon assoit l'autorité française dans le

Konkodougou. Puis, après avoir refoulé les Toucouleurs hors du Kaarta, il achève la conquête du Fouladougou et fait occuper Niamina par le Lieutenant Morin. Le 6 avril 1890, à la tête d'une colonne qui, pour la première fois, était presque exclusivement composée de tirailleurs sénégalais[17], il arrive en face de Ségou, traverse le Niger sur des pirogues amenées de Bamako et entre à Ségou. Madani s'enfuit. Il y installe comme roi Mari Diarra le 11 avril. Mari Diarra était l'un des derniers héritiers des empereurs banmana de Ségou. Morin place auprès de lui le capitaine Underberg, autant pour le protéger que pour le surveiller. Ensuite, il se dirige vers le Sahel où il s'empare de Ouossébougou le 26 avril, malgré une vigoureuse résistance de la part de Bandiougou Diarra, qui se suicida après avoir tué un grand nombre de soldats français.

Parce que le lieutenant Marchand lui avait coupé la route de Massina, Ahmadou s'était réfugié à Kolomina à 30 kilomètres au Sud de Nioro. Le colonel Archinard se rendit à Kolomina ; Ahmadou s'était enfui, laissant Ali Bouri à la tête de sa troupe. Après une journée de rude combat, les Français eurent le dessus. Ils firent 1 500 prisonniers et rentrèrent à Nioro le 5 janvier 1891. Ahmadou avait réussi à gagner le Hodh et, passant par Néma, il se réfugia au Massina.

La situation, par ailleurs, pour les Français, n'était pas assez bonne à Ségou car Mari Diarra avait organisé un complot contre le capitaine Underberg, qui le fit fusiller le 29 mai 1888. Le colonel Archinard le remplaça par un chef bamanan du Kaarta nommé Bodian Coulibaly, qui avait rendu des services aux Français lors des opérations contre les Toucouleurs (Monteil 1924). Les parents et partisans de Mari Diarra n'avaient pas accepté cette décision, probablement parce que Bodian appartenait à la famille des Massassi, qui est l'ennemie héréditaire des princes de Ségou.

Suite à la nomination de Bodian, la révolte n'avait pas tardé à éclater sur plusieurs points, notamment chez les Peuls résidant entre le Niger et le Bani et chez les Minianka. Ces derniers avaient résisté victorieusement à la domination d'Ahmadou et refusaient de se plier aux exigences des Sofas de Bodian. C'est ainsi que les Minianka de la région de M'Pessoba bloquèrent dans Sido, l'un des faubourgs de Diéna, le lieutenant de vaisseau Hourst et le docteur Grall. Après la prise de Nioro, le colonel Archinard devait se porter en toute hâte sur la rive droite du Bani pour secourir ses deux officiers. Diéna fut pris le 24 février 1891, après une résistance acharnée des Bamanan/Minianka, qui coûta aux Français treize tirailleurs et fit 142 blessés dont huit officiers et quatre sous-officiers Toubabs[18].

Une autre nomination de chef « indigène » fut plus heureuse que celle de Bodian : c'était un commis des postes et télégraphes du Sénégal nommé Mademba, qui s'était distingué dans les combats français contre les Toucouleurs et notamment lors de la prise de Ouossébougou. Le colonel Archinard l'installa en 1891 à Sansanding, constituant, avec cette ville comme capitale, une sorte de petit royaume dont Mademba devint le chef avec le titre de *Faama*.

En décembre 1891, Mademba se vit attaqué dans Sansanding par 700 sofas fantassins et 400 cavaliers que dirigeait un marabout nommé El Hadj Bougouni, soutenu par un lieutenant d'Ahmadou nommé Oumar Samba Dondèl. Après un siège de plus de deux mois, le 10 mars 1892, Mademba parvint à mettre ses assaillants en déroute.

Non loin de là, Ahmadou, qui avait pris le commandement du Massina, soulevait la rive droite du fleuve Niger contre les Français. Il poussait ses attaques jusqu'en face de Sansanding. Il était soutenu par les Peuls, les Banmana/Minianka unis avec lui dans la haine que leur inspirait le protégé des Français : Bodian. Les Banmana (Sénoufo/Minianka), excités par des émissaires d'Ahamadou, se révoltèrent contre le lieutenant de Bodian, nommé Mamadi-djan, qui fut attiré dans un guet-apens à Bla. Il y trouva la mort le 12 février 1892. Le capitaine Briquelot, en tournée dans les environs, apprit cet événement le 14 février. Il arriva à Bla le 20 et y installa un poste provisoire. Les Sénoufo se présentèrent le 22 devant Bla, au nombre de 1 200 sofas environ. Vu la supériorité militaire des Français, après un jour de combat, les *sofas* Sénoufo se retirèrent. Briquelot, à court de cartouches revint à Ségou le 23 février. Le 28, les Sénoufo, conduits par Mamourou, chef de Dougbolo, conquirent Bla sur la garnison des 268 auxiliaires de Bodian qui furent massacrés (Delafosse *op. cit.* : 413 ; 414 ; 415 ; Monteil op. cit.).

Les pasteurs peuls de la province de Ségou, mécontents des réquisitions de Bodian et ruinés en outre par la peste bovine, se soulèvent à leur tour. En mars 1892, la situation est très critique car pendant que Mademba était bloqué à Sansanding, Bodian et Briquelot l'étaient à Ségou, et tout autour, dans le bassin du fleuve Niger, les peuples s'étaient soulevés contre les Français et leurs protégés. C'est ainsi que le lieutenant Huillard, parti de Ségou pour tâcher de faire avorter le mouvement des Peuls révoltés, fut attaqué le 19 avril près de Souba et tué. Le capitaine Briquelot qui partait de Ségou à Barouéli recueillit les restes du lieutenant Huillard pour continuer son chemin. Il fut attaqué le 22 et réussit à mettre en déroute l'ennemi, mais fut blessé ainsi que deux de ses officiers. En juin, le lieutenant Bonnier arriva à Baraouéli et battit les Peuls révoltés à Nougoula et à Ouo. Les Peuls, vaincus, franchirent le Bani et se réfugièrent au Miniankala.

Quant aux Banmana révoltés du Kamiandougou, ils furent vaincus à Koïla le 22 juin et, le 26, Bonnier dispersait à Dosséguéla, sur la rive gauche du Niger, les guerriers d'El Hadj Bougouni, dégageant définitivement Sansanding. La tranquillité était partiellement revenue sur les deux rives du Niger, mais dans le Baninko et le Bendougou, les habitants réclamaient le départ des chefs massassi installés par Bodian. Finalement, ils ne firent leur soumission qu'à condition d'être directement en contact avec les Français. Le Miniankala demeurait un foyer de révolte car les Sénoufo et les Tondjons, qui avaient servi la dynastie Diarra, et les Peuls mécontents, y entretenaient des relations avec Ahmadou. En décembre 1892, le lieutenant Cailleau vint attaquer Dougbolo, centre de la révolte. Mais après plusieurs assauts infructueux et meurtriers, il dut se replier sur Bla avec onze tués et soixante blessés sur 420 hommes environ, dont 300 auxiliaires de Bodian. Du côté des révoltés, le chef Tondjon avait eu la main emportée par un boulet et il mourut peu après de sa blessure (Delafosse *op. cit.* : 417).

Répartition du territoire soudanais et début de la politique de « mise en valeur »

La conquête française du Haut-Sénégal Niger fut donc achevée vers la fin du XIXe siècle. Pour consolider l'occupation en renforçant l'organisation administrative et politique dont les bases avaient déjà été jetées par le général de Trentinian, il ne restait plus à la France qu'à supprimer les derniers éléments de trouble, à réprimer çà et là de petites révoltes locales. Pour les Français, la conquête signifiait la mise en valeur des territoires conquis. Ainsi, de la fin de 1899 à 1908 et postérieurement, MM. Ponty[19] et Clozel s'y sont attelés, et le territoire appelé « Soudan français » fut réparti entre la Guinée Française, la Côte-d'Ivoire et le Dahomey par le décret du 17 octobre 1899. Les pays du Haut-Sénégal, du Sahel et du Haut-Niger furent rattachés à la colonie du Sénégal avec un délégué résident à Kayes et chargé de l'administration directe de ces régions. Les provinces de Tombouctou et de la Volta constituaient des territoires militaires placés sous le commandement d'un officier supérieur relevant du gouverneur général[20].

Le gouverneur général administrait directement la colonie. Son représentant était à Kayes. Ce dernier, M. Ponty, était chargé de l'administration des « Territoires du haut Sénégal et du moyen Niger ». Trois ans plus tard, le décret du 1er octobre 1902 réorganisait et reconstituait administrativement et territorialement l'ancien Soudan Français, sans les colonies côtières. Le territoire prit le nom de « Territoire de la Sénégambie et du Niger ». Le délégué de Kayes devenait permanent et relevait du gouverneur général, qui était désormais distinct du gouverneur du Sénégal et avait sa résidence à Dakar et non plus à Saint-Louis (Delafosse *op. cit.* : 424).

Le 18 octobre 1904, un décret faisait de l'ancien Soudan français dénommé Haut-Sénégal et Niger, une colonie analogue aux autres colonies du groupe. Il transformait le délégué de Kayes en lieutenant gouverneur et plaçait sous son autorité les commandants des territoires militaires.

En fait, ces différents décrets n'ont pas affecté profondément l'avenir du Soudan car ces transformations n'ont visé que la forme extérieure de l'administration. Comme nous l'avons vu, les destinées du Soudan furent confiées sous divers titres à M. Ponty (1899-1908), qui fut d'ailleurs le véritable gouverneur de la colonie ; puis à M. Clozel, qui transféra le chef-lieu de la colonie de Kayes à Koulouba.

Mais il faut noter que malgré le transfert du chef-lieu du commandement à Koulouba, les Tombo empêchaient les Français d'étendre leur autorité dans la région située en arrière de Badiangara ; ce n'est qu'à la suite d'hostilités sans cesse renaissantes qu'en 1908, les Français arrêtèrent le Hogon de Pesséma, qu'ils internèrent à Nioro. Malgré cette arrestation, la révolte continua de couver dans certains villages. En 1909, dans la gorge de Pélinga, l'administrateur d'Arboussier fut attaqué et un peu plus tard, à la même époque, au cours d'une tournée, l'adjoint des affaires indigènes Veyres fut aussi tué. C'est ainsi que le commandant Cazeaux fut chargé, entre 1909 et 1910, d'une colonne de répression qui se termina par la pacification complète du pays. Les rebelles insoumis descendirent de leurs repaires de la montagne et le poste français de Sangha fut créé. Pour ramener définitivement le calme dans toute la région, qui s'était insurgée en 1909, le gouverneur Clozel y entreprit une visite (*ibid.*:426). C'est ainsi que tout le bassin du fleuve Niger fut occupé définitivement par les Français, situation qui changea *de facto* le statut juridique des territoires occupés au bénéfice de la puissance colonisatrice.

Les mécanismes de prévention et de gestion des conflits anciens

Dans les anciennes sociétés soudanaises en général, et du bassin du fleuve Niger en particulier, la recherche de la paix reposait d'abord sur le principe de la prévention des conflits : des mécanismes de régulation sociale et des actions diplomatiques. À côté de ces principes, la guerre était utilisée pour faire la paix car la nécessité de négociation et de rétablissement de la paix survenait pendant ou après la guerre, soit pour subordonner le perdant, soit pour signer des pactes de bon voisinage ou de *Sanankouya*, que certains auteurs appellent « cousinage à plaisanterie ». Les conflits que nous avons analysés plus haut intéressaient généralement les États organisés, c'étaient des conflits interétatiques. Ces conflits opposaient deux *jamana* ou des groupes de *jamana*.

Les mécanismes de régulation sociale : alliances et sanankouya

Le mariage interclanique

Comme l'a montré Konaté (1999), en Afrique en général et au Mali en particulier :

> La pratique de l'exogamie et de la polygamie assure des relations d'échanges matrimoniaux entre clans à l'exception des hommes de castes réduits à l'endogamie. Ces alliances interclaniques par le biais du mariage créent des liens de sang qui réduisent considérablement les risques de conflits ouverts[21].

Les relations intercommunautaires et interétatiques se sont organisées en Afrique de l'Ouest dans le cadre de formations étatiques dont la plus ancienne fut le Ghana (IVe – IXe siècles) auquel succéderont le Mali (XIIIe – XVe siècles) et l'Empire Songhoi (XVe – XVIe siècles). Dans tous ces États, les souverains ont mis en œuvre des stratégies visant à assurer une paix fondée sur la stabilité politique et sociale. Parmi ces stratégies, nous avons les alliances matrimoniales étendues et les otages.

Les alliances matrimoniales étendues

Les empereurs du Ghana (Kaya Maghan) prenaient des épouses dans les différentes provinces de leur vaste état. Les liens de sang qui résultaient de ces alliances constituaient un ciment entre la famille impériale et les suzerains locaux :

Les enfants issus de ces mariages devenaient des relais efficaces du pouvoir central et constituaient d'excellents médiateurs en cas de conflit. On retrouve cette pratique des alliances étendues et le rôle de médiateur du neveu dans les Empires du Mali, du Songhoi et dans de nombreux royaumes des XVIIIe et XIXe siècles. Cette pratique était assortie de la politique dite des otages. (Konaté *op. cit*)

La politique des otages

Cette politique consistait pour les souverains à exiger de leurs vassaux :

> Que leurs enfants et surtout les aînés, souvent apparentés à la famille impériale, soient élevés à la Cour. Cette pratique visait à s'assurer la fidélité des princes à travers la formation intellectuelle et idéologique qu'ils recevaient. Elle a été reprise par l'administration coloniale avec l'institution de l'École des fils de chefs de Gorée au Sénégal (Konaté *op. cit*).

Le *sanankouya* – « alliance à plaisanterie »

Le *sanankouya* est un système de solidarité interclanique et interethnique très répandu en Afrique de l'Ouest. C'est un système qui ne repose pas sur une relation de parenté réelle entre alliés. Cette relation est différente de celle de la « parenté à plaisanterie » qui concerne des personnes ayant des liens de parenté avérés. Dans le *sanankouya* :

> Les propos souvent injurieux qu'échangent à toute occasion les partenaires alliés ne peuvent donner lieu à aucune conséquence. Mais au-delà de cet aspect ludique, l'alliance requiert une assistance mutuelle entre alliés (sanankoun) en toutes circonstances, un devoir, voire une obligation de médiation lorsque l'un des partenaires est en conflit avec un tiers (Konaté *op. cit*).

Plusieurs études parmi lesquelles celles de Konaté essayent de donner une origine au *sanankouya.* Griaule et Pâques, cités par Konaté, l'ont interprété comme étant :

> Une alliance cathartique avec fonction purificatrice reposant au départ sur un serment qui scellait un pacte de fraternisation. L'alliance engage donc les contractants et leurs descendants. Elle unit des groupes portant des patronymes différents et qui se répartissent entre différentes ethnies vivant dans différents pays de l'Afrique de l'Ouest (Konaté *op. cit*).

Comme exemple, nous pouvons citer les alliances entre les Kanté forgerons et les Peuls : les Diarra et les Traoré ; les Keïta et les Coulibaly ; les Camara et les Keïta-Coulibaly etc. Le *sanankouya* peut avoir un caractère interethnique (Mandingue et Peul, Banmana et Peul, Songhai et Dogon, Dogon et Bozo, Minianka et Sénoufo, etc.) mais il peut également unir des groupes ethniques à des castes (Peuls et Forgerons) ou des castes entre elles (forgerons et autres castes) ou encore des contrées entre elles dans la mesure où celles-ci ont un peuplement relativement homogène (Konaté *op. cit*).

Les fonctions du sanankouya : à travers les échanges verbaux à caractères irrévérencieux entre alliés, des tensions éprouvées dans les rapports sont canalisées (parenté clanique et alliances matrimoniales). Le sanankouya établit une relation pacificatrice qui joue le rôle d'exutoire de tensions qui, autrement, dégénéreraient en violence. Il s'agit de désamorcer la tension, la guerre, ou des situations difficiles. Ainsi le sanankouya permettrait aux Maliens de différentes régions de fraterniser au premier contact, de dédramatiser des situations qui, ailleurs, conduiraient à des conflits ouverts. C'est une institution qui participe quotidiennement à la régulation sociale. Les plaisanteries qu'échangent les « alliés » contribuent à détendre l'atmosphère, à rétablir la confiance (Konaté *op. cit*).

Les guerres, les autres institutions de régulation et la diplomatie

La médiation, la diplomatie

La médiation

La médiation est comprise comme l'entremise d'un tiers neutre entre deux ou plusieurs parties en vue de les concilier ou de les réconcilier. Elle constitue une pratique ancienne et essentielle dans les relations sociales au Mali. Comme nous l'avons déjà vu dans les premiers chapitres de la première partie, dans les conceptions religieuses traditionnelles dans le pays bamanan au Mali :

> L'harmonie de l'Univers nécessite une médiation constante entre les forces du Cosmos et les hommes, entre les ancêtres et les descendants et entre les vivants eux-mêmes. La conciliation, ou la réconciliation, est souvent scellée par des sacrifices d'animaux (victimes expiatoires) effectués par le descendant le plus âgé de la famille fondatrice du village. Les chefs de lignage, les prêtres, les forgerons assument cette fonction dans des situations précises. En Islam, la médiation entre les membres de la même communauté doit être un comportement, mieux un devoir pour tout croyant. Les sociétés soudano-sahéliennes qui se nourrissent à ces diverses sources ont aussi la particularité d'avoir spécialisé des catégories sociales dans les missions de médiation et de conseil. Ce sont les Niamakala (forgerons, griots, cordonniers, founé) (Konaté *op. cit.*).

La diplomatie

La diplomatie, qui est la science des rapports mutuels, des intérêts respectifs des souverains et des États – l'art des négociations – est utilisée et répandue depuis des siècles en Afrique de l'Ouest. Comme exemple, nous pouvons citer le cas de l'Empereur de Ghana : au Xe siècle, cet Empereur, bien qu'étant adepte de la religion traditionnelle, traitait avec beaucoup d'égards ses hôtes musulmans dont certains lui servaient de conseillers. Selon Konaté (*op. cit.*) :

> Les Kaya Maghan avaient conscience du rôle important des commerçants arabo-berbères pour la prospérité de leur empire fondée essentiellement sur le commerce transsaharien. Après la victoire de Kirina (1235) qui marqua le point de départ de l'Empire du Mali, les hommes de Soundiata déployèrent une vaste action diplomatique (à l'échelle du Mandé et des autres entités issues de l'éclatement du Ghana) dont le point culminant fut l'Assemblée de Kouroukanfouga au cours de laquelle furent établies les bases du nouvel Empire.

Il convient cependant de noter que ces négociations étaient souvent doublées d'une action dissuasive et même coercitive à l'endroit de certains roitelets récalcitrants. Les relations entre les successeurs de Soundiata et les souverains d'Afrique du Nord offrent de nombreux exemples d'actes diplomatiques en faveur de la paix. Ibn Khaldoun fait état des échanges d'ambassadeurs entre les empereurs maliens Mansa Moussa[22], son frère Mansa Souleymane et les sultans mérénides du Maroc.

> Ces ambassades étaient constituées d'agents itinérants convoyant dans les deux sens des cadeaux divers. L'excellence des relations entre le Maroc et le Mali était telle que les grands événements qui se produisaient dans l'un de ces pays étaient ressentis dans l'autre. Ces relations de bon voisinage se sont poursuivies sous le règne des Askia au XVe siècle. Seul l'engagement des Saadiens dans une politique expansionniste en direction du Soudan marquera la fin de ces relations paisibles (Konaté *op. cit.*).

Comme nous l'avons vu, les troupes marocaines se lanceront alors à la conquête du Soudan en 1590.

Pour la période contemporaine, marquée par le contact avec les Français, les initiatives diplomatiques africaines à l'endroit des conquérants sont nombreuses. Par exemple, à la suite de combats violents avec les troupes françaises, l'Almamy Samory Touré[23] a envoyé une mission à Paris en 1886.

La coopération économique et les guerres comme modes de résolution des conflits

Les relations économiques

L'établissement et le développement de relations économiques entre différentes communautés ou États constitue aussi un moyen important d'établissement et de sauvegarde de la paix. L'activité diplomatique soutenue entre les souverains maliens et ceux du Maroc avait, entre autres, des mobiles économiques qui concourraient au maintien de la paix. Soundiata avait réservé une place de choix au commerce :

> Dans le contexte soudano-sahélien, caractérisé par l'ouverture des espaces et la facilité de circulation des hommes et des biens, les marchés, les foires, jouent un rôle essentiel dans le rapprochement des communautés. Le marché n'est pas seulement un espace d'échanges économiques, mais il est aussi un espace de convivialité où se nouent des relations interpersonnelles et intercommunautaires. (Konaté *op. cit*)

La guerre comme moyen d'établissement de la paix

Dans les sociétés banmana malinké, certaines guerres visaient à rétablir la paix. La guerre marque toujours l'échec de la diplomatie, mais elle peut constituer aussi le moyen de renouer avec la négociation. D'une façon générale, on fait la guerre pour prouver sa force à autrui. Ainsi dans le royaume de Ségou, les griots du roi proclamaient *ni kèlè ma ké sèba tê don* : « c'est à travers la guerre qu'on peut connaître le plus fort ou le gagnant » (Konaté *op. cit*). À côté de ce dicton, il y a aussi les guerres appelées *fadenkèlè*. Ce sont des guerres justifiables et, dans l'épopée mandingue, nous apprenons tout le temps que *kèlè le ka Mandé tchi, kèlè le ka Mandé lô* : « C'est par la guerre que le Mandé fut détruit, c'est aussi par la guerre que le *Mandé fut bâti* » (Konaté *op. cit*). Dans la mesure où la guerre était envisagée comme un moyen de rétablir la paix, elle devait obéir à des conventions et des règles strictes. On essayait par tous les moyens de limiter les pertes en vies humaines au cours des confrontations armées. Ce qui explique sans doute le nombre élevé des captifs esclaves provenant de ces guerres et dont on retrouve les traces dans les structures sociales maliennes (Konaté *op. cit.*).

Les Gnamakala : Jeli (griots), Numu (forgerons), Founé et Garanké (cordonniers)

Cette couche sociale ou institution est constituée des artisans de la paix et des agents diplomatiques au sein de la société mandingue et entre les différents États jamana du même espace culturel et ethnique. Les mécanismes de prévention et de règlement des conflits dans le pays bamanan fonctionnent en grande partie grâce à des hommes et des femmes qualifiés appartenant à des groupes de grandes familles appelés *Gnamakala*. D'autres acteurs, tels les marabouts ou les Ulémas, les mentors dans les Cours impériales du Songhoi et de la capitale de la *Dîna* de Sékou Hamadou, les notables locaux (chefs de village, imams, etc.), participaient également au maintien de la stabilité et de la paix. Des réseaux relationnels plus ou moins denses s'établissaient entre certains de ces acteurs au-delà des frontières étatiques ou communautaires facilitant le jeu diplomatique.

Les notables et autres personnes d'influence

Les *mansas mousso* ou les « rois femmes » de la région de Ségou, qui sont de lointains descendants de princes locaux déchus à la suite de la formation des royaumes bamanan de Ségou sont aussi influents dans la résolution des conflits car ils sont considérés comme maîtres du « sol » par les populations.

En tant que descendants des fondateurs, craints et respectés pour ce statut, ils arbitraient les conflits fonciers en amenant les parties en conflit à la négociation. Les chefs coutumiers, les imams, les prêtres de cultes traditionnels ou chrétiens ont eux aussi un rôle important dans la médiation sociale et l'arbitrage des conflits (Konaté *op. cit.*).

Notes

1. Comprenons par là : terres de culture ; eaux-fleuves, mares, rivières ; pâturages ; bois ; forêt ; mines ; etc.
2. Nous nous sommes limité à des exemples de la dynastie des Dia et de Baramandéna parce que les dynasties des Sonni et des Askia étaient déjà presque en totalité musulmanes même si la majeure partie de leurs sujets étaient païens.
3. « Koukia » selon l'orthographe employée par les Arabes.
4. Les princes berbères qui régnèrent à Gao furent au nombre de dix-sept et le dernier fut Dia Bada dont le règne prit fin vers 1335.
5. Hassân-ben-Mohamed el-Ouazzân, plus connu sous le surnom de Léon l'Africain, voyagea au Soudan vers 1507, à l'âge de seize ans environ, et écrivit sa relation aux alentours de l'an 1520.
6. Par contre, comme nous le verrons dans la deuxième partie de cette thèse, les pressions exercées sur les ressources (sécheresses successives ; augmentation de la population humaine et animale) entraînent de plus en plus de conflits dont le non-respect, par exemple, du périmètre conçu comme espace lié à un puits.
7. De nos jours encore, la propriété foncière de certains chefs locaux est désignée en termes de zone, couvrant des milliers d'hectares abritant, dans bien des cas, des villages et campements dont les populations sont prises au piège de la subordination au maître de céans.
8. Après la domination toucouleur, presque tous les Bamanan avaient abandonné l'islam.
9. Ses restes cousus dans la peau d'un bœuf, furent ramenés à Ségou par son armée et y furent enterrés en grande pompe. Il avait près de quatre-vingt-dix ans lors de son décès et avait régné durant trente-sept ans dont trente-trois ans de règne effectif.
10. D'autres auteurs placent parfois l'avènement de Monson en 1787 parce qu'ils ne tiennent pas compte des cinq ans pendant lesquels il eut à lutter contre Nianankoro avant de s'emparer du pouvoir.
11. Le nom Baninko, composé des deux mots « banin » (petit fleuve) et « ko » (derrière, au-delà), est une ancienne appellation du cercle de Dioïla. Le terme de Baninko servait à désigner un vaste territoire situé au-delà du fleuve Bani par rapport à Ségou. À l'origine, le terme est un repère géographique forgé par le royaume banmana de Ségou pour désigner un territoire sur lequel il étendit son pouvoir. Aujourd'hui, le Baninko se trouve dans le cercle de Dioïla.
12. Les gouverneurs qui ont marqué la conquête du haut Sénégal sont : Faidherbe (1854-61), Jauréguiberry (1861-63), Faidherbe (1863-65), Pinet Laprade (1865-69), Valière (1869-76) et Brière de l'Isle (1876-81).

13. Ici, Delafosse ne nous donne que le nombre de perte de vie du côté des Français sans parler des pertes du côté des Khassonké alors qu'il y avait selon lui quelque six mille indigènes enfermés dans le village de Kinti Sambala qui ont participé au combat et souffraient de la faim.
14. Les crédits furent votés le 13 novembre 1880 à la requête de l'amiral Cloué alors ministre de la Marine et des colonies.
15. Les gouverneurs du Sénégal, durant cette période furent, après Brière de l'Isle, d'abord Lanneau (1881), puis Canard (1881-82), ensuite Vallon (1882) ; à ce dernier, succédèrent des gouverneurs civils : Servatius (1882-83), Bourdiaux (1883-84), Seignac Lesseps (1884-86), Genouille (1886-88), Clément Thomas (1888-90) et enfin M. de Lamothe 1890-95), après lequel se place le premier gouverneur général de l'Afrique-Occidentale française, M. Chaudié (1895-1900). Quant au commandement supérieur du Haut-Fleuve appelé commandement supérieur du Soudan français à partir du 6 septembre 1890, il fut successivement confié à : Borgnis Desbordes (1880-83), Boylève 1883-84), Combes (1884-85), Frey (1885-86), Galliéni (1886-88), Archinard (1888-91) et Humbert (1891-92). À partir de 1892, le titre de « commandant supérieur » fut changé en celui de gouverneur et le Soudan français, érigé en colonie autonome, releva directement de la métropole de 1892 à 1895 : le général Archinard fut le premier gouverneur du Soudan (1892-93) ; puis après deux intérims remplis successivement par les colonels Combes et Bonnier en 1893, M. Grodet reçut la direction de la colonie de 1893 à 1895.
16. Durant la campagne de 1883-1884, le colonel Boylève travaille à maintenir Samori en arrière de la ligne française de ravitaillement. Après lui, le commandant Combes (1884-1885) dégage les abords de Bamako et le Manding et installe des postes provisoires à Koundou (Fouladougou) et Niagassola (Birgo).
17. Nous préférons l'appellation de « tirailleurs sénégalais » à celle de « troupes indigènes » utilisée par Maurice Delafosse en parlant des troupes soudanaises recrutées au cours de la conquête française du Soudan.
18. Le mot « Toubab » désigne un « Européen » ou un « Français ».
19. M. Ponty est un ancien collaborateur des généraux Archinard et Trentinian.
20. C'est cet espace que le décret préparé par Félix Faure, alors ministre des Colonies, nomma « Afrique-Occidentale française » ou AOF, « groupe de territoire ».
21. Konaté Doulaye, (en ligne) : http://www.unesco.org/cpp/publications/mecanismes/edkonate.htm
22. Kankou Moussa, l'empereur pèlerin.
23. Comme nous l'avons vu, malgré la victoire militaire française, des révoltes éclataient çà et là dans le bassin du fleuve Niger.
24. Ici, quand nous disons « Islam », nous parlons non seulement de la religion musulmane mais aussi de la culture arabe.

Conclusion de la première partie

Comme nous venons de voir, les Banmana/Malinké ont toujours vécu sur de vastes territoires fertiles où les droits fonciers correspondaient d'un côté, ou étaient liés, aux groupes statutaires, et de l'autre à une logique d'intégration des espaces. Ces espaces, bien qu'ils aient été divisés en espaces agricole, sacré, pastoral et halieutique, étaient inaliénables. Les groupes statutaires, liés à la chose commune qu'est la terre, le village, croyaient que le sol, avec tout ce qui le composait, constituait la propriété des esprits, et que nul ne pouvait disposer à son gré de la terre ou prétendre s'installer ou cultiver un terrain libre sans procéder au préalable à certaines cérémonies.

Cette croyance, après avoir survécu pendant des siècles, a commencé à être légèrement altérée par les conquêtes militaires que le pays a connues. L'événement le plus significatif qui a commencé à influencer le comportement des Mandingues fut le premier contact avec l'extérieur : les Arabes – l'Islam[24]. En effet, les rapports à la terre, surtout la succession et la valeur (l'appréciation) de la terre ont commencé à changer au fur et à mesure que les populations se convertissaient à l'islam. Par ailleurs, les grandes réformes de la période précoloniale n'ont pas bouleversé les formes de la gestion foncière, sauf dans des zones bien circonscrites ou suivant une période relativement courte par rapport à l'histoire du pays (Coulibaly 1997b). Malgré ces influences extérieures, les croyances locales, surtout à l'égard des rapports à la terre ont toujours survécu parallèlement à la nouvelle religion.

Il a fallu une deuxième agression culturelle pour marquer définitivement le mode de vie des Maliens : les guerres de conquête des Occidentaux et la défaite des royaumes mandingues. C'est ce dernier événement qui a changé brusquement la destinée des peuples bamanan/malinkés en apportant de nouvelles logiques d'administration, de gestion de la terre et des relations interpersonnelles. Au lieu de la gestion communautariste de la terre, nous avons commencé à voir se répandre par le biais des textes coloniaux d'abord, puis des textes de l'État nouvellement indépendant, les notions de « mise en valeur », de « propriété individuelle », du développement et de la mondialisation. Ce processus a commencé vers la fin des conquêtes françaises avec l'édiction des décrets du 1er octobre 1902 et du 18 octobre 1904 qui réorganisait et reconstituait administrativement et territorialement l'ancien Soudan Français. D'autres décrets et lois relatifs à la gestion des terres, que nous étudierons dans la deuxième partie, suivront.

Plus de quarante ans après l'indépendance, de nouveaux conflits sont apparus, persistants. Ces conflits sont des « conflits de logiques » et des « conflits d'intérêts ». Depuis plus de quarante ans, les rapports à la terre au Mali – c'est-à-dire le droit coutumier sur la gestion des terres – résistent à l'invasion occidentale et à la domination de l'État. Depuis quatre décennies, les systèmes fonciers se trouvent dans une sorte de période de transition vers la gestion individualiste. Nous vivons dans une situation de pluralisme juridique. Le droit étatique coexiste avec le droit coutumier et rentre le plus souvent en conflit avec lui. Comment gérer cette situation ? Selon les textes étatiques, toutes les terres appartiennent à l'État. Cette appartenance est-elle contradictoire avec la gestion communautariste coutumière des terres ? Faut-il ne pas reconnaître le droit coutumier et imposer le droit étatique dans la gestion du foncier ? Comment atteindre le développement et l'autosuffisance alimentaire dans cette situation de conflit ? Selon le droit coutumier banmana/malinké, « la propriété n'est-elle pas dans la propriété » ? Si cela est vrai, l'individualisation de la propriété foncière est-elle possible ? Comment ?

Pour répondre à ces questions, nous étudierons, dans la deuxième partie, les systèmes fonciers du Mali colonial et postcolonial et leurs réglementations.

DEUXIÈME PARTIE

Les systèmes fonciers du Mali colonial et post-colonial

Introduction

> Les données d'ordre humain telles que dégagées par l'anthropologie et la sociologie, comme les données « physiques » qui sont celles du milieu qui accueille la règle du droit, conditionnent largement cette dernière dans sa définition autant que dans son application (Rochegude 1976).

Après la conquête totale du Soudan occidental entre 1893 et 1899[1], la France a procédé au morcellement de son nouveau territoire en vue de sa « mise en valeur ». La conquête française du Soudan ne s'explique pas seulement par la rivalité politique entre la France et l'Angleterre. En effet, la France entendait briser le monopole commercial britannique, exercé depuis la Sierra Leone et la Gambie, et détourner les flux de marchandises vers ses comptoirs de Saint-Louis et de Dakar.

À côté de ces préoccupations françaises, la culture du coton aussi, avait :

> Une importance toute particulière, car l'industrie textile, l'une des branches les plus florissantes de l'économie française, dépendait presque entièrement des importations de coton américain. Avec l'intégration à la France de l'Alsace et de la Lorraine, grandes consommatrices de coton, la prévention de toute « famine de coton », devint l'argument-clé de la création, en 1928, de l'Office du Niger, l'une des œuvres coloniales les plus gigantesques[2] (Baumann 1992:52).

En même temps, la France s'intéressait à l'élevage de mouton, surtout parce que cette activité demande une faible intensité de main-d'œuvre, moins chère en outre sinon gratuite.

Mais, la mise en valeur du Soudan en général et le Delta central du Niger en particulier se heurtait à trois obstacles majeurs : le premier était lié aux difficultés de transport, le deuxième à la maîtrise insuffisante de l'eau et le dernier à la faible densité démographique alliée au déplacement (souvent forcé) des populations (*loc. cit.*).

Pour atteindre son objectif de « mise en valeur », la France a entrepris la construction du chemin de fer Dakar Niger, l'amélioration de la navigabilité du fleuve Niger, la construction de canaux d'irrigation et montré une certaine tolérance initiale vis-à-vis de l'esclavage, accompagné du déplacement forcé des populations ; elle a mené en outre des actions qui entraient dans le cadre de la compréhension de la situation foncière des territoires conquis. Ces actions, commanditées par la métropole, étaient menées par les commandants de cercles qui s'informaient sur l'« organisation foncière des indigènes » en vue d'élaborer des stratégies d'assimilation des terres au profit des colons. C'est ainsi qu'une lettre du commandant de cercle de Bafoulabé, adressée au gouverneur du Soudan français le 27 juin 1894 précisait que « les indigènes n'avaient aucune idée de la propriété et que la possession faisait la loi ». Selon cette lettre :

> La terre est au premier occupant qui en reste possesseur jusqu'à ce qu'un plus fort vienne le déloger. [...] L'organisation générale de la propriété foncière est à la fois collective et individuelle : collective parce qu'elle appartient à la collectivité et individuelle dans la mesure où le « chef » est le seul maître du terrain qu'il donne, change ou reprend suivant sa volonté. [...] L'idée de propriété n'est perçue qu'à travers l'usage de l'usufruit. Il s'agit pour l'indigène d'accéder à une ressource sans se préoccuper de son contrôle.

Ce sont des informations de cette catégorie qui, ajoutées à sa volonté de conquête, d'exploitation et de mise en valeur des terres, ont fait que le colonisateur a mis sur pied des dispositifs législatifs et réglementaires pour accaparer la quasi-totalité des terres.

Malgré l'occupation militaire des terres et l'existence de textes législatifs, plus de quarante ans après l'indépendance, non seulement les terres ne sont pas adéquatement mises en valeur, mais les textes juridiques sont restés relativement caducs ou inutilisables dans la plupart des cas, dans les régions rurales qui ne reconnaissent d'ailleurs pas le plus souvent ces textes et gèrent leurs affaires et leurs conflits selon la coutume. Toutefois, après quelques décennies d'influence et d'évolution des situations économiques et des mentalités, la résistance de la coutume s'effrite petit à petit et nous assistons à l'avancée de l'individualisme et de la promotion de la propriété privée foncière dans les zones rurales. Ce qui montre une évolution des croyances et des comportements des communautés dans ces régions agricoles du Mali. Mais comment se manifeste cette dynamique du changement des systèmes fonciers dans le bassin du Niger et quelles sont les tendances qui découlent de ce changement ? Pour répondre à ces questions et comprendre la dynamique de ce changement, nous analyserons d'abord la propension de la société malienne à la gestion de plus en plus individualiste du foncier à travers le premier et le deuxième chapitre : la législation coloniale et la politique de mise en valeur (Ch. I) et le droit de la terre et la politique agricole du Mali après l'indépendance (Ch. II) avant d'étudier la situation de conflits d'intérêts dans laquelle le changement se produit : la décentralisation et le foncier (Ch. III), les transactions foncières (Ch. IV) et la récurrence des conflits dans le bassin du fleuve Niger (V).

1

La stratégie coloniale de mise en valeur du bassin du fleuve Niger

> Notre ferme intention de respecter les coutumes ne saurait nous créer l'obligation de les soustraire à l'action du progrès, d'empêcher leur régulation ou leur amélioration (Gouverneur Roume 1905).

Au moment où la France s'établissait en Afrique en général et au Soudan français en particulier, vers la fin du XIXe siècle, le régime des terres tel que l'établissaient les coutumes était dans ses principes tellement différent des conceptions françaises que le législateur colonial ne chercha pas à l'utiliser. Pour lui, un régime foncier sans propriété était inconcevable. Car, juriste latin, il considère que le régime foncier n'est rien d'autre que le droit de la propriété immobilière et ses démembrements (Chabas, cité dans Traoré 1991). C'est ainsi, selon Verdier (1980), que pour le colonisateur français la loi servit d'un côté à légitimer la domination sous le couvert de la protection et, de l'autre, à promouvoir l'évolution au nom de la supériorité de la civilisation occidentale. Face à la loi du colonisateur, le droit du colonisé devient coutume et est baptisé « droit coutumier » dans le contexte assimilationniste de la politique coloniale. L'opposition des deux droits – interne et externe – prit la forme du conflit. Les termes « loi et coutume » devinrent synonymes de l'antithèse des mots « évolution et stagnation ». Cette situation déboucha sur l'apparition d'une société dédoublée et divisée, sur l'élaboration d'une série de législations confortant la position de domination française, et conduisit à l'adoption de grands projets dans le cadre de la « mise en valeur » du Soudan à travers le bassin du fleuve Niger.

Les législations coloniales sur fond de dédoublement et de division de la société[3]

Dans les sociétés traditionnelles, comme nous l'avons vu dans la première partie, c'est le « maître de la terre » ou chef de la terre qui constitue le représentant du premier occupant, ayant fait alliance avec lui ou l'un de ses descendants. Il est le symbole vivant de l'alliance sacrificielle contractée avec la terre. Verdier (1971 ; 1980) a su synthétiser le statut et les fonctions du « maître de la terre » et ses relations avec la collectivité en ces termes :

> Le chef de la terre est en même temps le chef des hommes (« chef politique ») lorsque le groupe premièrement installé reste le groupe dominant ; il se distingue du chef politique quand un groupe d'envahisseurs est venu se superposer au groupe autochtone et s'attribue le contrôle de la répartition des terres ; si le chef conquérant s'arroge alors des privilèges fonciers (prestations en nature, en travail…), il n'en demeure pas moins solidaire du représentant du groupe le plus anciennement installé, dès lors cantonné dans sa fonction de prêtre de la terre, chargé d'actualiser l'alliance avec les puissances telluriques et d'accomplir, au moment des semailles et des récoltes, les offrandes et sacrifices aux esprits garants de la fécondité du sol. (Verdier 1971).
>
> Si le seul fait de résider dans un village n'intègre pas l'étranger, le fait d'y cultiver une terre et d'y fonder son foyer, le fait d'y naître et d'y être enterré en font un parent « spirituel » et « territorial ». L'étranger y devient un « enfant » du chef de terre, considéré comme le « père » de la communauté villageoise. Celle-ci tend alors à devenir une communauté parentale, la parenté biologique se dilatant, si je puis dire, aux confins du terroir villageois.
>
> On mesure alors toute l'importance de cette fonction de chef de terre, médiateur entre la communauté des vivants visibles et invisibles, en qui convergent toutes les forces de vie, humaines et naturelles et en qui la communauté villageoise trouve son unité et sa solidarité.
>
> Cette fonction essentielle, parfois discrètement exercée par un simple paysan, lorsqu'elle est dissociée du pouvoir sur les hommes, devait échapper à l'administration coloniale, qui ne reconnaissait que le chef de village. (Verdier 1980:90).

C'est cette compréhension erronée de la société africaine en général et malienne en particulier qui a fait que le juriste et l'administrateur colonial ont façonné une société coloniale non seulement dédoublée, mais divisée.

Le dédoublement et la division de la société

Le dédoublement de la société

Comme Verdier (1971) l'a brillamment démontré, la dualité propre à la société coloniale découle de l'affirmation par un groupe minoritaire de sa supériorité sur un groupe majoritaire. Dans le rapport de forces qui oppose colonisateur et colonisé, la civilisation du colonisé est niée dans sa capacité d'adaptation et de développement, car s'il dispose des moyens, il n'est plus le maître des fins ; sa civilisation devient vestige, ses traditions folklore, ses coutumes survivances. Pour se préserver, elle n'a plus qu'à opposer la force d'inertie au pouvoir de coercition du colonisateur. Cette inertie, qui constitue d'ailleurs une forme de résistance à la domination coloniale, continuera jusqu'à nos jours.

Toujours selon Verdier, pour assurer après la conquête sa domination, le colonisateur agira de deux façons sur les groupes, d'abord en cherchant à les séparer les uns des autres puis en cherchant à les atomiser.

La séparation des groupes

Déjà, lors de la conquête, on assista au fractionnement de bon nombre d'ethnies, conséquence des hasards du tracé des frontières coloniales ; le « pacificateur » devait à son tour couper les populations les unes des autres ; sous-estimant les facteurs de solidarité et d'union, il en vint parfois à creuser les antagonismes, à exacerber les dissensions.

L'atomisation des groupes

Un groupe sans histoire est un groupe condamné ; déraciné de son passé, il a tôt fait de se désagréger ; un peuple colonisé est un « peuple sans histoire » aux yeux du colonisateur. L'état des sociétés maliennes à l'époque coloniale révélait bien l'état d'esprit de l'étranger qui voyait ces sociétés sans passé et sans avenir ; en leur enlevant leur propre devenir, la colonisation les avait figés dans le présent. Il en avait « sauvegardé » les « coutumes ». Cela signifiait en réalité les reléguer au musée des antiquités, leur juxtaposer un droit « moderne » venu d'ailleurs. Individualiser les personnes en les extériorisant du groupe, isoler les individus en les libérant des « contraintes collectives », rendait possible la constitution d'une élite africaine qui suivait les traces de l'homme blanc « civilisé ». Il fallait blanchir quelques privilégiés, car la résistance passive de la masse s'opposait à ce que le développement se fasse à la base : il ne pouvait donc se faire que d'en haut (Verdier 1971:91).

La division de la société

Après les dissensions créées ou exacerbées par le colonisateur, les communautés parentales villageoises semblèrent de plus en plus contraignantes aux nouvelles générations « assimilées ». Cette contrainte, ressentie parfois comme un joug pesant, est due pour une part à l'introduction des idées occidentales de liberté individuelle et d'égalité conjugale. Les jeunes commencèrent à chercher alors à s'émanciper du pouvoir du chef de famille ou à fuir l'autorité des chefs de village.

En outre, les groupements traditionnels virent leur position modifiée du fait de la présence de l'administration coloniale. La nomination des chefs de *Kafu* ou canton et de village, qui n'étaient pas toujours les véritables représentants de la population, transforma la chefferie traditionnelle ; certains chefs devinrent des « irresponsables » entre les mains de la puissance administrative et leur pouvoir excéda de loin celui qu'ils détenaient coutumièrement. Dans certaines régions, lors de l'annexion par la puissance coloniale, les chefs coutumiers étaient considérés ou avaient été érigés en propriétaires terriens au sens civiliste du terme, pour mieux asseoir les droits domaniaux de l'État colonial.

La société fut divisée tant sur le plan idéologique, par le conflit aigu des générations et la crise de l'autorité traditionnelle, que sur le plan économique, par la coexistence de deux secteurs : traditionnel et moderne. À l'économie de subsistance est venue se superposer l'économie commerciale. À la mentalité du paysan cultivateur demandant à la terre les seuls produits vivriers dont il a besoin pour nourrir sa famille, allait s'opposer celle du colon planteur, pour qui la terre est source de profits et qui cherche à en tirer le meilleur rendement, sans toujours prendre soin de l'entretenir.

Dans cette situation, de vastes concessions devaient être octroyées aux Européens par l'administration, dans les zones propices à la culture de l'arachide (par exemple, au Sénégal) ; au cacao ou au café (dans le cas de la Côte-d'Ivoire) ; ou à la culture du coton et du riz (Office du Niger au Mali). L'on assista ainsi à un accaparement des bonnes terres par des spéculateurs européens et plus tard africains. La terre, qui abondait, en vint ainsi à se raréfier et à entrer dans le circuit commercial. Il fut alors procédé à des transactions souvent mal définies qui donnèrent lieu à d'interminables palabres. L'État colonial, face à cette situation complexe, tenta à la fois d'y adapter ses lois et de faire « évoluer » le droit foncier traditionnel. Mais des hésitations et des contradictions jalonnèrent sa tentative de développement juridique foncier.

Le législateur colonial s'assigna une double tâche : la première consistait à établir un régime domanial qui permit à l'État français de mettre en valeur les terres inexploitées par ses services publics ou par des concessionnaires ; la deuxième était d'instaurer un régime foncier de droit écrit, qui prenne progressivement la relève des droits fonciers traditionnels. Malheureusement, après un demi-siècle de présence française, la législation coloniale domaniale et foncière s'est soldée par un échec assez général (Verdier 1971:92). Par contre, comme nous le verrons plus loin, elle a servi d'expérience aux législateurs de l'Afrique indépendante, maliens en particulier.

La politique coloniale – la législation française du foncier

Dans ce paragraphe, en tant qu'historien du droit, notre prétention n'est pas d'analyser tous les textes législatifs relatifs à la propriété foncière en Afrique de l'ouest et au Mali car ces textes ont été largement discutés par des juristes plus avertis en la matière[4]. Notre objectif ici est de voir comment la conquête française et la législation coloniale ont influencé ou affecté le régime foncier dans le bassin du fleuve Niger. Pour atteindre cet objectif, nous étudierons d'abord le concept de propriété coloniale avant de considérer les grandes lignes de la législation coloniale, sans pour autant faire une analyse approfondie de ces textes.

L'idée de la mise en valeur et le concept de la propriété coloniale

Le colonisateur français, dans une logique de négation de la culture africaine et dans sa volonté de s'approprier des terres fertiles du bassin du fleuve Niger, a cru ou a voulu la plupart du temps que le « maître de terre » soit propriétaire terrien dans la conception romaine du terme alors qu'il n'était qu'un simple gardien d'un bien commun qui n'appartenait réellement qu'au génie propriétaire des terres. Comme nous l'avons vu dans les paragraphes précédents, le pouvoir politique et la gestion de la terre n'étaient pas toujours combinés, du moins dans toutes les régions du bassin. Le souverain chef politique n'était pas forcément le chef de terre et, quand il l'était, il n'avait pas forcément le pouvoir politique.

Dans cette situation, les autorités coloniales n'ont pas apprécié comme il fallait le mode de gestion foncière coutumière du souverain, là où il existait, car le chef n'étant, dans la plupart du cas, qu'un symbole, la terre reste entre les mains de la collectivité villageoise ou du *Kafo*. C'est pourquoi le « souverain colonial » a voulu se substituer aux souverains africains en proclamant par un certain nombre de conventions son droit éminent sur les terres conquises. C'est ainsi que le Code civil était applicable en Afrique-Occidentale française (AOF) le 5 octobre 1830, ainsi que son corollaire de régime foncier, dès lors qu'un Français était en cause. Ce qui était totalement inadapté aux réalités du pays quel que fut l'endroit où il se trouvait (Traoré 1991:262). C'est ainsi que l'État français transforma les maîtres fonciers traditionnels en simples détenteurs précaires. Cette nouvelle théorie devait reposer, selon Dareste (1908) cité par Traoré, sur deux principes :

> D'abord le souverain colonial est devenu par le fait de l'annexion le véritable et seul propriétaire des terrains situés en pays annexé. Ensuite, les contrats translatifs de propriété immobilière dans lesquels il est précisé qu'un indigène se qualifiait propriétaire, étaient nuls et de nul effet. (Traoré *op. cit* : 264)

Malgré cette volonté ou logique propriétariste du colonisateur, ces législations sont restées plus nominales que réelles à cause des résistances opiniâtres des indigènes à travers le pays. C'est pourquoi, pour interpréter ou représenter le comportement des autochtones « indigènes », Dareste posa la question en ces termes : « Pourquoi demander ce qu'on possède légitimement ? Pourquoi enfin se munir d'un titre étranger comportant l'aliénation, c'est-à-dire la négation même du droit de la famille tel qu'il s'exerçait depuis un temps immémorial ? » (Traoré *op. cit.*).

Tout comme pour le Sénégal, l'idée de propriété individuelle sur le sol malien a été explicitée par l'arrêté de Faidherbe du 11 mars 1865 :

> Les indigènes qui possèdent aujourd'hui le sol sous le régime de la coutume locale dans les territoires annexés n'ont aucun titre régulier de propriété et il convient, pour favoriser l'établissement de la propriété individuelle dans la colonie, de leur donner les moyens de régulariser leur possession.

Cet arrêté est considéré comme étant la manifestation la plus claire du colonisateur français pour imposer à l'Afrique le droit de propriété inscrit dans l'article 544 du Code civil (*ibid.*:264).

En fait, la promotion du système de propriété individuelle occidentale était légitimée par la recherche du développement économique des colonies à partir de l'emprise de la métropole. Il était soutenu par le gouverneur général Merlin, en 1923, que les tenures coutumières étaient incapables de mettre en valeur les vastes terres fertiles du pays :

> La démonstration est faite depuis longtemps que les populations autochtones n'ont pas su mettre en valeur les immenses territoires qu'elles occupent, ni tirer parti des richesses qu'ils renferment... Devons-nous, en tant que nation colonisatrice perpétuer cet état des choses et permettre plus longtemps que le monde soit privé de toutes les matières premières que l'on est susceptible de retirer de ces pays ? (*ibid.*:265).

Ce passage nous montre la volonté du législateur colonial et de son administration, du XIXe siècle à 1955, de transformer les systèmes fonciers traditionnels de l'Afrique en vue de les rendre plus conformes à la logique propriétariste du Code civil des Français. Comme Traoré l'a si bien montré, au Sénégal c'est à la suite du traité posé avec le Damel du Cayor le 1er janvier 1861, qui cédait à l'État français « en toute propriété » des terres sur lesquelles le souverain maître de la terre ne possédait en fait qu'un pouvoir de gestion, que les Français ont systématisé le processus de spoliation dès 1865, en récupérant à leur profit toutes les terres faisant partie du « domaine éminent » des chefs traditionnels administrateurs des terres.

Cette confusion entre conceptions coutumière et occidentale de la propriété, faite sciemment par les colons, a débouché sur des contestations qui ont abouti à la prise en compte de l'existence d'un système coutumier foncier et de son insertion dans les législations futures.

La législation coloniale sur le foncier

La volonté du colonisateur était donc la mise en valeur des terres des pays colonisés, qui devait aboutir à leur développement économique. Au Sénégal, après l'arrêté foncier de Faidherbe de 1865, la première grande mesure prise par le législateur colonial fut le décret de 1903 supprimant l'« assakal ». Selon Traoré, afin de faciliter le prélèvement de l'impôt de capitation, la perception de cette redevance foncière fut « supprimée » par le pouvoir colonial. Théoriquement les différents chefs de provinces ou de canton étaient désormais rémunérés par des émoluments fixes prélevés sur des ressources budgétaires de la colonie. Mais cette suppression de l'« assakal » avait aussi pour but d'opérer un bouleversement social profond, à savoir la libération de la main-d'œuvre servile, ce qui allait contribuer à une mise en valeur accrue des terres. Deux textes fondamentaux ont été produits à cet égard : d'abord la circulaire Ponty du 1er février 1901 supprimant le droit de poursuite, c'est-à-dire le droit pour le maître de récupérer son esclave fugitif et le décret du 12 décembre 1905 frappant d'amende et de peine de prison (deux à cinq ans) toute personne ayant conclu « une convention ayant pour but d'aliéner la liberté d'une tierce personne » (Traoré 1991). Ces mêmes décrets, pour le Sénégal, étaient applicables au Soudan français qui venait d'être « pacifié » car faisant partie d'une même entité territoriale, conquise par la France.

La conséquence immédiate de cette émancipation massive fut la création de villages de liberté. Ce qui permit à l'administration coloniale de disposer d'une main-d'œuvre totalement affranchie de la pression foncière des maîtres fonciers, et constitua le moyen le plus direct de disposer d'une main-d'œuvre pour la mise en valeur du potentiel foncier. D'autre part, ce fut un moyen de ruiner les formations économiques et sociales locales, surtout au Sénégal. À Bakel au Sénégal et à Kayes au Soudan français, jusqu'en 1900, selon Bathily (1985), les chefs de villages continuaient à se plaindre de l'évasion de leurs esclaves. La grande majorité, au lieu de rester dans les villages de liberté de Bakel et de Kayes, émigrait vers la Gambie.

Plus tard, le décret du 23 octobre 1904 organisant le domaine a confirmé l'appropriation par l'État français du domaine éminent des chefs traditionnels par le concept de « terres vacantes et sans maîtres ». En effet, comme nous l'avons vu, avec la signature du traité avec le Damel du Cayor en 1861, dès 1865, le colonisateur a commencé à généraliser et à récupérer systématiquement toutes les terres faisant partie du « domaine éminent » des chefs traditionnels (Dareste *op. cit.* : 1-24).

Le concept de « terres vacantes et sans maîtres », à y regarder de plus près, n'était pas une nouveauté dans le langage juridique français car l'article 539 du Code civil – qui était applicable à la colonie du Sénégal depuis 1830 – reconnaissait la propriété de l'État. En vertu du Code civil, est réputée terre vacante et sans maître toute terre qui n'est ni immatriculée, ni possédée par les autochtones, ni mise en valeur (Coquery-Vidrovitc 1982). Ce sont donc de vastes étendues de terres des terroirs villageois qui ont été qualifiées comme telles alors que dans la coutume bamanan malinké, il n'existe pas de terres sans maîtres même si elles sont vacantes car, comme nous l'avons vu, tout territoire occupé par les premiers occupants a des limites. Au Mali en général, il n'y avait pas de terres sans maîtres même si ces terres n'étaient pas « mises en valeur » : il faut noter qu'à cause de la pratique des jachères relativement longues qui pouvaient aller jusqu'à quinze ans, ces terres n'étaient pas continuellement occupées par un seul occupant.

Nous croyons tout simplement que c'est la volonté d'accaparer des terres africaines pour des buts économiques qui a conduit le colonisateur à élaborer ces textes juridiques qui étaient d'ailleurs absurdes ; car ce sont des pays jamana ou kafo, provinces dotées de limites physiques, qu'ils ont conquis – et la conquête est faite au détriment d'un vaincu. L'objectif de l'imprécision de la définition du concept de « terres sans maître » a été analysé par Traoré, selon lui :

> L'imprécision [...] était telle que le législateur colonial, conscient de l'inadaptation du système, a finalement pris en compte les tenures traditionnelles par le décret du 24 juillet 1906 qui, par son article 58, reconnaissait leur existence mais, toujours pour conforter la logique de la propriété privée, permettait par l'immatriculation de les transformer en propriété de droit français opposable aux tiers (Traoré *op. cit.*).

Mais, là aussi, toujours selon Traoré, qui cite Minvielle, les indigènes ne demandèrent aucune concession pour ce qu'ils possédaient légitimement :

> De plus s'il tenait compte des délimitations physiques des tenures pour la définition des nouveaux droits de propriété, ce décret en modifiait inconsciemment la composante juridique, en introduisant une notion nouvelle, incompatible avec l'organisation des formations sociales existantes : l'aliénabilité des parcelles (Minvielle 1985:92).

Plus tard, l'inadaptation de tous ces textes juridiques à la réalité africaine a conduit le colonisateur à organiser « une procédure de constatation et d'établissement des droits fonciers coutumiers » par le décret du 8 mai 1925, dont le but était la publicité des droits réels déjà existants (Chabas 1957).

Préalablement à l'enquête publique, qui constituait le point central de la procédure, les dossiers de demande devaient être transmis aux lieutenants-gouverneurs, afin de sauvegarder les intérêts de l'État. Selon Moleur (1978), le livret foncier entérinait, en réalité, moins des droits qu'une possession coutumière subordonnée à la puissance d'État[5]. Ce décret a obtenu des résultats tellement dérisoires que son application faillit connaître l'échec après quelques années d'existence. Mais le 15 novembre 1935, la notion de terres vacantes et sans maîtres du décret du 23 octobre 1904 a été reprise et appliquée aux terres qui « ne faisant pas l'objet d'un titre de propriété ou de jouissance par application des décrets du 8 octobre 1925 et du 26 juillet 1932, sont inexploitées ou inoccupées depuis plus de 10 ans » (Chabas cité par Traoré 1991). Comme l'a souligné Traoré, ce décret ne déroge pas dans les principes à celui du 23 octobre 1904 dans la mesure où la notion de terres vacantes et sans maîtres ne fut pas remise en cause. Mais l'innovation se situe au niveau des délais : le décret de 1904 déclare vacantes et sans maîtres toutes les terres inoccupées ou inexploitées, sans tenir compte des traditions culturales des jachères, tandis que le décret 1935, toujours sans tenir compte du statut des terres et des pratiques culturales, englobe les terres inexploitées dans un délai de 10 ans. Mais cette règle a introduit un nouveau concept dans le droit de la terre en Afrique noire : celui de prescription. Cette notion de prescription n'est pas en fait une nouveauté et l'on assiste là à un net décalage, dans le temps, avec la pratique des tribunaux coutumiers. Les tribunaux coutumiers ont utilisé depuis le début du siècle les principes du droit musulman. Et l'innovation principale introduite par le droit musulman est justement cette notion de prescription (Traoré 1991:271).

Toutefois, il faudra noter que contrairement à la plupart des régions ouest-africaines, notamment le Sénégal, au Soudan français, l'effet de la nouvelle législation foncière basée sur la spoliation de terres considérées comme « vacantes et sans maître » n'a pas été considérable. C'est essentiellement par le travail forcé et les différentes mesures de réquisition de main-d'œuvre que l'État s'assurait le contrôle de la principale force productrice : la force de travail. Enfin, par l'imposition de cultures commerciales (coton, arachide, dah, etc.), il franchissait une nouvelle étape vers l'intervention directe dans le procès de production proprement dit.

Comme dit plus haut, au Soudan, les différentes mesures découlant des différentes législations ont toutes été appliquées à partir des années 1915-1920. Cependant, l'impact a varié de façon notable en fonction des enjeux économiques qui les sous-tendaient. Ainsi, la spoliation des terres n'a pas donné lieu à des soulèvements importants à cause surtout de l'inexistence de pression foncière dans la plus grande partie du pays. Du reste, le Soudan n'a pas connu l'attribution de grandes concessions agricoles, comme ce fut le cas dans les pays côtiers de l'AOF. La concession de 100 000 ha octroyés en 1919 au groupe Hirsch ne constitue finalement qu'une exception.

Relativement à l'Office du Niger, la spoliation des terres n'a pas atteint des dimensions dramatiques à cause du faible peuplement de la région. L'entreprise elle-même évita certains conflits qui pouvaient nuire à son développement futur : les rares villages qui étaient dans la zone comme Molodo Bamanan, devenu ensuite village de l'ON sous le nom de Molodo I, ont bénéficié d'indemnisations pour la partie de leur terroir que l'ON s'appropriait. La terre ne constituait donc pas encore un enjeu essentiel, tout simplement à cause de son caractère peu fertile et relativement abondant. L'État colonial ne s'y trompa pas puisque le contrôle de la force de travail, tant qu'il est assuré, rend superflu le contrôle de la terre au Soudan. Mais ce contrôle s'impose dans la zone où l'État veut faire des aménagements fonciers, ne serait-ce que pour pouvoir entreprendre ces aménagements (Coulibaly 1997: 35-36).

Le dernier texte colonial organisant la propriété foncière en Afrique-Occidentale française, est le décret du 20 mai 1955 promulgué le 7 septembre 1956 qui instaura le livre foncier. L'article 3 de ce décret confirmait les droits coutumiers mais à condition qu'ils aient une existence de fait et s'exercent sur des terres non immatriculées ou appropriées selon les règles du Code civil. De même, l'article 7 stipulait qu'aucune concession de terre ne pouvait être accordée s'il existait des droits coutumiers sur elle. Mais l'élément important est que ce décret renforçait les droits des utilisateurs effectifs (étrangers ou non) au détriment des maîtres de la terre *dugukolotigi* ou *dugutigi*, en vertu de son article 5 alinéa 3 qui pose que :

> Les chefs de cantons de terre ne peuvent en aucun cas se prévaloir de leurs fonctions pour revendiquer à leur profit personnel d'autres droits sur le sol que ceux qui résultent d'un faire-valoir par eux-mêmes qui leur est accordé par la coutume (Chabas, cité dans Traoré 1991).

Ici, les chefs auxquels le décret fait allusion ne sont que les chefs de Canton représentant l'État français, et non plus les chefs traditionnels de la terre.

Vu la résistance continuelle de la coutume plus de quarante ans après les indépendances, nous pouvons dire que la législation coloniale en matière de gestion des terres dans le bassin du fleuve Niger a connu un relatif échec ou bien qu'elle n'a pas eu le même degré d'application qu'au Sénégal voisin. Cet échec, est dû selon Le Roy (1989) à l'existence de fictions juridiques inexportables au sein du Code Napoléon ; car en Afrique, le réel est constitué du monde du visible comme du monde de l'invisible. La terre n'est pas seulement un capital d'exploitation mais aussi la mère à célébrer ou la femme à féconder. Comment concevoir qu'on puisse y exercer un droit absolu alors que c'est la terre qui vous possède ? Et comment peut-on disposer librement de quelque chose d'inappropriable ?

En conclusion, nous pouvons avancer que le colonisateur a rencontré des difficultés dans ses efforts d'immatriculation des terres en Afrique, en particulier au Mali. Les Africains se sont toujours pliés difficilement aux exigences de la logique propriétariste et individualiste du Code civil français. Toutes les tentatives de réglementation de la propriété foncière, soit par la législation, soit par les tribunaux indigènes, soit au moyen de l'éviction de maîtres coutumiers de terre par la force, comme ce fut le cas de certaines régions en Afrique, se sont avérées inefficaces. Mais le colonisateur n'a pas échoué dans toutes ses entreprises d'immatriculation des espaces riches et fertiles du continent. Le cas, ci-dessous, de l'Office du Niger dans le Delta intérieur du fleuve Niger constitue une autre expérience de la politique de mise en valeur de la France en Afrique.

La politique de mise en valeur du Delta intérieur du fleuve Niger

La « mise en valeur » est l'application à l'agriculture indigène des principes scientifiques et des techniques dites modernes avec l'appui des concepteurs exogènes. Pour l'application de cette mise en valeur il a fallu légiférer, d'où les textes juridiques que nous avons analysés dans les sections précédentes. Cette œuvre de modernisation a véritablement commencé au Soudan à partir des années 1920. Au départ, elle n'était pas fondée sur l'irrigation, mais sur quelques fermes dans les zones Office du Niger dont les propriétaires étaient des colons blancs. C'est ensuite, quand les tentatives de colonisation blanche ont échoué, que l'on pensa à la colonisation des Noirs sur les terres de l'Office. Selon Coulibaly (1997) ce recours a été rendu indispensable par un ensemble de causes (nous y reviendrons plus loin).

Selon Badji (1998), dans son analyse historique du droit de l'esclavage au Sénégal, malgré l'abolition de l'esclavage en France par le décret le 27 avril 1848, les administrateurs coloniaux ont convaincu « les Bureaux du ministère des colonies de la nécessité de ménager les transitions, d'éviter de heurter les susceptibilités des indigènes. L'abolition de 1848, fut *de facto* reportée au Sénégal. » Cette situation était-elle valable pour le Soudan ? Nous répondrons par l'affirmative car la situation des colons Mossis et celle d'autres groupes ethniques de la région à l'ON nous montrent comment le colonisateur se représentait l'homme Noir. Dans cette section, notre objectif n'est pas de traiter de l'esclavage dans le bassin du fleuve Niger, nous proposons plutôt l'analyse des institutions et de leurs relations avec les colonisés. Pour ce faire, nous examinerons les premières expériences de vulgarisation des nouvelles techniques et la création de l'Office du Niger (ON), sa gestion des terres et les conditions de travail des colons qui y sont liées.

Les premières expériences et le projet Bélime

C'est après l'échec des premières expériences de vulgarisation des nouvelles techniques dans les « villages de libertés » que le « projet Bélime » et l'ON virent le jour.

Les premières expériences de vulgarisation de techniques nouvelles

À l'égard de l'utilisation des techniques agricoles au Soudan et à l'Office du Niger en particulier, les travaux de Diakon (2006) constituent pour nous une ressource inestimable. Diawara (2006) et Coulibaly (1997) ont également mené des travaux intéressants, non seulement sur l'histoire de l'ON, mais aussi sur les aspects de la décentralisation à l'ON. C'est de ces travaux et de nos propres recherches de terrain que nous tirons l'essentiel de nos informations sur l'ON dans ce paragraphe. Dans ces travaux, nous découvrons que les premières expériences d'introduction de techniques agricoles étrangères ont été menées par les représentants de l'administration coloniale et les missionnaires dans les « villages de libertés ». Ces villages ont été créés entre 1897 et 1910. Les « villages de libertés » sont des agglomérations de captifs libérés que l'administration gardait sous son contrôle, à la fois pour les défendre contre d'éventuelles tentatives de reprise de leurs anciens maîtres et pour les aider à subvenir à leurs besoins. En réalité, ces villages servaient l'administration dans sa politique de conquête coloniale. Ces captifs constituaient une main-d'œuvre à bon marché que les conquérants utilisaient pour le portage et la construction des maisons et forts coloniaux (Bouche 1968).

Plus tard après la création de ces villages de libertés, la décision fut prise de développer les cultures utiles aux Européens. C'est ainsi que, dans certains villages du Soudan, « des champs du Commandant » furent créés ainsi que des villages de liberté où les Occidentaux dispensaient l'enseignement de méthodes agricoles plus perfectionnées aux indigènes. Ainsi dans les villages de liberté de Saint Isidore de Kita, Saint Adolphe de Banankoro, Saint-Léon de Koupela, Saint Joachin de Patiana et à Saint-Joseph de Sirakoro au sud de Ségou, la culture du coton long-fibre d'Égypte fut expérimentée avec la bénédiction de l'Association cotonnière coloniale regroupant les industriels français du coton. La même expérience fut tentée à Koussoumalé dans le cercle de Nioro et à Bougouni dans le cercle de Sikasso. À Saint Adolphe de Banankoro par exemple, des tentatives de modernisation de l'outillage ont été faites à partir de l'amélioration des outils traditionnels de forge.

Toutes ces expériences ont échoué pour des raisons liées soit à l'inadaptation des techniques ou de l'outillage, soit au manque de volonté des paysans.

Des expériences plus soutenues ont été menées plus tard, principalement dans le sud-ouest du soudan français avec la création des fermes cotonnières. Ces fermes ont été créées sur les fonds du consortium du coton. Elles étaient au nombre de six au Soudan et en Guinée. Plusieurs options de valorisation de ces fermes avaient été mises à l'essai : une première option consistait à déplacer des villages entiers vers des centres de vulgarisation appelés à l'époque les fermes-écoles ; une seconde, à prendre en charge les villages sur leur site originel et une troisième, à contrôler seulement les familles ou les individus qui en faisaient la demande[6]. Ceux-ci provenaient le plus souvent de couches situées en bas de l'échelle sociale locale.

Le matériel de vulgarisation de ces centres consistait principalement en équipements de culture attelée, qui avaient été achetés dans la métropole par les soins de l'Agence générale des colonies sur la demande du gouvernement général de l'AOF. C'est la Société Lyonnaise qui a remporté l'appel d'offres du gouverneur général. Il s'agissait d'un matériel moderne de préparation des terres : des charrues Brabant double, genre Bajac, modèle « rêve » automatique avec un poids minimum de 160 kilogrammes, des charrues liancourtoises, des semoirs à deux roues, des herses écroûteuses, émotteuses, des houes cultivateur à cheval avec vis et levier de réglage, des chaînes d'attelage et des anneaux de nez pour bœufs[7].

Dans ces fermes, le travail consistait à faire apprendre aux paysans sahéliens les techniques de labour avec la charrue bi-bovine, quelquefois avec des houes cultivatrices à chevaux ainsi que les techniques d'assolement. On y démontrait l'avantage des nouvelles techniques culturales sur les pratiques locales. Les experts métropolitains montraient par exemple aux « indigènes » que le labour après les récoltes permettait de faire des sarclages moins nombreux. À Zamblara dans le cercle de Bougouni, à M'Pèssoba dans le cercle de Koutiala et à Barouéli, des maîtres laboureurs, des moniteurs auxiliaires, des chefs ouvriers et des bouviers furent formés dans les centres d'essais. Ils venaient des villages des zones désignées par l'administration coloniale locale pour vulgariser les nouvelles techniques.

Ainsi à M'Pèssoba, il y avait en 1926, un moniteur auxiliaire et deux chefs ouvriers qui étaient des anciens élèves de la ferme école de Barouéli. Il y avait une bouverie de 120 hectares et un cheptel composé de 52 taureaux dressés au joug de tête et au joug de garrot, sept vaches et cinq jeunes veaux. Dans la ferme école de Zamblara, trente élèves divisés en trois groupes de dix étaient chargés chacun de mettre en valeur chacun quinze hectares[8].

Mais c'est surtout à Sikasso qu'un effort gigantesque a été mené pour vulgariser les nouvelles techniques. C'est d'ailleurs dans cette région que l'innovation agricole sera concentrée. Ce qui a fait du sud-ouest du Soudan, qui du reste est le plus arrosé, le pôle essentiel de la modernisation agricole au détriment de la zone nord-est. Dans cette zone, l'utilisation de la charrue s'est révélée assez dangereuse à cause du séchage prématuré de la terre qu'elle entraînait. Mais cette stratégie répondait parfaitement à la philosophie de la mise en valeur coloniale qui voulait faire des terres favorables du Soudan et du reste de l'Afrique des « îlots de prospérité » qui, reliés entre eux et à la mer par les lignes de communication formeraient « un archipel de l'Afrique utile »[9].

Du 2 avril au 25 mai 1926, une mission d'évaluation du matériel est envoyée au Soudan. Elle était dirigée par l'inspecteur général du service des textiles et de l'hydraulique. Dans son rapport de fin de mission, il fit un constat peu réjouissant sur la qualité des outils introduits. Les ages des charrues étaient trop faibles, surtout des types Niger et, par conséquent, se tordaient sur les sols lourds du Soudan. Les versoirs, les socs et les pointes mobiles étaient en mauvais acier. Ce constat a été fait dans toutes les écoles-fermes du Soudan et de la Guinée. L'Inspecteur suggéra alors à l'Agence des colonies d'exclure la Société Lyonnaise de construction des machines de la liste de ses fournisseurs agréés[10].

Malgré les tentatives de certaines firmes françaises, Bajac par exemple, qui a fabriqué des prototypes pour adapter les instruments aux conditions locales, l'outillage n'a pas fait tache d'huile. Les expériences de culture du coton en zone sèche n'ont pas connu de grands succès. Le groupe Hirsch (Compagnie de culture cotonnière du Niger) qui a bénéficié d'une concession de 100 000 hectares dans la zone lacustre du Niger, précisément à Diré, pour l'exploitation du coton, a dû fermer à cause de résultats médiocres[11]. En dehors de la pénurie d'agents de vulgarisation européens et de la mauvaise connaissance du français des moniteurs africains, la culture du coton en zone sèche s'est heurtée à de nombreuses difficultés. Au Soudan, excepté peut être dans la zone sud-ouest, la diffusion de la culture attelée par le biais de la culture cotonnière fut un échec. Son usage s'est heurté aux pratiques locales qui ont fait, des siècles durant, la sécurité des paysans. En effet, le défrichement total que ce système imposait révoltait les paysans qui, dans leurs pratiques, se limitaient au débroussaillage dans le souci de régénérer en permanence la fertilité des sols. Dans leur entendement, l'usage de la charrue rimait avec dégradation de l'écosystème. L'inaptitude du cheptel – des zébus peuls peu puissants et mal entretenus – a été elle aussi un frein à la diffusion de la culture attelée.

Les causes de l'échec de la culture du coton et de l'utilisation de la culture attelée sont économiques et techniques : d'abord, il y avait l'absence de motivation des paysans africains, qui ne pouvaient faire du coton qu'au détriment de leur propre sécurité alimentaire. Tout au plus, ils l'acceptaient pour pouvoir subvenir au payement des nouvelles taxes introduites par la colonisation. Même si les fibres de ces cotonniers étaient de meilleure qualité que celles des cotonniers locaux, à cause du climat, leur rendement était inférieur à ces derniers. L'absence de voies de communication rendait difficile le commerce du coton et dès que les paysans avaient la chance d'écouler les produits de culture vivrière, ils abandonnaient le coton qui ne payait pas bien[12].

Le projet Bélime

L'appellation « projet Bélime » vient d'Émile Bélime, l'ingénieur français qui a conçu le projet de construction du barrage de Markala et de l'Office du Niger. Coulibaly (1997) a fait des travaux remarquables sur les politiques agricoles du Mali et l'histoire de l'Office du Niger. Selon lui, dans l'histoire du Mali, le premier acte important en matière de planification agricole est la création vers les années 1910 du Comité du Niger, dont l'objectif était la réalisation d'un projet grandiose d'irrigation : l'Office du Niger. L'Office du Niger est né d'un énorme projet d'irrigation qui a été entrevu dès cette époque, alors que la proposition d'aménagement du Delta central du fleuve Niger ne fut sérieusement examinée qu'en 1919 après la Première Guerre mondiale.

En 1920, la Compagnie des colonies fut créée. Ce consortium regroupait toutes les sociétés privées françaises qui opéraient au Soudan français[13]. La compagnie supervisait tous les programmes de mise en valeur coloniale et se proposait de faire irriguer 1,6 million d'hectares sur les terres de la moyenne vallée du Niger. L'ingénieur français Émile Bélime, spécialiste des questions d'irrigation, fut chargé d'étudier les conditions de réalisation du projet. Son rapport fut publié en 1921 ; la conception générale de l'aménagement hydroagricole qu'il préconisait reposait sur deux grandes lignes : la première consistait à rétablir le fleuve Niger dans son ancien lit, c'est-à-dire le Delta mort, dans le but d'irriguer de vastes superficies alluvionnaires ; deuxièmement, il voulait protéger de la crue et irriguer la partie du Delta encore en activité.

Techniquement cela nécessitait la création d'un barrage de dérivation qui devrait alimenter un canal adducteur se scindant en deux bras principaux : l'un orienté vers le nord (canal du Sahel) pour l'irrigation du delta mort, l'autre parallèle au fleuve (canal de Macina) pour l'irrigation du Delta vif et d'une partie du Delta mort. Pour ce faire, Bélime préconisait de créer sur les rapides de Sotuba, à une dizaine de kilomètres du centre de Bamako, un barrage expérimental qui devait permettre de s'assurer de la viabilité d'une entreprise basée sur des aménagements hydrauliques et portant sur des milliers d'hectares. Il voulait s'assurer qu'il était possible d'effectuer au Soudan de grands travaux de génie civil (Coulibaly *op. cit.* : 25).

Toujours selon Coulibaly, l'objectif assigné à l'Office était de permettre à la France de couvrir ses besoins en coton sans avoir recours à l'importation à un moment de guerre et de crise économique :

> Le rapport de Bélime a été influencé par ces considérations et les premiers chiffres de production qu'il escomptait semblaient si bien résoudre les problèmes de ravitaillement des industries métropolitaines que les rares voix qui prônaient la prudence ont vite été submergées par l'intense campagne de presse déclenchée en faveur du projet qui, à sa naissance, avait suscité un réel engouement dans le milieu des affaires coloniales (*ibid.*:26).

Le projet était très ambitieux : selon les prévisions de Bélime les objectifs au niveau de la production devaient être atteints par l'installation de colons français suivant un système de colonisation qui avait très bien réussi en Algérie. Les rendements qu'on pourrait atteindre grâce à l'expérience de ces colons en culture intensive devaient permettre de rentabiliser rapidement les infrastructures d'irrigation (loc. cit.). Au niveau de l'évaluation des quantités importantes de coton qu'on espérait produire, Bélime comptait sur la réalisation rapide du projet de chemin de fer transsaharien (*loc. cit.*).

Le projet ON bénéficiait de soutiens puissants qui ont fait que les travaux de Markala ont commencé avant même que les expériences d'exploitation entreprises à Sotuba ne se soient avérées concluantes (*loc. cit.*). Quand ces résultats ont été connus en 1927, les travaux étaient tellement avancés qu'il n'était plus possible de les arrêter. C'est le Service temporaire des irrigations du Niger (STIN), créé par l'administration coloniale en 1925, qui était chargé des travaux. Le STIN regroupait les sociétés privées de travaux d'aménagement. Il était dirigé par des officiers et des sous-officiers du Génie et de l'Infanterie coloniaux, chargés d'encadrer la « Deuxième portion du contingent » (*ibid.*:27). Ce contingent était lui-même composé de personnes recrutées de force dans toutes les régions du Soudan et qu'on faisait travailler à coups de fouets. C'est sur la base de ces méthodes que le STIN construisit l'énorme infrastructure de l'Office du Niger. En 1929, la ville industrielle de Markala avec ses ateliers et magasins était créée. En 1930, les pavillons de Ségou avec une centrale électrique et un château d'eau étaient construits. Ensuite, les divers chantiers agro-industriels comme le barrage de Markala, les travaux de canalisation, de construction de bâtiments, etc. avaient commencé. Les travaux prirent fin en 1937 avec l'achèvement du barrage de Markala. Mais, les problèmes n'ont pas attendu la création officielle de l'ON en 1932 pour se poser car dès 1929, Bélime était obligé d'élaborer un nouveau programme pour faire face aux difficultés que le projet connaissait (*loc. cit.*).

Pour résoudre les nouveaux problèmes, le nouveau programme de Bélime apportait des changements sur trois points essentiels :

> le premier était relatif à la superficie des terres à aménager et surtout à la cadence de leur réalisation. Compte tenu des difficultés rencontrées pour le creusement du canal de Sotuba, Bélime était devenu prudent. Il pensait que seuls 20 000 ha pouvaient être aménagés pour 1941 (*loc. cit.*).
>
> le deuxième a trait au type de colonisation à mener. Après avoir lancé un appel aux exploitants européens – appel resté vain – les autorités coloniales avaient envisagé d'autres hypothèses : d'abord, une émigration des travailleurs indochinois vers la région de l'ON. Mais les grèves de la main-d'œuvre asiatique sur les chantiers de chemin de fer Congo Océan firent écarter cette possibilité ; ensuite, un déplacement de populations nord-africaines : mais, outre la perte de main-d'œuvre que cela susciterait dans les oasis du désert algérien, la rencontre de populations islamisées et de populations animistes aurait pu avoir des effets sociopolitiques désastreux pour le colonialisme (*loc. cit.*).

Ces hypothèses écartées, il ne restait plus qu'à se tourner vers la solution de colonisation noire, c'est-à-dire à puiser dans les « réserves démographiques » du pays Mossi, particulièrement le Yatenga. Cette solution avait l'avantage, aux yeux de la métropole, de retenir une partie de la main-d'œuvre mossi qui émigrait régulièrement pour travailler dans les colonies anglaises, de la Gold Coast notamment, et d'utiliser cette main-d'œuvre à des fins favorables aux industries françaises. La solution ainsi préconisée avait aussi l'avantage d'être moins coûteuse compte tenu de la proximité du pays Mossi et de présenter un risque minimum sur le plan sociopolitique à cause des échanges séculaires entre les deux populations (*loc. cit.*).

Le but de l'Office du Niger n'est plus la satisfaction de tous les besoins de la France en coton mais la création d'un « îlot de prospérité ». Cet îlot devait permettre de lutter contre la famine qui sévissait au Soudan, d'assurer une partie du ravitaillement en coton des industries métropolitaines et enfin de procéder au « regroupement humain ». Ce dernier objectif ne figurait, dans le premier projet, que comme simple moyen d'atteindre les objectifs de production. L'ON se donnait ainsi désormais pour tâche de produire du coton sur 510 000 hectares, de regrouper les Noirs et leur faire cultiver le riz sur 450 000 hectares pour les protéger contre « leur propre nature imprévoyante[14] » (*ibid.*:28).

À partir de ce qui vient d'être dit, nous pouvons conclure que c'est la faible densité de population de la région et les difficultés de peuplement de la région ON qui ont amené Bélime à poser la question vivrière. Ses préoccupations touchaient la conservation et la reproduction de la force de travail. Mais la question vivrière s'est posée également sous l'aspect de la prise en charge par les colons de leur propre entretien : le capital n'avait pas à supporter cette charge, ni les risques de production que cela supposait. La conséquence la plus importante qui résultait du nouveau programme de Bélime était la substitution au projet de mise sur pied d'une agriculture capitaliste de type classique, d'un projet de mise au service du capitalisme d'une agriculture de type paysan[15] (*loc. cit*).

La naissance de l'Office du Niger

L'Office du Niger est créé par un décret du président Lebrun le 5 janvier 1932. Ce décret confère à l'Office le statut d'établissement public doté de la personnalité juridique et de l'autonomie financière. Les tâches de l'ON étaient définies comme devant permettre la colonisation, la mise en valeur et l'exploitation des terres fertilisées. L'Office devait peupler les terres, créer des villages et enseigner aux paysans noirs les nouvelles méthodes de culture.

Par ce décret, l'administration coloniale perdait la responsabilité des aménagements dont elle avait jusque-là assumé la direction. Jusqu'en 1932, c'était l'administration qui était responsable des travaux. Mais à partir de cette date, l'ON va jouir d'une grande indépendance vis-à-vis de l'administration, car il est dirigé sur place par Bélime et ses collaborateurs et à Paris par un Conseil d'administration dont la plupart des membres n'ont pas de compétences coloniales particulières. Il échappe donc pratiquement à l'autorité des gouverneurs généraux successifs de l'AOF qui se borneront à assurer la continuité de financement sur le budget de la Fédération (Diawara 2006:8). C'est pourquoi, certains qualifient l'ON « d'État dans l'État ». En effet, selon Coulibaly (*op. cit.*), bien que les questions de centralisation ou décentralisation aient fait l'objet d'un grand débat et même de plusieurs décrets (décembre 1941 ; 18 juillet 1948 ; et 22 octobre 1954) introduisant des modifications qui renforçaient ou restreignaient l'autonomie de l'ON, l'autonomie avait fini par triompher cinquante ans plus tard : l'ordonnance du 3 janvier 1981 érigea l'ON en « Établissement public à caractère industriel et commercial », comme nous le verrons au prochain chapitre. Le décret de 1932 définissait, dans les grandes lignes, les rapports entre les colons et l'Office. Il faut dire que ces rapports n'ont pas fondamentalement changé, malgré la nationalisation de cette entreprise en 1960 et l'africanisation de ses cadres en 1962. L'Office du Niger avait conservé les traits d'une entreprise à caractère « technocratique et dirigiste ».

Dans la pratique cependant, l'ON a toujours été obligé de tenir compte des résistances paysannes. C'est ainsi qu'à certaines époques, selon Coulibaly (op. cit.), il a dû reculer et adopter une « politique de séduction », soit pour faire venir des paysans sur ses terres – comme ce fut le cas avec l'échec des premières mesures de peuplement – soit pour les y retenir comme après la Seconde Guerre mondiale, quand on commença à enregistrer les premiers effets du décret du 11 avril 1940 supprimant le travail forcé. Malheureusement, selon Coulibaly, la plupart du temps, les différentes « politiques de séduction » de l'ON ont été perçues comme des erreurs, des « mesures antiéconomiques », et non comme des conséquences de la résistance paysanne. Cela tient au fait que l'autonomie accordée à l'ON semblait le rendre tout puissant aux yeux des chercheurs. Par ailleurs, toujours selon l'auteur, c'est cette autonomie appuyée par le type de contrat qui liait le coton à l'ON qui, paradoxalement, a fait que l'État a très vite considéré l'ON comme le champ privilégié d'application des mesures préconisées par ses différentes politiques agricoles. C'est ce qui explique probablement, entre autres, le maintien du contrat par tous les régimes politiques qui se sont succédé au Mali depuis 1954 (date de mise en place du contrat) jusqu'en 1991.

La colonisation de l'ON et les conditions de travail des colons

Les conditions de travail à l'ON, influencées par le contrôle de la force de travail, allaient créer des conflits aigus entre l'État et les paysans. Ces conflits opposaient pratiquement l'État à chaque famille, surtout en milieu bambara où c'étaient les familles, et non le pouvoir central traditionnel, qui avaient le contrôle des producteurs. La main-d'œuvre était réquisitionnée pour la production des cultures commerciales dans les champs traditionnels maintenus ou établis par l'administration, et dans les « champs du Commandant ». Et le plus souvent, les résultats des productions dans le domaine du coton étaient négligeables pour l'ON mais considérables pour les « champs du Commandant ». Selon Suret-Canale (1971) cité par Coulibaly (op. cit.), sur les 1 876 tonnes de coton produites au Soudan en 1942, 1 000 l'ont été sur les « champs du Commandant », l'Office du Niger ne fournissant que 606 tonnes et Diré 270 tonnes. Par ailleurs, la main-d'œuvre était également réquisitionnée pour différents autres travaux (chantiers, routes, etc.)[16]. Pour l'ON, c'est l'administration qui assurait la levée des contingents et veillait à retrouver les « déserteurs » pour leur infliger des sanctions exemplaires. Et ce, bien que la Convention du 25 décembre 1926 de la Société des Nations ait interdit le travail forcé au service d'intérêts privés – le STIN représentait des intérêts privés puisqu'il était constitué de différentes sociétés de travaux publics[17].

Les réquisitions de main-d'œuvre étaient profitables pour la France puisqu'elle continua à les pratiquer, tout en prenant le risque d'être mise au banc des accusés de la communauté internationale en 1929. L'ensemble du système mis en place pour assurer la suprématie des maisons de commerce et des entreprises françaises fonctionnera lui aussi de façon plus ou moins harmonieuse jusqu'à la fin de la Première Guerre mondiale. C'est le regain d'activité du commerce et de l'industrie des vainqueurs de la Grande Guerre qui va en montrer les insuffisances.

Les besoins des industries françaises ne pouvaient pas être couverts par les paysans des colonies. Malgré les mesures de contrainte, les conditions de production des paysans constituaient un écueil incontournable et le « capital commercial » qui s'était appuyé sur l'usure et la spéculation avait créé un environnement peu propice au développement des forces productives. Ce capital avait donc atteint les limites de l'extension des rapports marchands dans un contexte où la faible capacité de production des paysans était reflétée par la médiocrité des rendements. De plus, la faiblesse des revenus du paysan lui interdisait tout investissement dans l'agriculture et éloignait donc tout espoir d'une évolution rapide des techniques culturales.

Malgré des mesures tendant à spécialiser les territoires colonisés dans la production de certaines cultures commerciales, comme l'arachide pour le Sénégal et le coton pour le Soudan, les quantités produites demeuraient, de loin, inférieures aux besoins. Le « capital commercial » eut à souffrir lui-même de ce phénomène. Les limites de la production paysanne apparurent sous la forme d'un risque de plafonnement des profits commerciaux. La réalisation, par ce type de capital, de plus grands profits, passait par un changement profond du processus de production. L'Office du Niger est né dans les conditions d'une recherche de plus grand profit, aussi bien pour le « capital commercial » que pour le capital industriel, dans un contexte où la principale force productive était quasiment gratuite (Coulibaly *op. cit.*).

Le Travail contractuel imposé (TCI) : une politique de séduction des colons ?

Selon Coulibaly, trois raisons essentielles ont conduit au recours aux petits paysans africains pour peupler les terres de l'ON : d'abord, le refus du capital d'assumer les risques de production après l'échec de la Compagnie Hirsch dans sa tentative de produire du coton à Diré ; ensuite, l'échec des tentatives de recours à la colonisation blanche ; puis la recherche d'un plus grand profit par l'utilisation d'une main-d'œuvre bon marché. Pour lui, ces trois raisons ont prévalu sur les difficultés que pouvait rencontrer le peuplement des terres de l'ON par des paysans noirs et sur les conséquences qui pouvaient en résulter. Elles ont prévalu également sur les préjugés de Bélime qui se défiait de l'organisation familiale des paysanneries africaines. Bélime pensait que la structure patriarcale de la « société indigène » rendait cette société « particulièrement réfractaire aux concepts modernes de la production intensive ». Il affirmait volontiers, selon Coulibaly, qu'au contraire du Fellah, de l'Indien et de l'Annamite, aptes à la terre et au gain, le Soudanais végétait dans une ambiance communiste qui était loin de développer ses facultés intuitives. Il demandait que l'administration ne soit pas arrêtée par des questions de principe pour « désintégrer cette cellule économique stérile qu'est le village indigène » (*ibid.*:37-39).

Comme on peut s'en rendre compte, Bélime connaissait très bien le rôle fondamental que joue le village dans l'économie paysanne bamanan. Comme nous l'avons exposé dans la première partie de cette recherche, le village constitue en quelque sorte la « coque protectrice » de l'économie familiale contre l'agression du libéralisme économique de l'extérieur. C'est le village, en effet, qui assure les formes traditionnelles d'échange, aussi bien s'agissant de la force de travail que des produits. Le discours de Bélime s'est heurté aux difficultés rencontrées dans le peuplement des terres de l'ON puisqu'il a dû avoir recours à la colonisation africaine et, à ce niveau également, toujours selon Coulibaly, il aura beaucoup de déceptions car au lieu de 800 000 Mossis, malgré des recrutements répétés, il n'en aura que 8 000 à la veille de la Deuxième Guerre mondiale.

Étant donné que les paysans mossis n'étaient pas assez enthousiastes pour le déplacement vers l'ON, Bélime leur fit des promesses alléchantes. Parmi ces promesses en 1937, il y a celle qui assurait qu'au bout de 10 ans, les parcelles qu'ils cultivaient leur appartiendraient. Il prenait aussi des mesures pour que le colon ne se sente pas à jamais séparé de son village d'origine et qu'il ait le sentiment que, s'il le désirait, il pourrait y retourner (Bélime 1925:16).

Coulibaly montre comment, pour inciter les colons à rester à l'Office et à produire pour le marché, dès les premières années d'exploitation après la création officielle de l'ON en 1932, apparut le Travail contractuel imposé (TCI). Le Travail contractuel imposé montrait, par son existence, que l'État renonçait aux méthodes coercitives directes, basées sur les travaux forcés non rémunérés et qui avaient été utilisées par le Service temporaire des irrigations du Niger (STIN).

La séduction du TCI résidait dans le fait que, par le Travail contractuel imposé, le colon se trouvait lié à l'Office par un contrat qui stipulait que ce colon avait certains droits : droit au remboursement, droit au matériel agricole, droit à une aide vivrière la première année, aux semences, droit à une maison etc. Cette démarche pouvait être considérée comme une réquisition de main-d'œuvre et était abondamment utilisée par l'administration. Selon Coulibaly, il est possible que cet aspect ait joué un certain rôle dans la venue des Mossis à l'ON et que les paysans, soumis à des pressions du pouvoir local, aient préféré venir à l'Office du Niger où les conditions de travail semblaient moins contraignantes.

Toutefois, il est difficile de faire la part de ce qui revient à la « politique de séduction » et à la politique de contrainte dans les résultats obtenus pour la venue des paysans Mossi à l'ON. Mais il semble que ce qui a été déterminant, c'est l'aspect « contrainte », puisque l'administration coloniale admettait elle-même que, parmi les colons, il y avait des « volontaires partiels ». Par contre, il est sûr que le TCI a joué, par son aspect moins contraignant, au regard du travail forcé, un rôle dans le maintien de la force de travail à l'ON.

À cette période, les fuites de colons étaient devenues rares parce que le colon avait conscience qu'en retournant dans sa région d'origine, il retrouverait les conditions de travail forcé, c'est-à-dire d'un contrôle encore plus arbitraire et brutal de la force de travail. Par ailleurs, le colon ne pouvait pas se déplacer facilement en direction d'autres régions à cause des contrôles administratifs incessants[18]. Malgré tout, par certains côtés, le TCI pouvait se révéler plus contraignant que le STIN dans la mesure où il s'agissait d'un contrat qui liait l'Office, non pas au seul colon, mais à l'ensemble de sa famille. Le colon devait en effet répondre devant l'entreprise de l'absentéisme de tout membre de sa famille (Herbart 1939:96, dans Coulibaly *loc. cit.*)[19].

Pour certains auteurs comme Baillaud (1935) et Magassa (1978), le TCI a été efficace. Selon eux, en effet, c'est grâce au TCI que l'ON, entreprise capitaliste, s'est assujettie la « Grande famille étendue » (GFE). Ils attirent ainsi l'attention sur la façon particulière dont le capitalisme s'approprie certains milieux ruraux :

> Le grand bénéficiaire de cette situation, c'est l'employeur qui ne supporte pas de salaire social. Et le grand perdant c'est le travailleur qui, au lieu de diriger son agressivité contre le patronat, reposera ses espoirs sur les capacités très hypothétiques mais toujours dociles de la GFE.

Coulibaly trouve qu'il y a surestimation, du fait que, d'un côté, Baillaud établit une liaison un peu rapide entre le TCI et les résultats de production, sans tenir suffisamment compte des autres facteurs, alors que de l'autre, Magasa semble accorder trop d'importance aux rapports juridiques et à leur effet réel en matière de production. Selon lui, tous deux ont conclu un peu trop vite à la capacité du TCI à mobiliser la force de travail pour les cultures commerciales à partir de sa capacité de maintenir cette force de travail à l'ON. Leur analyse n'a pas porté sur le type d'agriculture qui se mettait en place, alors que les caractéristiques de cette agriculture montrent les limites du TCI dans l'orientation des efforts du paysan vers les cultures commerciales.

Les caractéristiques de l'agriculture paysanne à l'ON et les limites du TCI

L'efficacité du Travail contractuel imposé, selon Coulibaly, trouvait ses limites dans trois domaines essentiels : les conditions de l'exploitation agricole, la nature de l'unité de production de base et l'organisation du travail à l'ON.

Le premier facteur limitant le rôle du TCI provient du fait que l'agriculture, surtout basée sur le travail de petits paysans, ne se prête pas à l'imposition d'un rythme de travail lié à l'assurance d'obtenir des rendements élevés. En cela, l'agriculture (et singulièrement l'agriculture paysanne) se différencie de l'industrie qui parvient, à travers le travail à la chaîne, à imposer à l'ouvrier un rythme déterminé. Dans l'industrie, en effet, le rythme de travail est finalement imposé par la machine alors que dans l'agriculture y compris mécanisée, c'est finalement l'homme qui détermine le rythme de travail. Le travail contractuel imposé ne pouvait rien changer à ce phénomène.

Le second facteur est né des conditions d'installation des colons à l'ON. Quand la solution de colonisation a été préconisée, des essais ont été entrepris à Niénébalé afin de « tester la capacité de colonisation du Noir ». Ces essais reposaient sur le recrutement à partir de la cellule familiale : en 1928, quinze familles ont été recrutées dans la zone de Kénenkou et vinrent rejoindre les familles qui furent considérées comme travaillant à leur propre compte. L'expérience fut considérée par les responsables du centre comme un succès.

Mais cette appréciation n'était que d'ordre technique. On ne fit pas attention au fait que l'installation de familles introduisait à l'ON un des traits fondamentaux de l'agriculture paysanne : le caractère familial de l'unité de production. Or la dimension familiale imposait à l'unité de production des objectifs d'autosubsistance qui allaient entrer forcément en conflit avec les objectifs réels visés par l'ON qui étaient : l'augmentation des cultures commerciales et leur commercialisation avec des marges bénéficiaires importantes[20]. L'ON n'avait donc pas besoin de la grande famille car Bélime pensait que la « cellule économique stérile » qu'elle constituait ne pouvait qu'entraver le bon fonctionnement de son entreprise.

Au départ, Bélime voulait transformer le manque d'initiative du Noir chez le colon pour en faire un entrepreneur agricole individuel qui épouserait une logique purement capitaliste de production : développement de l'exploitation, recherche du rendement maximum et du plus grand profit, réinvestissement dans l'agriculture etc. Pour ce faire, l'on imposait aux colons de nouvelles méthodes culturales, avec des instruments comme la charrue, venue de l'extérieur et que les colons ne pouvaient se procurer eux-mêmes.

Le mode de production ancien, malgré les futures tentatives des colons de récupérer la culture attelée au profit de méthodes de culture extensive, se trouvait totalement et irrémédiablement modifié. La Grande famille étendue, en tant qu'unité de production, ne pouvait subsister dans ces conditions car le colon tendait vers l'individualisation de son travail et de son comportement. Mais il ne pouvait pas non plus être considéré comme un « paysan petit propriétaire » parce que le statut des terres de l'ON était tel que le colon ne disposait d'aucune garantie réelle. Le colon ne se sentait donc pas « chez lui », sur ses propres terres. Le document qui lui rappelait constamment qu'il n'était pas chez lui existait, il s'agissait du « bail d'établissement provisoire » (BEP) délivré à plusieurs colons en 1937 avec la promesse que cet établissement serait définitif au bout de 10 ans.

Le troisième facteur limitant l'efficacité du T.C.I. était lié à l'organisation même de la production à l'ON au moment de l'installation des premiers colons. Cette organisation devait en effet tenir compte de la question vivrière et de la nécessité d'une incitation économique capable de motiver les colons. C'est ainsi qu'à Niénébalé, chaque chef de famille reçut en plus du lot de terres défrichées et dotées de l'irrigation, des terres sur lesquelles il pouvait entreprendre des cultures en terrain sec. Le colon ainsi installé procédait au remboursement des frais d'aménagement des terres irriguées. Mais cela encourageait la pratique de la polyculture – avec l'existence de cultures vivrières, notamment de céréales traditionnelles. Or, il est à remarquer qu'à l'ON, qui a eu à partir de 1932 la gestion des terres de Niénébalé et de Sotuba, la polyculture, principalement la culture d'autres produits que le coton et le riz, occupait une place très importante. En 1934, les superficies cultivées par les colons de Niénébalé s'élevaient à 950 hectares, dont 250 hectares en riz et 50 hectares en coton. C'est dire que les cultures irriguées n'occupaient qu'à peu près un tiers des terres cultivées. La plupart des terres cultivées par les colons étaient donc occupées par des produits que l'Office ne contrôlait pas (mil, maïs, manioc, arachides, jardins, etc.).

Ce n'est pas seulement à Niénébalé que le problème de la polyculture s'est posé. Tout comme à Niénébalé, les colons disposaient à Sotuba, à côté des terres irriguées, enserrées entre le fleuve et le canal et réservées à la riziculture, d'une bande de terres non irriguées mais humidifiées par le fleuve et situées sur la rive droite du canal. Cette bande comportait trois catégories de terres : des terres humides riveraines du canal et qui pouvaient être cultivées en maïs, manioc et assolement fourrager ; des terres humidifiées en profondeur par le prélèvement de la couche phréatique et qui devaient être cultivées en assolement biennal : coton et pois d'Angole ; enfin des terres sèches plus légères et plus hautes, à cultiver en assolement triennal : mil, arachides et légumineuses fourragères. Contrairement à ce qui se passait à Niénébalé, c'étaient les terres consacrées au riz et au coton qui étaient les plus importantes à Sotuba[21]. Mais, en ces années 1932-1940, le rythme d'aménagement des terres était loin d'atteindre les prévisions des promoteurs :

Bélime comptait qu'en 1941, il y aurait 20 000 hectares de terres aménagées mais, en réalité, seule la moitié l'a été à cette date. De plus ces terres comprenaient la zone de Macina, où on avait inclus dans le projet ON des villages déjà existants et qui disposaient de terroir leur permettant d'entreprendre des cultures sèches.

L'introduction des cultures sèches, que l'ON ne pouvait pas entièrement contrôler, mettait à la disposition de l'économie paysanne un des leviers essentiels de sa résistance à l'économie de marché et constituait, de ce fait, un facteur limitant du Travail contractuel imposé. Le TCI devait en effet permettre, par la réorientation des efforts du paysan vers les cultures commerciales au détriment des cultures vivrières, d'atteindre la limitation de l'extension de l'économie paysanne d'autosubsistance. C'est donc la nécessité même de la reproduction de la force de travail (qui ne pouvait pas être assurée dans un système basé uniquement sur les cultures commerciales à cause de la faiblesse des prix) qui rendait la tâche du TCI quasiment irréalisable (Coulibaly *op. cit.*). Par conséquent, la base sociale de la production n'était plus la même et le surplus dégagé ne se faisait plus au profit des mêmes catégories sociales (autrefois les aînés, ensuite l'État et le capital français).

Les éléments de déstructuration de l'ancienne société sont donc à peine en place qu'ils ont opéré des changements déjà irréversibles. Il faut cependant noter que tous les ressorts de l'ancien système de production ne sont pas brisés et que les tentatives pour les reconstituer seront nombreuses. L'entreprise cherchera sans cesse de nouveaux moyens, législatifs ou non, pour assurer son contrôle sur la production paysanne. Sa tâche semble se compliquer après la Seconde Guerre mondiale, lorsque l'ON perdra le contrôle juridique de la force de travail après les événements qui ébranlèrent l'empire colonial français (Coulibaly *op. cit.* : 46)[22].

L'après-guerre et la nouvelle politique de mise en valeur rationnelle (1947)

Les premiers plans de développement

Les premiers plans de développement de la France ont débuté, à partir de 1947, par la réalisation d'une politique de « mise en valeur rationnelle » de ses territoires d'outre-mer. Pour ce faire, en AOF, elle mit en chantier deux plans de développement.

Le premier plan était industriel et parmi les projets, nous pouvons citer la construction d'un barrage hydroélectrique à Konkouré en Guinée ; son coût, selon Coulibaly, était estimé entre 110 et 120 milliards de Francs CFA de l'année en question[23]. La société privée « société des bauxites du Midi » était particulièrement intéressée par ce projet et espérait construire une usine de transformation de minerai en alumine d'une capacité annuelle de 200 000 tonnes.

Le second plan a démarré en 1953 et s'est achevé en 1957. Ce projet apparaissait comme le plus grand projet agricole du programme d'industrialisation. Son objectif officiel était d'élever le niveau de vie des populations, d'accroître le potentiel économique dans l'Empire français et de développer le progrès humain dans l'ensemble de la population. Ces buts devaient être atteints grâce à l'extension des surfaces cultivées, à la généralisation de l'action hydraulique et à la diffusion de méthodes culturales nouvelles. Les moyens sur lesquels les promoteurs du Plan comptaient pour atteindre les résultats du programme agricole se traduisaient en : encadrement des paysans, constitution de sociétés de crédit, politique intense d'hydraulique agricole et pastorale.

Dans cette nouvelle politique de mise en valeur, chaque grand bloc territorial français, comme l'AOF et AEF (Afrique-Équatoriale française) avait ses régions de spécialisation industrielle ou agricole. Les territoires avaient donc été spécialisés et le Soudan était simplement et uniquement agricole. Des régions comme la Guinée étaient essentiellement réservées à l'industrie. Du fait du manque de capitaux de la part des entreprises privées, qui sortaient affaiblies de la guerre, l'État entreprit de financer sur fonds publics son gigantesque projet. Pour matérialiser le plan, la loi du 30 avril fut votée. Elle instituait la participation directe du budget de l'État dans la mise en valeur rationnelle des colonies[24]. C'est le FIDES (Fonds d'investissement pour le développement économique et social dans les territoires d'outre-mer) qui était privilégié pour la réalisation des deux plans. Les ressources du FIDES provenaient des dotations de la métropole et des contributions des territoires coloniaux intéressés, c'est-à-dire les ressources propres ou emprunts à long terme auprès de la Caisse centrale de la France outre-mer (CCFO). Grâce à ces ressources, le FIDES a financé les deux plans de développement de l'AOF.

Comme Coulibaly l'a montré, la part affectée au développement du Soudan a varié entre les deux plans, car il était prévu pour ce pays un développement essentiellement agricole. La part qui lui était affectée au sein du plan d'industrialisation était relativement faible par rapport à la Côte-d'Ivoire, à la Guinée et au Sénégal. Mais à partir de 1953, le Soudan se voyait propulsé au premier rang. L'importance de ces investissements s'expliquait par l'espoir que la France nourrissait encore à propos de l'Office du Niger. C'est en effet l'ON qui va se voir affecter 56 pour cent des crédits d'équipement de l'agriculture pour l'aménagement de 16 000 hectares de la part de l'État français.

Le contrat de 1954 et les colons

Après l'abolition du travail forcé en 1946, la France prit des mesures politiques qui accordaient plus de liberté aux habitants des colonies. Suite à ces politiques, plusieurs milliers de colons démissionnèrent des travaux de l'ON pour retourner dans leurs villages respectifs, où ils étaient supposés ne plus être victimes des tracasseries des commandants et des chefferies locales. Ces départs représentaient la perte par l'ON du contrôle de la force de travail. Force qui avait été jusqu'ici la base de sa politique agricole. Même le TCI était abrogé. Ce qui veut dire que ceux qui préféraient rester n'étaient pas soumis au contrôle strict de leur temps de travail par l'ON. Une nouvelle nécessité s'imposait et qui se résumait en deux options : soit remplacer la force de travail manquante par une autre force productive – la mécanisation –, soit prendre des mesures attractives pour fixer de nouvelles forces de travail à l'ON. Pour diverses raisons, les deux options seront essayées d'abord séparément, puis de manière combinée : la mécanisation fut d'abord conçue comme une mécanisation intégrale devant permettre une augmentation rapide de la production. Des essais furent entrepris, touchant aussi bien la culture du coton que celle du riz. Un peu plus tard, la mécanisation intégrale fut abandonnée et remplacée par la mécanisation partielle, qui n'intéressait que certaines opérations. Elle avait pour but de rendre le travail du colon plus rapide et plus productif (Coulibaly *op. cit.* : 49).

La mécanisation partielle était justifiée par des arguments techniques, comme l'impossibilité pour le paysan soudanais, à partir de la seule culture attelée, de résoudre les problèmes de préparation correcte des terres, l'exécution des tâches culturales en temps voulu et le maintien de la fertilité du sol. Pour la culture du coton, la mécanisation des opérations suivantes fut préconisée : l'enfouissement de l'engrais vert ; l'épandage et l'enfouissement de l'engrais chimique et le billonnage. Pour le riz, il s'agissait des labours de déchaumage et des labours profonds. Cette politique d'attraction qu'est la mécanisation partielle allégeait la tâche des colons, sans qu'il y ait augmentation des prélèvements opérés sur leurs récoltes, car les redevances étaient maintenues au taux de 400 kg/ha pour le riz et de 240 kg/ha pour le coton[25]. À cette époque, le maintien de la polyculture, et surtout son extension dans les zones irriguées que l'ON maîtrisait entièrement, eurent une grande influence sur l'entreprise. Il s'agissait essentiellement des zones de culture cotonnière, où l'on commença à pratiquer l'assolement. Chacun des « lots de colonisation » attribués aux colons a été divisé en quatre parcelles. La surface de chaque lot étant de six hectares, la division en parcelles était ainsi faite : deux hectares effectifs de coton, deux hectares d'engrais vert, un hectare de rizière en culture, un hectare de rizière en jachère[26]. La superficie attribuée à chaque colon était calculée sur la base d'un lot de six hectares par « travailleur homme », c'est-à-dire homme valide de 15 à 55 ans. Une telle organisation avait, pour l'ON, l'avantage de permettre le remembrement des cultures, réunies en bloc d'un seul tenant. Ce qui facilitait une exploitation plus intensive qui combinait la surveillance, l'exécution des arrosages, l'entretien, les travaux de culture mécanique, etc.

Cette organisation des parcelles simplifiait certains problèmes techniques de l'ON. Mais à cause de l'éparpillement topographique des différentes parcelles d'un même lot appartenant à un même colon, il devenait plus difficile de contrôler le temps de travail du colon en question[27]. Par ailleurs, l'ensemble des mesures prises par l'Office du Niger pour retenir les colons et attirer d'autres paysans semble avoir eu des effets favorables sur la question du peuplement, car il y a eu une stabilisation du peuplement à l'ON à partir de 1951 (Kohler 1974)[28].

La culture du coton n'était pas très rentable. Cette relative faiblesse des rendements en coton est imputée à la difficulté de cette culture. Les fortes variations de rendement sont expliquées essentiellement par le peu de travail quantitatif et qualitatif fourni par certains colons dans les cultures préconisées par l'ON. Ces colons sont appelés : « mauvais colons ». Et c'est à cause de ces mauvais colons que l'ON n'arrive pas à atteindre ses objectifs de production.

Quant à la mécanisation partielle, elle présentait le double avantage de diminuer le temps de travail à consacrer aux cultures de l'Office et d'atteindre des rendements relativement élevés. Les colons pouvaient se consacrer à d'autres cultures ou à d'autres activités, d'autant qu'ils revendiquaient, depuis 1944, le libre choix des spéculations. Contrairement à l'esprit des mesures prises à l'égard des autres paysans du Soudan français[29], l'ON répondra à cette stratégie des colons par l'instauration en 1954 d'un système de contrat annuel très contraignant.

Ce contrat supprimait certains avantages dont les colons avaient bénéficié depuis 1946. Parmi ces avantages, il y a la quasi-gratuité des travaux mécanisés. Selon la clause sur la répartition des tâches agricoles de ce contrat, l'ON se propose désormais de facturer « contre les bénéficiaires le montant de ces prestations ». Ainsi, le nouveau contrat renforçait le contrôle de l'ON sur la terre. Non seulement le colon ne peut « transférer ou céder tout ou partie des droits qui lui sont concédés », mais il est exposé chaque année au risque d'éviction. L'ON peut à tout moment évincer le colon pour plusieurs motifs, dont le non-respect du calendrier agricole ou le non-respect des spéculations définies par l'entreprise.

Ce nouveau contrat était évidemment différent du TCI car d'un côté, les colons n'étaient pas contraints à exécuter certains travaux d'infrastructure, et de l'autre, l'ON ne pouvait pas utiliser contre eux les mêmes méthodes que pendant le TCI. La nouveauté visait une diminution des charges de l'ON, qui n'entreprendrait plus de travaux mécaniques (même ceux relatifs à la préparation des terres des nouveaux colons) que « dans la limite de ses moyens », et une limitation de la polyculture : l'ON renforce en effet son emprise sur les spéculations considérées comme essentielles. Le colon ne peut entreprendre d'autres cultures que dans la mesure où elles ne constituent pas une entrave aux spéculations qui intéressent l'Office du Niger, c'est-à-dire la culture du coton et du riz.

C'est ainsi que pour mieux atteindre ses objectifs, l'ON a imposé aux colons de s'organiser au sein d'associations agricoles devant prendre en charge les dettes des colons au cas où ces derniers n'arriveraient pas à rembourser. Par ailleurs, le nouveau contrat permettait à l'ON, outre le contrôle de la terre, d'avoir à travers l'expression : « pour toutes les spéculations », un meilleur contrôle du procès de production, des méthodes culturales, des tâches agricoles et des tâches d'entretien du réseau hydraulique. De plus, par l'action des associations agricoles, il renforçait le contrôle social qu'il exerçait sur les colons (Kohler 1974:51). Ce nouveau lien juridique, qui les obligeait à se réunir en associations, donna l'opportunité aux colons de créer une association syndicale légale.

La création du Syndicat des colons et agriculteurs de l'Office du Niger (SCAON) – début des luttes pour le changement du statut des terres

Le Syndicat des colons et agriculteurs de l'Office du Niger (SCAON) est né en 1954, après l'application du contrat de travail qui les obligeait à se regrouper en association. C'est le premier syndicat paysan dans l'histoire du Mali. Les prémices à la création de regroupements syndiqués sont apparues au sein des Associations agricoles indigènes (AAI), qui étaient une sorte d'équivalent des Sociétés indigènes de prévoyance (SIP).

Ces associations avaient une double vocation :

> D'un point de vue social, leur objectif fut de domestiquer la révolte paysanne, de la « récupérer » comme on dirait de nos jours, afin d'obtenir l'indispensable adhésion du colon à la politique agricole de l'Office. Pour améliorer la productivité, leur rôle de coopérative consistait à jeter un pont entre l'établissement et les colons dans les domaines agro-industriel, commercial, financier, administratif et social afin de faciliter l'exploitation des centres (Magassa 1978:147).

Les revendications paysannes au sein des AAI ont commencé dans les années quarante, mais il fallut attendre avril 1944 pour voir une manifestation capable de mobiliser des milliers de colons dans la zone de Niono. Les colons dénonçaient l'organisation de la vie dans les villages de colonisation, l'impossibilité d'une entraide au profit des vieux colons, les mutations trop fréquentes dans les parcelles attribuées et l'absence de liberté dans le choix des cultures. En outre, leurs revendications étaient aussi dirigées vers le partage de la plus-value : les colons se plaignaient de leur appauvrissement depuis l'entrée en colonisation, de l'insuffisance des vivres, de l'impossibilité de gagner de l'argent ailleurs en cas de mauvaises récoltes (Coulibaly *op. cit.*). Ce sont donc ces mouvements qui ont donné naissance au Syndicat des colons en 1954.

Plus tard, le mouvement syndical a été récupéré par l'Union soudanaise – Rassemblement démocratique africain (US-RDA) dans sa lutte pour l'indépendance du Soudan. Malgré cette récupération, la plupart des militants du SCAON ne voulaient s'en tenir qu'aux revendications de leur mouvement, à savoir : l'obtention d'un titre de propriété foncière ; la cessation des perquisitions – saisies de graines et de bétail – et des abus des agents techniques et des chefs traditionnels ; la révision rationnelle du tarif des redevances à fixer selon la récolte ; le recours à l'autorité juridique pour résoudre les conflits ; la participation à la fixation du prix d'achat du producteur ; la liberté de commercialiser en dehors des dotations exigées ; le droit d'exploiter des terres hors des casiers pour la culture sèche ; enfin, l'élection démocratique du représentant des colons au Conseil d'administration siégeant à Paris (Coulibaly *ibid.*:54). L'US-RDA est parvenue à s'emparer de la direction[30] du SCAON parce que les revendications des colons ne trouvaient pas, la plupart du temps, un écho favorable auprès de la direction de l'ON. Finalement, beaucoup de paysans qui, à l'époque, n'aimaient guère se lancer dans la lutte politique, furent obligés d'adhérer aux arguments de l'US-RDA reliant l'attitude de la direction de l'ON au fait colonial lui-même.

C'est ainsi que, selon Coulibaly, les colons commencèrent à réclamer l'africanisation des cadres de l'Office. C'est ainsi, également, que l'on retrouvera parmi les résolutions du congrès des colons de l'Office du Niger des 20, 21 et 22 février 1960, une résolution appuyant le programme de l'US-RDA en faveur de l'émancipation africaine. Malheureusement, après l'indépendance du Mali, le SCAON fut dissous par l'US-RDA, au prétexte que l'État que le parti mettait en place représentait les intérêts de toutes les couches de la société malienne.

Avant sa dissolution, lors du congrès de 1960, le SCAON demandait la refonte totale et immédiate des statuts, des conventions et règlements régissant l'Office du Niger ; l'attribution immédiate des permis d'occuper définitifs à tous les colons détenteurs de permis d'occuper provisoires et à tous ceux ayant accompli deux années de présence effective et remplissant les conditions exigées par la réglementation de l'ancien statut dénoncé[31]. L'US-RDA ne satisfera pas ces revendications des colons. En 1984, sous le régime de Moussa Traoré, ces revendications n'avaient pas encore trouvé satisfaction – cette date coïncide avec la libéralisation du commerce du riz. Pourtant, les luttes du SCAON ont abouti à certains résultats concernant le partage de la plus-value : les mesures de dégrèvement. C'est-à-dire que les mesures de suppression des redevances pour les parcelles à faible rendement ont été maintenues et même multipliées. Quant au contrat, s'il n'a pas été supprimé, il a vu s'atténuer les abus qu'il engendrait. Le nombre des colons victimes d'exactions a beaucoup baissé. On a même constaté que plusieurs colons, qui avaient été victimes d'abus, ont été rétablis dans leurs droits.

À travers ce que nous venons de voir dans ce chapitre, on observe que malgré les efforts des Français en matière d'immatriculation et de création d'un marché foncier agricole, les paysans soudanais résistèrent et acceptèrent difficilement une philosophie et des méthodes de travail si différentes des leurs. Après la conquête, le colonisateur a, d'abord à travers le travail forcé puis à travers des textes juridiques contraignants, tenté de contrôler les paysans de l'Office du Niger et de les obliger à réaliser les gigantesques projets de construction d'infrastructures agricoles et routières.

À l'ON, sur le plan du peuplement, ce n'est qu'après l'abolition du travail forcé et l'avènement de l'indépendance que les colons ont commencé à rester (pour les anciens), et à venir (pour les nouvelles recrues) : on comptabilise en 1958 la candidature de 8 000 paysans au statut de colon ; de 1940 à 1960, on note des variations importantes à l'ON après la Seconde Guerre mondiale. Les promesses faites par l'US-RDA (le nouveau parti politique qui viendra au pouvoir après l'indépendance) pour le colonat et la prise en charge des gros travaux par l'ON expliquent en partie la ruée des paysans vers l'Office, et en 1960 l'on recensa 37 000 personnes à l'ON dont 6 000 Mossis.

Le bilan de la politique coloniale de « mise en valeur », particulièrement à l'Office du Niger, a été apprécié différemment[32]. Mais nous remarquons qu'en dépit des efforts de mécanisation et de transformation de la zone Office en « grenier de l'AOF », les paysans n'ont pas pu s'approprier efficacement les techniques et l'esprit du colonisateur, encore moins du nouvel État indépendant (que nous analyserons dans le chapitre suivant). L'agriculture à l'ON garde toujours les caractéristiques essentielles de l'agriculture de l'ensemble du pays, c'est-à-dire d'une agriculture paysanne.

Selon les descriptions de Coulibaly, depuis la création de l'ON, les colons constitueraient une catégorie d'esclaves de la culture du riz ou du coton pour la métropole. Cette thèse se vérifie quand on sait qu'après la conquête totale du Soudan, des commandants français comme Quiquandon s'adonnaient encore à l'esclavage pour exploiter leurs domaines. À ce sujet, les travaux de Michal Tymowski (2000) sont assez édifiants. Selon Tymowski, le 10 janvier 1895, Albert Grodet, gouverneur général du Soudan français, adressa au ministère des Colonies une dépêche accusant le commandant Quiquandon, dirigeant de la région Nord-Est (Ségou), d'exploiter illégalement un domaine sur lequel travaillaient 140 esclaves[33]. Badji (1998) avance dans sa thèse, que contrairement à l'idée selon laquelle la volonté du colonisateur a été de transplanter dans les colonies un ordre juridique semblable à celui de la métropole, il y a loin de la théorie à la réalité car « dans un monde très différent de celui pour lequel s'était forgé le système juridique métropolitain, le colonisateur ne pouvait faire de ces valeurs juridiques qu'un usage très prudent ».

Malgré tout, les Français, en s'installant au Soudan, n'avaient pas uniquement la volonté d'exploiter les matières premières de ce pays, ils avaient aussi celle d'en accaparer les terres et d'en anéantir les règles locales – avant de reconnaître partiellement les us et coutumes, c'est-à-dire les droits des « indigènes » sur la terre en les transformant en concessions administratives. À l'égard de l'immatriculation des terres, les tentatives n'ont réussi – partiellement – en AOF que dans les grandes villes de l'époque. Tout compte fait, contrairement au Sénégal, l'immatriculation des terres dans les villes n'a effectivement réussi au Soudan qu'après l'indépendance. Les régions rurales n'ont pratiquement pas connu de changement jusqu'à récemment.

Pour comprendre la situation foncière et agricole actuelle au Mali, nous étudierons dans le prochain chapitre, les politiques agricoles du Mali après l'indépendance en 1960.

Notes

1. Comme nous l'avons vu, malgré la victoire militaire française, des révoltes éclataient çà et là dans le bassin du fleuve Niger.
2. Les premiers explorateurs prêtaient au Delta central du Niger des potentialités comparables à celles du Delta du Tonkin.

3. Dans cette section, mes réflexions se fondent essentiellement sur Verdier (1971).
4. Des auteurs comme Rochegude (1971) et Pierret (1985), ont déjà fait de profondes études sur le plan juridique des législations coloniales.
5. Ici, nous ne parlerons pas du décret de 1932 relatif à la procédure d'immatriculation des droits fonciers qui, comme on le sait était conçu pour les centres urbains. Jamais les coins de brousse ne furent intéressés par cette mesure qui reste quand même l'une des plus célèbres de la législation coloniales en AOF en matière foncière.
6. *Gazette coloniale maritime*, numéro 10 du 06 mai 1938, Archives ON, Ségou Dossier 214/12/14
7. Rapport de visite du 2 avril au 25 mai de l'inspecteur du service général des textiles et de l'hydraulique agricole. Archives : ON Ségou Dossier 314/3.
8. Source : Conférence de Zamblara du 6 mars 1931 Archives ON Ségou Dossier 314/5 numéro 438.
9. Source : Extrait du *Bulletin d'information et de renseignement du gouvernement général de l'AOF* (11 mai 1936).
10. Rapport de visite… *op. cit.* v. *supra* note 133.
11. En 1942 seulement 270 tonnes.
12. Extrait du *Bulletin de la Société Industrielle de Mulhouse*, novembre 1922 : Selon Emile Bélime l'une des sources était l'inadaptation des cotonniers américains (qu'on avait voulu substituer aux variétés indigènes) aux particularités du climat, avec une saison de pluie courte suivie sans transition par un vent sec soufflant avec violence en période de maturité des capsules et provoquant la chute de beaucoup d'entre elles
13. Actuel Mali.
14. Selon Coulibaly, Bélime en 1925, était convaincu que : « le plus grand obstacle à l'accroissement de la population, ce n'est pas l'épidémie, ni le manque d'hygiène aussi regrettable que général, c'est la disette permanente qui règne dans le pays ».
15. Il faudra noter aussi, toujours selon Coulibaly, qu'à ces raisons de l'introduction d'une autre culture que le coton, il faut en ajouter cette autre qui est très peu évoquée : le caractère inapte à la culture du coton de certaines terres aménagées du Delta. Cependant le choix du riz, au lieu d'autres céréales habituellement consommées par les paysans obéissait déjà aux impératifs d'exportation dans d'autres régions de l'Afrique-Occidentale française, jusqu'alors approvisionnées par le riz venu des colonies françaises d'Asie.
16. Les contingents mobilisés comprenaient des prestataires, des prisonniers (pour les besognes quotidiennes d'entretien) et l'immense armée des réquisitionnés, travailleurs prélevés dans tous les villages. En Afrique de l'Ouest, c'est le plateau Mossi (dans l'actuel Burkina Faso) qui a le plus souffert de ces réquisitions. Une des raisons en est certainement le rôle de relais que le pouvoir central traditionnel, représenté par les Nabas, a joué dans la mobilisation des travailleurs autour des projets coloniaux. Les Mossi ont fourni 6 000 travailleurs (renouvelés tous les 6 mois) pour la construction de la ligne de chemin de fer Dakar-Niger, 2 200 travailleurs pour le chemin de fer de Côte d'Ivoire. Ils vont fournir également à l'ON ses premiers colons. Auparavant, ils auront participé aux grands travaux devant créer l'infrastructure de l'Office du Niger sous la direction du STIN (Service temporaire des irrigations du Niger).
17. Selon Suret-Canale (1971) cité par Coulibaly (1997), ce type d'intervention de l'État avait été justifié par le Gouverneur Angoulvant dans ces termes: « Si les représentants des maisons de commerce et des entreprises européennes de colonisation doivent compter sur leur

autorité personnelle pour déterminer l'habitant au travail rémunérateur pour lui-même et leur maison, ils échoueront à peu près complètement, non sans d'onéreux sacrifices. »

18. Dans la pratique, le TCI ne différait cependant pas beaucoup des méthodes utilisées par le STIN. Le colon devenait en effet dépendant de l'ON pendant plusieurs années. Et ce qu'on se gardait bien de dire au futur colon quand il quittait son village, c'est qu'il devait achever lui-même son habitation et les bâtiments annexes, défricher les champs, enlever arbres, souches, buttes, termitières etc. et surtout aider à finir les installations d'infrastructures du village (Bélime 1940:132).
19. Selon Herbart, un instructeur français de la période du TCI écrivait : « Oui, les hommes, les femmes, les enfants, tous travaillent. Ils sont prêts au coup de cloche et ne se font pas punir . Des punitions sont infligées à ceux qui fournissent un travail insuffisant. Elles consistent pour les nouveaux colons (auxquels une ration remboursable est distribuée) en privation de sel ; en privation de beurre de karité ; en privation de poisson sec ; et en diminution ou suppression du mil ou du riz».
20. C'est là que se situe la première divergence avec la thèse de certains auteurs sur l'utilisation de la « Grande famille étendue » par l'ON. Par cette thèse, ils rejoignent la théorie de « l'articulation des modes de production » qui met l'accent plus sur la complémentarité entre les deux modes que sur l'aspect d'antagonisme, de conflit. En fait, ils sacrifient à une mode (de pensée) alors que tout concourt à montrer que les familles installées à l'ON ne pouvaient pas être considérées comme des GFE. Les raisons en sont simples : rares ont été les chefs de grande famille qui se sont effectivement installés à l'Office. Pour Jean Suret-Canale : « Les chefs Mossi envoyèrent à ce bagne (l'ON) des captifs ou des éléments inutilisables ou indésirables, y compris malades et sommeilleux. » (1971:318) Dans le meilleur des cas, on y envoyait de jeunes chefs de ménage qui, par leur position même, sont incapables de mobiliser à leur service l'ensemble de la force de travail de la famille étendue. On peut se demander également si le fait même d'être colon, c'est-à-dire d'être hors du village d'origine, ne constitue pas un handicap sérieux à l'accession au poste d'aîné, à l'accession à toutes les prérogatives qui sont censées se rattacher à cette fonction ; l'objectif visé par l'ON n'a jamais été la reconstitution de la Grande famille étendue pour la simple raison qu'il n'avait pas besoin de cette structure-là (Coulibaly *op. cit.* :43).
21. Selon Baillaud dans Coulibaly, sur les 2 096 ha cultivés (en 1933), 1 687 ha étaient consacrés au riz et 46 au coton, le reste étant consacré au mil et au maïs (105 ha) ainsi qu'aux autres cultures (258 ha). Cette différence provient du fait qu'à Sotuba, les terres aménagées étaient beaucoup plus importantes qu'à Niénébalé et on remarquera que plus l'ON maîtrisera la question de l'aménagement des terres, plus il voudra réduire la superficie des terres consacrées aux autres cultures.
22. Entre l'ON et les colons s'engagera une véritable lutte, l'entreprise cherchant à modifier essentiellement, d'une part, la façon dont les colons jusqu'ici assuraient l'acquisition de leur « valeur d'usage » et d'autre part, la relative maîtrise qu'ils ont de leurs conditions de production. Mais ce succès est plus ou moins remis en cause par le fait que la rationalité paysanne ne change pas, ce qui compromet l'ensemble de la stratégie de l'ON.
23. C'est-à-dire la valeur du Franc CFA de 1947.
24. Avant la Deuxième Guerre mondiale, l'État intervenait dans les investissements dans les colonies mais sa participation était faible.

25. Cette politique en direction des colons incluait également la construction des maisons en dur, coûteuses pour l'ON, mais qui avaient l'avantage, pour le colon, de ne pas exiger de réparations chaque année.
26. C'est ainsi que les terres tributaires d'un même partiteur comportaient une « zone coton » divisée en deux blocs égaux d'un seul tenant, cultivés alternativement en coton et en engrais vert, et une « zone riz » également divisée en deux blocs égaux (l'un en culture, l'autre en jachère).
27. Le contrôle était jusqu'alors basé sur le passage d'un agent sur la parcelle du colon avec pour mission de vérifier la présence effective de tous les actifs de l'exploitation sur la parcelle.
28. Toujours est-il que l'Office du Niger continuait de recruter en même temps qu'il maintenait une politique de mécanisation coûteuse. Les conséquences financières d'une telle politique, qui ne cherchait pas un équilibre entre le capital et la force de travail, ne se firent pas attendre : l'entreprise vit son déficit augmenter et ce n'est que grâce aux subventions du FIDES qu'elle pouvait encore faire illusion.
29. Après l'abolition du travail forcé.
30. L'US-RDA (Union soudanaise – Rassemblement démocratique africain), qui a pris la direction politique de la lutte pour l'indépendance, a beaucoup contribué à la naissance du SCAON. Ceci, grâce notamment à l'action d'un de ces militants, Mamadou El Béchir Gologo, à l'époque médecin contractuel dans la zone de l'Office. Dès sa naissance donc, le SCAON se trouvait lié à l'US-RDA et très vite ce parti considéra le syndicat des colons comme un moyen lui permettant de contrebalancer l'influence de son adversaire, le Parti progressiste du Soudan (sigle statutaire : PSP) mieux implanté dans la région (Coulibaly à paraître[2009]:74).
31. Voir : Quotidien national *L'Essor* n° 3323 (1960).
32. Sur le plan économique, en 1958, l'Office avait des difficultés financières et la situation économique se présentait comme suit : au point de vue des réalisations, 41 200 ha sont aménagés dont 37 790 effectivement cultivés par les colons. Ceux-ci ne parvenaient pas, compte tenu de leurs faibles moyens à cultiver toutes les superficies aménagées. Il restait donc à récupérer près de 3 500 ha. Sur le plan de la production : l'ON fournit 45 000 tonnes de paddy dont 28 500 commercialisées. En revanche la production de coton demeurait très faible : 3 405 tonnes de coton graine dont 2 712 commercialisées. C'est que les rendements demeuraient encore faibles aussi bien pour le riz (entre 1 700 Kg/ha et 2 990 Kg/ha de paddy alors que les parcelles de la Recherche vont jusqu'à 4 600 Kg/ha) que pour le coton (entre 223 Kg/ha et 650 Kg/ha contre 2 216 Kg/ha pour les parcelles de la Recherche) (Coulibaly *op. cit.*).
33. « À partir de ce cas particulier, l'auteur analyse les conflits qui existaient à l'époque entre l'administration civile et un groupe d'officiers soudanais. Il se demande si la possession d'esclaves par des officiers prenant une part active dans l'expansion coloniale française en Afrique de l'Ouest était une situation exceptionnelle et passagère dans les régions limitrophes entre la zone administrée par la France et les zones demeurant encore sous le contrôle des souverains africains, ou si, au contraire, c'était une situation fréquente et banale. L'auteur incline vers la première de ces hypothèses, constatant toutefois qu'étant donné la variété des formes d'esclavage, ce problème exige encore des recherches supplémentaires. » Voir en ligne à Stable URL: http://www.jstor.org/stable/4393043

2

Le droit de la terre et les politiques agricoles du Mali après l'indépendance (1960-2008)

Au Mali, en 1969, le secteur primaire représentait 49,4 pour cent du produit intérieur brut, le secteur secondaire 15,9 pour cent de ce produit et le secteur tertiaire 34,7 pour cent du PIB[1]. Compte tenu de ces chiffres, l'importance du foncier constitue une réalité depuis les premières heures de l'indépendance au Mali.

Dans notre introduction générale, nous avons défini le foncier comme « l'ensemble des règles par lesquelles la partition de cet espace intervient selon des modalités conditionnées par le rapport social » (Moulai 2003:25). Nous avons aussi postulé que le problème du droit foncier consiste à déterminer les liens existant entre la terre et une ou plusieurs personnes afin de savoir qui peut prétendre à un certain droit sur le sol, et selon quelles modalités. À partir de là, nous pouvons considérer le droit de la terre comme étant l'ensemble des règles applicables aux liens susceptibles de s'établir entre les personnes, physiques ou morales, publiques ou privées, et les terres envisagées comme des sols (Rochegude 1976).

Comme nous l'avons vu au chapitre précédent, en dépit des efforts de mécanisation de la zone ON et de l'édiction de textes législatifs et réglementaires relatifs à la gestion des terres au Soudan, le colonisateur n'a pas réussi à avoir la maîtrise totale de la paysannerie pour faire prospérer selon ses souhaits sa culture de rente. Les paysans ne se sont pas emparés efficacement des techniques et de l'esprit de développement qui en découlait. Les textes législatifs et réglementaires, sans être totalement rejetés, ont été adoptés selon le bon vouloir des paysans ou ont été simplement négligés. C'est dans cette situation, que le Soudan français a conquis son indépendance en 1960.

Plusieurs auteurs ont avancé que l'utilisation des forêts au niveau national passe généralement par trois stades : l'exploitation non réglementée ou désordonnée, la protection, la conservation ou l'intendance. Pour eux, le stade de protection consiste à donner la forêt en gestion professionnelle en réduisant ou en bloquant le déboisement, et en entamant la restauration de la forêt après sa surexploitation. Le stade de conservation n'est atteint qu'une fois que les avantages de la protection ont été bien compris et que les ressources forestières peuvent être gérées de façon durable (Elliot 2001).

Depuis l'Antiquité, en 700 av. J.-C. en Assyrie, on a trouvé les premiers témoignages de mesures de conservation de la forêt, où des réserves de gibier étaient constituées par décret pour les chasses royales (Dixon et Sherman 1991). Vers 300 av. J.-C., en Chine, les forêts ne servaient pas uniquement à la chasse (Waley 1939). Entre 1200 et 1500, de vastes territoires forestiers ont été défrichés au profit de l'agriculture et pour procurer du combustible à l'industrie sidérurgique. À la même époque, il existait parallèlement en Europe et ailleurs des traditions profondément enracinées d'aménagement de forêts et de parcs pour leur protection.

Entre 1500 et 1700, il y eut la « révolution scientifique » ; en 1543, Copernic publia *De revolutionibus Orbium Coelestium Libri* qui mit en question l'une des doctrines de base de la cosmologie médiévale à savoir que le soleil et les autres astres tournaient autour de la terre. Cet ouvrage fut à l'origine d'un processus appelé « révolution scientifique » qui a duré environ deux cents ans. Ce fut une période au cours de laquelle la nature fut considérée comme une machine régie par des lois universelles. Cette révolution scientifique a provoqué un changement d'attitude envers la forêt. Contrairement aux croyances du Moyen Âge, les forêts, comme tous les autres éléments de la nature, pouvaient être étudiées et analysées en fonction de certaines lois naturelles. Par conséquent, l'homme serait en mesure de les gérer pour mieux en tirer profit. Ce qui impliquait que la gestion conservait les forêts pour l'avenir. L'homme avait compris comment fonctionnait la machine forestière.

L'application de ces idées « scientifiques révolutionnaires » relatives à la conservation des forêts a favorisé l'émergence de plantations d'arbres pour des raisons économiques en Angleterre à la fin du XVIe siècle et au début du XVIIe siècle. En France, en 1661, Louis XIV et son ministre des finances, Colbert ont entrepris et institué des révisions d'administration forestière et des lois dans le but de renverser l'amenuisement du couvert forestier causé par la surexploitation. C'est ainsi que l'ordonnance royale prise par Colbert à cette époque gérait la forêt et les ressources naturelles y afférant. Elle donna naissance au droit foncier et au droit de l'environnement de la France, de l'Afrique-Occidentale française et de l'Afrique-Équatoriale française. C'est à partir de cette ordonnance que le premier code français relatif à la gestion des ressources naturelles fut élaboré en 1827.

Ce code forestier a géré les ressources naturelles au Mali jusqu'au décret du 4 juillet 1935 définissant le régime forestier en Afrique-Occidentale française[2]. Ce texte est resté en vigueur en République du Mali jusqu'en 1968 où le premier texte juridique, la loi numéro 68 – 8/ANRM du 17 février 1968, fut élaboré et adopté. Les différents textes relatifs à la gestion des ressources naturelles en vigueur au Mali trouvent donc leur origine dans les lois Colbert du XVIIe siècle. Ce n'est qu'en 1986 qu'un code domanial et foncier abrogé par la loi n° 95 – 003 et 95 – 004 du 18 janvier 1995 vit le jour. Cette loi aussi fut modifiée en 2000.

Le régime foncier, en général, est l'ensemble des textes qui gèrent le foncier. Au Mali, nous avons le Code forestier, le Code de pêche, le Code de chasse, le Code minier, le Code de l'eau, le Code domanial et foncier et le Code des collectivités territoriales. C'est le Code domanial et foncier qui constitue le socle de la législation malienne en matière de gestion des ressources naturelles. Pour une bonne gestion de ces ressources, il faut qu'il y ait une harmonie entre les différents textes. Il existe une certaine harmonie entre le Code de l'eau et celui des domaines et du foncier alors que les autres sont contradictoires avec ce dernier.

Pour appréhender la situation foncière au Mali à l'époque de l'après-indépendance, nous examinerons d'abord dans une première section les législations foncières de l'après-indépendance avant de nous pencher sur les politiques agricoles et foncières du Mali-ON et CMDT dans la section II.

Les législations foncières de l'après-indépendance

Alain Rochegude (1977) a fait une analyse concise des premières législations du Mali indépendant. Après l'indépendance, dans les domaines du droit à la terre, comme d'ailleurs dans la quasi-totalité de la législation malienne, c'étaient les anciennes législations coloniales qui étaient toujours en vigueur dans le nouvel État. Dans cette section, nous aborderons les législations maliennes à partir de l'indépendance jusqu'à 1986, année d'élaboration et de mise en vigueur du Code domanial et foncier, puis les législations de la période allant de 1986 à 1992.

Les législations foncières maliennes de 1960 à 1992

Cette période est essentiellement dominée par les législations coloniales, les ordonnances n° 22 CMLN du 24 mars 1972[3] portant institution des opérations de développement rural, et celle n° 27 CMLN du 31 juillet 1974 portant incorporation au domaine de l'État du Mali des titres fonciers abandonnés pendant dix années consécutives ou acquis depuis dix ans et non mis en valeur, et leurs décrets d'application.

Les textes juridiques de l'indépendance à 1986

En matière domaniale foncière au Mali, de 1960 à 1986, le décret de 1932 sur l'immatriculation, les décrets de 1955 et 1956 sur le domaine et le régime des successions, et la réglementation du permis d'habiter en zone urbaine, demeurent les dispositions essentielles de l'après-indépendance.

Depuis l'accession à l'indépendance de la République du Mali, un certain nombre de textes ont été publiés qui ont trait au droit de la terre, mais qui ne constituent que des accessoires des précédents, c'est-à-dire des textes coloniaux. Les autorités maliennes de l'époque n'ont entrepris aucune réforme générale du système juridique en général, et foncier en particulier, malgré l'évolution économique et sociale et surtout malgré la politique socialiste du régime du nouvel État.

Avant le coup d'État de 1968, il y a eu des textes accessoires, telle la loi n° 61-30 AN-RM de l'année 1961, relative au foncier. Six ans après le coup d'État, ce texte fut abrogé par l'ordonnance n° 27 CMLN du 31 juillet 1974 portant incorporation au domaine de l'État du Mali des titres fonciers abandonnés pendant dix années consécutives ou acquis depuis dix ans et non mis en valeur et son décret d'application n° 143 PG-RM du 14 août 1975 (J.O. RM 1975:174). Avant cette ordonnance, il y en eut une autre dont le numéro est 22 CMLN du 24 mars 1972 portant institution des opérations de développement rural (J.O. RM 1972:107) ; et son décret d'application n° 33 PG-RM du 25 mars 1972 (J.O. RM 1975:107).

L'ordonnance de 1974 retirait au droit de propriété privée cette stabilité qui caractérisait l'institution du Code civil français. Quant à l'ordonnance relative aux opérations de développement rural, elle a suscité une dynamique profonde de mutation du monde paysan par la modernisation des structures mais surtout par l'importance donnée à la monétarisation de l'économie rurale[4]. L'approche économique collective de l'ancien régime, inspirée des coutumes, céda le pas à l'individualisme occidental, qui constitue le produit immédiat de l'idée de rentabilité financière introduite dans les campagnes. L'approche économique de cette ordonnance devait avoir un impact certain, du moins psychologique, sur la population paysanne et peut-être même sur l'organisation foncières des terroirs. Mais quelques années plus tard, il devint évident que les dispositions prises par les autorités maliennes n'avaient de sens que parce qu'elles avaient posé les premiers jalons du processus de la propriété individuelle des terres que le colonisateur avait atténuée par la reconnaissance partielle des droits coutumiers des indigènes. Dans la pratique, à part dans les régions urbaines et les régions aménagées du Delta intérieur, ces textes resteront caducs dans la pensée et la vie de tous les jours du paysan. La remise en cause du droit de propriété pour des critères économiques ne présente d'intérêt que dans le contexte juridique plus général du droit de propriété du Code civil français ou de l'immatriculation (Rochegude 1977:723).

Ces premières réformes de la première décennie du régime socialiste et surtout celles de la deuxième décennie, sous le régime militaire, accordaient le monopole de la propriété de la terre à l'État. C'est l'État qui pouvait accorder des droits plus ou moins analogues à un titre de propriété privée. Ces textes ignorent donc les pratiques locales de gestion foncière : s'ils ne les abolissent pas, ils les sous-estiment. Ainsi, l'État a la prétention de contrôler la gestion de toutes les terres même s'il n'a pas les moyens d'exécuter cette tâche de façon efficace.

Les législations foncières maliennes de 1986 à 1992

La période 1986-1992 est dominée par l'adoption et la mise en application du Code domanial et foncier (CDF) qui a vu le jour en août 1986 en réaction aux textes précédents et en particulier à leur ignorance par la majorité de la population rurale dans ses pratiques de tous les jours. Le législateur a posé la loi n° 86-91/ AN-RM du 1er août 1986 portant code domanial et foncier, non seulement comme une grande charte d'occupation et de gestion des ressources foncières mais aussi comme un outil de développement. Pour ce faire, le Code domanial a reconnu formellement l'existence de droits coutumiers individuels ou collectifs. Mais cette reconnaissance formelle est marquée par une certaine hésitation du législateur, car sur un total de 344 articles, seuls huit articles (de l'article 127 à 134, section VII du titre III), parlent du droit coutumier.

L'État, tout en confirmant à l'article 127 les droits coutumiers à l'alinéa 1, sous réserve que l'État n'ait pas besoin des terres sur lesquelles ils s'exercent, s'empresse de préciser à l'article 132 :

> À compter de l'immatriculation, les droits coutumiers individuels ou collectifs disparaissent pour laisser place au régime juridique de la propriété foncière tel que défini au titre IV [...] Les anciens détenteurs coutumiers voient alors leurs droits transformés en simple droit d'usage sur les terrains et en un droit à indemnité lorsque l'État disposera desdits terrains.

Auparavant, l'article 127 insistait sur le fait que « les terres non immatriculées, détenues en vertu de droits coutumiers exercés collectivement ou individuellement, font partie du domaine privé de l'État ». Comme nous le voyons, l'État donne de la main droite la reconnaissance au droit coutumier, puis la retire avec la main gauche. Par les articles 127, 128, 129, 130, 131, 132, 133 et 134 de la section VII du chapitre I du code domanial et foncier, l'État réintroduit l'immatriculation comme condition d'appropriation réelle et cause de disparition du droit coutumier. Il pose le principe d'intérêt général ou d'utilité publique, qui se trouvait dans les textes coloniaux, comme étant le moyen de disposition par l'État des terrains sur lesquels s'exercent des droits coutumiers ; et il revient également sur la notion de mise en valeur.

Quant à la concession, l'article 130 du CDF précise que :

> Lorsqu'une demande de concession rurale porte sur des terrains grevés de droits coutumiers, les détenteurs de ces droits peuvent en faire abandon ou solliciter la concession à leur profit. L'abandon est constaté par un procès-verbal dressé par l'administration. À défaut d'abandon ou de demande de concession par le détenteur de droits coutumiers, l'État peut disposer librement du terrain moyennant le versement préalable d'une indemnité dont le montant est fixé par accord amiable entre les parties. Faute d'accord, il sera fait appel à la commission instituée à l'article 51 ci-dessus. L'indemnité porte sur les constructions ou aménagements de caractère immobilier et plantations[5].

Le CDF de 1986 fait donc de la domanialité un principe de base que l'on trouvera dans tous les autres textes législatifs et réglementaires maliens : la décentralisation, la gestion des ressources naturelles, la domanialité du domaine forestier et la domanialité des eaux, etc. L'État malien se considère comme le maître et le gérant de toutes les « terres vacantes et sans maître » car, par la définition extensive de son domaine privé, il englobe aussi bien les terres immatriculées en son nom que les non immatriculées. La propriété étatique est ainsi érigée en principe général de droit.

Comme l'affirme l'article 130 du CDF, à la campagne, la concession rurale constitue la seule procédure visant la conversion d'un droit d'usage provisoire en un droit réel de propriété privée. La procédure est la suivante : 1°) la consultation du Conseil du village où se situe le terrain ; 2°) le demandeur s'adresse à l'administration s'il y a accord de principe ; 3°) ensuite il y a une enquête publique pour purger les droits qui pèsent sur la parcelle. Après cette étape, survient une première immatriculation au nom de l'État et enfin, dernière étape, la concession rurale est attribuée au particulier demandeur. Cette concession rurale est accompagnée d'un cahier des charges qui fixe les conditions de la mise en valeur dont le délai est généralement établi à trois ans. Ainsi, après constatation de la mise en valeur de la parcelle, elle peut être immatriculée au nom de l'intéressé.

Parmi les lacunes du code domanial et foncier de 1986, nous avons la maximisation de la propriété d'État au détriment de la grande majorité de la population qu'est la paysannerie ; les activités pastorales sont passées sous silence malgré l'existence du décret 65 PG-RM du 21 mai 1973 portant réglementation des pâturages et points d'eau du Gourma ; les « droits coutumiers » ne sont pas définis et leur reconnaissance est ambiguë lorsqu'il est soutenu péremptoirement à l'article 127 que les droits coutumiers sont confirmés pour autant que l'État n'ait pas besoin des terres sur lesquelles ils s'exercent. Cette disposition peut être exploitée par les personnes qui connaissent et comprennent le droit à travers les articles 129[6], 130 et 133[7], qui organisent la faillite des droits coutumiers sans compter sur leur vitalité ; enfin, les domaines de compétence des différentes juridictions, à savoir la juridiction judiciaire, la juridiction administrative et la juridiction civile peuvent se chevaucher dans la pratique tout comme dans les textes. Ce qui peut entraîner une confusion dans la gestion des conflits liés au foncier.

Le code de 1986, malgré sa relative perfection par rapport aux textes précédents, enferme trop de contradictions. D'ailleurs, son décret d'application n'a vu le jour qu'en 1992, afin qu'il puisse être suivi par les populations. Ainsi, pendant tout le temps qu'il a vécu, de sa naissance en 1986 jusqu'en 1992, il n'était pas appliqué et était d'ailleurs ignoré de la population, sauf dans les grandes villes. Dans les campagnes, c'est le droit coutumier qui était et qui est toujours usité. Face à cette situation, le code a été modifié en 2000 pour donner naissance à l'ordonnance n° 00-027 du 22 mars 2000 portant code domanial et foncier, qui fut d'ailleurs relue et modifiée par la loi n° 02-008/du 12 février 2002.

Les législations foncières maliennes de 1992 à 2008

L'ordonnance n° 00-027 du 22 mars 2000 portant code domanial et foncier

Face aux insuffisances, aux contradictions et à l'insistance du code de 1986 sur les sanctions et les répressions, il a été relu en 2000 : c'est l'ordonnance n° 00-027 du 22 mars 2000 portant code domanial et foncier qui le remplace. Ce texte fait une simple relecture du code domanial et foncier de 1986 et revient avec quasiment le même contenu, qui a été simplement décomposé. La prise en compte de l'intérêt de la grande majorité paysanne y est toujours faible.

Une fois de plus, malgré la confirmation du droit coutumier, il peut faire l'objet d'une enquête publique et contradictoire donnant lieu à la délivrance d'un titre opposable aux tiers qui constate l'existence et l'étendue de ces droits[8]. Dans la pratique, le résultat est l'ambiguïté juridique, qui mène souvent à l'opposé de ce que le législateur prétend atteindre, à savoir une sécurisation des utilisateurs de l'espace rural. Ainsi, dans certains cas, ni les droits coutumiers des villageois, ni les droits attribués à des allochtones par l'État ou à travers un projet, ne sécurisent les exploitants dont les droits ne se trouvent nulle part définis[9].

Malgré la reconnaissance timide des droits coutumiers, ceux-ci ne sont pas inaliénables parce que l'article 46[10] stipule que « néanmoins, il peut être fait abandon de tous droits fonciers coutumiers tant en faveur des collectivités et établissements publics qu'en faveur des demandeurs de concessions ». C'est-à-dire que l'exercice de ce droit ne met pas à l'abri de l'expropriation dont la procédure est évoquée dans l'article 47 à la section II dont l'intitulé est « De la purge des droits coutumiers »[11].

Malgré tout, l'une des forces de ce texte est le fait qu'il a prévu le cadastre aux articles 49 et 50, ce qui manquait dans l'ancien code de 1986, sans pour autant lever les difficultés d'ordre technique. La faiblesse du code révisé de 2000 réside dans le fait que son usage est essentiellement urbain et périurbain, car ici il se traduit par les notions d'immeubles, de meubles, d'immatriculations, en référence au droit écrit étatique, dont les ruraux perçoivent difficilement la commodité et qu'ils considèrent comme une source de tracasseries administratives. Ce code répond plutôt aux besoins urbains que ruraux. Vu ses insuffisances, cette loi a été relue et modifiée pour donner le présent code domanial et foncier, n° 02-008/du 12 février 2002, dont le décret d'application n'a pas encore vu le jour. Ce qu'il faut noter, ce sont les articles sur le droit coutumier, qui n'ont pas été touchés fondamentalement par la relecture du Code.

D'après ce que nous venons de voir, les rapports entre droits coutumiers et droits de l'État ne changent pas fondamentalement d'essence tant que les procédures d'immatriculation donnant vie et voie au droit de propriété échappent aux différents acteurs, et tant que l'expropriation demeure possible sans autre forme de procès pour toutes les terres coutumières (CEDREF-GeD 2000:18).

À l'égard du domaine pastoral, le Code relu prévoit des zones de pâturage, des parcours pastoraux et des points d'eau, mais les organisations et les pratiques foncières actuelles sont passées sous silence. Ces zones connaissent des conflits souvent sanglants ayant pour cause des revendications d'appartenance ou de droits de propriété sur des espaces ; car ici, dans le texte, il y a une certaine confusion entre un droit d'utilisation de l'espace et un droit d'appropriation de cet espace.

Dans la logique de l'État, il n'y a de domaine autre que le sien et celui des collectivités locales décentralisées. Les droits privés des individus, tels qu'ils se présentent dans le monde rural, demeurent pour la plupart précaires et révocables. Dans ces conditions, il est évident que les pratiques coutumières, reconnues partiellement par le Code domanial révisé, ne jouent pas totalement en faveur des paysans. La réalisation des possibilités, telles qu'elles se présentent dans le CDF, est en fait en dehors des prédispositions mentales et sociétales des paysans. Malgré la reconnaissance formelle du droit coutumier et son évolution vers le droit opposable au tiers, d'abord, et vers un droit réel ensuite, les procédures juridiques et administratives devant y conduire sont actuellement beaucoup plus de la compétence du citadin que du paysan, du nomade pasteur ou du pêcheur traditionnel (CEDREF-GeD 2000). La traduction dans les langues nationales du CDF et une politique de sensibilisation et de diffusion aideraient les paysans à mieux saisir les dispositions du Code et à les appliquer.

La loi n° 06-045/du 5 septembre 2006 portant loi d'orientation agricole (LOA)

Récemment, les autorités maliennes se sont engagées dans l'élaboration et la mise en vigueur d'une loi d'orientation agricole (LOA) (qui a d'ailleurs été votée en 2006 par l'Assemblée nationale du Mali) avec un processus de concertation qui a été confié à la responsabilité de la Coordination nationale des organisations paysannes (CNOP) plutôt qu'à l'APCAM. La feuille de route relative à la LOA a été validée pour la mise en route du volet foncier en 2008.

La CNOP constitue une organisation nationale ayant fédéré la plupart des organisations paysannes faîtières (fédératrices) transversales dont l'AOPP et la Plateforme paysanne. Elle résulte aussi d'une incitation sous-régionale plus ancienne à travers le Réseau des organisations paysannes et professionnelles agricoles (ROPPA).

Cette loi devrait consacrer la volonté du Mali de promouvoir une agriculture durable, moderne et compétitive, reposant prioritairement sur les exploitations familiales agricoles reconnues et sécurisées, et sur l'appui à l'émergence d'un secteur agro-industriel structuré, compétitif, et intégré dans l'économie sous-régionale. La loi traite des domaines majeurs du développement, avec les possibles implications pour les organisations paysannes que sont le statut des exploitants et exploitations agricoles, l'organisation de la profession agricole, la formation, le régime foncier, le financement de l'agriculture, la gestion des ressources, etc. ; et bien sûr, elle prévoit aussi le cadre institutionnel de mise en œuvre de cette loi[12].

La LOA consacre la concertation comme un mode de relation privilégié entre l'État et la profession agricole en lui donnant un cadre légal permanent. La LOA, selon Traoré (2008), a le privilège de la cohérence et de la pertinence. Pour la première fois, les acteurs d'un même secteur vont dans une même direction. Les objectifs de la LOA en matière de foncier agricole sont assez clairs : la sécurisation des exploitations et des exploitants ; la promotion des investissements publics et privés ; l'accès équitable aux ressources foncières et la gestion durable des ressources. Pour réaliser ces objectifs, ont été mis en place des mécanismes opérationnels : l'inventaire des us et coutumes, l'élaboration d'une loi foncière agricole, l'institution du cadastre, l'élaboration d'un régime fiscal applicable à la propriété foncière et à l'usufruit, la création d'une commission foncière communale, l'obligation, désormais, d'immatriculer préalablement les terres à l'occasion des aménagements, l'utilisation du bail emphytéotique au niveau de tout aménagement, la simplification de la procédure des titres fonciers et concessions rurales, des baux de longue durée, et la diminution des coûts. Il y a aussi interdiction de toute discrimination dans l'accès aux ressources foncières. Toutefois, des préférences pourront être accordées aux femmes, aux jeunes et aux groupes vulnérables dans l'attribution des parcelles au niveau des zones aménagées sur des fonds publics. Pour rendre opérationnelle la Loi d'orientation agricole, neuf articles ont été consacrés au foncier agricole : les articles 75 à 83. Ces neuf articles se trouvent au chapitre II de la LOA.

Contenu et portée des articles de la LOA relatifs au foncier agricole

Comme l'a parfaitement montré Traoré (2008), afin de rendre opérationnelle la politique agricole insufflée par la LOA, le contenu des articles liés au foncier agricole est assez éclairé pour permettre aux services techniques d'entreprendre des actions cohérentes, harmonieuses. Ces articles s'inscrivent, avec les autres articles de la loi, dans une irréprochable harmonie.

L'article 75, dans le but d'éviter la précarisation des droits que connaissent les milieux ruraux, met en évidence la protection et la garantie des exploitants et des exploitations. Il stipule que la politique foncière a pour objet « la sécurisation des exploitations et exploitants agricoles, la promotion des investissements publics et privés, l'accès équitable aux ressources foncières et la gestion durable desdites ressources ». En effet, après cinquante ans de « période de transition » depuis l'indépendance du pays, à cause des effets positifs ou négatifs de la mondialisation, la sécurisation foncière est devenue incontournable. Elle permet de rassurer les utilisateurs, les créanciers et les familles des exploitants. La transmission des droits exercés sur les terres est un acquis qu'il va falloir transcrire dans les textes. Avec la modernisation de l'agriculture, nous assisterons à l'émergence de niveaux d'exploitation différenciés selon le statut et le niveau de financement. C'est dire que, selon ces différentes catégories, les subventions seront forcément octroyées en fonction de la superficie et des moyens dont disposent les exploitants.

Quant à l'article 76 de la LOA, il aborde la question épineuse des droits coutumiers par une obligation d'inventaire. À cet effet, il stipule que « l'État procède, en collaboration avec les collectivités territoriales et les chambres d'agriculture, à l'inventaire des us et coutumes en matière foncière par région, zone agroécologique ou socioculturelle ». L'inventaire vise la constatation formelle de l'existence et de l'étendue des droits individuels ou collectifs sur les terres. Ainsi, les droits coutumiers sont recensés dans les conditions fixées par les textes en vigueur. Quant à la manière dont on procédera pour l'inventaire, il serait souhaitable qu'il soit effectué à partir des villages, car chaque autorité villageoise est censée connaître la situation réelle des questions foncières de son terroir. Ainsi, du village, l'on pourrait remonter au niveau de la commune où les acteurs feraient une synthèse des référents locaux acceptables pour tous avant d'arriver au niveau de la région, qui englobe l'ensemble des cercles. Ici, les autorités compétentes de la région tamisent les données des différents cercles pour ne choisir que les règles et pratiques susceptibles de soutenir et appuyer les programmes régionaux. Dans cette démarche, l'implication des chambres d'agriculture, de la société civile (associations et ONG) et de l'administration constitue un gage de bonne réussite si l'on considère le rôle joué par les instances et les autres institutions locales dans les différents conflits fonciers.

La validation des droits coutumiers doit être formalisée par une assemblée générale du village, fraction ou quartier. Une fois ces droits validés, il sera possible d'édicter des règlements opposables à tous au niveau de la commune.

Devant l'inexistence d'une politique foncière agricole adéquate, la LOA dans son article 77 stipule que :

> L'État de concert avec la profession agricole, élabore une politique foncière agricole. La politique foncière agricole vise à lutter contre les spéculations en matière de transactions, de tenures foncières et de détentions abusives des espaces. Elle repose sur l'institution du cadastre au niveau de chaque commune afin de préciser toutes les indications relatives aux terres agricoles.

La LOA, instrument de base d'une politique agricole moderne, a cherché à clarifier les rôles des différents acteurs, à savoir les autorités traditionnelles, les maires, les préfets, les ONG, les services techniques, les organismes de développement rural, etc. À travers certaines mesures, elle vise, à long terme, à défaut d'éradiquer le conflit de logiques entre le droit étatique et le droit traditionnel, à l'atténuer à l'extrême, car au Mali, avec la coexistence des deux logiques, les rôles des acteurs dans les interactions foncières sont confus et conflictuels. Ainsi, à la lecture de cet article, l'on se rend compte qu'au Mali, l'élaboration d'une politique foncière agricole adéquate déterminant les rôles des différents acteurs est imminente.

L'article 78 démontre la volonté politique des autorités maliennes car il stipule qu'une loi sur le foncier agricole sera élaborée à compter de la publication de la « Loi d'orientation agricole ». L'article continue en déclarant que l'État définit un régime fiscal applicable à la propriété foncière agricole et à l'usufruit des terres. Cet article vient renforcer l'imminence de l'élaboration d'une politique agricole annoncée dans l'article précédent de la LOA et met en exergue la volonté du législateur malien d'apporter des changements réels dans la gestion du foncier au Mali. Le législateur le montre à travers son projet d'élaboration de « loi sur le foncier agricole » et d'adoption d'un « régime fiscal applicable à la propriété foncière agricole et à l'usufruit des terres ». Cette loi foncière devra régler définitivement les problèmes liés à la planification de l'espace, à l'appropriation par les populations des schémas directeurs, au respect des procédures de lotissement avant toute implantation humaine. Quant au régime fiscal, il est supposé encourager les investissements agricoles et pénaliser les non-mises en valeur.

Pour faciliter les transactions foncières futures, l'article 79 crée :

> Au niveau de chaque commune une commission foncière. Les attributions, la composition et les modalités de fonctionnement des commissions foncières locales et communales sont fixées par décret pris en Conseil des ministres [...] Les parties à un litige foncier agricole sont tenues, préalablement à la saisine des juridictions compétentes, de soumettre l'objet de leur différend à l'arbitrage des Commissions foncières agricoles (Art. 80 de la LOA).

Après connaissance du litige par la commission, un procès-verbal de conciliation est établi et soumis pour homologation auprès du juge compétent à la requête de la diligente.

Désormais, selon l'article 81 de la LOA, les terres devront être aménagées avec le concours soit de l'État, soit de la collectivité territoriale:

Tout aménagement réalisé sous la maîtrise d'ouvrage et avec le concours financier de l'État ou d'une collectivité territoriale est préalablement immatriculé, selon le cas, au nom de l'État ou de la collectivité territoriale concernée. L'État ou la collectivité territoriale en détermine les modalités d'accès et d'exploitation conformément aux lois en vigueur.

Il est conclu un bail emphytéotique lorsque l'aménagement a été réalisé sous la maîtrise d'ouvrage d'une personne morale privée et avec la participation financière de l'État ou de la collectivité.

La durée de bail est fonction de l'importance de la participation de l'État ou de la collectivité territoriale.

Cette disposition met l'accent sur la sécurisation foncière : les collectivités locales, tout comme l'État, ayant pour mission le développement, aucun aménagement ne devrait être réalisé sans qu'il soit d'abord procédé à l'immatriculation (l'acquisition de titre foncier) de la terre intéressée. Pour cela, il faudra passer par la procédure d'enquête foncière selon les dispositions en vigueur relatives à l'immatriculation des terres.

Relativement au bail emphytéotique, la participation du privé aux côtés de l'État ou d'une collectivité permet de mobiliser les ressources du privé et d'établir des modes de cogestion privé-État, l'un pouvant avoir un apport en argent ou en technicité etc. La durée du bail n'ayant pas été précisée par le législateur, il revient à l'État ou à la collectivité, en fonction du niveau de sa participation, d'en fixer la durée. Mais cette durée doit être uniforme pour tous et renouvelable dans la mesure du possible.

Tout comme à l'Office du Niger, touchant les modalités d'exploitation du périmètre aménagé, l'État ou la collectivité territoriale pourra soumettre le demandeur à des conditions strictes de respect du calendrier agricole, imposer le type de culture ou demander le dépôt d'une garantie, lui imposer des obligations d'entretien du réseau hydraulique, ou la mécanisation sur certaines catégories de parcelles bien identifiées, le remboursement des frais d'encadrement technique.

Par ailleurs, la préoccupation du législateur d'alléger les coûts pour permettre l'obtention du titre foncier est perceptible. La LOA stipule dans son article 82 que :

> Dans le cadre de la promotion de l'investissement, de la capitalisation et de l'accroissement de la production agricole, des dispositions sont prises pour alléger les coûts et simplifier les procédures d'établissement des titres fonciers et des concessions rurales et la conclusion de baux de longue durée pour les exploitants agricoles.
>
> L'État prend les dispositions pour faciliter l'obtention des titres fonciers aux exploitants nationaux et la conclusion des baux avec cahier des charges aux exploitants étrangers désirant s'investir dans le développement agricole au Mali.

En effet, depuis l'élaboration du Code domanial et foncier en 1986, l'une des contraintes majeures constatées dans l'acquisition des terrains est le coût des cessions. Les populations les trouvent en général trop coûteux et les opérateurs privés pensent que les coûts élevés constituent un frein à leurs investissements. Selon ceux qui portent cette idée, la terre étant un facteur de production, quand elle est vendue trop cher, les prix de revient du produit agricole montent. Ainsi, ils pensent que l'allégement des procédures et leur simplification constituent des moyens pour éviter dans les affaires la perte de temps, les tracasseries administratives. C'est pourquoi la LOA constitue un outil efficace pour la promotion du développement agricole, à travers l'allégement des procédures d'immatriculation et la clarification de certaines dispositions relatives à la gestion foncière au Mali. Jusqu'en 2005, dans la procédure d'immatriculation, l'on pouvait dénombrer environ quarante-deux étapes à franchir pour créer un titre foncier et la durée pouvait être de trois à cinq ans. À partir de 2005, avec l'opération « Titres fonciers rapides » mise en place par le gouvernement, pour les citoyens maliens, les titres fonciers sont obtenus dans un délai de 3 mois si et seulement si toutes les conditions d'acquisition (comme l'autorisation de lotissement et l'immatriculation du terrain) sont réunies. Mais, selon Traore (2008), la crainte la plus perceptible est le risque de fabrication industrielle des titres fonciers « stockables », « échangeables » devant alimenter un marché foncier réel et favoriser la spéculation foncière et non les investissements sur les terres. Cette crainte est bien justifiée dans la mesure où, sous la dictature, plusieurs notables se sont arrogé de vastes terrains qu'ils ne pouvaient pas mettre en valeur ; quinze à vingt ans plus tard, ils les ont morcelés pour les revendre à des prix relevés de plus de 100 % dans certains cas. Il faudra que, dans le futur, avec la mise en place de la LOA et de ses décrets d'application, le titulaire d'un titre foncier, tout en demeurant propriétaire d'un terrain, se sente assujetti à des obligations réelles dont la non-observation peut entraîner le retrait du titre[13].

Dans le cas d'un étranger, l'État devrait veiller, dans le cahier des charges annexé au bail, à une optimisation dans le rendement et à l'utilisation de moyens techniques et technologiques modernes respectueux de l'écologie. Pour l'étranger, le cahier des charges devrait être incitatif, attrayant et comporter des avantages fiscaux et douaniers pour une période bien déterminée. Par ailleurs, l'obligation de transférer la technologie au profit des nationaux devrait être une exigence. Dans le cahier des charges, des dispositions devraient être prises pour limiter l'utilisation de la main-d'œuvre étrangère au profit de la main-d'œuvre locale. Un quota de production devrait aussi être prélevé, pendant les cinq ou les dix premières années du bail, sur les récoltes, pour assurer l'autosuffisance alimentaire du pays. Ce qui revient à instituer un quota pour l'exportation.

La Loi d'orientation agricole n'oublie pas non plus les groupes marginalisés. Dans son article 83, la loi dit que l'État veille à assurer un accès équitable aux ressources foncières agricoles pour les différentes catégories d'exploitants agricoles et promoteurs d'exploitations agricoles.

> Toutefois, des préférences sont accordées aux femmes, aux jeunes et aux groupes déclarés vulnérables dans l'attribution des parcelles au niveau des zones aménagées sur des fonds publics. Les critères d'attribution des parcelles et de déclaration de vulnérabilité d'un groupe de population sont fixés par voie réglementaire.

La LOA réserve ainsi les principes de la « discrimination positive » aux femmes, aux jeunes et aux groupes vulnérables. Cette décision du législateur malien d'utiliser la discrimination positive s'inscrit dans la politique de réparation du préjudice subi par ces groupes dans les pratiques quotidiennes dans les milieux ruraux. La LOA vise donc à éviter l'exclusion d'un groupe social au profit d'autres. Elle ambitionne d'amener la majorité des Maliens sans exclusion aucune à s'intéresser à l'agriculture pour assurer à long terme l'autosuffisance alimentaire. Avec la cohabitation des exploitants agricoles et des promoteurs agricoles, il sera désormais possible de faire jouer des règles d'équité au sein des projets financés par l'État ou les collectivités territoriales ou parfois conjointement : les fonds publics permettent de mettre en œuvre la règle d'équité. Ainsi, dans ce cadre, nous assisterons à l'avenir à la constitution d'associations ou groupes d'association autour des terres aménagées sur fonds public. Les bénéficiaires des programmes et actions qui ne respectent pas la règle d'équité devront être sanctionnés et connus de la presse et des populations. L'implication de tous les acteurs pourra laisser la place à la libre concurrence, à la bonne qualité des prestations et au respect des stipulations du cahier des charges. Il faudra toutefois noter que ces dispositions, une fois en vigueur, doivent être appliquées effectivement par l'État sans complaisance, et que les critères de résiliation du cahier des charges en cas de non-respect des clauses ne doivent pas non plus être politisés.

Comme nous le voyons, la nouvelle loi d'orientation agricole touche pratiquement à tous les domaines du foncier agricole. Elle est explicite mais difficile à appliquer à court terme – il y a une soixantaine de textes d'application qui doivent d'abord voir le jour avant son application effective.

Les politiques agricoles et foncières du Mali indépendant

Au Soudan français, le monde rural colonial se caractérisait par sa structure dualiste : les concessions coloniales, peu nombreuses mais souvent imposantes, mettant des techniques agricoles modernes au service de cultures d'exportation fondées sur le droit écrit, voisinaient avec les paysanneries indigènes très largement majoritaires en nombre, dont toute l'activité était sous-tendue par les coutumes, pratiquant surtout l'agriculture itinérante et vivrière, ou un élevage dont l'importance numérique était le seul critère d'appréciation. Les diverses tentatives d'encadrement du monde rural, soit techniques avec la création de Sociétés indigènes de prévoyance, soit financières avec le Crédit agricole mutuel, ont échoué à cause de la pesanteur sociologique des coutumes (Rochegude 1977).

Pendant la Seconde Guerre mondiale, le Mali s'était vu attribuer par la métropole le rôle de pourvoyeur des autres colonies en produits vivriers. En 1954, Robert Izaure, président de la Chambre de commerce de Bamako (CCB), cité par Coulibaly, affirmait :

> Pendant les dures années de la dernière conflagration mondiale, le Soudan a montré notamment qu'il pouvait aider ses voisins à subsister pour que ceux-ci puissent s'adonner entièrement à la production des corps gras pour l'économie de guerre. Ce qui s'est accompli à cette époque sans moyen, doit pouvoir l'être encore aujourd'hui par l'éducation des paysans indigènes et la vulgarisation des méthodes modernes (Coulibaly *op. cit.*).

Malheureusement, les espoirs du président de la CCB ne seront pas concrétisés car, au moment de la guerre, c'était sous le travail forcé que l'industrie coloniale fonctionnait. Après l'émancipation et l'éducation des paysans – la vulgarisation des méthodes modernes – les paysans étaient devenus difficiles à manier.

À l'époque, le changement des mentalités et des méthodes de production était malaisé. Et selon Coulibaly, le mythe, pour ce qui est du Mali, avait même déjà été qualifié « d'espoir chimérique » en 1938 par un autre président de Chambre de commerce, celui de Dakar, qui s'élevait contre les tentatives coûteuses de transformer la région nigérienne du Mali en grenier d'abondance.

Toujours selon Coulibaly, la politique agricole du Mali sera toujours traversée par les deux mythes. Chaque régime favorisera l'un ou l'autre suivant ses objectifs propres. Il serait même arrivé qu'un même projet de développement puise la justification de son entreprise dans l'un puis dans l'autre : c'est le cas de l'Office du Niger. Son promoteur Bélime écrivait en 1922 que le coton produit dans cette région devra permettre « l'affranchissement de l'industrie française de l'étranger » puisque la France importait 280 000 tonnes par an. Dix ans après, en 1932 son slogan, touchant l'ON était : « création d'un îlot de prospérité, lutte contre la famine, politique des ventres pleins ».

Après l'indépendance, le régime socialiste de l'US – RDA, avec sa politique foncière de collectivisation, les abus de certains fonctionnaires ou militants du Parti, le détournement des produits des champs collectifs et le manque de motivation de la part de la population rurale pour soutenir l'entreprise, a aussi lamentablement échoué. C'est ce dernier échec qui conduisit au coup d'État de 1968.

L'Office du Niger et la Compagnie malienne pour le développement des textiles

Chéibane Coulibaly (1997), dans sa recherche approfondie sur la politique agricole du Mali de la première décennie de l'après-indépendance, a montré que l'ON a servi de justification à tous les mythes qui ont alimenté les plans de développement rural au Mali : 1°) il a d'abord servi à entretenir le rêve colonial de faire du Soudan le fournisseur privilégié de certaines cultures industrielles de la métropole ; 2°) il a entretenu ensuite le mythe faisant du Mali le « grenier de l'Afrique de l'ouest ». Ce mythe a pris naissance à la période coloniale.

Les réformes et la politique socialiste à l'Office du Niger

La problématique des réformes à l'Office du Niger (1960-1968)

À l'ON en 1960, l'objectif visé était de pouvoir passer de 63 000 t de paddy en 1960 à 87 000 t en 1965. Pour le coton, on escomptait augmenter de façon très appréciable la production : le rendement moyen estimé à 2 t/ha en 1960 devrait être atteint non pas sur 1 500 ha mais sur 15 000 ha ou même 17 000 ha. En plus de ces objectifs principaux, d'autres cultures comme la canne à sucre et le dah devraient être introduites car c'était la diversification que l'on recherchait à l'ON. Mais, parce que le pouvoir socialiste concevait le riz comme une simple culture vivrière, pendant qu'il mettait d'un côté l'accent sur la culture du coton, de l'autre, il procédait à la diminution des superficies allouées à la culture du riz.

Cette politique de l'État est probablement due au fait que la culture du coton constituait la principale source de rentrée de devises. C'était donc pour des raisons financières que l'on mettait l'accent sur la culture de rente pour relancer l'ON. Pour ce faire, le souci essentiel était de diminuer les coûts de production tout en augmentant la production. On pensait à l'époque que l'ON devait pouvoir s'autofinancer rapidement pour pouvoir « participer largement à l'accumulation générale du pays » (Dumont 1962:183).

C'est pour atteindre cet objectif que le planificateur René Dumont va non seulement proposer l'augmentation du surplus réel fourni par les colons – par une autre combinaison des facteurs de production – mais en outre, de nouvelles taxes plus élevées concernant les colons, afin de mobiliser, en faveur de l'État, une part plus importante du surplus réel. La politique de Dumont s'élevait contre la politique coloniale d'extension des superficies aménagées en riz. Son argument essentiel était le coût trop élevé (275 000 FCFA/ha). Les préconisations de Dumont sont :

- de freiner l'extension rizicole et donner la priorité au plein emploi des aménagements existants ;
- d'accorder la priorité au planage vrai des terres à coton. Ces opérations ne coûteraient que 50 000 F/ha grâce à une semi-mécanisation, alors qu'elles permettraient de faire passer les rendements de 600 kg/ha à 2 t/ha de coton graine ;
- de procéder à la « démotorisation » des cultures à l'ON. Il demandait donc à l'ON de « rompre avec les vieux errements » et de liquider progressivement la régie mécanisée dont il disposait, à mesure de l'usure d'un matériel qui ne serait pas renouvelé ;
- de ne reprendre les extensions et la mécanisation qu'après l'intensification dans un cadre coopératif.

Dumont concevait ainsi l'évolution de l'ON en deux étapes :

> Une première phase « d'intensification de la culture industrielle la plus poussée possible », à partir de la généralisation de la culture attelée, du repiquage du riz et de la culture intensive du coton ; une deuxième étape verrait encore le paddy refoulé par la canne à sucre, les fourrages et d'autres cultures encore. Ce serait à ce stade que démarrerait à nouveau la mécanisation sur la base de la coopérative de culture (Coulibaly *op. cit*).

Selon Coulibaly, les autorités maliennes n'auraient pas écouté entièrement les conseils de Dumont, qui prévenait que « créer une coopérative de production avec des cultivateurs illettrés semant du mil sur défriche, ou du riz sur un casier mal aménagé et déjà envahi de mauvaises herbes, serait volontairement risquer un lourd échec, fort difficile à remonter par la suite ». Il y avait donc une différence d'appréciation ou de conception entre le gouvernement socialiste et Dumont. Quelques années plus tard, les inquiétudes de l'expert se révélèrent exactes. L'ensemble du programme de l'expert reposait sur l'augmentation de l'intensité du travail des colons. Selon ce programme, la force de travail était, une fois de plus, conçue comme la principale force productrice et il fallait trouver les moyens de la mobiliser. À côté de cela, Dumont demandait une contribution plus importante des colons, tant sous forme de taxes d'irrigation relevées que d'une participation accrue et peu rémunérée aux travaux d'entretien locaux. Puis, la réduction des avantages consentis, dont l'octroi des maisons à l'arrivée sous forme de location-vente. Pour Coulibaly (op. cit.), cette exigence de Dumont prend sa source dans la vision qu'il a des colons. Une vision qui entrait pour une part essentielle dans les fondements de la politique agricole qu'il proposait pour l'Office.

L'ON et la politique socialiste de l'US – RDA

Pour atteindre les objectifs qu'il s'était fixés à l'indépendance, le pouvoir socialiste demandait beaucoup de sacrifices de la part de la population malienne à majorité paysanne. Les mesures préconisées à l'ON par le gouvernement s'expliquaient d'abord par la place que l'agriculture au Mali en général et l'ON en particulier occupait dans son Plan quinquennal qui s'étendait de 1961 à 1965 ; ensuite par la conception que le pouvoir et les chercheurs de l'époque se faisaient de l'ON et de ses colons.

La première raison était précisée dès le départ car le ministère du Plan, le gouvernement, indiquait qu'un effort très important serait demandé à l'ON : le plan prévoyait qu'environ 40 % de son financement seraient assurés par l'intérieur, donc les paysans et les moyens financiers et matériels que le Mali avait à l'époque. Le financement intérieur était évalué à 30,6 milliards de francs maliens : les bénéfices des entreprises (14 milliards F.M.) ; les recettes fiscales (12,3 milliards), les investissements humains (2,7 milliards), l'épargne privée (1,6 milliard). Ce sont les paysans qui constituaient, à l'image de la République Populaire de Chine le soubassement du décollage économique du Mali. À partir de là, les rapports entre l'État et les paysans devinrent tendus dans la mesure où toutes ces politiques de développement, de la colonisation au régime socialiste, les dépassaient. Selon Coulibaly, c'était demander beaucoup à la paysannerie que d'exiger d'elle une participation de cette importance au financement du plan.

Les objectifs du plan 1961-1965 étaient : 1° de développer la production agricole et animale dans un cadre socialiste pour renforcer l'indépendance alimentaire du pays et augmenter ses exportations ; 2° de jeter les bases d'une économie planifiée et diversifiée par la recherche et la mise en valeur systématique des richesses minières et pétrolières ; 3° de réaliser les investissements d'infrastructure qui permettraient un nouvel essor de la production au cours des plans ultérieurs ; enfin, de développer la conscience nationale, former des cadres et mobiliser les masses populaires.

Ce sont ces objectifs-là qui faisaient que l'État était devenu exigeant par rapport à la participation des paysans. L'un des principaux résultats escomptés était de :

> Faire passer la Production Intérieure Brute (PIB) de 52.4 milliards de francs CFA en 1959 à 84.8 milliards en 1965 et la consommation par tête d'habitant de 12 400 F CFA à 14 200 F CFA. Il faudra, pour atteindre ce résultat, que

la production agricole et animale passe de l'indice 100 (année de référence : 1959) à l'indice 170 (en 1965). Par une augmentation des rendements plus que par une augmentation des superficies, on espère que la production augmentera notablement. Cette politique vaut surtout pour les céréales (Coulibaly *op. cit.*).

Tableau 4 : Comparaison de céréales production 1959 et production escomptée 1965

Production	1959	1965	Indice
Mil – sorgho	800 000 t	1 080 000 t	135
Paddy	188 000 t	322 000 t	175

Source : Coulibaly (1997) : Voir aussi : Plan quinquennal 1961-65

Pour atteindre de tels résultats dans le domaine agricole le Plan reposait sur les espérances de modernisation et d'encadrement de l'agriculture traditionnelle mais aussi sur l'Office du Niger. C'est à ce niveau que nous trouvons la seconde raison de la conception que l'on avait de l'Office et des colons. L'ON constituait la seule entreprise dont le Mali disposait à l'indépendance et était donc considérée comme l'entreprise pilote du pays. À l'ON, l'on espérait atteindre les résultats indiqués dans le tableau.

Tableau 5 : Augmentation escomptée à l'Office du Niger

	Résultat de 1959	Objectif Plan 1961-1966	Pourcentage d'augmentation
Surface aménagée	43 427 ha	70 000 ha	61
Surface cultivée	36 608 ha	63 000 ha	72
Surface rizicole	33 508 t	35 000 ha	4
Collecte du riz	53 811 t	87 000 t	62
Rendement de riz/ha	1,6 t	2,5 t	56
Surface cotonnière	6 600 ha	15 000 ha	127
Collecte du coton	4 300 t	30 000 t	598
Rendement coton/ha	0,7 t	2 t	186

Source : Schreyger Émile (1984:224). Cité par : Coulibaly C. (1997).

Les moyens d'encadrement du régime socialiste utilisés à l'ON

Comme nous l'avons dit, le Plan quinquennal 1961-1965 était un programme agricole très ambitieux qui nécessitait la mobilisation générale des paysans. Le parti à tendance socialiste malien croyait en l'ardeur patriotique et en l'efficacité du travail collectif. C'est pourquoi l'US-RDA s'était investie d'un côté dans l'encadrement des paysans pour leur donner une bonne formation dans les nouvelles méthodes culturales et de l'autre, selon Coulibaly (*op. cit.*), dans la création dans le pays d'une véritable « mystique de la terre ».

Pour atteindre son objectif, le gouvernement socialiste avait donc créé dans l'ensemble du pays des structures d'encadrement très hiérarchisées dans les villages, les arrondissements et la région. Au niveau du village, il y avait le Groupement rural de secours mutuel et de production (GRSMP) ; au niveau de l'arrondissement, la Zone d'expansion rurale (ZER) ; au niveau de la région, la Direction régionale de développement rural (DRDR). Toutes ces structures étaient sous le contrôle du Parti unique.

C'est cette organisation collective obligatoire sur l'étendue du territoire national qui était censée financer l'ambitieux programme quinquennal de l'US-RDA. Selon le plan, « toutes les opérations commerciales de vente des produits agricoles et d'achat des biens de consommation pour l'ensemble de la population rurale, devront se faire par l'intermédiaire de l'organisation coopérative. C'est dans le cadre coopératif, également, qu'interviendra le crédit agricole[14] ». Il faut noter que le GRSMP était le premier stade des coopératives, qui devaient permettre à l'État de contrôler le marché des produits des paysans, le marché des produits dont le paysan a besoin, et même lui fournir du crédit. Les coopératives devaient passer par les sociétés d'État qui avaient officiellement le monopole, pour accéder aux différents produits dont elles avaient besoin. Pour ce faire, la Société du crédit agricole et de l'équipement rural (SCAER) en remplacement de la Caisse centrale du crédit agricole mutuel (CCCAM) pour le marché du matériel agricole et l'Office des produits agricoles du Mali (OPAM) étaient créés respectivement en 1964 et 1965.

Pour le contrôle de la force de travail, l'État avait pris et mis en application plusieurs mesures qui visaient à maintenir les jeunes dans les villages. Pour le maintien des jeunes au village, l'État avait recours à des campagnes de réhabilitation du travail de la terre grâce à la réduction des emplois administratifs. Il avait aussi recours à l'envoi des chômeurs des villes dans les campagnes pour l'agriculture. Afin de couronner le tout, l'État socialiste a entamé une lutte effrénée contre les formes traditionnelles de domination des chefs de famille par la modification, en faveur des jeunes, de la répartition des responsabilités[15]. Pour atteindre ces objectifs, l'État organisait, dans des écoles saisonnières, des stages de formation des cultivateurs pilotes, jeunes et fidèles à la Révolution. À côté de ces mesures de séduction des jeunes, existaient la surveillance et la réglementation des déplacements :

> À partir de 1961, tout voyageur devait présenter une carte d'identité et un laissez-passer pour sortir du pays, tout migrant devait avoir sa carte et devait signaler aux autorités locales son départ et sa destination. Pour limiter les départs, il n'était pas rare que les autorités suspendent provisoirement la délivrance des pièces (Coulibaly *op. cit.*).

La politique de retour à la terre adoptée par le pouvoir s'est d'abord adressée aux chômeurs, puis aux commerçants en 1963, et aux jeunes diplômés sans perspectives de travail à partir de 1966. L'organisation de toute cette main-d'œuvre se faisait soit autour de villages coopératifs, pour les citadins qui retournaient à la terre, soit autour des champs collectifs qui avaient été instaurés dans chaque village (Coulibaly *op. cit.*).

L'ON après le coup d'État (1968-1992)

Bien que le coup d'État qui a mis fin au régime « socialiste » ait eu lieu en 1968, les modifications importantes pour l'ON, en matière de politique agricole, ne furent introduites qu'à partir de 1970. Les militaires arrivés au pouvoir firent de l'Office du Niger une priorité du développement rural car, selon eux, il fallait produire du riz à bas prix pour nourrir les villes. Le Mali importait du riz depuis 1965. Abandonnant les options socialistes (champs collectivisés, coopératives avec des fonctions uniquement économiques et non plus politiques), prenant des mesures pour favoriser la production (abandon du coton, extension des superficies, moyens budgétaires importants), tout en maintenant ou en complétant des mesures autoritaires pour contrôler les paysans et les filières (police économique, obligation de vente, statut du paysan précaire, etc.), le nouveau pouvoir obtiendra des résultats certains.

À l'Office du Niger, à partir de 1970 et jusqu'en 1980, le retour à l'exploitation familiale individuelle a été encouragé par l'État, qui essayait d'orienter l'effort essentiel vers la monoculture du riz en renforçant ses structures de contrôle de la production paysanne. L'ON a accru sa production pendant les terribles années de sécheresse, permettant à des populations venues du Nord de survivre. Un record de production rizicole a été atteint en 1978 avec plus de 100 000 tonnes mais il sera de courte durée et la production va à nouveau chuter. La situation des paysans va se dégrader en même temps que la dégradation de l'aménagement, le faible niveau des prix du riz et l'endettement de l'OPAM (Office des produits agricoles du Mali) vis-à-vis de l'Office du Niger.

À partir de 1981, il y a eu la libéralisation du commerce des céréales sous la double pression des sources extérieures de financement et des paysans eux-mêmes. C'est l'époque de la libéralisation et de la réhabilitation. Au début des années 1980, les aménagements étaient dans un état de dégradation avancée, la situation économique et sociale des paysans était inférieure à la situation d'avant-indépendance (Schreyger 2002). L'aide de la coopération internationale fut orientée vers la réhabilitation des infrastructures et des rizières pour renforcer ou intensifier la production de riz. Ce qui va se traduire par un changement progressif dans les options économiques. La priorité est donc donnée à la consolidation de l'existant pour atteindre les objectifs d'autosuffisance alimentaire. Il y eut un changement progressif dans les options économiques et des mesures économiques et institutionnelles furent prises pour relancer la production. La « police économique » fut abolie en 1984 et les producteurs furent responsabilisés avec la mise en place d'Associations villageoises (AV), le relèvement du prix administré du paddy, la libéralisation du commerce du paddy appliquée en 1986 et la signature du premier contrat plan entre l'État, l'Office du Niger et les exploitants agricoles fin 1995. Et contrairement au cas des autres pays de la sous-région, la dévaluation du Franc CFA en 1994 a amélioré la rentabilité et la compétitivité de la filière rizicole locale du Mali (Mendez Del Villar 1995 ; Mariko 1999). À partir des années 1980, les nouvelles pratiques des exploitations familiales vont permettre à l'ON d'avoir des résultats spectaculaires qui vont améliorer la situation des paysans, car ceux qui obtiennent de meilleurs résultats peuvent investir dans de nouvelles activités pour se moderniser. Ces activités sont généralement en aval de la production et sont essentiellement le battage, le décorticage des grains de riz et la commercialisation. Nous assistons aussi à l'apparition de petites motorisations, de transports, etc. Vers 1988-1989, le Projet Retail a aussi aidé certaines associations villageoises et *Tons* à opérer des achats groupés d'engrais après appel d'offres auprès de fournisseurs privés, et de bœufs de labour auprès de coopératives d'éleveurs d'autres régions. Contrairement aux années de la colonisation et du régime socialiste, une meilleure efficacité hydraulique et une plus grande liberté individuelle familiale se sont traduites par une meilleure efficacité économique.

Mais ce succès de l'ON a entraîné d'autres problèmes qui contribuèrent à ralentir sa dynamique de développement, car on assista à l'accroissement de la population alors même que les espaces aménagés étaient limités. Cette croissance démographique, ajoutée à certaines actions de l'Office comme les évictions, fit que la situation des paysans recommença à se dégrader.

Depuis les années 1930, les différents programmes de développement agricole, à part la période des années 1980 que nous venons de relater (qui n'a d'ailleurs guère duré), n'ont jamais atteint leurs objectifs. Les plans se sont avérés ineffectifs et n'ont pas atteint les objectifs escomptés. Ces dernières années, de nouvelles politiques de développement de la culture du riz sont en voie d'exécution et n'en sont pas encore au stade de l'évaluation.

À l'Office du Niger, depuis 1996[16], c'est un décret de gérance et son arrêté d'application qui régissent la gestion des terres et de l'eau d'irrigation. Selon le décret, l'Office du Niger exécute pour le compte de l'État les entretiens du réseau primaire à partir d'une dotation annuelle du Budget national ; et pour son propre compte, les entretiens du réseau secondaire, sur le Fonds des redevances payées par les exploitants. L'ON veille à ce que les exploitants réalisent l'entretien des réseaux tertiaires et peut, en cas de défaillance de ceux-ci, leur affecter les coûts correspondants. En matière de gestion de l'eau, c'est une réelle décentralisation qui a été décidée, en déléguant techniquement et financièrement la gestion de l'entretien aux Comités paritaires.

C'est l'Office du Niger qui exerce, sur les terres qui lui sont affectées par le décret de gérance, les prestations de gestion des terres, soit par contrat individuel (exploitations agricoles familiales), soit par baux (emphytéotique ou ordinaire)[17].

Si cependant ces actes relèvent de l'Office, des procédures de gestion paritaire ont été mises en place, dans le décret de 1996, relativement aux Exploitations agricoles familiales (EAF) pour la gestion des terres et de l'eau. Au niveau de chaque zone d'encadrement de l'ON, un Comité paritaire de gestion des terres (CPGT) et un Comité paritaire de gestion des fonds d'entretien du réseau hydraulique secondaire (CPGFE) ont été mis sur pied. Par ailleurs, il est aussi institué, au niveau de chaque partiteur, un Comité paritaire d'entretien du réseau hydraulique tertiaire (CPE)[18].

L'arrêté d'application du décret de gérance détermine aussi les modalités d'attribution des parcelles aux familles, qui sont assimilées à des exploitations agricoles. Selon l'arrêté, la surface à attribuer à un candidat est une « moyenne pondérée » de trois surfaces ; la surface en hectares correspondant à la population totale de la famille divisée par 3, la surface correspondant au nombre d'actifs multiplié par 1 hectare et la surface correspondant au nombre d'attelage de traction animale multiplié par 3 hectares.

Les critères d'attribution des terres

Selon les textes de l'ON, la distribution des parcelles se fait à la fin des travaux de réhabilitation ou d'aménagement clé en main, selon les normes établies par le décret de gérance qui en constitue la référence. Un quota de la superficie disponible est réservé aux habitants des villages où se trouvent les nouveaux aménagements pour les réallocations de superficie et les nouvelles installations. Le reste est attribué aux non-résidents. Le critère principal d'attribution des parcelles est la capacité du demandeur à mettre en valeur la superficie demandée. Pour cela, les paramètres suivants sont examinés : la population totale, le nombre de travailleurs-hommes, le nombre de travailleurs-femmes et l'attelage = 1 paire de bœufs de labour + 1 charrue + 1 herse. Dans la limite des terres disponibles, les attributions sont faites en affectant à chaque paramètre une superficie :

Tableau 6 : Paramètres et superficie correspondante

Paramètres	Superficie correspondante
Population totale	1 ha pour 3 bouches à nourrir
Travailleur-homme	1 ha pour un travailleur-homme
Travailleur-Femme	1 ha pour un travailleur-Femme
Attelage	3 ha par attelage

Ces paramètres, dont la réalité est vérifiée par le CPGT, sont donnés par le carnet de famille du postulant et le recensement de l'équipement effectué par le Service suivi-évaluation de l'Office du Niger. Un calcul pondéré permet de définir le nombre d'hectares à attribuer à chaque famille. Le tableau suivant présente un exemple de calcul que l'Office du Niger a bien voulu mettre à notre disposition.

Tableau 7 : Exemple de calcul de la superficie à attribuer – Cas d'une famille avec des paramètres donnés

Pour une famille caractérisée : comme suit :

Paramètre	Quantité
Population totale	12
Travailleur-Homme (de 15 à 55 ans)	3
Travailleur-Femme (de 15 à 55 ans)	4
Attelage	1

Le calcul pondéré donne pour cette famille :

Paramètre	Calcul	Superficie
Population totale	12/3*1 ha	4 ha
Travailleur-Homme	3*1 ha	3 ha
Travailleur-Femme	4*1 ha	4 ha
Attelage	1*3 ha	3 ha
Cumul		14 ha
Moyenne à attribuer	14/4	3.5 ha

Source : Office du Niger (2008).

Ce calcul est effectué pour chacune des familles postulantes. Le Comité paritaire de gestion des terres, après analyse des résultats, formule des propositions d'installation au président-directeur-général qui les entérine par décision. Les familles retenues bénéficient la première année d'installation d'un Contrat annuel d'exploitation (CEA). Ce document est délivré par le Service conseil rural de la zone et signé par le directeur de zone.

Les familles qui respectent toutes les obligations contractuelles définies dans le cadre du CEA bénéficient la seconde année d'un Permis d'exploitation agricole (PEA) qui leur donne un droit de jouissance à durée indéterminée sur la parcelle attribuée. Ce document est établi par le cadastre. Les familles attributaires qui désirent s'installer dans un village ou une agglomération situés dans le domaine géré par l'Office du Niger bénéficient, en plus du CEA, d'un bail d'habitation dans la limite des disponibilités de terres[19].

Plus de dix ans après l'application du décret, les critères d'attribution sont devenus inapplicables et restent essentiellement théoriques à cause de la croissance démographique et de la pression foncière, sur fond de faiblesse énorme du rythme d'aménagement de nouvelles superficies qui n'est que de moins de 1 500 ha/an. La pratique actuelle, surtout avec les périmètres nouveaux d'extension comme celui de Bewani, aménagés grâce à la participation physique de plusieurs centaines, voire de quelques milliers de candidats, du fait des superficies très faibles attribuées par exploitation, est un compromis entre les besoins de subsistance et la capacité de travail, avec une prise en compte légère de l'équipement disponible pour l'exploitant.

Comme l'a parfaitement résumé Coulibaly :

> Au-delà de la polémique à propos de différents choix de politique agricole, il importe de retenir que le Mali a été et demeure un pays de polyculture non seulement dans l'ensemble des terres cultivables mais pratiquement dans chaque région agricole. Ce fait le distingue fondamentalement de son voisin, le Sénégal,

> dont certaines régions [le Walo par exemple] ont été dévastées par la monoculture de l'arachide notamment. Il faut ajouter que les vicissitudes des choix officiels, qui ne tiennent pas compte des besoins des producteurs, prennent en partie naissance dans cette polyculture qui a toujours permis aux paysans de résister aux ravages d'un libéralisme économique, « sauvage » à plus d'un titre (Coulibaly *op. cit.*).

Nous sommes d'accord ici avec Coulibaly mais il faut ajouter aussi que le libéralisme économique peut exister, même dans un système de polyculture, sans pour autant faire de ravages au sein de la paysannerie. Tout dépend de l'application des politiques agricoles de l'État, mais aussi et surtout de l'éducation des paysans, de leur compréhension des nouvelles techniques de production agricole – en un mot, de leur réceptivité. La culture de rente n'est qu'une forme moderne de l'esclavage, bien qu'elle permette à nos États d'avoir des devises. L'État, en mettant en place ses programmes de développement agricole, doit mettre l'accent sur la formation à tous les niveaux de la paysannerie (l'entretien des machines, les intrants, la gestion rationnelle des bénéfices etc.) et encourager les paysans à ne pas se limiter à la seule culture de rente.

Le Schéma directeur de l'Office du Niger

L'étude du schéma directeur de développement de l'Office du Niger propose, sur la base des contraintes et dynamiques actuelles de développement des exploitants attributaires de terre, des approches de scénarios de croissance de ces exploitations familiales ainsi que d'installation de grands privés en irrigation dans la zone ON. Compte tenu de l'importance des superficies aménageables disponibles (environ 150 000 ha), et de l'insuffisance des ressources de l'État pour leur mise en valeur, le développement de l'irrigation envisagé repose sur des formules différenciées d'accès à la terre, sur crédit bancaire et avec apport personnel des promoteurs, pour les exploitations agricoles familiales dynamiques (petites, moyennes et grandes) et pour l'installation de grands privés.

La volonté politique de l'État de promouvoir des aménagements hydro agricoles avec des promoteurs privés de grandes entreprises agricoles se concrétise aujourd'hui avec l'accord de financement du Programme national d'infrastructures rurales (PNIR) par la Banque mondiale. Le PNIR (chap. 3.7) prévoit un test d'installation de « grands privés » sur 457 ha d'extensions à aménager sur le périmètre de Koumouna, en zone ON. L'opération test, qui doit permettre de vérifier la capacité du secteur privé d'investir dans l'aménagement de l'irrigation, consiste à faire construire par le projet l'infrastructure primaire, les promoteurs privés sélectionnés assurant le financement des ouvrages et réseaux secondaires et tertiaires ainsi que le nivellement des parcelles (Tall, Traoré, Gnoumou et Bloch 2002).

Un projet d'arrêté du ministère du Développement Rural (MDR), portant fixation de la procédure d'attribution de bail avec promesse de vente et des conditions d'installation des entrepreneurs privés à l'Office du Niger, en est déjà à un stade avancé d'instruction. Ce projet prévoit un délai contractuel de trois ans, renouvelable une fois, pour la mise en valeur : la redevance étant due sur la partie aménagée au fur et à mesure des travaux. Le constat de réalisation conforme et dans les délais, ouvre droit à la cession de la parcelle. Le titre foncier qui peut alors être établi est cependant astreint aux clauses d'usage du Décret de gérance des terres affectées à l'Office du Niger. Le cahier des charges annexé au projet d'arrêté précise les normes d'aménagement, les clauses de gestion (entretien, maintenance, exploitation et mise en valeur, gestion de l'eau). Il est important de mentionner le droit de préemption conféré à l'Office du Niger dans le cas où le fermier (preneur) a l'intention de vendre tout ou partie de son titre foncier à un acquéreur qui ne répond pas aux exigences des critères fixés pour accéder à la qualité de fermier à l'Office du Niger. L'article 25 du cahier de charges prévoit, quant à lui, la sanction d'éviction du fermier défaillant dans les tâches contractuelles d'entretien. L'article 26 limite les possibilités d'expropriation du fermier à la cause d'utilité publique, toute expropriation devant faire l'objet d'une juste et préalable indemnisation (Tall, Traoré, Gnoumou et Bloch *op. cit.*).

Les options de développement pour l'extension des aménagements de l'ON

Dans la zone de l'ON, Bélières et ses coauteurs ont aussi fait une analyse détaillée du processus de développement et de privatisation. Ici, comme dans la zone CMDT, les options de développement pour l'extension du domaine aménagé auront des répercussions sur les conditions de vie et de production et sur l'organisation des producteurs : d'un côté, le modèle de production actuel basé sur des exploitations agricoles familiales, avec un recours à la traction animale et des difficultés pour se moderniser ; de l'autre, un secteur agro-industriel encore virtuel avec des entreprises agricoles modernes censées dégager une forte productivité et d'importants surplus commercialisables. Les tentatives des pouvoirs publics pour attirer des investisseurs privés sont nombreuses, même si, pour le moment, elles ne semblent pas se concrétiser facilement et ce sont essentiellement les agriculteurs familiaux qui bénéficient des nouveaux aménagements. Le risque à terme est une compétition et des conflits entre ces types d'acteurs pour l'espace-ressource.

Malgré la libéralisation dans la zone ON, il y a plus de dix ans, des problèmes nombreux – que nous avons déjà ébauchés dans les sections précédentes – se posent relativement aux facteurs suivants : 1°) La question de l'organisation de l'approvisionnement en intrants c'est-à-dire en engrais[20] ; 2°) La gestion foncière et la gestion de l'eau sous la responsabilité de l'Office du Niger avec les instances de concertation que sont les comités paritaires mais où les producteurs participent sans représentation structurée efficace[21] ; 3°) Le maintien de l'intensification agricole avec depuis quelques années une dégradation des conditions de production : inondations les années de fortes pluies, viroses, dysfonctionnement du marché des intrants en quantité et en qualité, difficultés d'accès aux crédits de court terme et d'équipement, disponibilité foncière insuffisante, forte pression foncière avec un marché de la terre « illégal », etc.

À l'ON, où la libéralisation a commencé depuis plus d'une décennie, les enjeux essentiels pour les organisations paysannes portent sur les défaillances des marchés – incomplétude du marché de crédit d'intrants et des produits, absence d'un marché formel du foncier – et la gestion de l'eau et des infrastructures. Les dynamiques en cours dans la zone cotonnière devraient se prolonger dans la zone ON à travers la mise en place de coopératives, de fédération de coopératives, de structuration de la représentation, de responsabilisation croissante des producteurs dans la gestion de l'eau, du foncier et de la maintenance des réseaux.

Les velléités de création d'une interprofession de la filière riz au Mali existent (sans que le rôle de cette interprofession soit précisément défini) notamment dans le cadre de projets d'appui à la mise en place de systèmes d'information financés par l'Union européenne et la Coopération française. Mais, les organisations de producteurs de la zone ON, qui participent à diverses réunions le plus souvent inter-acteurs, ne semblent pas motivées à cette perspective. Les enjeux de la période pour les organisations paysannes portent sur le choix d'un modèle de coordination pour les principales filières de production agricole du Mali. Ce modèle serait soit mono-institutionnel et donc systématiquement de type coopératif – ce qui revient à dire que ce sont les actions collectives économiques et les leaders de cette action qui assurent l'essentiel des fonctions de représentation – soit pluri-institutionnel, avec des fonctions de représentation, telles que définies ci-dessous, exercées par diverses organisations (de type syndicat, chambre d'agriculture, centre de prestation de service et organisations à fonction économique), avec une reconnaissance par les pouvoirs publics et une structuration par les intéressés de la fonction de défense des intérêts des producteurs agricoles. Cette fonction pourrait être exercée par un syndicat professionnel, indépendamment ou non d'actions collectives de nature économique. Les fonctions de représentation n'ont pas un lien direct avec la production mais influencent les conditions de la production et notamment la répartition de la valeur ajoutée. Ces fonctions sont :

1. L'élaboration et le suivi des politiques publiques agricoles (de l'État et d'autres) ;
2. La négociation de la répartition de la valeur ajoutée dans une filière ou un segment de filière ;
3. La promotion et défense des produits des filières concertées avec les autres agents ;
4. Le renforcement des capacités des producteurs en tant que ressources humaines (informations, formation professionnelle) ;
5. La collecte, le traitement et l'usage de l'information stratégique (Tall, Traoré, Gnoumou et Bloch *op. cit.*).

À travers les travaux de Bélières (2005), nous constatons qu'après plus d'un siècle d'agression relativement non violente, de conflits de cultures et de logiques, de résistances de la part des coutumes paysannes, et après les changements remarquables et constants depuis un peu plus de vingt ans, sous l'impulsion de la Banque mondiale et de la mondialisation, le monde paysan du Mali continue son bonhomme de chemin vers la privatisation et la propriété individuelle, à travers les coopératives et organisations privées paysannes. Mais c'est à cause des limites de l'unique marché agricole, détectées par le biais des mesures d'ajustement et de libéralisation précédentes, qui ne furent pas très efficaces à la campagne, que la formation d'organisations paysannes et le désengagement de l'État dans la gestion des filières de production agricole se sont montrés comme les voies les plus sûres pour l'avenir de la paysannerie, si et seulement si l'esprit et la culture de la démocratie se renforçaient.

Durant les décennies d'ajustement, le processus d'organisation des producteurs n'a pas abouti et pour combler le retard, il y a aujourd'hui une tentative de passer en accéléré à l'étape suivante avec la fédération des OP. Cependant, à la faveur du mouvement démocratique, les responsables d'organisations professionnelles paysannes (syndicats notamment) ont été impliqués dans l'élaboration et la mise en œuvre des politiques publiques de développement[22].

La Compagnie malienne pour le développement des textiles (CMDT) ou filière cotonnière dans les politiques agricoles du Mali

Au Mali, depuis 1998, la filière du coton traverse une crise profonde. Pour juguler la crise, le Mali a mené plusieurs études et a organisé des États généraux. Des mesures importantes ont été proposées et sont récapitulées dans la Lettre de politique de développement du secteur coton (LPDSC). Le plan d'action de la LPDSC (2003) comprend des mesures pour le court et le moyen terme, et prévoit en outre la conduite d'études préalables à la mise en œuvre de la plupart des mesures retenues. Avant de parler du plan d'action de la réforme, nous parlerons de l'évolution institutionnelle de la CMDT et des différentes crises qui l'ont secouée.

L'évolution institutionnelle du secteur coton

Dans l'histoire de la CMDT, nous pouvons retenir cinq grandes périodes :

- **la première période, coloniale, entre 1919 et 1960.** Comme nous l'avons vu dans les chapitres précédents, cette période est marquée par le début de la production industrielle, avec la création de la ferme cotonnière de Baraouéli en 1912 pour des tests de techniques culturales, puis la mise en place des unités d'égrenage à Koutiala, San, Sikasso, Kadiolo, Bougouni et Ségou en 1936 et la création à Sikasso du premier secteur CFDT en 1951, deux ans après la création de ce dernier.

- **la deuxième période va de 1960 à 1974.** Entre 1960 et 1964, le jeune État indépendant produisait variablement entre 5 895 (1961-1962) et 15 763 tonnes (1963-1964). En 1964, le gouvernement signe une convention pour dix ans avec la CFDT pour la promotion de la filière. La promotion atteindra 67 510 tonnes en 1971-1972 avec un rendement de 873 kg/ha. Le prix producteur était 17 francs maliens par kg. De 1970 à 1972, le prix par kg passera à 22,50 francs maliens ; de 1972 à 1974 le prix sera de 25 francs malien.
- **la troisième période va de 1975 à 1991**. La Compagnie malienne pour le développement des textiles (CMDT), société mixte avec un capital mixte de 200 millions de francs malien (dont 60 % appartiennent à l'État malien et 40 % à l'État français à travers la CFDT) est créée le 5 février 1975. Après sa création, le modèle Association villageoise (AV) est vulgarisé dans toute la zone d'intervention de la société. La production passe de 60 000 tonnes en 1974-1975 à 264 142 tonnes en 1990-1991 avec des rendements respectifs de 883 et 1 328 kg à l'hectare et un prix au producteur de 37,50 francs à 85 francs le kg. La filière enregistrera cependant deux crises : une en 1981-1982 et la deuxième en 1990-1991.
- **la quatrième période va de 1991 à 1998.** Suite à l'amorce du processus démocratique, les producteurs ont créé un syndicat de producteurs et exigent la revalorisation du coton. Une promotion de 500 000 tonnes sera obtenue en 1997-1998 et des ristournes de 8 à 40 francs CFA seront versées tous les ans sur des prix, aux producteurs de 125 à 145 francs CFA le kg. La troisième crise survient en 1998-1999 et sera prolongée et accentuée jusqu'en 2000 à cause du prix au producteur de 150 francs CFA le kg y compris la ristourne.
- **la cinquième période va de 2000 à nos jours.** Cette dernière période est caractérisée par la réforme du secteur coton suite au boycott de la culture de coton et à la tenue des États généraux du secteur coton.

Les crises de la filière coton

Depuis la création de la CMDT en 1975, la filière coton a connu quatre crises.

La crise de 1981-1982

L'origine de cette crise est la mauvaise conduite de collecte, pesée et classement du coton par les équipes d'achat constituées par les agents de la CMDT ainsi que de travailleurs saisonniers. Suite à cette situation, les Associations villageoises (AV) ont dénoncé les mauvaises pratiques de ces agents et ont refusé de vendre leur coton. Après des enquêtes, le département de tutelle a demandé à la CMDT d'intensifier l'alphabétisation et de confier les activités de collecte et de classement du coton aux associations.

La crise de 1990-1991

Cette deuxième crise est consécutive à la récupération intégrale par la CMDT, au niveau des associations villageoises, de tous les crédits de campagne, alors qu'existaient des stocks d'intrants et qu'il semblait en outre difficile de répartir les fonds reçus dans plusieurs AV. Les associations villageoises ont porté plainte auprès du président de la Chambre d'agriculture de Koutiala. Après consultation, la CMDT a remboursé les frais des intrants non consommés aux AV.

Le 6 mai 1991, les producteurs des six secteurs de la région de Koutiala ont passé en revue à Cinsina les problèmes de la filière et ont demandé au gouvernement la réduction du prix des intrants, la revalorisation du prix du coton-graine, la priorité aux producteurs de coton dans la récupération de l'aliment bétail. Face à l'absence de réponse du gouvernement, les producteurs se réunissent le 17 mai 1991 à Cinsina pour rédiger un mémorandum assorti d'une menace de grève si une suite favorable n'était pas réservée à leurs revendications avant la fin du mois de mai.

Les autorités les rencontrent deux jours plus tard, ils ont convenu de céder 50 pour cent de l'aliment produit par l'usine d'huile de coton HUICOMA (Huilerie cotonnière du Mali) aux exploitants, de faire transporter ce quota par les camions de la CMDT jusqu'au niveau des AV, de majorer de 10 FCFA le prix du coton. Cette fois-ci, il n'y aura pas de grève, mais la CMDT connaîtra des difficultés financières à cause de la baisse du cours du coton sur le marché international. Ce qui obligera les autorités maliennes à transformer les 10 FCFA retenus au titre de la majoration en ristourne des bénéfices de la dernière campagne.

Les paysans, au lieu de percevoir 105 FCFA/kg, auront 95 FCFA dont 85 FCFA pour le prix d'achat et 10 FCFA au titre des ristournes de 1990-1991. La coordination des producteurs a déploré cette situation pour laquelle elle n'a pas été consultée et a dénoncé le contrat-plan. C'est ainsi que la coordination a décidé de mettre en place un syndicat bien structuré pour défendre désormais les intérêts des producteurs : la SYCOV (Syndicat des producteurs de coton et vivriers) naquit donc suite à une rencontre du 27 au 29 septembre 1992 à Cinsina. Cette rencontre a insisté sur l'urgence d'un transfert progressif des compétences au monde rural particulièrement pour la gestion du crédit, l'approvisionnement et la gestion des moyens de production, la collecte et l'évacuation du coton jusqu'aux usines.

La crise de 1998-1999/2000

La troisième crise va de 1998 à 2000. En 1999-2000, le prix du kg de coton de 1er choix a été fixé à 150 FCFA dont 5 F au titre de la ristourne contre 185 F dont 40 F de ristourne en 1998-1999 au moment de la commercialisation, alors que les producteurs avaient été sensibilisés en début de campagne au fait qu'il n'y aurait pas de baisse de prix du coton. Les AV n'ont pas pu répartir les sommes perçues entre leurs membres suite au remboursement intégral des crédits.

Face à cette situation, la direction du Syndicat des paysans a décidé du boycott de la culture de coton en 2000-2001. Ainsi, près de 60 pour cent des exploitants agricoles ont préféré faire des céréales. La production du coton a alors chuté de 442 415 tonnes à 218 000 tonnes. Ce qui a eu des conséquences économiques sévères au niveau de l'État et des zones de production. Après plusieurs concertations, il a été décidé de procéder à la restructuration du secteur coton. Les différentes structures de transformation et de commercialisation de la filière coton au Mali sont :

- Les Huileries cotonnières du Mali (HUICOMA), une société anonyme d'économie mixte active dans la trituration de graines de coton. Ces graines sont à triturer et ne doivent pas être rétrocédées : de la campagne 1998-1999 à la campagne 2000-2001, l'HUICOMA a reçu de la CMDT respectivement 270 784 tonnes ; 234 856 tonnes ; et 89 663 tonnes de graines de coton à triturer.
- La Compagnie malienne des textiles (COMATEX) a pour objet la production, la commercialisation, l'exportation et l'importation des produits textiles, tels les fils, les tissus d'ameublement, les tissus à usage industriel, ainsi que l'importation et l'exportation de fil et toiles écrus[23].
- L'Industrie textile du Mali (ITEMA) qui est devenue BATEXI produit et commercialise des fils de coton, des tissus écrus et des tissus imprimés.
- La Compagnie parisienne de coton (COPACO) est le principal partenaire commercial pour la vente du coton-fibre sur le marché international. La COPACO est une filiale de la CFDT qui a conclu une convention d'assistance pour la commercialisation du coton-fibre avec la CMDT. En vertu de cette convention, la COPACO doit notamment négocier les contrats de vente du coton-fibre dans les meilleures conditions et contribuer à l'élaboration et à la mise en œuvre de la politique commerciale de la CMDT. Cependant, outre la compagnie française, quelques négociants nationaux et internationaux privés interviennent dans la commercialisation.

Au niveau du transport du coton, ce sont la CMDT et les privés qui interviennent. La CMDT procède à une péréquation des charges de transports entre les champs les plus proches et les champs les plus éloignés des unités d'égrenage. Durant la campagne 1999-2000, la participation des camionneurs privés serait établie à 14,6 pour cent du tonnage de coton graine transporté contre 12,8 pour cent en 1998-1999. Le tarif concédé par la CMDT est de 65 FCFA la tonne par kilomètre. Ce qui expliquerait peut-être le faible taux de participation des transporteurs privés. Durant la commercialisation, le transport du coton-graine est assuré simultanément avec celui des intrants, de la fibre, des graines et autres produits.

Le transport de la fibre des usines de la zone Sud est effectué par les transporteurs privés en direction du port d'Abidjan. Il faut toutefois souligner que les autorités compétentes ont déjà décidé du retrait progressif de la CMDT de l'activité transport. Si elle continue à assurer l'essentiel du transport du coton-graine des champs aux usines, c'est seulement en attendant de pouvoir établir des rapports de confiance garantissant l'approvisionnement correct des usines durant la campagne d'égrenage.

– *La quatrième crise est le corollaire des crises précédentes et de la situation de la vente du coton dans le monde*

À partir de la crise 1999-2000 et du boycott de la culture de coton par les exploitants, le marché mondial du coton est resté fortement perturbé par les politiques de subvention des pays riches (USA, Union européenne), la surévaluation du dollar, de l'euro et des coûts de transport. La question du coton a cristallisé les oppositions entre pays riches et pays pauvres et provoqué l'échec de la conférence de l'OMC. à Cancun en 2003. Dans cette situation, la révision du mécanisme et fixation du prix, inévitable, a été imposée par la Banque mondiale pour des raisons budgétaires (déficit du budget de l'État) sans considération pour l'impact qu'elle pourrait avoir sur l'activité économique. Ainsi, pour une meilleure effectivité de la filière coton, le gouvernement a programmé, sous la pression des bailleurs de fonds, son démantèlement, longtemps différé mais qui devrait être achevé en 2008.

– La problématique de la privatisation de la CMDT : plan d'action de la réforme

Comme nous venons de le voir à travers les différentes crises traversées par la filière coton, et comme l'a exposé Bélières (op. cit.), la CMDT a été confrontée à des difficultés importantes vers la fin des années 1990 et le début des années 2000. Des difficultés qui sont dues à la dégradation des cours mondiaux combinée aux erreurs de gestion de la société cotonnière. Ces facteurs ont provoqué une crise financière avec une baisse des prix du coton qui a donné naissance à son tour à un mouvement de boycott de la campagne de semis du coton par les producteurs en 2000. La chute drastique de la production a contribué à aggraver la crise financière de la CMDT qui continue toujours.

C'est ainsi que pour faire face à la crise, l'État s'est engagé avec une « Lettre de politique de développement de la filière coton » adoptée en juin 2001, qui rentre dans le cadre des réformes visant le désengagement de l'État de la filière pour sa privatisation. Les échéances de cette privatisation devaient reprendre en 2008. Pour la privatisation, l'État a la volonté d'aider à l'organisation des producteurs de manière à les faire entrer dans le capital social de la CMDT, puis des sociétés privées d'égrenage ; et, aussi et surtout, de leur transférer certaines fonctions comme l'approvisionnement en intrants, la vulgarisation et le conseil agricole, etc. Pour ce faire, la CMDT a déjà commencé à se retirer de certaines fonctions comme l'approvisionnement en intrants céréales, comme dit plus haut, transféré aux syndicats, le transport, l'entretien des pistes rurales, le traitement des graines – huile et tourteaux – et le développement agricole.

D'un autre côté, pour permettre aux coopératives d'être des entreprises privées, l'État a réformé leur statut légal en 2001 dans le cadre préconisé par l'Organisation internationale du travail (OIT)[24]. Le PASE (Programme d'appui au système d'exploitation en zone cotonnière), entamé en 2004 sur financement AFD, s'est engagé dans un appui systématique à la transformation des AV de la zone cotonnière en Coopératives de producteurs de coton (CPC) avec, en perspective proche, la création d'unions de coopératives capables de constituer la ou les faîtières, interlocuteurs indiscutés des relations interprofessionnelles, appelées à régler le fonctionnement de la filière après la privatisation de la CMDT. Ces transformations au pas de course, bien qu'elles aient été accompagnées par un processus autonome de réflexion stratégique mené par les producteurs, posent de nombreuses questions, malheureusement peu ou pas étudiées, encore moins partagées, qui intéressent à la fois les implications du changement de statut, le rôle de ces nouvelles coopératives « coton » vis-à-vis de la diversité des activités productives des paysans, les modes et processus d'organisation des faîtières, les fonctions et missions de ces faîtières, etc. Ainsi, la transformation des AV en coopératives « coton » devrait se traduire par des changements significatifs du mode d'adhésion et des responsabilités. Dans les AV, c'étaient toutes les exploitations agricoles du village qui « adhéraient » mais aussi toute l'exploitation agricole à travers le chef de grande famille sans pour autant que les modalités de cette adhésion et les devoirs de chacun soient très clairement définis. Par contre, dans la coopérative, l'adhésion est nominative, individuelle, avec acquisition de parts sociales. Or, on constate sur le terrain que l'adhésion des chefs d'exploitation s'accompagne de celles de chefs de ménages et d'autres dépendants sans distinction visible des engagements. Par ailleurs, les activités dévolues aux CPC n'ont pas véritablement fait l'objet d'un débat clair sur la limitation aux activités « coton » souhaitée initialement par les promoteurs de la réforme alors que certains producteurs souhaitent au contraire pouvoir intervenir en faveur de leurs autres activités productives, notamment les céréales d'autosubsistance, mais aussi le maraîchage de contre-saison ou l'élevage.

Selon Bélières (*op. cit.*), la mise en place des faîtières est un chantier qui est à peine engagé. Les missions que les pouvoirs publics souhaitent transférer aux faîtières sont nombreuses et très ambitieuses : participation au capital social des sociétés, approvisionnement en intrants des producteurs, crédit, conseil agricole, information et formation et participation à la gestion de certaines fonctions de la filière à travers une interprofession et/ou des cadres de concertation interprofessionnels. Les enjeux sont importants puisque aujourd'hui la production cotonnière concerne un peu moins de 200 000 exploitations agricoles familiales dans des zones où la pauvreté de masse touche près de 78 pour cent de la population. Le développement agricole et même rural est organisé autour du « système coton » ; c'est-à-dire que l'accès aux crédits, l'accès aux intrants et le conseil agricole sont essentiellement liés à la production cotonnière. Un des enjeux des réformes est donc également de « sortir » d'un système centré sur le coton pour permettre à ceux qui en seront exclus (baisse des prix) ou qui souhaitent se diversifier d'avoir un environnement favorable.

Les attentes des pouvoirs publics et des bailleurs de fonds vis-à-vis des producteurs sont donc très fortes. Les bailleurs, en rapport avec l'État malien, ont engagé des programmes d'appui (PASAOP, PASE) qui doivent permettre le « renforcement des capacités des acteurs » avec des actions de formation, d'information et d'aide à l'« institution building ». Tout cela s'inscrit dans une démarche très volontariste de « mise en place d'une nouvelle filière coton », où peu de choses au final changeraient par rapport à la filière actuelle, si ce n'est qu'elle serait privatisée, avec des sociétés d'égrenage, au nombre de trois, qui disposeraient d'exclusivité régionale, et une action collective paysanne bien structurée autour d'une ou plusieurs unions de coopératives qui « remplaceraient » la CMDT actuelle dans toutes ses activités d'approvisionnement en intrants, conseil agricole, financement, etc. Enfin, le pilotage et la gestion de la filière seraient assurés dans un cadre interprofessionnel qui est en cours de définition (SOFRECO 2004) quant à la représentation des producteurs notamment, mais aussi quant à ses fonctions. Au cours d'une « réflexion stratégique » récente (GERAD/CIEPAC 2005), ceux-ci ont retenu l'idée de constituer une « Fédération nationale des organisations de producteurs de coton du Mali » qui regrouperait l'ensemble de leurs organisations (syndicats, unions de centres de gestion, AOPP, unions de coopératives). Elle aurait notamment la fonction de représenter les producteurs dans l'interprofession coton.

Relativement aux fonctions de l'interprofession, on voit se dessiner à travers les études récentes (SOFRECO 2004 ; Waddel 2005) des propositions visant à élargir le champ des fonctions jugées « critiques » pour la filière et dans lesquelles elle devrait s'impliquer, à la fois parce que leur bonne gestion est d'intérêt commun aux producteurs et aux égreneurs/négociants (recherche, qualité des semences) et parce que les capacités actuelles des producteurs à les gérer seuls suscitent des inquiétudes et ne font pas consensus (gestion des intrants). Actuellement, se développe l'idée que la responsabilisation des producteurs pourrait mieux s'exercer dans des cadres les impliquant dans la cogestion de fonctions antérieurement assurées par la CMDT qu'en les laissant supporter les risques de leur apprentissage d'une gestion à laquelle ils n'ont pas été suffisamment préparés. Les difficultés rencontrées par le GSCVM dans la gestion des intrants céréales et les insuffisances du programme d'alphabétisation, qui mérite d'être relancé, constituent les arguments forts en faveur de cette nouvelle approche.

Les organisations paysannes au Mali

Comme nous l'avons vu à la section II du chapitre I concernant l'Office du Niger du temps colonial, les mouvements associatifs au Mali ont été encouragés et structurés par les Français en vue d'assurer l'encadrement des populations indigènes. Au Mali, les premières associations et coopératives ont été implantées au cours des années 1950 après les expériences des sociétés indigènes de prévoyance (1910-1953) et les Associations agricoles indigènes (AAI) créées dans la zone de l'Office du Niger en 1931. Dans les années cinquante, se créeront les Sociétés mutuelles de production rurale (SMPR), puis les Sociétés mutuelles de développement rural (SMDR), les Groupements ruraux de production et de secours mutuels (GRPSM) et les Groupements ruraux associés (GRA) qui remplacèrent les SMPR (Kouyaté 1996 ; Coulibaly *op. cit.*). À cette époque, certaines organisations s'étaient appuyées sur les formes d'organisation communautaires traditionnelles des *Tons* (association), qui constituaient l'un des piliers de la société bamanan malinké. Plus d'un demi-siècle après, au XXIe siècle, dans les campagnes en général et dans le bassin du fleuve Niger, ce sont ces associations traditionnelles[25] qui constituent le socle de l'organisation des activités communautaires, socioculturelles, et de défense du village. Le rôle de ces institutions dans l'évolution du monde paysan et de son environnement économique et social devient de plus en plus important à cause de la pression de l'extérieur (la Banque mondiale et les ajustements structurels des années 1980) et du désengagement de l'État dans la gestion des filières agricoles. Dans cette section, nous nous intéresserons uniquement aux Organisations paysannes (OP) de la période des années 1980 à nos jours.

Bélières (*op. cit.*) et ses coauteurs ont mené des études sur ces associations villageoises et intervillageoises. Ils ont confirmé que ces *tons* traditionnels constituaient en général la base à partir de laquelle les organisations paysannes modernes villageoises se sont constituées, avec des rapports de pouvoirs qui ont pu évoluer avec le temps vers une relative autonomie des dirigeants par rapport aux autorités villageoises. Mais les organisations professionnelles, entamées avec les sociétés indigènes de prévoyance et poursuivies par les coopératives, les syndicats professionnels et les chambres consulaires, constituent largement un héritage institutionnel de la colonisation. Dans cette tradition, les regroupements de personnes s'établissent autour des métiers et des intérêts catégoriels.

Comme nous l'avons vu au chapitre I, seconde section, selon Coulibaly, après l'indépendance, avec la première république, des groupements ruraux associatifs et coopératifs ont été impulsés par le pouvoir politique qui les a inféodés au projet idéologique de « collectivation » de la production et au système du parti unique. C'est ainsi que le SCAON, premier syndicat créé par les paysans de l'ON dans les années cinquante a disparu. Nous pouvons affirmer que cette disparition résulta à la fois des rivalités politiques locales de l'époque entre partis politiques et du sentiment collectif de ne plus avoir d'objet dans le nouveau contexte d'un Office du Niger dont les cadres ont été africanisés et d'un gouvernement socialiste favorable aux paysans. Mais malgré tout, des contradictions ne vont pas tarder à apparaître entre le pouvoir et les colons. Ces contradictions, que relève Coulibaly (*op. cit.*), sont : le choix de développer le coton comme base d'accumulation primitive imposé par René Dumont, et le choix de mettre en œuvre des formes de production collective coopérative sous la direction de moniteurs dont une part des résultats revient au parti. C'est ainsi que le mouvement associatif et coopératif est resté inféodé aux différents appareils politiques et administratifs sous les régimes de parti unique jusqu'en 1991.

Au début de la deuxième république, l'idée de coopérative avait été mise de côté par le pouvoir militaire, mais un peu plus tard, au début des années 1980, ainsi que nous l'avons vu, les idées de coopérative d'organisation des producteurs individuels réapparaissent. Ces idées s'appuient sur la revalorisation des formes traditionnelles et donnent ainsi naissance à :

> Un statut de « *ton* villageois » défini par la loi de 1988 comme une forme d'organisation « supérieure » à celle des Associations villageoises mises en place par les sociétés d'encadrement du coton (CMDT) et de l'Office du Niger et évoluant sans personnalité juridique.

Cette loi consacre l'appellation d'Association villageoise (AV) aux groupements « à vocation coopérative » existant dans les régions et qui doivent toutes aspirer à se transformer en « *tons* villageois »[26]. Nous pensons que cette dualité concurrente de forme et de dénomination – « AV » versus « *ton* » ou coopérative – révèle les rivalités de compétences entre les services de l'Action coopérative villageoise et ceux des sociétés d'encadrement ON et CMDT. Les origines des organisations paysannes sont donc complexes, avec des interférences entre incitations externes et organisation sociale endogène ou locale[27].

Quand nous les analysons de plus près, nous découvrons que l'évolution des organisations paysannes des années 1980 et 1990 est fortement influencée par :

1. l'invocation d'une « responsabilisation » croissante des producteurs. Une responsabilité qui est censée aller de pair avec la mise en œuvre des politiques d'ajustement structurel et surtout la libéralisation du marché des céréales ;
2. les grandes sécheresses des années quatre-vingt et la fluctuation des cours du coton et du prix du riz, etc. ;
3. l'avènement de la IIIe République et la démocratisation de la vie politique et sociale à partir de 1991 ;
4. le retrait progressif et partiel de l'État dans la gestion des filières riz à partir du début des années quatre-vingt-dix et aussi de la filière coton qui est en cours de finalisation (Bélières *op. cit.*).

Depuis le début des ajustements structurels et la privatisation des filières de production, les initiatives de création d'OP ne se limitent plus aux grandes sociétés d'encadrement comme la CMDT et l'ON. La paysannerie et les ONG nationales et internationales ont commencé à promouvoir la création d'associations et de groupes de défense des intérêts des producteurs et consommateurs. Ici, nous traiterons des organisations instaurées par les grandes sociétés, celles instaurées ou créées par l'État, celles instaurées ou créées par les ONG et les syndicats.

Les organisations instaurées ou créées par l'État et les grandes sociétés de production

Les organisations instaurées par l'État – les chambres d'agriculture

Comme on l'a vu plus haut, dès la colonisation, des associations, mises en place par le colonisateur ont vu le jour. Après l'indépendance, sous le régime socialiste, sont apparues des « coopératives collectives » socialistes. Du début des années 1980 à nos jours, les organisations ont été directement instaurées par les pouvoirs publics, « les plus remarquables sont les chambres régionales d'agriculture et l'Assemblée permanente des chambres d'agriculture (APCAM) du Mali » (Bélières *op. cit.*).

La Chambre d'agriculture a été créée officiellement en 1988 par l'État, car les paysans, jusqu'à cette date, n'avaient effectivement pas une représentation nationale qui parlerait ou qui déciderait en leur nom. C'est donc pour avoir un intermédiaire entre le pouvoir et les paysans que l'État a créé ces organisations. Les chambres régionales d'agriculture sont autonomes et l'Assemblée permanente des chambres d'agriculture du Mali (APCAM) est formée principalement par leurs représentants. L'APCAM est le fruit d'une Conférence nationale au lendemain de la révolution populaire et du coup d'État en 1991 : au cours de cette conférence, des États généraux du monde rural furent organisés à la demande des représentants du monde rural.

La restructuration de la première chambre d'agriculture (CA) du Mali a été l'une des plus importantes réformes institutionnelles dans le domaine du développement depuis l'avènement de la Troisième République. En 1993, les réformes ont donné naissance à des organisations d'agriculture : des chambres régionales d'agriculture (CRA) et une Assemblée permanente de ces chambres déconcentrées. Le réseau des chambres d'agriculture comprend dix Établissements publics à caractère professionnel (EPCP) dont un au niveau national (Assemblée permanente des chambres d'agriculture du Mali) et neuf au niveau de chacune des régions du Mali et du District de Bamako (chambre régionale d'agriculture), tous créés par la loi 93 – 044 du 4 août 1993 et dont l'organisation et les modalités de fonctionnement sont fixées par le décret n° 93 – 295/P-RM du 12 août 1993. Ces statuts leur donnent la personnalité morale et l'autonomie financière ; leur patrimoine est insaisissable.

Ces organisations ont un rôle de médiateur entre les pouvoirs publics et les producteurs. Une médiation qui se résume par la représentation et l'intervention sous forme d'information et de formation. Les assemblées délibérantes des CRA sont formées d'élus de professions agricoles à partir d'un processus entamé au niveau des villages selon les usages coutumiers. Les chambres régionales et l'APCAM sont renouvelées tous les cinq ans par des élections. Les CRA et l'APCAM disposent chacune d'un secrétariat général désigné par l'administration sur proposition du président élu de la chambre ou de l'APCAM. Les chambres sont autorisées à créer ou à gérer des services publics, mais doivent être en contact permanent avec le pouvoir car selon l'article 9 de la loi n° 96-032 du 12 juin 1996, en tant qu'établissement public à caractère professionnel (EPCP), elles sont légalement chargées de : 1° donner des avis et des renseignements parfois obligatoires sur les questions relatives à la profession ; 2° émettre des vœux sur toutes questions relevant du domaine de la profession et 3° assurer l'exécution des travaux et l'administration des services nécessaires aux intérêts dont il a la charge.

Ces établissements publics à caractère professionnel ont duré sans être réellement efficaces. C'est pourquoi au niveau de leur base, ils ne sont pas tellement connus. Les producteurs, au départ, les avaient perçus comme des « instruments de l'État » pour les contrôler ; c'est pourquoi ils ont été relativement ignorés. Les élus des chambres étaient souvent des fonctionnaires à la retraite, mais au fur et à mesure que le temps passait, on constata une certaine prise de conscience de l'importance que prenait cette structure et des enjeux qu'elle représentait : lors des élections de 2005, il y eut un réel engouement de la part de responsables d'OP qui ont tout fait pour en briguer les mandats. Ce phénomène constitue un renouveau au niveau des chambres. À présent, les chambres d'agriculture et l'APCAM constituent un interlocuteur direct et permanent de l'administration et des bailleurs de fonds, pour la définition et surtout la mise en œuvre des politiques de développement agricole, telles que le schéma directeur de développement rural et la loi d'orientation agricole. La lenteur de leur mise en place – difficile en raison de la faiblesse des moyens (humains et financiers) – correspond aussi au temps nécessaire d'installation dans l'environnement des producteurs de base, environnement au sein duquel elles se sont trouvées de fait en compétition sur le terrain de la représentation, faute que leur soient attribuées des activités spécifiques les identifiant clairement, ou qu'elles aient pu les trouver. Depuis quelques années des projets d'envergure viennent renforcer le rôle des CA et de l'APCAM (PASAOP, PASE, PADON, etc.) en les impliquant de diverses manières dans leur pilotage et dans la répartition des financements aux actions de formation des OP, mais aussi en contribuant au financement de leurs activités.

Les organisations instaurées par les sociétés d'encadrement

Toujours selon les études de Bélières (*op. cit.*), les premières Associations villageoises (AV)[28] ont été créées dans la zone CMDT pour assurer la commercialisation primaire du coton, la distribution d'intrants et la fourniture d'informations techniques sur les exploitations agricoles à l'encadrement CMDT. C'est un climat de crise de confiance entre les producteurs et l'encadrement de base qui a occasionné leur création. Crise de confiance provoquée par des malversations, falsification de documents de pesée, détournement de fonds de la part des équipes d'achat.

Comme nous l'avons mentionné, ces formes d'organisations[29] ont été généralisées avec les politiques de désengagement (coton et riz) dans une perspective de transfert des responsabilités et des charges des sociétés d'encadrement. La mission première qui leur est confiée est économique, avec la réduction des coûts de transaction pour l'approvisionnement en intrants, pour la mise en marché du coton-graine, et pour les crédits. À côté de cette responsabilité, il y a aussi la responsabilité communautaire comprenant des fonctions de développement local par le financement d'investissements collectifs (centre d'alphabétisation, eau potable, école, centre de santé) et la prise en charge de certains coûts de fonctionnement d'activités communautaires (entretien des forages, paiement des matrones ou infirmiers, etc.).

Quant au financement de leur fonctionnement, il est essentiellement assuré par des prélèvements sur les activités économiques. Le battage du riz génère l'essentiel des revenus des AV en zone de l'Office du Niger et les frais de marché et les excédents de pesée reversés par la CMDT constituent les principales recettes en zone cotonnière. Sous l'impulsion des sociétés d'encadrement et avec comme principe de base « une AV par village encadré », ces organisations se sont rapidement généralisées : au début des années 1990, on dénombrait environ 2 500 AV dans la zone CMDT et environ 150 AV dans la zone ON, soit autant que les villages encadrés. Il faudra aussi noter que très peu d'AV ont évolué pour adopter les statuts juridiques définis par la loi de 1988, c'est-à-dire le statut de ton villageois ou de coopérative, même après la libéralisation des marchés en zone ON. Les raisons qui expliquent cet état de fait sont nombreuses : ce pourrait probablement être parce que les AV ont voulu éviter les contraintes de l'administration spécialisée qui encadrait les coopératives, ou bien en raison des fonctions dévolues aux AV, qui étaient pour la société des instruments de développement ; ou encore, certainement, parce que les sociétés d'encadrement préféraient des groupements spécifiques qu'elles pouvaient garder plus facilement sous leur seul contrôle.

Dans les campagnes, avant de mettre en place les AV, et souvent après, de manière continue, des sessions de formation et d'alphabétisation sont organisées par les sociétés d'encadrement. Ces programmes de formation sont à la base de l'émergence des leaders des OP ainsi que des collectivités locales. Ces organisations auraient dû faire face à des problèmes de gestion financière, en particulier la gestion des crédits, en raison notamment de la caution solidaire. Selon une étude menée par Traore et Spinat (2002) citée par Bélières (*op. cit.*), en zone ON, les dettes vis-à-vis des services financiers, accumulées par les organisations entre 1993 et 1994, étaient estimées à plus de 2 milliards de FCFA, soit un montant supérieur à l'encours annuel. En raison des problèmes de gestion collective, la redevance hydraulique a été individualisée et chaque irrigant était responsable de son paiement directement auprès de l'Office du Niger. En zone cotonnière, les problèmes de gestion du crédit liés à la caution solidaire ont également été nombreux et, fréquemment, des revenus collectifs ont dû être consacrés au remboursement des crédits individuels de quelques membres défaillants (Kébé et Sidibe-Kébé 1998). Mais le contrôle de la commercialisation du coton par la CMDT, seul acheteur, a permis de limiter les dérives même si en certains endroits, il n'a pas été aisé de répartir les revenus du coton après rétention du crédit intrants à la source par la Banque nationale de développement agricole (BNDA). Selon Yves Fournier (2002), en 2001, seules trente-cinq AV sur plusieurs milliers étaient non éligibles au crédit de la BNDA. Depuis les années 1990 et jusqu'à récemment, pour faire face à ces problèmes de gestion de la caution solidaire et d'usage des ressources – frais de marché et excédents de pesées – mais aussi à cause des conflits d'organisation sociale interne du village, de nombreuses AV vont se dissoudre dans la zone cotonnière. C'est ce qui explique la multiplication des organisations de base reconnues par la CMDT. Il y a plus de 5 000 AV en ce début du deuxième millénaire. La dynamique d'éclatement atteindra aussi la zone ON. Ici, des groupements dissidents de type GIE vont apparaître mais ne seront pas reconnus, dans la plupart des cas, par l'Office du Niger.

Selon Bélières (*op. cit.*), les difficultés rencontrées par les AV peuvent être analysées à travers les faiblesses et les forces des caractéristiques constitutives : l'absence de personnalité juridique établie et une crédibilité qui repose sur un système dual de caution solidaire communautaire que le temps a éprouvé douloureusement ; une garantie sur la récolte à venir par le monopsone égreneur pour le coton – ou de commercialisation de l'Office du Niger avant la libéralisation – sans garantie alternative similaire postérieure[30]. Néanmoins :

> Dans les années quatre-vingt-dix, les bailleurs de fonds appuient des projets de mise en place de systèmes financiers décentralisés et mutualistes dans les deux zones. On pouvait escompter que la proximité, l'interconnaissance, la responsabilité individuelle et les cautions limiteraient les risques. C'est en gros ce qui s'est produit puisque ces caisses mutuelles sont aujourd'hui encore bien présentes mais le système s'est reproduit à coûts élevés pour les bénéficiaires et en éliminant ou en restreignant les crédits de bon nombre de groupements et de producteurs défaillants à remplir les conditions requises ou leurs engagements. Cette masse paysanne insuffisamment crédible a sans doute développé des stratégies de survie et de rattrapage individuelles ou collectives qui contribuent notamment aux divisions locales du milieu qui elles-mêmes « stérilisent » les initiatives endogènes (Bélières *op. cit.* : 8).

Enfin, de ce que nous venons de voir, de manière générale, on peut conclure que les AV ont assumé, avec une relative efficacité, les fonctions de gestion des intrants (zones ON et CMDT), de commercialisation du coton (en zone CMDT) et de battage du riz en zone ON[31]. Elles ont été aussi des structures-relais des sociétés d'encadrement ci-dessus citées dans les domaines de la vulgarisation agricole et de la recherche-développement et elles ont contribué au renforcement des capacités des producteurs et surtout à la « sélection » et à l'émergence des responsables paysans à travers les nombreuses opérations d'alphabétisation et de formation (Bélières *op. cit.*).

Contrairement aux arguments de Coulibaly (*op. cit.*) qui estime que rien ne va chez les paysans et que, d'ailleurs, ils risquent de disparaître ou de devenir des ouvriers agricoles, Bélières (*op. cit.*), pense que les réalisations et les activités communautaires des AV n'ont pas fait l'objet d'évaluations spécifiques ; mais à partir de leurs ressources financières propres, issues de la marge bénéficiaire des activités de battage en zone ON, des frais de commercialisation et surtout des prélèvements volontaires sur la récolte commercialisée en zone cotonnière, souvent combinées avec des emprunts à moyen terme ou des appuis extérieurs, les AV paysannes ont permis la réalisation de nombreux investissements communautaires, tels que des puits, des forages, des écoles, des centres de santé, etc. Les exemples de villages qui disposent aujourd'hui de réalisations collectives à mettre à l'actif des AV sont nombreux sans que l'on puisse toutefois évaluer l'ampleur du phénomène[32].

Selon ces résultats, les acquis de ces organisations sont variables, mais ils sont souvent sous-estimés, notamment dans les domaines du développement des productions agricoles, des investissements communautaires, de la formation et de la vulgarisation. Certains auteurs ont retenu plus facilement les échecs dans la gestion du crédit et de la caution solidaire, en particulier dans la zone Office du Niger suite à la libéralisation. Or, on peut considérer que ces carences sont établies d'emblée par le statut juridique mal assuré des AV, un relais incertain par les banques puis les organisations mutualistes de crédit, qui ne peuvent garantir la commercialisation du riz, et enfin, malheureusement, par les défaillances des commerçants en riz aux premières années de la libéralisation, face à des producteurs qui n'avaient ni expérience ni dispositif de recours (d'où la pertinence reconnue des centres de gestion en appui aux OP).

Les paysans sont divisés car, durant toutes ces années, les sociétés d'encadrement n'ont pas incité les OP de base à se fédérer pour assurer des missions de représentation (il faudra noter ici que l'ON jouit d'une représentation spécifique avec des « Délégués généraux des exploitants » et, à partir de 1994, des délégués de Comités paritaires de gestion du foncier et de l'eau). En raison donc d'une logique de structure avec des agents encadreurs : un agent pour dix à quinze villages, elles ont longtemps maintenu ces « instruments de développement » divisés et jusqu'en 2005, l'absence d'organisation fédérative était considérée comme un handicap, notamment dans le cadre de la privatisation de la filière cotonnière. Il faudrait cependant reconnaître, selon Bélières (*op. cit.*), les initiatives d'organisation des investissements communautaires intervillageois comme l'école ou le centre de santé communautaire à l'échelle d'une ZAER qui peut être l'équivalent d'une commune rurale en zone cotonnière avec des structures de gestion conséquentes.

Les organisations mises en place et créées par les ONG et les paysans

Les organisations mises en place par les ONG

Depuis les années 1980 et surtout dans les années 1990 après la démocratisation du Mali, le monde rural malien a vu un fort développement d'organisations de type associations, GIE et ONG., à l'initiative de leaders locaux et/ou d'organisations étrangères ou nationales de type ONG. Ce développement progressif s'explique par les sécheresses des années 1970 et 1980, avec l'aide humanitaire et l'arrivée de nombreuses ONG à vocation humanitaire puis de développement ; et comme dit plus haut, par la démocratisation au début des années quatre-vingt-dix.

En 2000, le Mali comptait plus de 1 250 ONG agréées en milieu urbain et rural : mais moins d'un quart auraient eu une présence effective. Les organisations de cette catégorie sont en général disparates dans leurs objectifs et dans leurs modes de fonctionnement, avec des opérations souvent très ponctuelles. Cette situation est en partie le résultat d'une intervention qui, jusque dans les années 1990, a été confinée administrativement aux champs non couverts par les sociétés d'encadrement et aux projets publics de développement, voire à certains domaines réservés à l'action de services publics comme l'action coopérative. Les domaines intéressés sont néanmoins importants : banque de céréales, gestion des ressources naturelles, cultures de contre-saison, transformation artisanale, hydraulique villageoise, etc. Dans tous ces domaines, les femmes et les jeunes constituent les cibles privilégiées et ont pu exprimer leurs potentialités. Ces OP, en général, n'ont pas constitué un facteur d'innovations organisationnelles du monde rural. Au contraire, le plus souvent, elles ont accentué les comportements opportunistes des villageois, souvent liés à la captation de l'aide. Les actions de toutes ces organisations et les ONG qui les ont amorcées, ont montré l'intérêt d'approches localisées par opposition à la conception centraliste étatique du développement, conception dominante jusque dans les années 1980. Tout compte fait, elles ont été un facteur favorable à la mise en œuvre par le Mali de la décentralisation. Elles l'ont même accompagné dans ce sens.

Par ailleurs, certaines initiatives de ces OP ont eu des résultats très conséquents : nous pouvons par exemple citer les organisations de microfinance (caisses villageoises, création de fédérations etc.) dont certaines sont des réussites avérées ; et aussi la mise en place d'organisations fédératives d'OP de base pour constituer des groupes de pression. Dans ce registre, l'AOPP (Association des organisations paysannes et professionnelles), qui n'a pas été véritablement instaurée par une ONG, mais dont la création a été largement soutenue par des ONG, constitue un exemple très intéressant. Cette organisation a joué un rôle important en mettant en place un programme de renforcement des capacités des organisations syndicales, que nous avons d'ailleurs évoqué dans les chapitres précédents, pour les aider à aborder les négociations sur le coton dans de bonnes conditions[33].

Aux actifs de l'État, l'un des facteurs les plus importants pour la réussite de la microfinance est la création d'un cadre législatif et réglementaire approprié issu d'une adaptation au niveau national d'un cadre défini au niveau régional[34]. Cette loi n'est adaptée qu'aux Systèmes financiers décentralisés (SFD) de type mutualiste et il existe de nombreux SFD qui sortent de ce cadre, qui sont peu ou pas contrôlés et qui font prendre des risques très importants au secteur avec des pratiques non professionnelles (Bélières *op. cit :* 10).

Les syndicats à l'initiative des paysans

Après l'expérience du SCAON avant l'indépendance (Magassa 1999), et jusqu'en 1991, il n'y avait qu'une seule union de syndicats de travailleurs au Mali. Suite au mouvement démocratique, nous avons assisté à la réémergence de mouvements syndicaux dans le monde rural malien. Un regroupement d'une grande partie des responsables des organisations de base (AV) à Koutiala en 1991 – campagne 1991-1992 – organisé à l'initiative des producteurs, leur a permis de discuter des problèmes de crédits agricoles garantis par le système de caution solidaire et du paiement des intrants non consommés imposé par la CMDT. En septembre 1992 suivra le congrès constitutif du Syndicat des producteurs de coton et de vivriers (SYCOV). La première grande opération pour faire valoir les revendications paysannes sera menée en octobre 1992 avec le lancement du mot d'ordre de grève des livraisons de coton à la CMDT (Bélières *op. cit.* : 12).

Actuellement, il existe quatre syndicats reconnus dans la zone CMDT, qui se sont d'ailleurs regroupés au sein d'un Groupement des syndicats cotonniers et vivriers du Mali (GSCVM). C'est à travers les premières luttes menées et les suivantes que ces syndicats de la zone cotonnière ont acquis leur légitimité, basée sur une forte capacité de mobilisation[35]. En zone Office du Niger, le Syndicat des exploitants agricoles de l'Office du Niger (SEXAGON) a été créé en 1997 et a engagé sa première action d'envergure en 1998 pour contester les modes d'élection des délégués généraux, représentants des exploitants au sein des instances de l'Office du Niger. Aujourd'hui, deux syndicats sont reconnus dans la zone ON (Dave 2004).

Ces syndicats du monde rural, et en particulier les deux principaux (SYCOV et SEXAGON), ont pu bénéficier d'appuis pour le renforcement de leur capacité et pour la constitution d'argumentaires, à travers l'AOPP, des ONG, ou des organisations de coopération internationale sur financement de diverses coopérations[36].

Selon Bélières (*op. cit.*), au Mali, à défaut d'organisation fédérative des OP de base de type AV, les syndicats ont pris une place importante dans l'organisation de la filière cotonnière en zone CMDT. Le SYCOV a été vite reconnu comme représentant des producteurs et, à ce titre, a signé les contrats plans : CMDT/État/Producteurs. En 2001, après la grande grève des semis qui a réduit la récolte de moitié, c'est aux syndicats qu'a été transférée la fonction d'approvisionnement en intrants pour céréales dits « non stratégiques » comme l'un des premiers gages de volonté politique de libéralisation de la filière (qui touche également le transport et la filière oléagineux)[37]. Par contre, en zone ON, les syndicats ont été écartés par la société d'encadrement, qui disposait d'une représentation paysanne à travers des délégués généraux et des délégués au sein des comités paritaires de gestion du foncier et de l'eau. Mais à travers des actions de contestation, de revendications, de mobilisation[38], et de formation, le syndicat SEXAGON s'est largement implanté et a pu occuper une bonne partie des postes d'élus lors des renouvellements de mandats (y compris les délégués généraux en 2005). Dès à présent, les syndicats ne peuvent plus être méconnus et devraient se voir invités dans les instances de concertation à l'ON.

Comme nous le constatons, les politiques agricoles du Mali après l'indépendance ont contribué à multiplier les législations relatives au foncier et ont en outre favorisé la création d'entreprises d'État pour booster le développement de périmètres aménagés et développer la culture du coton et des céréales dans le bassin cotonnier de Mali Sud. Toujours dans le but de promouvoir le développement local par la base, un vaste programme de décentralisation fut amorcé au début des années quatre-vingt-dix.

Tableau 8 : évolution des systèmes administratif, économique et juridique du Mali depuis le IXe siècle

Du IXe siècle à 2008	Système Politique	Système économique	Système juridique	Nature des conflits
Période précoloniale (IXe S.-1898)	La décentralisation coutumière basée sur : - Le Kabila, Du, Lu, Gwa ou la famille ; - Le Sigida, Dugu ou le village, le terroir ; - Le Kafu (o), jamana, leydi ou province, royaume ; - Le Krufa, jamana, leyde ou fédération (Empire ?)	Une économie (un mélange de): - familiale, villageoise, esclavagiste et mercantiliste ; - Début (embryonnaire) de l'économie individualiste (capitaliste) familiale.	**Émergence de droit mixte :** - La décentralisation du système juridique basée sur le droit religieux : animiste et islamique différant souvent selon les Kabila famille et des groupes ethniques.	Les conflits de cultures (logiques), de conquête, de succession, de survie etc.
Période coloniale 1898-1959	Un territoire colonial centralisé et despotique/dictatorial.	Une économie néo esclavagiste basée sur les ressources naturelles : l'or et la culture de rente (le coton, le riz, l'arachide etc).	**Droit mixte :** - Droit romain basé sur le Code Civil français théorique et codifié ; - Droit coutumier religieux animiste et islamique différant souvent selon les Kabila famille et des groupes ethniques, les régions.	Les conflits de cultures (logiques), de conquête, de résistance, de succession, de survie etc.

Période postcoloniale 1959 à nos jours	- État moderne centralisé et socialiste (1960-1968) ; - État moderne centralisé non socialiste (1968-1991) ; - État moderne démocratique décentralisé (1992 à maintenant).	- Une économie nationale socialiste planifiée ; - L'économie de marché ; - Le libéralisme économique : intensification de la privatisation des entréprises publiques	**Droit mixte :** - Maintien des textes juridiques coloniaux (quelques textes nouveaux) et tentative de rupture avec le milieu coutumier rural ; - De nouveaux textes juridiques, la survivance ou la résistance du droit coutumier ; reconnaîssance partielle du droit coutumier,	- Les conflits de cultures (logiques); - Les conflits intra communautaires ; - Les conflits intercommunautaires ; - Les conflits internationaux ; - Des modes juridiques et des modes alternatifs de gestion des conflits limités.
Prospective	- État démocratique décentralisé ; - Raffermissement de la décentralisation et de la démocratie.	- Renforcement du liberalisme économique et des valeurs individualistes ; - Émergence et renforcement de la société civile paysanne ; - Renforcement de la société civile en général.	**Droit mixte** : - Droit étatique ; - Reconnaissance du droit religieux et coutumier avec des gardes fous ; - Existence de droits diversifiés	- Récurence des conflits ; - Multiplication des modes juridiques et des modes alternatifs de gestion des conflits ; - Renforcement des modes alternatifs de gestion des conflits (concertations, négotiations, médiations, conventions etc.)

Notes

1. Coulibaly (1997). Voir aussi : Compte économique du Mali, 1969, Bamako, Service de la Statistique, 1971, p. 159.
2. À cette époque le Mali actuel était appelé « Soudan français ».
3. *Journal Officiel du Mali* 1972.p. 105.
4. Selon Rochegude A. (1977), de 1972 à 1975, douze opérations ont été créées et mises en place dont neuf pour la seule année 1972. Elles touchent pratiquement toutes les activités rurales. Ce sont : décret 59 PG.RM du 19 mai 1972 portant création de l'opération riz Ségou, JO.RM,1972, p. 110 ; décret 62 PG.RM du 26 mai 1972 portant création de l'opération mil Mopti, JO.RM, 1972, p. 268 ; décret 116 PG.RM du 16 septembre 1972 portant création Opération arachide, JO.RM, 1974, p. 455 ; décret 115 PG.RM du 16 septembre 1972 portant création opération pêche, JO.RM, 1972, p. 557 ; décret 114 PGRM du 16 septembre 1972 portant création opération aménagement et production forestière, JO.RM, 1972, p. 556 ; décret 113 PG.RM du 16 septembre 1972 portant création opération aménagement du parc national de la boucle du Baoulé, JO.RM, 1972, p. 555 ; décret 12 PG.RM du 28 janvier 1974 portant opération zone lacustre JO.RM, 1974, p. 152 ; décret 117 PG.RM du 16 septembre 1972, portant création opération haute vallée, JO.RM, 1972, p. 559.
5. Voir aussi les travaux et les commentaires de : El Hadj O. Tall, Mamoudou Traoré, Yazon Gnoumou, Peter Bloch (eds), 2002, *Sur la problématique foncière dans les périmètres irrigués au Mali*, Working paper n° 50-F, University of Wisconsin-Madison (USA).
6. Article 129 : « Cependant, les droits coutumiers collectifs ou individuels, quand ils comportent emprise évidente et permanente sur le sol se traduisant par des constructions ou par une mise en valeur régulière, sauf, le cas échéant, interruption justifiée par les modes de cultures, peuvent être transformés en droit de concession rurale au profit de leurs titulaires, si ceux-ci en font la demande. La terre doit alors être préalablement immatriculée au nom de l'État, les droits coutumiers étant réputés abandonnés. L'emprise évidente et permanente doit être constatée dans le procès-verbal d'enquête sur le terrain, établi lors de la procédure d'immatriculation de celui-ci au nom de l'État. Les chefs coutumiers, qui règlent selon les coutumes l'utilisation de la terre par les familles ou les individus, ne peuvent en aucun cas se prévaloir de leurs fonctions pour revendiquer d'autres droits sur le sol que ceux résultant de leur exploitation personnelle, en conformité avec la coutume. » (CDF de 1986)
7. L'article 133 : « Lorsque l'État veut, pour une raison d'intérêt général ou d'utilité publique, disposer des terrains sur lesquels s'exercent des droits coutumiers, ceux-ci sont purgés par un arrêté du ministre chargé des Domaines, précisant la raison invoquée par l'administration. »
8. L'article 44 : « Les droits coutumiers susvisés peuvent faire l'objet d'une enquête publique et contradictoire donnant lieu à la délivrance d'un titre opposable aux tiers qui constate l'existence et l'étendue de ces droits. Les formes et conditions de ladite procédure sont fixées par décret pris en Conseil des ministres. Cette procédure se déroule devant une commission de conciliation dont la composition, les attributions et les modalités de fonctionnement sont fixées par décret pris en Conseil des ministres. Il peut être formé recours contre la décision de cette commission de conciliation devant le tribunal civil compétent. »

9. CEDREF-GeD (2000). Rapport d'analyse sur le foncier rural au Mali. Analyse des enjeux et opportunités, Document de débat, Bamako, p. 17.
10. L'article 46 : « Les droits coutumiers autres que ceux définis à l'article précédent ne peuvent être immatriculés. Ils ne peuvent être transférés qu'à des individus ou collectivités susceptibles de posséder les mêmes droits en vertu de la coutume et seulement dans les conditions et limites qu'elle prévoit. Néanmoins, il peut être fait abandon de tous droits fonciers coutumiers tant en faveur des collectivités et établissements publics qu'en faveur des demandeurs de concessions. »
11. L'article 47 : « La procédure d'expropriation pour cause d'utilité publique est applicable en matière de purge de droits coutumiers sous réserve des dispositions suivantes : lorsque le périmètre dont le retrait est projeté comporte des terrains non immatriculés, l'arrêté de cessibilité est précédé d'une enquête publique et contradictoire destinée à révéler, le cas échéant, l'existence des droits coutumiers qui grèvent ces terrains et leur consistance exacte ainsi que l'identité des personnes qui les exercent. Cette enquête poursuivie d'office par l'autorité intéressée s'effectue selon la procédure de constatation des droits coutumiers prévue à l'article 44 du présent code. Les terrains sur lesquels aucun droit n'aura été constaté peuvent être occupés immédiatement et immatriculés au profit de la collectivité ou l'établissement public pour le compte duquel la procédure est poursuivie. Lorsque l'enquête aura constaté l'existence des droits coutumiers, leur purge, qui consiste à indemniser les détenteurs de ces droits révélés, sera poursuivie selon la procédure de l'expropriation pour cause d'utilité publique prévue par la présente loi. En cas de purge des droits collectifs, le montant de l'indemnité est réparti entre chacun des codétenteurs selon l'accord conclu entre les intéressés et enregistré au tribunal compétent ou à défaut d'accord par décision de ce même tribunal. Si cet accord ou cette décision n'est pas intervenu à la date où l'expropriation doit prendre effet, le montant de l'indemnité est consigné jusqu'à leur intervention. Lorsque l'État veut disposer des terrains en vue de leur attribution à une collectivité territoriale, l'indemnisation des détenteurs des droits coutumiers est à la charge de celle-ci. Lorsqu'il n'y a pas emprise évidente et permanente sur le sol, l'indemnisation des droits coutumiers constatés se fait suivant la procédure prévue à l'article 26 du présent code. »
12. Récemment, le Conseil supérieur de l'agriculture (CSA) a été créé et est doté de mandats très larges, et particulièrement de suivi des applications de la LOA et des propositions. L'impact direct ou indirect de ce conseil sur les maîtrises d'ouvrage et le pilotage des projets de développement rural et sur l'administration des offices pourrait constituer un élément marquant dans le futur. Les enjeux de ces grandes réformes au Mali sont importants et risquent de provoquer des changements dans le paysage institutionnel du développement agricole. Mais ce sont les réformes sectorielles en cours qui auront les implications les plus fortes à court terme pour les producteurs et leurs organisations (Bélières J.-F. & Al. 2005:13).
13. Il faudra noter que le titre foncier repose sur un acte administratif de cession qui en fait la force et la solidité, mais qui enferme son titulaire dans un carcan d'obligations conditionnelles et de légalité républicaine.
14. Ministère du Plan (1961).

15. Le pouvoir voulait, en effet, tout mettre en œuvre pour que les jeunes ne soient pas poussés au départ par le désir d'émancipation de la tutelle des aînés. En réalité, c'était un moyen pour lui d'affaiblir le contrôle de l'exploitation familiale sur ses propres forces de travail.
16. La restructuration de l'ON avait commencé depuis 1992 après entente entre les bailleurs de fonds et le gouvernement : un plus sept. Les bailleurs de fonds sont sept : deux multilatéraux (Banque mondiale et Communauté économique européenne) et cinq bilatéraux (Coopération néerlandaise, République Fédérale d'Allemagne (KFW), Caisse française de coopération, Mission française d'aide et de coopération et USAID).
17. Nous étudierons ces différents contrats au chapitre consacré aux transactions foncières.
18. Ces organes permettent aux agriculteurs, à travers leurs représentants élus, de participer aux prises de décisions du PDG de l'ON concernant la gestion des terres (attributions, évictions, réclamations, médiations) et la gestion de l'eau (détermination et exécution du programme annuel d'entretien, médiation sur les différends au sujet des redevances, propositions de dégrèvement, examen du dossier de fixation annuelle des redevances). Les charges d'entretien du réseau hydraulique (que l'État a confié à l'Office du Niger) sont reparties entre l'État (barrage, ouvrages annexes et tout le réseau primaire), l'Office du Niger (réseaux secondaires : distributeurs, partiteurs) et les exploitants (réseaux tertiaires).
19. Source : Office du Niger, 2008.
20. Les organismes mutualistes d'épargne et de crédit se sont organisés en oligopole, assurent le financement de l'approvisionnement en intrants et passent les contrats avec les fournisseurs pour le compte des OP de base suite à un appel d'offres. Or, depuis plusieurs années, le système n'est pas efficace car certains fournisseurs ne respectent pas leurs engagements. L'enjeu actuel pour les organisations paysannes est de sécuriser cette fonction notamment en mettant en place des coopératives d'approvisionnement [option retenue par le syndicat et dont la mise en œuvre a débuté, mais plus sur la commercialisation du riz que sur l'approvisionnement en intrants] (Bélières 2005).
21. Les questions portent sur le statut des terres et leur gestion en liaison avec le financement des investissements et le rôle des organisations paysannes et des communes, et sur la gestion de l'eau et des infrastructures, avec le rôle des associations d'irrigants en cours de création à l'initiative de l'Office du Niger (Bélières *op. cit.*).
22. Il s'agit notamment de la révision du Schéma directeur de développement rural (SDDR) en 2001 et de la Loi d'orientation agricole en 2005, contrats plans État-Structure d'encadrement producteurs, comité paritaire de gestion des aménagements hydro-agricoles etc. À l'échelle sous-régionale et régionale, les OPA ont participé à l'élaboration de la politique agricole de l'UEMOA et à celle plus récente de la politique agricole commune (PAC) de la CEDEAO.
23. Écru : qui n'est ni teint, ni blanchi, conserve sa couleur naturelle (fibre textile).
24. Loi n° 01-076 du 18/07/2001 régissant les sociétés coopératives en République du Mali.
25. Des « *Tons* » ou associations dont les principaux chefs sont ceux des familles, des femmes, classes d'âge, *komo*, chasseurs, etc.
26. Loi n° 88-62/AN-RM du 10 juin 1988.

27. Les pouvoirs locaux, les classes d'âges, les maîtres de la terre, les clans, les ethnies et les castes, etc.
28. Nom donné aux groupements de producteurs villageois.
29. Organisations sans personnalité juridique établie, groupements pré-coopératifs selon la loi de 1988.
30. Au milieu des années 1990, les sociétés d'encadrement (avec forte impulsion des bailleurs de fonds) lancent des projets (projet de gestion rurale (PGR) en zone CMDT et projet de centre de prestation de services (PCPS) dans les zones ON) d'appui à la gestion des OP avec la création de centres de gestion qui ont pour objectif principal l'appui à la transparence financière des organisations de base, notamment pour sécuriser le crédit (caution solidaire) et favoriser la récupération des impayés (en particulier en zone ON). Ces centres de gestion gérés par des associations d'AV s'organiseront ensuite en fédérations ou unions destinées à assurer les fonctions des projets coordinateurs en fin de cycle (Bélières 2005).
31. Néanmoins, dans les années quatre-vingt-dix, les bailleurs de fonds appuient des projets de mise en place de systèmes financiers décentralisés et mutualistes dans les deux zones. On pouvait escompter que la proximité, l'interconnaissance et la responsabilité individuelle et les cautions limiteraient les risques. C'est en gros ce qui s'est produit puisque ces caisses mutuelles sont aujourd'hui encore bien présentes, mais le système s'est reproduit à coûts élevés pour les bénéficiaires et en éliminant ou en restreignant les crédits de bon nombre de groupements et de producteurs défaillants à remplir les conditions requises ou leurs engagements. Cette masse paysanne insuffisamment crédible a sans doute développé des stratégies de survie et de rattrapage individuelles ou collectives qui contribuent aux divisions locales du milieu, qui elles-mêmes « stérilisent » les initiatives endogènes.
32. On pourrait, dans le sillage de Bélières, mentionner l'étude sur l'impact de la globalisation et de l'ajustement sur les petits producteurs ruraux, où dans les deux villages avec AV les réalisations sont nombreuses, y compris les actions sans financements extérieurs comme l'électrification du village de la zone ON ; Bélières Jean-François, Kébé Demba et Sanogo Ousmane, 2003, *Impact de la globalisation et de l'ajustement structurel sur les petits producteurs au Mali*. Version provisoire, IER FAO/BM, Bamako Juillet 2003.
33. Avec l'appui de diverses coopérations, ce programme a vu le jour et a permis de mobiliser une expertise indépendante durant l'année 2002 pour analyser les propositions de réforme avancées par les études sectorielles dans le secteur coton. Le syndicat de la zone ON a également profité d'un programme d'appui dans le cadre de l'AOPP (Berthome 2001).
34. La loi PARMEC au niveau de l'UEMOA.
35. C'est surtout la grève des semis en mai et juin 2000, suite à une baisse du prix d'achat du coton graine, qui a beaucoup contribué à la légitimation de ce syndicat.
36. Notamment la Coopération française.
37. Selon Bélières (*ibid.*), ce transfert s'est fait sans véritables études préalables de faisabilité et de définition des modalités de mise en œuvre, voire même sans recherche de compétences spécifiques supplémentaires (des techniciens ou ingénieurs) pour mettre en place et assurer cette activité.
38. Comme par exemple la grève de 2004 du paiement de la redevance hydraulique en raison des mauvais rendements.

3

La décentralisation et le foncier dans le bassin du fleuve Niger

Malgré l'existence au Mali d'une forme traditionnelle de décentralisation du pouvoir depuis des siècles, en 1992, le mode de décentralisation adopté par les autorités de la Troisième République a été largement inspiré, du moins dans la démarche, du système français (Rochegude 2002). Avant de parler du foncier et de la décentralisation, nous allons d'abord essayer d'adopter une définition. Il existe en effet plusieurs définitions de la décentralisation. Mais, sans entrer dans ce débat sémantique, nous dirons que la décentralisation est un système d'organisation qui confère l'existence juridique et le pouvoir de décision à des collectivités secondaires personnalisées, pour la gestion de leurs propres affaires par des organes issus d'eux-mêmes. Dans la décentralisation, on procède à une répartition des tâches de manière à ce que l'autorité centrale s'occupe des questions présentant un intérêt national et les autorités décentralisées prennent en charge les affaires locales ou spécifiques. Cette modalité repose sur une base géographique et consiste à donner à doter une collectivité d'une compétence générale, mais limitée à une portion du territoire pour les affaires la concernant. Elle aboutit à la création de la collectivité locale autonome.

La décentralisation est différente de la déconcentration. Les deux termes renvoient à des significations différentes :

> La déconcentration consiste à remettre d'importants pouvoirs de décision à des agents du pouvoir central placés à la tête de diverses circonscriptions administratives ou des divers services. La décentralisation consiste à remettre des pouvoirs de décision à des organes autres que de simples agents du pouvoir central, non soumis au devoir d'obéissance hiérarchique et qui sont souvent élus par les citoyens intéressés (Vedel et Devolve 1982).

Les deux constituent donc des techniques d'agencement des structures administratives qui posent les problèmes de partage du pouvoir administratif entre l'État et les personnes publiques intra-étatiques et du pouvoir décisionnel entre le sommet et la base de la hiérarchie administrative. Comme l'a si bien dit Proudhon (1809-1865), si, dans la première, les collectivités jouissent d'une personnalité juridique, dans la seconde, c'est le même marteau, c'est-à-dire l'État, qui frappe de loin avec le manche raccourci.

C'est en 1992 que le premier gouvernement démocratiquement installé a opté, conformément aux idéaux du mouvement démocratique et de la Constitution de la Troisième République, pour une politique de réforme de la gestion politique fondée sur la décentralisation. Ce choix politique, pour la dévolution des compétences et ressources aux collectivités territoriales, était motivé par plusieurs raisons parmi lesquelles l'approfondissement du processus de démocratisation qui venait de commencer, la refondation de l'État, la promotion de la sécurité et de la paix et l'adoption d'une nouvelle manière de gérer les problèmes de développement local. Cette politique de décentralisation est devenue une réalité en 1999, suite à l'organisation des élections communales. Elle a abouti à un changement profond des relations entre l'État et les citoyens et à un rapprochement entre les services publics et la population[1].

En historien du droit, nous avons déjà démontré dans la première partie de cette thèse que dans l'histoire, le Mali avait déjà connu des formes de décentralisation du pouvoir. Dans ce chapitre, nous ne parlerons pas de la mise en œuvre du processus de la décentralisation au Mali car des auteurs plus qualifiés, comme Rochegude (2002) et des structures comme la SNV-Structure Néerlandaise de développement (2004), ont déjà effectué des travaux très remarquables à ce sujet. Quant à nous, nous allons voir dans les sections qui suivent la décentralisation telle qu'elle est appliquée au Mali depuis 1999 : son cadre juridique et institutionnel en section I, et son impact sur le foncier et la population malienne en général et rurale en particulier (section II).

Le cadre juridique et institutionnel de la décentralisation au Mali

Comme nous l'avons dit, au Mali, depuis 1992, la Constitution de la Troisième République, aux articles 97 et 98, a prévu la création et le mode d'administration des collectivités territoriales : « Les collectivités territoriales sont créées et administrées dans les conditions définies par la loi »[2], et elles « s'administrent librement par des Conseils élus et dans les conditions fixées par la loi »[3]. Après les élections et la prise de fonction du gouvernement en 1992, une série de lois relatives à la création des collectivités locales a vu le jour. Parmi ces lois, les premières sont : la loi n° 95-034/AN-RM du 12 avril 1995 portant code des collectivités territoriales, modifiée par la loi n° 98-010 du 10 juin 1998 et modifié par celle n° 98-066 du 30 décembre 1998 ; la loi n° 93-008 AN-RM du 11 février 1993. Malgré l'existence de ces textes législatifs, il a fallu attendre 1996 pour que s'élabore la loi n° 96-050 du 16 octobre 1996 portant principes de constitution et de gestion du domaine des collectivités territoriales, qui a modifié la loi n° 93-008 AN-RM.

Dans la gestion et l'exploitation des ressources naturelles, et notamment du domaine irrigué, les textes législatifs et réglementaires sur la décentralisation sont déterminants puisqu'ils fixent les bases et principes de révision nécessaires des autres textes qui régissent le domaine du foncier au Mali : le Code domanial et foncier, le Code de l'eau[4] et les textes relatifs à la gestion des ressources naturelles[5]. C'est ainsi que la loi n° 96-050 du 16 octobre 1996 portant principes de constitution et de gestion du domaine des collectivités a été prise en compte dans le nouveau Code domanial (ordonnance n° 00-027/P-RM du 22 mars 2000), qui fait état de ces collectivités dans la gestion domaniale et foncière.

Les textes juridiques relatifs au foncier et à la gestion des collectivités locales

La loi n° 95-034 AN-MR du 12 avril 1995 portant code des collectivités territoriales et celle n° 96-050 portant principes de constitution et de gestion du domaine des collectivités territoriales :

> La loi n° 96-050 du 16 octobre 1996 traite de la constitution du domaine des collectivités composé du domaine public immobilier et du domaine privé immobilier et ce au niveau régional, du cercle et de la commune. Le domaine privé des collectivités territoriales comprend les terres immatriculées du domaine privé de l'État cédées par celui-ci, les terres non immatriculées situées dans leurs limites, affectées ou cédées par l'État.

Figure 5 :

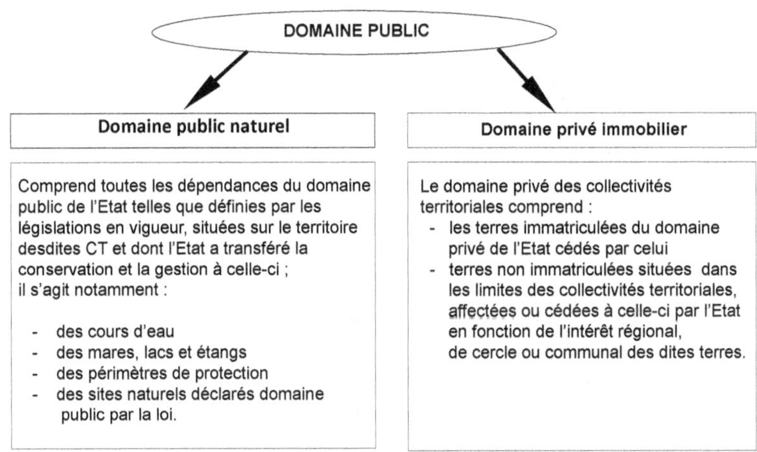

Source : World Vision (2007). Rapport Final de l'Atelier sur la gestion participative des ressources naturelles agro-sylvo-pastorales, Bla, 28 au 29 juin.

Les collectivités locales disposent de leur domaine conformément à la loi et en particulier au Code domanial et foncier. Elles sont responsables de la gestion, de l'aménagement, de la conservation et de la sauvegarde de l'équilibre écologique de leur domaine. Pour cela, elles élaborent un schéma d'aménagement du territoire en spécifiant le domaine forestier, le domaine agricole, le domaine pastoral, le domaine faunique, le domaine piscicole, le domaine minier et le domaine de l'habitat. Ce schéma pourra être revu et corrigé périodiquement en tenant compte du schéma national.

Tableau 9 : Domaines fonciers et localisations

Domaines	Localisation
Agricole	zones de cultures sèche ou pluviale zones de culture irriguée ainsi que leurs aménagements hydrauliques zones de culture de décrue zones de maraîchage zones jachères de moins de 10 ans
Forestier	les forêts naturelles, les reboisements et les périmètres de protection classés en leur nom le domaine forestier protégé immatriculé en leur nom
Pastoral	les zones de pâturage les jachères de plus de 10 ans les parcours pastoraux les points d'eau
Piscicole	les aménagements hydrauliques et piscicoles sur leurs territoires eaux publiques concédées par l'État
Faunique	les zones cynégétiques les ranches de gibiers les zones amodiées concédées
Habitat	les zones de logement les zones de bureaux les zones des activités industrielles et commerciales les zones d'équipement les zones d'espaces verts
Minier	Les zones d'exploitation des substances minérales classées comme produits : - de carrière notamment les matériaux de construction tels que pierres, sables, graviers, argiles - de mine ayant fait l'objet de concession minière de la part de l'État

Source : World Vision (2007). Rapport Final de l'Atelier sur la gestion participative des ressources naturelles agro-sylvo-pastorales, Bla, 28 au 29 juin.

Mais la détermination, toujours en cours, du patrimoine domanial et foncier des collectivités, doit aller de pair avec des réflexions approfondies sur les modalités, même transitoires, de prise en charge, peut-être progressive, des prérogatives ci-dessus conférées aux collectivités par la loi[6].

C'est dans le cadre des responsabilités conférées à la collectivité locale qu'une Charte pastorale a été élaborée et adoptée 27 février 2001. Il s'agit de la loi n° 01-004/du 27 février 2001 portant Charte pastorale en République du Mali. Cette loi définit les principes fondamentaux et les règles générales qui régissent l'exercice des activités pastorales en République du Mali. Elle consacre et précise les droits essentiels des pasteurs, notamment en matière de mobilité des animaux et d'accès aux ressources pastorales. Elle définit également les principales obligations qui leur incombent dans l'exercice des activités pastorales, notamment à l'égard de la préservation de l'environnement et du respect des biens d'autrui. Elle s'applique principalement à l'élevage pastoral des espèces bovines, ovines, caprines, camélines, équines et asines. Sont exclus du champ d'application de la présente loi les aspects liés à la santé animale, à l'exploitation du bétail et à sa commercialisation.

Pour l'effectivité de ces différentes législations, il faudra que des compétences de gestion domaniales soient développées au niveau des Communes. Le Code domanial devrait prendre en compte les diversités locales et être assez souple pour permettre aux autorités communales, dans le respect de ses principes cardinaux, d'édicter elles-mêmes des réglementations locales, adaptées à leur contexte particulier et prenant en compte tous les acteurs locaux, ainsi que les nombreuses conventions locales de gestion des ressources, qui préservent l'intérêt des villages et terroirs concernés.

À travers le Mali, les us et coutumes sont différents et varient selon les zones. C'est pourquoi ils doivent être bien appréhendés dans leur contenu, pour en extraire les principes positifs, qui doivent alors être reconnus dans des limites précises. La démarche doit être prioritairement basée sur la prise en compte de l'avis des autorités locales, des principaux acteurs et de l'intérêt marqué des populations (Tall, Traoré, Gnoumou & Bloch *op. cit.*).

Sur leur domaine agricole, les collectivités organisent les activités agricoles en collaboration avec les organisations professionnelles et les services techniques compétents, conformément aux lois et aux conventions locales : 1°) Les collectivités territoriales peuvent confier par contrat la gestion de certaines unités d'aménagement de leur domaine agricole à toute personne physique, morale, publique ou privée ; 2°) « Les servitudes autour des cours d'eau, mares, lacs, étangs ainsi que des ouvrages d'irrigation et canaux sont définies par les organes délibérants des collectivités territoriales dans le respect des dispositions spécifiques relatives au domaine public prévues par le Code domanial et foncier. [...] Dans le cas de l'agriculture irriguée, les taux de redevance sont fixés par l'organe compétent de la collectivité territoriale, après consultation de la Chambre régionale d'agriculture » (loi n° 96-050 du 16 octobre 1996 : article 17 ; article 18 et article 20).

Le cadre législatif et institutionnel confère des attributions très larges aux collectivités en matière de gestion foncière et domaniale, mais ces attributions ne seront applicables que très progressivement, notamment au fur et à mesure de l'amélioration de la capacité effective des communes à exercer ces attributions. Ce sont des capacités liées aux moyens humains et financiers affectés aux communes, à la qualité de leurs ressources humaines propres et à la qualité de l'appui et du contrôle de l'administration territoriale et des services techniques locaux.

Ainsi, avec la décentralisation et les collectivités locales, le paysage du développement et de la gestion des ressources naturelles s'est enrichi d'un acteur de poids, légalement mandaté, responsable et gérant du territoire. La gestion des ressources communes, telles que l'eau, la terre, les parcours, les ressources forestières, fauniques et halieutiques, a nécessairement une dimension intercommunautaire et constitue un véritable enjeu de gestion collective de plusieurs usagers pouvant relever de communautés différentes, d'intérêts différents.

Quant au niveau de l'application des lois de la décentralisation, il y avait une certaine confusion sur la délimitation des territoires des communes. Relativement au partage des compétences entre les différents niveaux des collectivités décentralisées, plus précisément entre les autorités locales (le maire) et les différents services de l'État (le préfet, le sous-préfet), c'est-à-dire la tutelle, la nouvelle loi, décret n° 01-555/P-RM du 20 novembre 2001 les départage : en effet, ce décret abroge le pouvoir de police judiciaire que le décret n° 95-210/P-RM du 30 mai 1995 déterminant les conditions de nomination et les attributions des représentants de l'État au niveau des collectivités territoriales conférait aux représentants de l'État. Ce sont les maires qui, selon la loi n° 95-034 portant code des collectivités territoriales en République du Mali, modifiée par la loi n° 98-010 du 19 juin 1998 et modifiée par la loi n° 98-066 du 30 décembre 1998, jouissent, en plus du pouvoir de police administratif (article 12), du pouvoir de police judiciaire (article 52) au détriment des préfets et sous-préfets. Quant à la délimitation matérielle des communes, les différents textes n'y touchent pas et la situation reste confuse. À part les compétences en matière de santé[7], d'éducation[8] et d'hydraulique rurale et urbaine[9], aucun autre transfert, notamment l'administration territoriale n'a encore été effectif[10].

Le rôle des communes dans les investissements collectifs d'intérêt agricole et la manière dont elles impliqueront les organisations paysannes devrait se préciser avec le démarrage des projets PACR (Projet d'appui aux communautés rurales) et PCDA (Programme de compétitivité et de diversification agricole) de la Banque mondiale.

Depuis 2002-2003, dans le cadre de l'appui et du conseil aux producteurs, le PASAOP a commencé un test qui vise à une plus grande implication des communes représentant les bénéficiaires dans la contractualisation de prestataires privés de conseil agricole. Les services agricoles publics y ont la responsabilité de la conception des projets en réponse à l'expression des besoins des producteurs qu'ils consultent. Selon l'évolution de ces chantiers, les implications devraient être importantes pour les institutions du développement rural au niveau local (Bélières *op. cit.* : 13). Récemment, les autorités maliennes se sont engagées dans l'élaboration et la mise en vigueur d'une loi d'orientation agricole (LOA) (qui a d'ailleurs été votée en 2006 par l'Assemblée nationale du Mali) avec un processus de concertation qui a été confié à la responsabilité de la Coordination nationale des organisations paysannes (CNOP) plutôt qu'à l'APCAM.

Cette nouvelle organisation nationale a fédéré la plupart des principales OP faîtières (fédératrices) transversales dont l'AOPP et la Plateforme paysanne. Elle résulte aussi d'une incitation sous-régionale plus ancienne à travers le Réseau des organisations paysannes et professionnelles agricoles (ROPPA). Cette loi devrait consacrer la volonté du Mali de promouvoir une agriculture durable, moderne et compétitive reposant prioritairement sur les exploitations familiales agricoles reconnues et sécurisées ; et aussi, sur l'appui à l'émergence d'un secteur agro-industriel structuré compétitif et intégré dans l'économie sous-régionale. La loi traite des domaines majeurs du développement avec les possibles implications pour les organisations paysannes que sont le statut des exploitants et exploitations agricoles, l'organisation de la profession agricole, la formation, le régime foncier, le financement de l'agriculture, la gestion des ressources, etc. ; et bien sûr, prévoit aussi le cadre institutionnel de mise en œuvre de cette loi.

Comme nous l'avons déjà dit plus haut, la LOA qui vient d'être adoptée en 2006 prend en considération les préoccupations des paysans des différentes régions du Mali et fait la part belle à la concertation comme mode de relation privilégié entre l'État et la paysannerie (Bélières *op. cit.*).

Les textes législatifs et réglementaires en matière de gestion des ressources forestières, fauniques et halieutiques : En matière de gestion des ressources forestières et halieutiques, au Mali, il y a eu trois générations de textes législatifs. La première génération de législation du Mali indépendant comprend trois textes qui ont été adoptés dans la première décennie de l'indépendance. Ce sont :

1. La loi n° 63-7 AN-RM du 11 janvier 1963 relative à la pêche ;
2. La loi n° 68-8 AN-RM du 17 février 1968 portant code forestier ;
3. L'ordonnance n° 60 CMLN du 11 novembre 1969 portant code de chasse.

La deuxième génération de textes législatifs et réglementaires date de 1986. C'est suite aux années de grande sécheresse (1973 ; 1980 et 1984) que ces textes ont été élaborés. Ces législations ont eu pour orientations majeures le renforcement de la protection des ressources naturelles contre l'exploitation et les feux de brousse, et la restauration du couvert végétal par des activités de reboisement et des activités piscicoles. Ces orientations ont conduit à l'élaboration et à l'adoption d'un plan national de lutte contre la désertification qui consiste en diverses opérations de protection et de restauration de la nature, mais aussi à la relecture des textes relatifs à la gestion des ressources. En tout, quatre textes ont été conçus et adoptés :

1. La loi n° 86-42/AN-RM du 24 mars 1986 portant code forestier ;
2. La loi n° 86-43/AN-RM du 24 mars 1986 portant code de chasse et de conservation de la faune et de son habitat ;
3. La loi 86-46/AN-RM du 21 mars 1986 rendant obligatoire l'installation et l'utilisation d'un foyer amélioré et fixant le taux d'une taxe de défrichement ;
4. La loi n° 86-66/AN-RM du 26 juillet 1986 portant code de feu.

Ces différents textes ont eu une approche répressive de la protection des ressources naturelles avec l'alourdissement des punitions en cas d'infraction aux textes. Par rapport aux législations antérieures, les peines pécuniaires et les peines privatives de liberté ont parfois été doublées. Les trois dernières législations reflètent clairement la volonté de l'État de lutter contre l'effet négatif de l'action de l'homme sur les ressources naturelles. L'interdiction des feux de brousse et l'imposition du foyer amélioré permettront de diminuer les défrichements incontrôlés, les feux de brousse désordonnés, et de réduire la coupe de bois.

La troisième génération de législation au Mali en matière de gestion des ressources naturelles est apparue en même temps que les autres textes en vigueur : elle est le fruit de l'avènement d'un régime démocratique et de la poussée populaire qui l'a engendrée. Le durcissement des mesures de protection des ressources naturelles et les sanctions des textes de deuxième génération qui suivaient les infractions ont exercé des pressions sur la population rurale, dont le mode de vie est principalement basé sur l'exploitation de ces ressources. Ces pressions ont donné naissance à des tensions entre les services de protection de la nature et les exploitants. Ces tensions ont été exprimées non seulement au moment des événements du 26 mars 1991, mais aussi à la conférence nationale et aux consultations nationales ultérieures relatives aux paysans.

C'est suite à cette nouvelle donne que la capitalisation des expériences dans l'application des textes de 1986, la prise en compte des griefs du monde rural contre l'État et ses méthodes de gestion, les réflexions menées depuis la deuxième moitié des années 1980 et l'impératif de réalisation et d'application de l'État de droit après l'avènement de 1991, que de nouveaux textes juridiques sur la protection et la gestion des ressources naturelles ont été élaborés et adoptés. Ce sont ces législations des années 1990 qui constituent la troisième génération. Parmi ces textes, nous avons :

1. La loi n° 95-03/AN-RM du 18 janvier 1995 portant organisation de l'exploitation, du transport et du commerce du bois ;
2. La loi n° 95-04 AN-RM du 18 janvier 1995 fixant les conditions de gestion des ressources forestières ;
3. La loi n° 95-031/AN-RM du 20 mars 1995 fixant les conditions de gestion de la faune sauvage et de son habitat ;
4. La loi n° 95-032/AN-RM du 20 mars 1995 fixant les conditions de gestion de la pêche et de la pisciculture.

Cette génération de texte a moins mis l'accent sur les aspects ou l'instrument répressifs de la gestion des ressources naturelles. Elle a plutôt utilisé une approche managériale et mis l'accent sur la notion de gestion, d'aménagement, de participation et de responsabilisation des populations. Ces textes ont aussi anticipé et innové en prenant en compte la politique de décentralisation qui était à l'époque en cours de formulation. C'est ainsi par exemple que la Loi sur la Gestion des ressources naturelles (GRN) a prévu des domaines de ressources naturelles propres aux Collectivités territoriales.

Cette option a été largement confirmée plus tard par les textes organisant la décentralisation comme la loi n° 95-034/AN-RM du 12 avril 1995 portant code des collectivités territoriales, et la loi n° 96-050 AN-RM du 16 octobre 1996 portant principes de constitution et de gestion du domaine des collectivités territoriales (Diall 2000:4).

Encadré 1 : Appui technique et financier aux collectivités territoriales (CT)

Les moyens humains en cours de mise en place et les maigres allocations financières du Budget ne peuvent en aucune façon permettre, au-delà de leur lancement, la promotion des collectivités territoriales. La mise en valeur du patrimoine affecté ou cédé aux collectivités ainsi que la planification et la mise en œuvre du développement local et régional, constituent le véritable défi de la décentralisation. Un vaste programme d'appui technique et financier, dont les études ont été entamées depuis 1997, a fait l'objet de concertations et de validation en 1998 et 1999 par tous les acteurs concernés. Ce programme est financièrement appuyé par la plupart des partenaires au développement du Mali, mais principalement par la Coopération française, la Commission des communautés européennes, et le système des Nations unies, fortement impliqués déjà dans les expériences d'appui au développement local.

Il comprend d'une part :

1. Un dispositif d'appui technique, qui s'appuie sur un réseau de « Centres de conseils communaux » (CCC) ;
2. Un dispositif d'appui financier, pour la mise en œuvre duquel le Gouvernement a décidé de créer une Agence nationale d'investissements des collectivités territoriales (ANICT), doté d'antennes dans les diverses Régions.

Le programme vise directement le développement, au niveau des Communes, de leurs capacités de maîtrise d'ouvrage des investissements ainsi que de gestion des ressources financières pour leur développement.

1° Un CCC sera mis en place par Cercle, le réseau de Centres étant coordonné, au niveau national par une Cellule nationale de coordination (CNC), rattachée à la Direction nationale des collectivités territoriales (DNCT). Des Conventions de gestions des CCC sont passées entre la Cellule de coordination nationale, au nom de la DNCT, et un agent, public ou privé : ONG, structure de projet, bureau d'étude, association.

Trois fonctions principales sont assignées aux CCC :

1. L'appui à la maîtrise d'ouvrage du développement des collectivités territoriales : appui à l'élaboration d'un plan d'appui par la commune, intermédiation avec les prestataires de services ou appui direct en cas d'absence de ces prestataires, appui au montage des dossiers de financement de la commune. Il faut noter que le maître d'œuvre reste la commune

représentée par le maire, pour laquelle le CCC n'intervient que sur demande expresse ;

2. La gestion des programmes d'appui aux collectivités : gestion du programme national d'appui, intermédiation avec les partenaires, appui à la programmation et à la budgétisation ;
3. L'animation du dispositif d'appui technique : constitution, en relation avec d'autres CCC, d'un réseau de prestataires techniques, (dont les plus capables sont recommandés aux maîtres d'ouvrage), animations du Comité d'orientation local des appuis techniques.

Les opérateurs CCC sont des structures temporaires qui doivent disparaître après trois ans, terme jugé suffisant pour l'accompagnement des jeunes communes dans l'acquisition des compétences pour la maîtrise de gestion de leur développement. Une convention de collaboration lie l'opérateur CCC aux collectivités adhérentes. L'opérateur informe régulièrement les Délégués du gouvernement de ses activités.

2° La loi n° 0042 du 7 juillet 2000 porte création de l'Agence nationale d'investissement des collectivités territoriales (ANICT), qui est un Établissement public national à caractère administratif, doté de la personnalité morale et de l'autonomie financière.

Sa mission consiste, d'une part à gérer les subventions destinées aux investissements des collectivités territoriales et d'autre part, à garantir les prêts contractés par ces collectivités. L'ANICT est aussi chargée, entre autres, d'assurer la péréquation entre les différents budgets des communes. En plus de la dotation initiale de l'État, l'ANICT peut avoir des ressources d'origine variée :

État, Partenaires au développement, produits de placement, dons, legs… Des collectivités territoriales contribuent au fonctionnement de l'Agence, et apportent une contrepartie financière aux financements accordés par l'Agence[11].

En plus de ce programme direct d'appui aux collectivités territoriales, un autre programme, non moins indispensable est en cours de négociation, avec le FAC : il s'agit d'un financement d'appui au fonctionnement de l'Administration générale (hauts-commissariats et délégués), qui, comme souligné antérieurement, ne dispose que de moyens dérisoires pour assurer sa tutelle aux collectivités décentralisées.

Source : Tall E-H O. & Al. (2002:31).

S'appuyant largement sur le code domanial et foncier et sur les autres lois et décrets de la décentralisation, ces textes réglementaires définissent et répartissent ce qui touche les ressources forestières, faunique et halieutiques, le domaine national, en domaines de l'État, domaines des collectivités territoriales décentralisées et domaines des particuliers. Ils définissent également les principes généraux de la gestion et de l'exploitation de la ressource en énonçant les mesures de protection et de conservation ainsi que les modalités et conditions d'exercice des droits d'usage (défrichement, chasse, pêche, commercialisation etc.). Les décrets d'application s'y référant précisent les conditions de classement et de déclassement des réserves[12], la composition et le fonctionnement des conseils de gestion[13] ou fixent les conditions d'exercice des droits conférés par des titres d'exploitation ou d'usage[14].

La loi n° 95-004 fixant les conditions de gestion des ressources forestière, conformément au CDF répartit le domaine forestier national en :

- Domaine forestier de l'État ;
- Domaine forestier des collectivités territoriales décentralisées ;
- Domaine forestier des particuliers.

L'État, la collectivité territoriale décentralisée et les particuliers sont astreints à prendre des mesures de protection des ressources forestières chacun dans son domaine. La délivrance des titres d'exploitation des produits forestiers est faite par l'autorité compétente dont relève le lieu d'exploitation. Aussi le domaine forestier national est-il composé de domaine forestier classé et domaine forestier protégé.

Figure 6 :

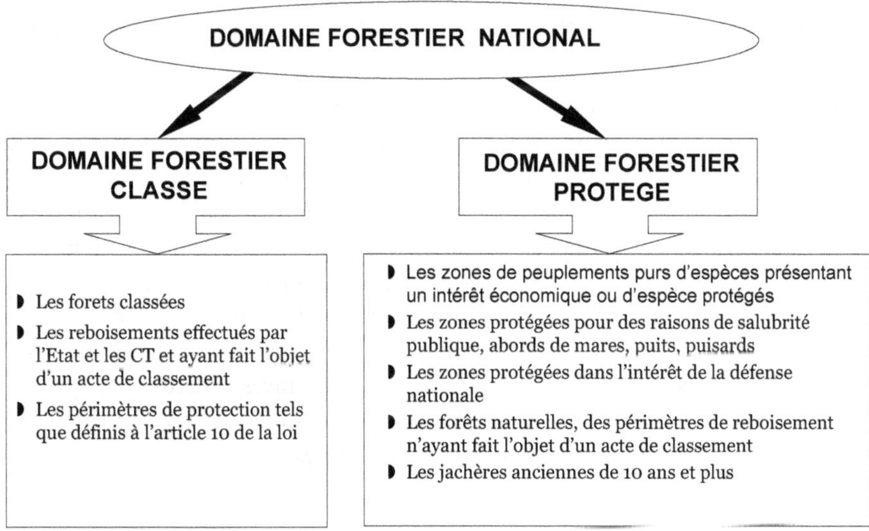

Source : World Vision (2007). Rapport final de l'Atelier sur la gestion participative des ressources naturelles agro-sylvo-pastorales, Bla, 28 au 29 juin.

La décentralisation : un instrument de développement et/ou de renforcement de l'individualisme ?

L'ON, l'équation du développement et de l'extension des aménagements

Selon les officiels de l'ON, cette entreprise est un pionnier en matière de décentralisation. Selon eux, l'ON décentralisait déjà en mettant en œuvre le contrat plan, qui représentait une première étape en attendant de trouver une structure de gestion efficace et bon marché. Aux termes du contrat plan, la gérance des terres irriguées était confiée à l'ON. Depuis la restructuration, l'ON se divise en six zones de production qui sont : Massina, Niono, M'Bewani, Molodo, N'Débougou et Kroumari. Les zones de production sont « chargées de la mise en œuvre des activités ayant fait l'objet de plan et de programmes approuvés par le conseil d'administration »[15]. Jouissant de l'autonomie de gestion, elles sont compétentes pour la perception directe des redevances d'eau et son utilisation pour les besoins d'entretien du réseau secondaire et la couverture des frais généraux de la zone et du siège.

Chaque zone a une direction divisée en trois services :

1. Les services gestion de l'eau s'occupent de l'irrigation et du drainage ;
2. Les services conseil rural ont une mission d'appui conseil auprès des producteurs et de leurs organisations ;
3. Le service administratif et financier assure les tâches de gestion administrative et financière.

Dans le cadre du foncier et de la décentralisation territoriale, le décret de gérance prévoit que l'ON pourra confier par convention aux communes certaines fonctions de gestion des terres[16]. Dans le décret de gérance, il est reconnu aux occupants des terres des indemnités de déguerpissement lors de l'immatriculation des terres[17]. Sur les terres affectées, l'État a reconnu les droits coutumiers. Les opérations d'immatriculation sont à la charge de l'État et non de l'ON. Sur ces terres aménagées, les collectivités territoriales pourront se constituer des domaines suite à une convention passée avec l'Office du Niger. Malgré ces pouvoirs organisés, selon Traore (2008), l'Office du Niger connaît de graves difficultés de gestion foncière imbriquant des choix politiques peu perceptibles par les populations et des questions de développement des zones aménagées.

Le système de gestion des ressources en eau

À l'Office du Niger, il y a quatre acteurs principaux : l'État/(les bailleurs de fonds), l'Office du Niger, les communes et les agriculteurs.

Dans la région de l'Office du Niger, existent deux catégories de ressources en eau : l'eau du barrage de Markala drainée vers les parcelles irriguées et celle des forages faits par les différents partenaires de développement. La deuxième catégorie est gérée par la mairie[18] et les populations elles-mêmes, tandis que la première catégorie est gérée par l'Office du Niger, car les terres et l'eau qui les alimente sont aménagées par lui et lui appartiennent de surcroît. Les réseaux d'irrigation de l'Office sont divisés en réseaux primaires (le canal de Massina, le canal du Poste Ongoiba et le canal du Sahel), secondaires, tertiaires et quaternaires. Les réseaux primaires sont entretenus par l'État. Chaque année, un programme d'entretien est élaboré par le Service d'entretien du réseau primaire (SERP) pour une bonne alimentation des réseaux secondaires. Les réseaux secondaires d'irrigation et de drainage sont pris en charge par l'Office du Niger. Les réseaux tertiaires sont exploités et entretenus par les paysans. Une structure appelée Organisation de l'entretien du réseau tertiaire (ORT) a été créée pour l'entretien des arrosoirs. Ces ORT sont à leurs débuts (deux ans d'existence) et il est difficile de les évaluer pour le moment.

À l'égard du financement de l'entretien des réseaux primaires, le compte État est insuffisant. Une partie des redevances (50 %) est donc utilisée pour compléter le compte État. L'Office du Niger est donc le gestionnaire principal des espaces irrigués. Les trois services (gestion eau, le conseil rural et le financier) de chaque zone s'occupent du suivi et de l'évaluation des activités. C'est parce que les paysans gèrent mal les parcelles et l'eau que des Comités paritaires de gestion des terres (CPGT) et des Comités paritaires de gestion des fonds d'entretien du réseau secondaire (CPGFERS) ont été créés dans les différentes zones. Ces comités de gestion sont composés par des agents de l'administration de l'Office, des délégués[19] et des représentants des paysans qui sont élus par eux-mêmes, des villages aux casiers. Chaque casier a deux représentants aux comités. Ces comités proposent un programme annuel d'entretien des réseaux. Ces programmes sont analysés, approuvés et entérinés par le conseil d'administration. Une fois que les programmes sont approuvés, les comités et l'ON se chargent de la bonne gestion des ressources. Selon un responsable technique de l'ON, « c'est dire que les paysans, à travers leurs représentants élus par eux-mêmes, participent à toutes les étapes jusqu'à l'établissement du bilan d'entretien des réseaux. Ils sont aussi informés du montant du dernier fonds d'entretien ». L'ON octroie des contrats d'exploitation aux paysans qui doivent s'acquitter annuellement des redevances d'eau[20].

Le processus de développement et de privatisation à l'ON :

Pour les représentants des associations paysannes, vu le danger que courent les exploitations agricoles familiales, une implication de l'État dans la politique du développement de l'Office serait nécessaire. Selon, eux, la dynamisation des exploitations familiales de l'ON ne peut aboutir sans l'implication réelle et profonde des organisations paysannes dans la gestion de l'Office. À terme, les paysans, à travers leurs organisations représentatives, voudraient la cogestion paritaire de l'ON avec l'État (Boly 2008).

Vers la participation accrue des populations au processus du développement

À côté des différents modes d'association de la population rurale que nous avons analysés dans les chapitres précédents, on assiste de plus en plus, au Mali en général et à l'ON en particulier, à la participation des populations à travers les différentes politiques du gouvernement à des travaux d'infrastructures rurales irriguées. Avant d'aborder ces aspects, nous examinerons la situation des transferts de compétences entre l'État et les collectivités territoriales.

Les transferts de compétences État-collectivités territoriales

Traoré (2008) a effectué un travail remarquable sur cette question de transfert des compétences. Selon lui, il aura fallu plus de quatorze ans pour amorcer le processus des transferts. À cet effet, une commission interministérielle de transferts des compétences logée au ministère de l'Administration territoriale et des Collectivités locales a été créée. Le début des travaux a permis de comprendre réellement les mécanismes, les résistances et les contraintes liées au processus de transfert. Pour le moment, des transferts en matière de santé, d'éducation et d'hydraulique sont en cours. Ce sont le décret n° 02-314/P-RM du 4 juin 2002 pour la santé ; le décret n° 02-313/P-RM du 4 juin 2002 pour l'éducation et celui n° 02-315/P-RM du 4 juin 2002 pour l'hydraulique qui ont amorcé le processus. Mais les compétences transférées diffèrent selon les collectivités territoriales. Pendant qu'elles réservent au fond une place importante aux infrastructures collectives comme les écoles, la santé, les parcs de bétail, les marchés etc., elles confèrent à des collectivités des pouvoirs autonomes de gestion dans les matières transférées.

Par ailleurs, l'institutionnalisation de l'intercommunalité à travers la coopération entre les collectivités du même genre comme les communes, permet de mettre en synergie des moyens, des intelligences pour bien gérer des questions complexes ou difficiles. Ainsi, le processus de décentralisation amorcé en 1992 avec les premiers textes relatifs aux collectivités territoriales, connaîtra une accélération avec la nouvelle loi d'orientation agricole (LOA). Ce texte de loi vient renforcer et clarifier les compétences partagées de l'État avec les collectivités territoriales dans le domaine agricole. La création d'un FNDA (Fonds national de développement agricole) (LOA art. 121) s'insère parfaitement dans l'appui que l'État doit apporter aux collectivités territoriales. Dans le même ordre, l'État prévoit d'accorder des dons, legs et des subventions aux exploitants agricoles et à leurs organisations pour leur permettre d'accéder à des services agricoles de base, comme la recherche et le conseil agricole adaptés à leurs besoins (ibid.). Par ailleurs, un Fonds national des risques et des calamités agricoles (FNRCA) a aussi été créé (*ibid.* Art. 58).

La loi d'orientation agricole constitue ainsi un cadre d'action de concertation de l'État avec les collectivités territoriales, les organisations paysannes et le secteur privé en matière agricole. Cette indispensable implication des uns et des autres, affirmée par le législateur, signifie l'existence de responsabilité partagée dans le cadre d'actions concertées (Traoré 2008). Par ailleurs, depuis longtemps, au-delà des politiques de l'État, les populations rurales, à travers des associations et des ONG, ont toujours été impliquées dans l'aménagement du territoire et l'organisation des activités rurales dans les campagnes.

Une participation accrue de la population

Les populations se préoccupent de plus en plus de leurs terroirs et participent de plus en plus au développement de leurs collectivités territoriales.

A La participation des populations à la réalisation d'infrastructures

Sur la base de ce que nous avons vu dans les deux chapitres précédents, la participation des populations à la réalisation d'infrastructures et d'équipements collectifs est très ancienne au Mali. Dans un premier temps, il s'agissait de « travaux forcés » pendant la période coloniale, comme lors de la construction du barrage de Markala. Dans un deuxième temps, ce fut la participation au lendemain de l'indépendance, qui était qualifiée à l'époque « d'investissement humain ». La différence avec la première est qu'elle était plus volontaire, même si on pouvait retrouver des aspects coercitifs dans l'organisation et l'exécution des chantiers de l'époque : la route de Guinée, ou encore les champs collectifs généralisés à travers le pays. Pendant les années 1970, ce sont les chantiers dits de « Haute intensité en main-d'œuvre » (HIMO) qui ont pris la relève, sous l'égide des services techniques des ministères chargés du Plan et ont continué, avec plus ou moins de succès, jusqu'aux années 1980.

Ce n'est que dans les années 1980 que la participation villageoise à l'aménagement des terres irriguées s'est effectivement développée à partir de deux grands foyers :

- Le premier est constitué par les périmètres de submersion contrôlée et les PPIV du Nord, comme réponse aux aléas de la sécheresse et à l'insécurité alimentaire dans le cadre d'un Programme d'urgence et de reconversion de l'aide humanitaire de la communauté internationale en aide-projet.
- Le deuxième est constitué par les casiers aménagés de l'Office du Niger, dont le programme de réhabilitation, après de fortes sensibilisations et concertations internationales, a démarré avec le projet ARPON[21] (Tall 2002:35).

À l'Office du Niger à cause de l'insuffisance des terres irriguées, les paysans ont recours à des aménagements souvent sommaires dans les hors-casiers. Cette pratique est courante à l'ON depuis longtemps. Mais la pratique récente des aménagements hors casiers constitue une solution partielle à la crise aiguë et permanente des terres irriguées due au développement croissant de la population flottante riveraine des aménagements, ainsi qu'à la baisse continue des superficies attribuées à chaque famille, à cause de l'augmentation naturelle des exploitations déjà installées en irrigation. Aux aménagements spontanés, faits essentiellement grâce à l'investissement physique des villageois, ont succédé des aménagements réalisés après étude et supervision et financés en prestations de service de l'ON aux villageois.

Par ailleurs, en dehors de ces aménagements hors casiers, c'est à partir de 1984 que le projet ARPON, a intégré au modèle d'aménagement de l'ON des éléments significatifs de participation des bénéficiaires sous forme de travail physique aux travaux de réhabilitation des casiers anciennement aménagés. Dans les casiers réhabilités du projet ARPON, le préplanage/surfaçage a été uniquement effectué aux endroits des buttes, des sols accidentés et de forte contre-pente. La finition et les digues de compartimentage ont été faites par les paysans eux-mêmes. Depuis 1996, le degré de participation des bénéficiaires aux travaux d'aménagement ne cesse de progresser, ce qui aboutit aujourd'hui à la règle de participation minimale consistant, pour le bénéficiaire, à prendre en charge le coût en nature et/ou en espèce non seulement de l'aménagement quaternaire, mais de plus en plus, de l'aménagement tertiaire.

L'étape actuelle, selon Tall (2002), est une intégration par transformation des hors-casiers en casiers aménagés dans le cadre du programme d'extension des terres irriguées de l'Office. Les expériences qui ont été menées à Bewani montrent qu'il est possible d'améliorer des domaines pour le niveau actuel de participation exigé. Elles aboutissent à un aménagement de qualité. La participation accrue des bénéficiaires aux coûts d'aménagement et l'après-réalisation de l'entretien des périmètres nous amènent, en même temps qu'au problème de la viabilité des petites exploitations créées, à celui du statut de ces terres du point de vue de l'appropriation. Toujours selon Tall, l'approche de réhabilitation progressive, avec la participation des exploitants des casiers de l'ON, a permis de doubler les rendements, qui sont passés de 2 à 4 t/ha environ en culture d'hivernage grâce aux mesures correctives prises au fur et à mesure sur le plan technique c'est-à-dire sur le plan de l'efficacité du réaménagement, et aussi, sur le plan de l'exploitation intensive[22].

La participation paysanne à la réalisation des aménagements a beaucoup évolué aujourd'hui en zone Office du Niger. En plus du planage et des compartimentages des diguettes (parcellaire), ce sont même les creusements des arroseurs et des drains (tertiaire) qui sont exécutés par les paysans. Pour les réaménagements, qui viennent d'être financés, de Sokolo et Molodo, la participation financière minimale prévue pour les futurs bénéficiaires est de l'ordre de 110 000 F CFA/ha. Le niveau de participation ainsi atteint, qui n'était que prôné il y a quelques années, est devenu actuellement une règle incontournable pour la poursuite de la mise en œuvre du programme d'extension de l'Office du Niger (Tall 2002).

Le fait que le potentiel élevé de ressources en eau et en sols, la priorité de l'option de maîtrise totale de l'eau pour le développement agricole, soient aujourd'hui concrets, ainsi que la décentralisation, qui ouvre des possibilités énormes à la responsabilité et aux initiatives locales, ont permis de faire de la participation accrue des bénéficiaires le principe directeur de l'appropriation des interventions dans la nouvelle politique d'investissement définie par la Stratégie nationale de développement de l'irrigation (SNDI). La participation significative des bénéficiaires aux coûts d'investissements devrait cependant être en harmonie avec les capacités d'autofinancement des exploitants et des communautés concernées, qui devront toujours continuer à bénéficier du soutien de l'État, pour la prise en charge par celui-ci « des infrastructures d'intérêt général », dont le coût est excessif pour les exploitants concernés. Pour la répartition des charges des investissements des périmètres irrigués entre l'État et les bénéficiaires, dans le document de la SNDI, trois cas de figure sont distinctement prévus :

- Les périmètres communautaires réalisés seulement à la demande des bénéficiaires : l'État se charge d'aménager les réseaux primaires, secondaires, et tertiaires ainsi que les travaux de dessouchage et planage difficiles. Les bénéficiaires se chargent du parcellaire, ainsi qu'éventuellement du remboursement d'une fraction des coûts d'aménagement.
- Les périmètres privés : les coûts d'aménagements sont supportés par l'État et les entrepreneurs privés, promoteurs. En général l'État supportera les coûts de réalisation des infrastructures primaires, dont tout ou partie sera remboursé par le promoteur.
- Les périmètres en location-vente : aménagés totalement par l'État, et rétrocédés à des catégories particulières de promoteurs sans assise financière, en contrepartie du paiement d'un loyer en recouvrement partiel des investissements réalisés.

Le Programme national d'infrastructures rurales (PNIR) et la Stratégie nationale de développement de l'irrigation (SNDI)

La stratégie nationale de développement de l'irrigation s'inscrit bien dans le cadre des autres politiques et stratégies du gouvernement et vise à établir la base d'un programme d'investissement durable à long terme dans le domaine de l'irrigation. Compte tenu de l'importance de l'enjeu, le gouvernement a entrepris la mise en place d'un vaste programme appelé Programme national d'infrastructures rurales (PNIR) en coopération avec la Banque mondiale. La première phase de ce programme testera par des applications concrètes, la nouvelle politique d'investissement et les mécanismes de mise en place d'infrastructures d'irrigation viables : 1° par une participation de l'État au coût d'investissement des infrastructures (notamment primaires) ; 2° par un transfert des responsabilités de développement des infrastructures tertiaires et/ou secondaires aux opérateurs privés (paysans ou grands entrepreneurs) qui s'installent dans l'irrigation ; 3° par un transfert total des responsabilités des coûts d'exploitation et d'entretien aux bénéficiaires.

Le PNIR testera la mise en place des trois catégories de promoteurs prévus dans le cadre de la nouvelle politique d'investissement :

- Pour les communautés villageoises, les superficies des périmètres à créer seront limitées à trente hectares, pour en faciliter la maîtrise locale. Ces périmètres ne seront développés qu'à la demande, avec une responsabilité contractuelle accrue des bénéficiaires à la conception, à l'aménagement, à l'entretien et à l'exploitation intensive et durable du périmètre. Des programmes conséquents de formation seront menés dans des domaines de la programmation, de la gestion, de l'entretien, de l'accès aux facteurs de production et aux marchés.

Les opérateurs privés impliqués dans les prestations de services en irrigué seront soutenus en vue d'améliorer leurs performances. La participation des exploitants villageois à ces projets de petite irrigation communautaire est cependant limitée aux travaux manuels de construction de l'infrastructure tertiaire et de planage du parcellaire, l'exploitation procurant peu ou pas de marge d'autofinancement après l'autoconsommation et la prise en charge des frais d'exploitation et d'amortissement, des groupes motopompes, périmètres de location-vente, destinés à des catégories spécifiques de candidats-promoteurs sans assise financière initiale, seront entièrement aménagés par l'État. Les exploitants remplissant les critères, qui seront installés sur ces périmètres rembourseront les coûts d'investissements des infrastructures secondaires et tertiaires préfinancées par l'État moyennant le paiement d'un loyer annuel dont les recettes alimenteront un Fonds national d'aménagements agricoles qui sera créé. L'objectif de ce Fonds sera de permettre de réaliser de nouveaux aménagements, de venir en complément des ressources des bailleurs de fonds destinées à l'irrigation. Il pourrait être alimenté par plusieurs autres sources : emprunt national, taxes foncières des périmètres privés, une partie des redevances des périmètres communautaires, etc.

- Pour les investisseurs privés qui disposent de ressources suffisantes personnelles ou bancaires et qui veulent s'installer sur des terres irrigables en zone Office du Niger, les coûts d'aménagement seront endurés par l'État, pour ce qui est de l'infrastructure primaire, et sur leurs ressources propres en ce qui concerne les infrastructures secondaire et tertiaire et le planage.
- Pour les périmètres de location-vente et ceux des investisseurs privés, des modes d'appropriation sont déjà envisagés :

  Les locations-ventes : les acquéreurs pourront bénéficier d'un titre de propriété intégrale de leur terrain dès qu'ils auront assuré le remboursement total des frais de loyers dus à l'État.

  Les entrepreneurs privés : c'est la formule de bail avec promesse de vente qui est en cours d'instruction, notamment par l'Arrêté ministériel de mise en application du Décret de gérance de l'ON, qui inclut déjà dans ses dispositions la possibilité de baux emphytéotiques et ordinaires comme mode de faire-valoir. Dans ce cas, le bailleur donnerait au preneur un titre définitif de propriété dès que ce dernier réalisera, dans les délais conformes, les investissements contractuels prévus dans le contrat de bail[23].

La gestion décentralisée des ressources et l'intercommunalité

Dans la gestion des territoires des collectivités locales, au-delà de la délimitation qui peut réveiller des conflits latents, surtout dans des communes où le découpage communal a été musclé, l'enjeu principal réside dans la cogestion (ou du moins la délégation) de certains pouvoirs devant impliquer les collectivités et les organisations professionnelles de producteurs, auxquelles a été conférée, depuis les années 1990, une capacité à s'organiser en tant que responsables de leur propre développement.

Dans la situation actuelle, la gestion foncière parapublique ne porte ses fruits que dans le grand périmètre de l'Office du Niger, où les exploitants, avant même la généralisation du « Permis d'exploitation agricole », semblent bénéficier d'une sécurité foncière élevée permettant l'exploitation viagère des parcelles attribuées à la famille actuelle et sa descendance et/ou ses collatéraux reconnus, à condition de respecter les clauses d'intensification du cahier des charges et l'obligation de redevance hydraulique (Tall 2002).

La gestion des ressources agro-sylvo-pastorales est une gestion d'espaces voisins et complémentaires comportant des activités de production différentes exercées par des groupes de producteurs spécialisés. La gestion des ressources naturelles, l'accès à ces ressources et leur exploitation exigent, dans le contexte de la décentralisation, une démarche intercommunale, basée sur un système transparent de relations socio-économiques de gestion et d'utilisation de l'espace à des fins multiples.

Depuis son démarrage en 1997, avant même la mise en place des collectivités, le Projet d'appui au développement local (PADL) a expérimenté et testé la mise en place, aux échelons « communal » et « intercommunal », d'instances villageoises et locales qui, grâce à l'accompagnement du projet, ont acquis des compétences pour l'identification, la planification, le suivi de la réalisation et la gestion d'investissements de développement, avec la participation de l'ensemble des bénéficiaires. Ainsi, le PADL a mis en place et soutenu plusieurs ensembles intercommunaux répartis sur trois cercles entre Gourma Rharous et Ansongo. Dans la vallée et sur les deux rives du fleuve (Gourma et Haoussa), treize ensembles concernent vingt communes, dont la commune urbaine de Gao. Certains de ces ensembles relèvent de plusieurs communes, le découpage étant plus d'ordre socio-économique qu'administratif. Un Comité de suivi intercommunal (CSI), chargé de la programmation et de la mise en œuvre des investissements intercommunaux (maîtrise d'ouvrage) et des Comités paritaires intercommunaux (CPI), chargés d'approuver les programmes et d'en décider le financement, ont été mis en place pour chaque ensemble intercommunal.

Ces réseaux d'instances locales, appuyés sur des prestataires locaux de services, sont déjà expérimentés en maîtrise d'ouvrage d'investissements communs ; ils constituent un atout pour les nouvelles collectivités territoriales et l'émergence du dispositif national d'appui technique et financier envisagé pour leur consolidation. Dans cette mobilisation des populations pour leurs propres entreprises, celles-ci ont déjà entamé l'apprentissage des compétences communales en matière de planification et de maîtrise d'ouvrage d'investissements communs. Les communes doivent profiter de ces capacités locales et, en concertation et en collaboration avec elles, chercher à exécuter leur mandat d'élus. Mais l'on se trouve déjà devant des situations de conflits où des maires, pour la mise en place de projets d'investissements, considèrent de leur seul ressort légal la planification des investissements, alors que les organisations villageoises (OP) ayant participé à l'expression des besoins et au montage des dossiers pensent qu'il s'agit plutôt d'un aboutissement de leurs affaires. Dans tous les cas, nous pensons que la maîtrise des ouvrages (d'infrastructures sociales ou socio-éducatives, ou d'équipements communautaires) et des investissements destinés à l'amélioration des conditions d'agriculture ou d'élevage – donc, à caractère associatif – doit être sous contrôle des communes ou des organisations de producteurs d'un village. Il est important, en cette phase d'apprentissage des collectivités territoriales, que s'installe un véritable jeu démocratique, basé sur le partenariat, les négociations, les arbitrages, la détermination consensuelle des priorités, etc. entre les communes et les communautés villageoises qui ont mis en place ces collectivités. Les institutions locales de résolution des conflits doivent être encouragées car le recours systématique à l'administration générale et/ou judiciaire a montré ses limites et contribué, dans de nombreux cas, à exacerber les crises. Il y va de la consolidation de l'assise des collectivités territoriales dans la gestion de leur mandat, et de leur développement économique et social. Au-delà des conflits provenant des coopérations entre les collectivités territoriales et les différentes institutions qui les composent, des conflits découlant des diverses formes de transaction se développent aussi bien dans les régions urbaines qu'à la campagne, même si l'évolution est relativement lente dans certaines régions.

Les politiques agricoles et la création des collectivités décentralisées ont favorisé la concurrence et l'apparition de transactions foncières monétarisées qui promeuvent l'esprit d'individualisme dans les grandes familles de certaines communes du pays.

Notes

1. La décentralisation adoptée dans la constitution de 1992 et mise progressivement en œuvre avec la création en 1997 de 682 communes rurales, les premières élections locales en 1999, puis en 2004 de nouvelles élections pour le renouvellement des équipes municipales dans 702 communes rurales et urbaines.
2. Article 97 de la Constitution de la IIIe République du Mali.
3. *Ibid.* article 98.
4. Loi n° 02-006/ du 31 janvier 2002 portant code de l'eau.
5. Ces tests sont nombreux, nous nous bornerons à citer la loi n° 91-047 AN-RM du 23 février 1991 relative à la protection de l'environnement et du cadre de vie et son décret d'application.
6. L'aménagement, l'organisation de l'espace et des ressources naturelles, y compris le foncier ; l'organisation des activités agropastorales ; le développement de l'hydraulique rurale et pastorale ; la conservation et gestion des ressources naturelles et de l'environnement ; la promotion des activités économiques dans les divers secteurs et sous-secteurs. (Voir Article 11 de la loi n° 96-050 du 16 octobre 1996 portant principes de constitution et de gestion du domaine des collectivités territoriales)
7. Décret n° 02-314/P-RM du 4 juin 2002 fixant les détails des compétences transférées de l'État aux collectivités territoriales des niveaux communes et cercles en matière de santé.
8. Décret n° 02-313/P-RM du 4 juin 2002 fixant les détails des compétences transférées de l'État aux collectivités territoriales en matière d'éducation.
9. Décret n° 02-315/P-RM du 4 juin 2002 fixant les détails des compétences transférées de l'État aux collectivités territoriales en matière d'hydraulique rurale et urbaine.
10. Des chantiers restent encore peu avancés dans les domaines de la gestion administrative des collectivités, des ressources naturelles et du développement économique.
11. Quand il s'agit de l'éducation ou de la santé, la commune ne paie pas de contrepartie. Quant aux autres secteurs de développement, les pourcentages des contreparties des communes se présentent comme suit : l'hydraulique : 3 % ; l'équipement marchand (la construction de marché) 10 % ; l'équipement structure (comme construction de mairie ou autre) 15 %, etc.
12. Le décret 96-010/P-RM pour les réserves piscicoles.
13. Le décret 97-057/P-RM pour les conseils de pêche.
14. Le décret 97-052/P-RM pour les titres de chasse.
15. *L'Office du Niger aujourd'hui*, p. 10.
16. Article 7 du décret de gérance de l'ON.
17. *Ibid.* Article 5.
18. Il faut noter que les communes sont une création récente et que, les terres appartenant à l'État et surtout à l'Office, les communes n'ont pas de terres ; c'est l'Office du Niger qui doit leur donner des terres, souvent avec l'approbation de l'État. Des terres reçues de l'Office, des permis d'occupation sont octroyés aux habitants par la mairie.
19. djibrilmale@hotmail.com ; momosarr85@live.fr
20. Nous analyserons ces contrats dans les sections suivantes.
21. Un appui de la Coopération hollandaise.
22. Suivi de mesures d'accompagnement : formations, fournitures de semences sélectionnées et d'équipements agricoles à crédit, etc.
23. Projet d'arrêté ministériel élaboré par le MDR.

4

La dynamique des transactions foncières dans le bassin du fleuve Niger[1]

Comme nous l'avons vu au chapitre II, la société bamanan malinké est une société hiérarchisée autour des droits sur la terre. Nous avons aussi montré que la propriété était communautariste et non individuelle. Malgré cela, il existe dans la vallée du fleuve Niger des formes de transaction foncière différentes, qui évoluent depuis l'indépendance. Quand nous parlons de transactions foncières, nous entendons : l'ensemble des négociations et des échanges autour du foncier, c'est-à-dire autour de l'accès à la terre[2]. Jadis, ces transactions ne se faisaient pas toujours pour des gains matériels. Elles se faisaient entre membres d'une même famille, entre membres de deux familles différentes, entre autochtones et allochtones et entre deux familles ou communautés. La plupart du temps, ces transactions, sous forme de contrat sur les terres, constituaient par principe un mode d'intégration sociale, car la terre était sacrée ; elle se louait et se prêtait mais ne se vendait pas.

Mais à côté de cette tradition, nous verrons que les transactions ont évolué au fil du temps pour des raisons diverses. Elles ne se limitent plus au côté non marchand qui caractérisait le prêt foncier traditionnel, mais touchent à l'aspect financier ou commercial des négociations, même si, dans certaines régions rurales reculées, ce dernier aspect semble encore jouer un rôle secondaire. Aussi désignent-elles, le plus souvent, l'objet et le résultat de ces négociations, qui expriment ainsi un accord de volonté entre deux ou plusieurs parties distinctes sur un sujet précis. Nos recherches de terrain se sont effectuées dans les cercles de Koutiala (N'Pèssoba), Bla (commune rurale de Bla) et Macina (commune de Macina). La commune de Bla et celle de N'Pèssoba se trouvent respectivement dans les régions cotonnières de San et de Koutiala. Dans toutes ces localités, l'occupation de l'espace procède pour les autochtones d'un droit de première occupation, et pour les immigrants, du prêt, du métayage, ou de la location. Les terres de culture sont donc réparties entre les différentes familles lignagères autochtones, au sens de la coutume[3]. De l'analyse des informations recueillies sur le terrain, il ressort que le foncier s'obtient par succession au sein d'un lignage, par prêt, location, ou achat-vente, ce dernier modèle étant récent. Nous allons étudier les formes de transaction foncière, dans les régions CMDT du bassin (Section I) puis dans les zones Office du Niger (Section II).

Les formes de transaction dans la zone CMDT : cas de Bla

Dans la commune de Bla, les principaux acteurs des transactions foncières sont les autochtones détenteurs de réserves foncières (lignages fondateurs des villages) et les allochtones demandeurs de terres cultivables (communautés étrangères, agents de la fonction publique et des projets de développement). Les intermédiaires interviennent entre les principaux acteurs dans les prêts, le métayage et la location. Tout comme les propriétaires de terre, les intermédiaires sont des autochtones résidant à Bla. Ils disposent d'informations sur l'ensemble des terres cultivables et non défrichées. Ils servent d'interface entre les demandeurs de terres et les autochtones propriétaires de terres. Leur activité est informelle et leur rôle consiste à conseiller les nouveaux acteurs sur les sites : accessibilité, hospitalité des habitants, type de terre recherchée, démarche à effectuer. Aussi servent-ils de témoins lors des transactions foncières.

Les jeunes sont les principaux acteurs des transactions foncières, surtout monétarisées. Cela découle du changement des mentalités. En effet, il est fréquent de voir des jeunes, héritiers de lignages fondateurs, prêter ou louer des parcelles à d'autres jeunes issus de familles migrantes[4]. L'administration et les services techniques sont rarement sollicités, sauf pour la résolution des conflits, la formalisation ou la délimitation des superficies.

Dans les zones étudiées, trois formes de transaction ont été observées : la succession, le prêt et la location.

La succession sur les terres et le prêt

Ces formes de transactions sont les plus usitées dans les zones cotonnières de la CMDT de la vallée du fleuve Niger, dans les communes rurales ou urbaines. Mais nous les rencontrons aussi à des degrés réduits dans les zones Office du Niger.

La succession

Comme nous l'avons montré tout au long de cette étude, la terre est essentiellement un bien de subsistance, que l'on a affecté pour cette raison aux responsables des unités domestiques, les fa. L'adolescent ou l'homme célibataire pourra le plus souvent disposer d'une parcelle individuelle, mais la majorité des terres est destinée aux chefs de clan (le *fa* patriarcal) ou aux chefs de maisonnée et de foyer (le *fa* familial) qui ont la charge d'entretenir leurs familles et dépendants. En effet, en fonction du degré de cohésion et d'unité des groupes domestiques, il existe différentes catégories de champs : individuel, du ménage, du segment lignager, de la grande famille patriarcale ou *Kabila*, etc. (Verdier 1986).

Ainsi, le *fa*, doyen du lignage qui était chargé de la gestion foncière et de tout ce qui y était lié, pouvait louer les terres, les donner en gage, les prêter. Mais contrairement à ce que Monteil a avancé : « il (*fa*) peut les (terres) louer, les donner en gage, les vendre », les terres ne pouvaient être vendues, pour les raisons déjà avancées. Cette idée d'affectation s'oppose à l'idée d'*héritage* de la terre au sens occidental : il ne s'agit pas pour l'individu d'acquérir un bien propre dont il peut jouir et disposer librement. Il s'agit, pour un membre du groupe, de succéder aux droits d'usage et d'exploitation d'un parent, qu'il remplace dans ses fonctions. L'on parlera donc, non pas d'*héritage* de la terre, mais plutôt de *succession* aux droits sur la terre, dans la mesure où leur transmission va de pair avec la reconnaissance d'un statut propre à leurs détenteurs. Au sein d'un lignage, lors du décès du *fa*, il était procédé à la succession selon la coutume.

Par ce système de succession, « la propriété » coutumière permet à l'ayant-droit d'exploiter la terre à des fins de production. Cette propriété coutumière permet aux titulaires des droits d'exercer tous les actes de droits sur la terre, qui est inaliénable, donc non vendable. Les appropriations des terres dans les trois localités étudiées sont le fait de familles fondatrices qui jouissent de l'espace depuis la fondation des différents villages des différentes communes. Ainsi, chaque famille détient une zone délimitée sur laquelle elle peut cultiver des parcelles ou les donner en prêt aux allochtones.

Si jadis, l'accès au foncier pour les descendants des familles fondatrices était assuré à cause de l'étendue des superficies familiales, aujourd'hui, à cause de la démographie, des aléas climatiques, des migrations, les terres commencent à se faire rares. Par ailleurs, on assiste de plus en plus au morcellement des domaines lignagers, consécutivement à l'agrandissement et à la dislocation des exploitations familiales. À Bla, par exemple, certaines familles *Kabila* fondatrices se sont divisées en dix voire en vingt familles *Gwa*. Ce qui entraîne une saturation progressive de certains domaines lignagers et, par conséquent, l'apparition de conflits fonciers familiaux ; car à Bla, les familles Tangara, Mallé et Sanogo sont les plus nanties en terres cultivables[5].

À côté des formes lignagères d'accès à la terre par succession, il existe d'autres modalités d'accès aux droits de culture sur les terres, comme le prêt.

Le prêt

Le prêt est un contrat par lequel une personne transmet à une autre l'usage d'un bien pendant un certain temps (Bernard 1975), à charge pour celui-ci de restituer en nature ou en valeur. Dans le droit mandingue en général (Traore 1991:184) et bamanan en particulier, au sein d'une famille, il est possible de procéder à la donation de terre, mais à titre précaire à cause du caractère sacré, collectif et indivis de la terre. Le prêt est un mécanisme par lequel un acteur du foncier (individu, famille ou village) négocie et obtient d'un autre acteur, le droit d'exploiter à titre non définitif, une parcelle de terre. Selon la conception des autochtones, le prêt confère à son titulaire le droit d'exploiter la terre sans plus. Ces donations se font sous forme de prêts : gratis ou onéreux. Ce sont des actes que Le Roy (1982) appelle « contrat d'hospitalité ».

– Le prêt gratis

Cette catégorie de transaction gratuite désigne le droit d'exploitation d'un lopin de terre accordé par un maître foncier à un individu. Contrairement au Waalo ou au Jeeri au Sénégal où, parmi les bénéficiaires, il y a d'anciens captifs (Traore 1991), dans la partie du bassin concernée par notre étude, les bénéficiaires sont des amis, des parents ou des étrangers établis temporairement ou non dans les villages. Lorsque des étrangers s'y installent et fondent des foyers en épousant des filles de la contrée, c'est le *djatigi* ou chef de famille, qui avec la permission du chef de terre donne (prête) à un moment déterminé une parcelle sur laquelle il sera possible de cultiver. Dans ce cas, il y a deux cas de figure : le prêt est concédé à titre temporaire ou bien indéterminé. Mais, quel que soit le cas de figure, le prêt est précaire. Quand il est temporaire, l'autorisation d'utiliser gratuitement les parcelles doit être renouvelée à chaque expiration du terme. Par contre, quand il s'agit de prêt à durée indéterminée, l'étranger ne doit plus redemander ou renouveler sa demande d'autorisation de conserver la parcelle. Mais le propriétaire est libre à tout moment de lui retirer la terre car il n'en a que l'usufruit. Ce retrait peut faire suite à un conflit entre les deux acteurs. En cas de pérennisation du droit d'utilisation de la terre, en cas de mort du prêteur, l'étranger emprunteur doit demander à son successeur à la tête du lignage la reconduction du droit d'utilisation de la parcelle. Tout comme chez les Soninké du Goy :

> Le fils ou le successeur de l'emprunteur défunt qui désire maintenir le contrat devra s'assurer de l'accord du prêteur. Cette forme de mise à la disposition d'un individu ou d'un groupe de la terre peut être assortie de conditions particulières à l'initiative à la discrétion des parties mais elle n'est jamais assortie de redevances foncières, puisque généralement faite dans le cadre de relations privilégiées entre parties (Traore 1991:184).

Comme nous venons de le dire, dans la commune de Bla, tout comme à Koutiala et Massina, le prêt du foncier agricole se caractérise par un transfert du droit d'usage du propriétaire au bénéficiaire. Selon toutes les personnes interviewées au cours de la recherche de terrain, le prêt constitue, depuis des temps immémoriaux, la principale forme de transaction dans la vallée du fleuve Niger. Il traduit le principe sacro-saint de l'hospitalité des autochtones à l'égard des allochtones. L'accueil de l'étranger par le prêt d'une terre cultivable a constitué un mode privilégié d'établissement des liens de toute nature[6]. En réalité, ces prêts étaient pour la plupart à durée indéterminée. Dans ces régions du Mali, suite aux grandes sécheresses des années 1970 et 1980, la majeure partie des populations de ces contrées sont des étrangers : selon un interviewé, les deux tiers de la population de Bla sont des immigrants venus de tous les horizons[7]. Les Bobo et les Dogon semblent constituer les gros contingents de ces dernières années. L'installation de certaines familles d'immigrants remonterait à plus de quatre décennies. Ces familles ont obtenu de leurs hôtes des surfaces cultivables. Ces terres étaient soit en jachère soit non défrichées.

– Le prêt onéreux

Les acteurs du prêt onéreux sont les mêmes que ceux du prêt gratis ou de la location des terres. Ce sont les maîtres coutumiers des terres d'un côté et les amis et les étrangers (administrateurs, nouveaux entrepreneurs) de l'autre. Mais à la différence du prêt gratis, le prêt onéreux est un contrat synallagmatique et est assorti de conditions, des redevances. Les contreparties varient d'une région à une autre et ne se font jamais en espèce. Le plus souvent, ce sont des travailleurs saisonniers qui séjournent seulement pendant la saison pluvieuse. Ces sortes d'accords sont oraux ou non entre les parties, en présence de témoins qui fixent les termes, les conditions et les effets du contrat. Dans ces contrats oraux, l'emprunteur accorde au propriétaire de terre prêteur quelques journées de travail à des périodes déterminées – culture, garde des champs ou de la récolte – ou quelques heures de travail au cours de la saison des pluies.

Tout comme le prêt gratis, le prêt onéreux se fait à une durée déterminée ou indéterminée, en respectant les principes de reconduction en cas de transmission de la terre pour cause de décès de l'une des parties à l'origine du rapport. Si le prêteur garde ses prérogatives foncières sur la terre prêtée, l'emprunteur, quant à lui, jouit d'une entière liberté d'exploitation sur les terres, sauf qu'il ne peut ni planter d'arbres, ni creuser de puits. L'emprunteur n'a pas non plus le droit de céder la terre à une tierce personne sans autorisation du maître de la terre car la cession d'une parcelle est un acte juridique qui ne peut être accompli que par le maître de la terre.

Comme l'a si bien dit Traoré (1991:188), le mot « contrat » a été utilisé faute d'un terme mieux adapté. Bien que ces opérations s'apparentent au contrat à cause d'accords de volontés engendrant de part et d'autre des droits obligations, ces types d'opération, dans le cas du bassin cotonnier, sont conçues beaucoup plus en fonction de la répartition des terres et de la reproduction des rapports sociaux et fonciers. Dans ces sociétés, les avantages des rapports sociaux sont toujours envisagés avant le profit matériel ou pécuniaire, malgré l'influence de l'échange monétaire.

Ainsi, comme l'ont dit plusieurs auteurs comme Le Bris (1982), les rapports de l'homme à la terre ne trouvent leur signification qu'au niveau des exploitations agricoles, et ces dernières ne prennent leur importance qu'à travers la reproduction des rapports sociaux. Ces rapports sociaux constituent en quelque sorte le fondement même du lien entre l'homme et la terre, parce que le foncier en tant que tel ne peut être apprécié par une analyse autonome : il n'est pas un fait total mais dépend étroitement des rapports hommes/hommes. Ces types de contrat garantissent la mobilité de l'exploitation (Coquery-Vidrovitch 1982:65). Comme nous avons continuellement essayé de le démontrer, le régime foncier est fortement lié à l'organisation sociale. Au fur et à mesure que l'organisation sociale est bouleversée, les rapports à la terre aussi se trouvent influencés.

La location de terre

Tout comme le prêt onéreux, la location constitue une forme de mise à la disposition de la terre à un individu. Alors que le prêt onéreux consiste à investir dans le foncier et à chercher du profit, mais n'est pas susceptible de créer une situation de marché capitaliste basée sur la terre, la location est un mode de répartition des terres et des rapports sociaux. Les deux sont des formes socialisantes de rapport à la terre. Au sein des interactions entre les différents acteurs, nous observons deux types de manifestations de « location » des terres.

– Le métayage

Les mots *singa* et *djuru* signifient « prêt » et peuvent vouloir dire « crédit » ou « emprunt ». *Kaa sing ga, kaa djuru don* veulent dire « prêter » ou « emprunter ». Dans les relations interpersonnelles, en pays bamanan, le mot « louer » n'existe pas en tant que tel. À défaut d'un terme approprié, nous utilisons le mot « prêt ». Il faudrait noter cependant que la notion de prêt au sens occidental est différente de celle qu'utilisent les Bamanan. Ce prêt se fait sous forme de contrat et constitue une forme de métayage ou d'affermage. Le métayage est un contrat par lequel le possesseur d'une terre (bailleur) la loue pour un certain temps à un preneur (métayer) qui s'engage à la mettre en valeur sous la condition d'en partager les produits avec le bailleur. Le propriétaire apporte le capital foncier, il apporte aussi une partie du capital d'exploitation et participe à la direction de l'exploitation. Le métayer apporte la main-d'œuvre et possède une partie du capital d'exploitation. Il participe lui aussi à la direction de l'exploitation. Les revenus sont partagés selon un certain quota convenu.

Le métayage est une forme de transaction foncière moins pratiquée dans la commune de Bla. La forme de métayage qui existe dans cette commune est quelque peu différente de la description que nous venons de faire. En effet, dans cette forme de métayage, le propriétaire de terre ne participe pas à la direction de l'exploitation. Sa contribution se limite à l'apport du foncier. Le métayer exploite seul la terre moyennant la rémunération en nature (généralement deux sacs de céréales à l'hectare). Les deux formes ne coexistent pas dans la commune de Koutiala. Pour rencontrer des cas de métayage, il faut aller dans la commune rurale de Konseguéla située au sud-ouest à une cinquantaine de kilomètres de Koutiala, ville où l'on peut trouver quelques conventions de métayage[8].

– La location et le bail de parcelles

La location, l'occupation temporaire d'une terre par un locataire pour une durée précise contre le versement d'une somme d'argent est rare dans la commune centrale de Bla. Elle est le plus souvent déguisée en prêt, car les acteurs refusent de la reconnaître comme une forme de transaction monétarisée. On avance l'argument selon lequel la monétarisation des transactions est en porte-à-faux avec les us et coutumes de la localité. Généralement, les locataires sont les fonctionnaires et les commerçants, perçus comme riches par les autochtones. Les premières locations sont apparues dans la commune de Bla en 2004[9].

D'après nos constats, les jeunes héritiers de terre sont plus enclins à donner leurs terres en location que les vieilles personnes. Ce comportement est une illustration de l'instauration progressive des idées individualistes capitalistes en milieu rural. En moyenne, les terres se louent entre 10 000 et 15 000 FCFA par hectare et par an. C'est une transaction qui se négocie soit du migrant à l'autochtone, soit à l'initiative de l'autochtone. Dans le temps, comme nous l'avons vu, il suffisait au migrant d'offrir chaque année quelques noix de cola au propriétaire de la terre pour conserver le droit d'usage. L'argent remplace peu à peu la cola[10]. Une autre forme de location dans la zone, consiste pour le locataire à payer les impôts du propriétaire à sa place[11] ou à labourer son champ en contrepartie de l'exploitation du champ[12].

Au-delà de cette forme de redevance foncière, dans la commune de N'Pèssoba, dans le cercle de Koutiala, il y a des contrats de bail entre des maîtres de terre et de nouveaux opérateurs économiques (commerçant, administrateurs) qui investissent dans le foncier soit pour son exploitation, soit pour son aménagement. Dans cette forme de transaction, le maître de terre convient d'un montant d'argent en espèces avec l'intéressé durant un certain nombre d'années. S'il n'arrive pas à payer cette somme d'argent dans le délai indiqué ou convenu, la parcelle revient de droit à l'opérateur économique ou à l'administrateur. L'ascendance de ce dernier sur le maître de terre en fonction de son pouvoir monétaire se trouve à la base du contrat et n'est jamais mise en cause entre les deux parties. Ces conventions engagent les deux parties : le maître de terre et l'opérateur économique ou l'administrateur. Ces cas constituent des cas à hauts risques de conflits car les modalités de transactions ne sont pas consignées dans un document mais sur des conventions informelles qui obligent le maître de terre à travailler pour pouvoir rembourser afin de redevenir le maître absolu de ses terres.

À partir de cet exemple, nous voyons comment l'introduction ou l'influence du droit moderne ou des pratiques modernes commencent à dénaturer les anciennes pratiques que nous avons analysées dans les chapitres précédents. Dans cette forme de transaction, la durée du bail n'est pas fixée par écrit. Ce qui fait que le locataire, selon les principes coutumiers et l'historique de la terre, se trouve dans une situation de faiblesse puisqu'il ne peut recourir ni aux réglementations coutumières ni aux législations nationales en la matière. Cette situation mène souvent à des conflits violents (voir le ch. VI).

Comme nous l'avons déjà précisé pour le prêt gratis, ces locations peuvent se faire sur des champs déjà défrichés comme sur des terres non défrichées. Le plus souvent, c'est sur les terrains non défrichés que portent les contrats de location et sur des terres de réserve éloignées du village et du maître de la terre.

La terre ne se vend pas

Il ressort aussi des travaux de Djiré (2008) que les transactions foncières en milieu rural, et plus spécifiquement en zone cotonnière, à l'exception des zones périurbaines, demeurent non monétarisées. Portant sur des dons ou des prêts de terres, elles étaient dans le passé fondées sur la confiance et ne s'accompagnaient pas de preuves.

À la question : « Est-ce que la terre se vend dans la commune de Bla ? », tous les acteurs du foncier répondent non ! Cette réponse traduit en réalité l'inexistence d'un marché où se rencontreraient vendeurs et acheteurs de terre. Le chef de village de Bla nous déclarait : « nous n'avons jamais vendu la terre à quelqu'un et nous ne la vendrons jamais ! Nous prêtons seulement ». Le foncier est une question de prestige. Il constitue le seul bien précieux qu'un chef de famille peut léguer à sa descendance en milieu rural[13]. Ces héritiers sont donc tenus par le principe sacro-saint de ne pas vendre ce legs.

On comprend alors aisément que la marchandisation de la terre n'est pas encore, malgré certaines pratiques clandestines, une réalité locale. A. Tangara, un courtier, nous a confié que depuis qu'il s'est établi à Bla, il y a plusieurs décennies, il a eu connaissance de deux cas seulement de vente de terre agricole : le premier, conclu entre feu Dramane Diabaté et une personne, portait sur vingt hectares dans le village de Djouroumana. Cette vente a été contestée par les villageois et le chef de village, qui ont vivement exprimé leur désaccord et leur désapprobation. Ils ont porté l'affaire devant le tribunal. En effet, pour nos interlocuteurs, le vendeur n'était pas habilité à faire la transaction puisque son père a reçu la terre en prêt de la part du chef de village. Mais le juge a débouté les plaignants ; le deuxième cas de vente a été le fait d'un monsieur qui a hérité de son père un champ. Il travaillait en dehors de la commune de Bla, et suite à certaines difficultés d'argent, il a vendu une grande partie du champ à un commerçant de Bla. Cette fois-ci la vente n'a pas été contestée.

L'agriculture est la principale activité menée sur les terres qui font l'objet des transactions foncières. La céréaliculture et la culture du coton sont les cultures les plus développées dans la commune centrale de Bla et dans toutes les autres régions CMDT du Bassin du fleuve Niger. À côté de ces cultures principales, les bénéficiaires cultivent le niébé, le fonio, la pastèque, etc. En outre, certains paysans comme M. Guindo, pratiquent l'arboriculture, l'élevage des animaux domestiques et des volailles. Quant aux femmes, elles mènent des activités de maraîchage sur les terres qui leur sont transférées.

Encadré 2 : Procédure d'octroi de la concession rurale selon les textes en vigueur au Mali

Dans la pratique, l'accès des particuliers à la propriété foncière en milieu rural commence par l'acquisition de droits d'usage, par héritage, don, achat de terrain auprès des détenteurs coutumiers ou attribution de concession rurale par l'État.

Dans le premier cas, le détenteur de droits coutumiers ou le bénéficiaire d'une « attribution villageoise » désirant obtenir une concession, requiert les services d'un géomètre qui dresse le plan du terrain. La demande de concession accompagnée du plan et de divers autres documents est adressée au préfet. Le traitement du dossier est imputé au chef de la section domaniale qui établit un bordereau adressé au chef de la division du cadastre de la direction nationale des domaines, au chef du service du génie rural et à celui du service des domaines du cercle, pour avis.

À la réception de l'avis positif de ces trois services, le préfet met en branle la procédure de l'enquête publique contradictoire sur le terrain. À cet effet, un avis d'enquête commodo et incommodo est publié dans le quotidien national L'Essor. À la date prévue, un agent du service des domaines du cercle se rend dans le village et enregistre les déclarations des autorités villageoises. Un procès-verbal dit de palabre est rédigé. Il est accompagné d'un certificat administratif signé par les mêmes responsables villageois et visé par le sous-préfet. Si aucune réclamation contradictoire n'est reçue, le préfet signe la décision octroyant la concession à laquelle est annexé un cahier de charge précisant les droits et obligations du concessionnaire.

Dans le cas d'une attribution par l'État, les droits coutumiers sont généralement purgés par l'administration (après accord des autorités villageoises) qui fait dresser le plan de l'espace loti par le service du génie rural. Les attributions sont faites par le préfet. L'attributaire « achète » un cahier de charge et fait faire par le génie rural un extrait de la carte du parcellement indiquant son lot.

Source : Djiré, M., Assurer la sécurisation légale des transactions foncières : Quel rôle pour les intermédiaires et facilitateurs ? Étude de cas en zone périurbaine et dans le Mali-Sud. To be published in FAO-NRLA (Land Tenure and Management Unit), « Legal Empowerment in Practice to Secure the Land Rights of the Poor », Resource CD, FAO Land Tenure Collection n° 3, 2008.

L'accès des groupes marginalisés à la terre

Les groupes marginalisés sont les femmes, les jeunes, et les étrangers dans une certaine mesure.

Les femmes

En Afrique de façon générale et au Mali en particulier, les femmes doivent faire face à la discrimination, notamment celle qui sous-tend les systèmes de tenure des terres. Cette situation est à la fois le résultat des croyances et des pratiques discriminatoires culturelles enracinées dans les relations de pouvoir liées au genre. Pendant nos entretiens, les autorités traditionnelles de Bla ont affirmé sans détour que les femmes n'étaient pas concernées par l'héritage de la terre. Ils poursuivent en disant « qu'elles n'ont même pas voix au chapitre ». Comme nous l'avons déjà vu dans le chapitre sur la succession dans les pays bamanan malinké, dans tous les villages de la commune, les relations entre genres restent marquées par une orientation patriarcale. Ici, l'accès à la terre a toujours été discriminatoire à l'égard des femmes. En effet, les femmes, bien que participant activement aux activités de production agricole, n'interviennent pas dans les prises de décisions, qui sont exclusivement réservées aux hommes. Ces derniers, en qualité de chef de ménage, assurent l'organisation et la coordination du groupe domestique et décident de la répartition des ressources. Ainsi, les femmes sont exclues des attributions des terres. Cette exclusion des femmes des ressources communes comme les terres, trouve ses fondements dans les pratiques coutumières (voir chapitre III). Deux motifs essentiels justifient l'exclusion des femmes dans les attributions de terres : le premier est relatif au régime patriarcal qui est basé sur l'idée selon laquelle le travail de la terre est une affaire d'homme, la femme ayant sa place dans le foyer. Le second, lié au premier, est que dans les sociétés traditionnelles bamanan, on considère que la femme ne perpétue pas la lignée patriarcale.

Toutefois, dans certains lignages de la commune de Bla, le chef de ménage donne, en guise de cadeau, une portion de terre à sa femme nouvellement épousée. Celle-ci peut ainsi cultiver des tubercules, de l'arachide ou pratiquer le maraîchage[14]. Par ailleurs, la présidente des femmes rurales de Bla nous a fait savoir, au cours d'un entretien, qu'elles ont obtenu du préfet deux hectares de terres à Bla-ville. Elles pratiquent donc actuellement sur cette parcelle du maraîchage, ce qui leur procure un revenu substantiel.

Les femmes, n'ayant pas de propriétés foncières coutumières, ne sont pas impliquées dans les transactions foncières.

Les jeunes et les étrangers

Le mode d'accès des jeunes à la terre est en général individuel, à travers l'héritage. Après le décès des chefs d'exploitation, les ayants droit du défunt peuvent décider d'exploiter en commun le champ familial sous la direction du *Fa*, doyen de la famille. Mais les conflits qui minent de nos jours les exploitations familiales aboutissent au morcellement des exploitations familiales, souvent sous la pression des jeunes qui, attirés par le consumérisme, exigent la maîtrise de leurs revenus. La maîtrise foncière par le fa doyen est donc remise en question par les générations émergentes[15].

L'accès au foncier est d'autant plus important pour les jeunes qu'il permet la concrétisation des projets de certains d'entre eux. L'exemple, que l'on peut qualifier de « success-story », de M. Guindo dit « Madou paysan », jeune Dogon issu d'une famille d'allochtones, en est l'illustration. En effet, ce vendeur de carburant à Bla-ville a sollicité et obtenu de la famille Tangara, famille fondatrice de Bla, dix hectares de terres cultivables, il y a trois ans. La parcelle se trouve à huit kilomètres de la ville de Bla sur la route de Koutiala. Il a payé des manœuvres pour défricher la parcelle. En outre, il a creusé un puits et construit deux maisons dont l'une est habitée par le gardien, qui surveille les lieux et s'occupe des animaux. Cette année, Monsieur Guindo a cultivé sur sa parcelle deux hectares de riz, un hectare de pastèques, un hectare de sorgho, un hectare de maïs et un hectare de haricots. Par ailleurs, il élève des volailles, tels les canards et les pintades. Il dispose également de troupeaux bien fournis de moutons et de chèvres. L'année à venir, il projette de développer l'arboriculture.

Tout porte à croire que le projet de ce jeune ambitieux qui se fait appeler maintenant « Madou paysan » est appelé à prospérer. Selon lui, sans la terre, ce projet de ferme agricole n'aurait pas été possible. On peut affirmer que l'accès à la terre est une condition *sine qua non* du développement de l'agriculture dont la finalité est la lutte contre la pauvreté en milieu rural. Mais vu la rareté des terres et l'augmentation de la population, les détenteurs coutumiers des terres commencent à éprouver des réticences à « prêter » les terres aux étrangers. Ce qui aboutit aux différentes formes de transaction que nous avons détaillées plus haut.

L'impact socio-économique des transactions foncières

Impact des formes de transaction

Dans le métayage et la location, l'intérêt pour l'autochtone qui cède sa terre est de tirer un profit, si minime soit-il, d'une terre qu'il n'est pas en mesure d'exploiter faute de moyens matériels et humains. Par contre dans le prêt, son intérêt réside dans l'établissement et la consolidation des liens sociaux avec l'allochtone, qui se trouve être le plus souvent son hôte.

L'un des avantages, et non des moindres, pour l'autochtone qui cède, est de bénéficier après la rétrocession de la terre des effets de la fertilisation de celle-ci. L'intérêt pour l'allochtone emprunteur, métayer et locataire, est de tirer profit de l'exploitation d'une terre dont il n'est pas propriétaire. S'il dispose de moyens conséquents, il est à même non seulement de nourrir sa famille mais de dégager en outre un revenu substantiel, surtout avec les cultures de rente. Quant aux intermédiaires des transactions, en contrepartie des services rendus, ils bénéficient de la générosité des nouveaux acquéreurs de la terre avec qui ils conservent des relations.

De tout ce qui précède, nous concluons que les transactions foncières permettent de jeter les bases d'un partenariat gagnant-gagnant entre les principaux acteurs. Nous allons maintenant essayer d'analyser les avantages et les inconvénients des différents modes de transaction dans le bassin du fleuve Niger.

– *Le système de succession*

Le système de succession se caractérise très généralement par le faire-valoir direct. Celui-ci se définit comme l'exploitation de la terre par le propriétaire lui-même. Dans ce mode d'exploitation, l'exploitant est propriétaire des biens fonciers et du capital d'exploitation. Il recueille des profits et subit également seul, les pertes. Ce système d'exploitation présente des avantages et des inconvénients.

Les avantages : l'exploitant propriétaire est entièrement maître de son fonds de terre, qu'il exploite en toute liberté et en toute tranquillité car sa stabilité est assurée ; il reçoit en totalité le revenu de son travail.

Les inconvénients : le faire-valoir direct (FVD) peut constituer un élément de rigidité dans la structure des exploitations agricoles, car faute d'argent, l'agriculteur ne peut pas toujours augmenter sa superficie cultivable, quand bien même il en dispose. Dans la commune de Bla, cela conduit parfois à la détention abusive et inutile des terres cultivables par une minorité autochtone, au détriment d'autres exploitants potentiels, fussent-ils étrangers. Il découle donc de cette situation une exploitation non optimale de l'espace disponible dans la commune.

L'exploitant peut à l'inverse être tenté d'augmenter démesurément la superficie de son exploitation eu égard à la disponibilité des terres (agriculture extensive), sans tenir compte de ses capacités de travail. Cela peut être un facteur défavorable à l'obtention d'une bonne rentabilité de l'exploitation. La direction de l'exploitation est alors assurée de façon héréditaire et sans tenir compte des capacités de l'exploitant héritier.

Le prêt

Le prêt du foncier agricole a beaucoup d'effets sur le plan économique et sur le plan social. Sur le plan social, il a permis l'installation et le maintien des allochtones dans la commune de Bla. De ce fait, on a assisté à un brassage ethnique entre allochtones et autochtones avec en outre la consolidation des liens sociaux, évoquée plus haut. Bla est devenu cosmopolite et creuset de multiples cultures. Économiquement, l'agriculture s'est développée avec l'augmentation des différentes productions. Les cultures de rente ne sont pas restées en marge de cette évolution. Elles ont été le facteur stimulant des transactions. Avec l'encadrement de la CMDT, la coton-culture s'est développée dans la zone. De plus la commune connaît une relative autosuffisance alimentaire.

Cependant l'arbre ne doit pas cacher la forêt, les prêts suscitent des problèmes entre donateurs et bénéficiaires. Un climat de manque de confiance prévaut actuellement entre les deux parties. On se méfie de plus en plus du prêt à cause de son caractère éphémère. De l'avis général des bénéficiaires de prêt, les propriétaires n'hésitent pas à leur retirer les terres prêtées une fois qu'ils s'aperçoivent que celles-ci sont fertilisées. Selon un fonctionnaire emprunteur « ils trouvent toujours un argument fallacieux pour te reprendre la terre et certains te montrent un nouveau terrain non fertile, c'est à prendre ou à laisser ». Le plus souvent, le propriétaire avertit tardivement l'emprunteur (c'est-à-dire juste au moment où celui-ci s'apprête à faire les semis) de sa volonté de reprise de la parcelle. Cette manœuvre s'apparente à tous points de vue à une espièglerie.

– Le métayage

Le métayage a l'avantage d'être un mode d'accès à la terre pour les étrangers ; il peut s'inscrire dans la durée, puisque toutes les parties y trouvent leur compte, et permet de diminuer les tensions sociales dans le secteur agricole. Son inconvénient majeur est qu'en revanche, le droit de reprise du propriétaire peut dissuader le métayer d'investir sur la parcelle ; par ailleurs, le métayage est un problème en agroforesterie parce que le propriétaire de la terre n'accepte pas que le métayer reboise sa parcelle, de peur qu'il n'en devienne le propriétaire.

– La location

La location aussi a ses avantages et ses inconvénients. L'avantage est que le propriétaire reçoit un revenu fixe de sa parcelle sans participer à sa gestion ; il est indépendant et, le loyer étant connu d'avance, il peut choisir l'exploitation qui lui convient le mieux. La location constitue aussi un mode d'accès de l'étranger à la terre. Ainsi, certaines superficies qui ne sont pas exploitées par leurs propriétaires, faute de moyens, sont mises en valeur par d'autres personnes, en général des migrants. L'inconvénient est que le revenu du propriétaire foncier étant souvent faible, il a tendance à reprendre l'exploitation en faire-valoir direct quand il le peut pour en retirer un revenu plus important. La situation du locataire est précaire car, à chaque renouvellement du bail, le droit de reprise du propriétaire met en danger son maintien. Ce doute fait que le locataire ne fertilise pas assez le champ ; par conséquent, la production et la productivité ne seront pas optimales. Le non-remboursement, en fin de bail, des améliorations apportées par le locataire à l'exploitation, gêne sa liberté d'action et limite son désir d'investissement.

Enfin, aux yeux des autorités coutumières rencontrées, le prêt apparaît comme la transaction la plus légitime car, contrairement aux transactions monétarisées, il demeure conforme aux valeurs et aux normes des pratiques bamanan de la localité. En effet, pour les vieilles personnes, notamment les autorités coutumières, les terres agricoles ne doivent être ni vendues ni cédées contre une rente pécuniaire.

Ils ne se reconnaissent donc pas dans les formes de transaction autres que le prêt traditionnel de l'usufruit. En revanche, la jeune génération semble légitimer les pratiques de transaction monétarisée.

Quant à la légalité de ces transactions foncières, elle ne doit pas souffrir de contestation étant donné que les droits coutumiers sur les terres sont reconnus et protégés par les lois en la matière et eu égard à la non-interdiction des transactions pratiquées dans les zones rurales comme Bla. À cet effet, l'article 48 de l'ordonnance n° 00-027/P-RM du 22 mars 2000 portant code domanial et foncier[16] stipule que :

> Les conventions conclues entre individus ou collectivités selon les règles et formes coutumières sur les terres non immatriculées et droits fonciers, peuvent, en vue de la preuve, être constatées par un écrit. [...] Les conventions antérieurement conclues entre l'Administration et les personnes physiques et morales de droit privé sont confirmées et régies par les dispositions des articles 43 à 47 du présent Code.

Les modes d'accès à la terre dans les zones Office du Niger

Les zones Office du Niger sont différentes des régions CMDT car ici, l'appartenance de la terre à l'État est effective et dépourvue d'ambiguïté. Les terres de l'ON sont des titres fonciers de l'État. À l'Office du Niger, c'est le Décret de gérance de 1996 ainsi que son Arrêté d'application qui régissent la gestion des terres et de l'eau d'irrigation. Le Décret prévoit divers modes de tenure des terres irriguées. L'État a délégué à l'Office du Niger, entreprise d'État, la gestion de ces terres[17]. Les transactions des terres se font selon un contrat, au sens occidental du mot, entre l'individu et l'ON. Le contrat, selon l'article 1101 du Code civil français, est : « une convention par laquelle une ou plusieurs personnes s'obligent, envers une ou plusieurs autres, à donner, à faire ou à ne pas faire quelque chose ». Il ressort de nos investigations que le métayage est rarement pratiqué dans les communes de Macina et celle de Kokry, toutes dans la zone ON. Mais il serait fréquent dans la zone de Niono. L'acquisition des parcelles sur ces terres aménagées s'échelonne entre la simple lettre d'attribution et le permis d'exploitation, selon la taille de l'exploitation. C'est ainsi que le décret de gérance précise que l'occupation des terres en gérance à l'ON se fait en vertu de l'un des modes de tenure suivants : le Contrat annuel d'exploitation (CEA), le Permis d'exploitation agricole (PEA), le bail emphytéotique, le bail ordinaire et le bail d'habitation (ibid. Art. 19). Il existe des spécificités pour chacun de ces modes de tenure foncière. Nous étudierons, dans le paragraphe premier, le bail d'habitation, le bail emphytéotique et le bail ordinaire avant d'aborder le contrat annuel d'exploitation et le permis d'exploitation au deuxième paragraphe.

Le bail d'habitation, le bail emphytéotique et le bail ordinaire

Le bail d'habitation, le bail emphytéotique et le bail ordinaire sont octroyés sur les terres non aménagées.

Le bail d'habitation

Le bail d'habitation est le contrat d'exploitation d'un terrain à usage d'habitation pour les détenteurs de CEA et PEA. Les titulaires de CEA ou de PEA peuvent recevoir sous forme de bail d'habitation un terrain à usage d'habitation dans un des villages ou agglomérations situés sur le domaine de l'ON.

Toute autre personne menant des activités utiles à la promotion de l'exploitation des terres ou aux besoins économiques et sociaux des habitants de la zone peut également bénéficier du bail d'habitation. Le bail d'habitation confère à son titulaire un droit de jouissance à durée indéterminée. Il est transmissible à ses ayants droit légaux et reconnus par les us et coutumes. Il est cessible sous réserve de l'accord de l'ON. L'éviction de l'exploitant des terres de culture n'entraîne pas la résiliation du bail d'habitation.

Toute reprise de terrain objet de bail d'habitation pour cause d'utilité publique donne lieu à indemnisation pour les investissements effectués. Le montant de l'indemnité est fixé par accord des parties. À défaut d'accord la question est soumise au CPGT (Comité paritaire de gestion des terres) statuant sur avis d'experts. En cas de persistance, le différend est soumis au tribunal civil compétent. Dans tous les cas, l'indemnisation est à la charge de l'Office du Niger[18].

Le bail emphytéotique

Le bail emphytéotique est le contrat d'installation et d'exploitation des entreprises agro-industrielles sur les terres de l'ON. L'ON peut, pour des impératifs d'installation d'entreprises de production, de transformation, de commerce ou de services, ou toute autre activité liée à l'agro-industrie, signer avec des personnes physiques ou morales un bail emphytéotique sur son domaine.

Le preneur s'engage à mettre en valeur les terres données à bail dans les conditions définies par le contrat. Le bail emphytéotique est accordé sur les terres non aménagées. L'aménagement des terres, la réalisation du réseau hydraulique et de toute autre installation permettant l'exploitation du domaine sont à la charge du preneur. Il les effectue suivant les normes techniques définies par l'ON et sous son contrôle technique et sa supervision.

À la fin du bail, le preneur laisse les installations et constructions en l'état et sans indemnisation de la part de l'ON. Le bail emphytéotique est passé pour une durée de cinquante ans. Il est renouvelable par accord exprès des parties. L'emphytéote est soumis aux obligations et servitudes définies par l'ON.

Toute modification du réseau hydraulique alimentant le domaine est subordonnée à l'approbation préalable des services compétents de l'ON. L'emphytéote a l'obligation d'entretenir le réseau hydraulique desservant son exploitation, qu'il ait été ou non réalisé par lui. En cas de défaillance de l'emphytéote, le contrat peut être résilié. Le bail emphytéotique est accordé moyennant le paiement d'une redevance annuelle. L'ON ne peut mettre fin au bail avant l'arrivée du terme, sauf accord des parties, pour cause d'utilité publique, ou à défaut, décision judiciaire. En cas de reprise pour cause d'utilité publique, une indemnité compensatrice du préjudice subi est accordée au preneur, conformément à la législation en vigueur[19].

Le bail ordinaire

Le bail ordinaire est le contrat d'installation et d'exploitation pour les entreprises agro-sylvo-pastorales sur les terres de l'ON. L'ON peut, par contrat, attribuer à des personnes physiques ou morales des terres non aménagées, pour l'installation de projets ou entreprises de production, de transformation, de commercialisation, de services liés à la riziculture, ou de tout autre type d'activité relevant du secteur agro-sylvo-pastoral.

Le bail ordinaire porte sur une durée maximale de trente ans. Il est renouvelable indéfiniment, par accord exprès des parties. Il peut comporter des clauses permettant au preneur d'effectuer les réalisations, constructions et installations nécessaires à son exploitation. Aucune réalisation effectuée dans le cadre d'un bail ne pourra faire l'objet de destruction en cas de résiliation. Le bail ordinaire est accordé moyennant paiement d'une redevance annuelle. Le taux de cette redevance est fixé en fonction des terres et de l'eau. Le preneur a l'obligation d'entretenir le réseau hydraulique desservant les terres de son exploitation. Le domaine objet de bail est soumis aux servitudes définies par les services techniques de l'ON. Le non-paiement de la redevance et le défaut d'entretien du réseau hydraulique entraînent la résiliation du contrat[20].

Le Contrat annuel d'exploitation, le Permis d'exploitation agricole et les nouveaux projets d'attribution foncière à l'Office du Niger

Le permis d'exploitation et le contrat annuel d'exploitation sont octroyés sur les terres aménagées.

Le Contrat d'exploitation annuel (CEA)

Un premier contrat d'attribution des terres à l'ON est dénommé Contrat d'exploitation annuel. C'est le contrat par lequel l'Office attribue à une personne physique ou morale une parcelle irriguée en casier ou en hors-casier pour la culture du riz. Il n'est fait aucune distinction entre homme et femme en ce qui concerne les exploitants. L'exploitant peut en outre bénéficier, à sa demande et en fonction des disponibilités des terres, d'une parcelle aux fins de son exploitation maraîchère ou fruitière. Le CEA est tacitement renouvelable. Il peut être dénoncé par l'une ou l'autre des parties après un préavis de trois mois au moins avant la fin de la campagne. Le titulaire du CEA doit exploiter régulièrement et entretenir les parcelles qui lui sont attribuées. Il doit, en outre, entretenir régulièrement et correctement la portion du réseau hydraulique desservant son exploitation. L'ON peut, en cas d'urgence, et après mise en demeure de l'exploitant, faire exécuter en son lieu et place les travaux et prestations lui incombant normalement et dont la non-exécution en temps opportun risque de compromettre les récoltes, nuire la santé du bétail, abréger la durée d'utilisation des installations, des aménagements et ouvrages hydrauliques, et porter atteinte à la fertilité et à la productivité des terres. L'exploitant titulaire du CEA est soumis au paiement d'une redevance en espèces assise sur la superficie des parcelles attribuées et tenant compte de la qualité d'aménagement des terres[21].

Le non-respect des obligations relatives à l'entretien du réseau hydraulique ainsi que le non-paiement de la redevance sont sanctionnés par la résiliation du CEA. Le titulaire d'un CEA est soumis aux obligations et servitudes définies par le décret de gérance de l'Office du Niger.

Le Permis d'exploitation agricole (PEA)

Le permis d'exploitation agricole constitue un droit de jouissance à durée indéterminée sur les terres attribuées suite à un CEA. Il est accordé obligatoirement par l'ON à l'exploitant titulaire d'un CEA qui a prouvé sa capacité à répondre aux normes d'intensification de la production et au respect de toutes les obligations contractuelles. Le PEA confère à son titulaire un droit de jouissance à durée indéterminée sur les terres qui lui sont attribuées. Les droits dont jouit le titulaire d'un PEA sont transmissibles au conjoint(e), à un descendant, ou à un collatéral reconnu suivant les us et coutumes, ayant participé à l'exploitation desdites terres. La transmission des droits de jouissance est subordonnée au respect, par le bénéficiaire, de toutes les obligations contractuelles. Le PEA ne peut faire l'objet d'un partage qu'avec l'accord de l'ON. Il est accordé sur les terres réaménagées ou réhabilitées et les terres nouvellement aménagées. Toutefois, dans les zones non réaménagées ou non réhabilitées, l'exploitant qui remplit les conditions requises pour le bénéfice d'un PEA, peut l'obtenir à titre provisoire. Après le réaménagement ou la réhabilitation du domaine, la relocation des terres se fait en application des normes d'attribution des terres.

L'exploitant se trouvant dans une situation de réduction de la superficie de son domaine d'exploitation a le choix de la partie des terres qu'il préfère conserver au moment de la relocation. La parcelle choisie sera d'un seul tenant. Le titulaire d'un PEA peut, avec l'accord préalable de l'Office du Niger, effectuer des réalisations, constructions et installations facilitant ses travaux d'exploitation. Ces réalisations, constructions et installations ne doivent ni dégrader les terres, ni modifier ou gêner le réseau hydraulique.

Sous réserve du respect par l'exploitant de ses obligations contractuelles, les terres accordées aux fins d'exploitations en vertu du PEA ne peuvent lui être retirées. Les reprises de terres faites pour cause d'aménagements se font contre indemnisation au bénéfice de l'exploitant pour les réalisations qu'il a effectuées.

En cas de reprise des terres de culture pour cause de non-respect des obligations contractuelles ou d'un abandon volontaire des terres par l'exploitant, celui-ci pourra procéder à l'enlèvement de ses réalisations et installations démontables. Toutefois, les réalisations et installations non démontables, ainsi que les aménagements et constructions faisant corps avec le sol, ne peuvent en aucun cas faire l'objet de destruction ou de démolition par l'exploitant évincé et ne donnent pas lieu à indemnisation[22].

Il est à noter aussi que toutes les dispositions relatives au CEA concernant la redevance sont applicables au PEA.

Les projets d'attribution foncière récents à l'ON

Ces dernières années, plusieurs investisseurs nationaux et internationaux se sont intéressés à la zone ON et ont bénéficié de grandes superficies qu'ils doivent aménager. Désormais, dans le bassin du fleuve Niger, les terres seront octroyées à tout Malien ou étranger remplissant des critères objectifs fondés sur la législation malienne en la matière ainsi que sur la rentabilité économique, financière et la capacité technique de production définies par le projet. Contrairement à ce que certains chercheurs et activistes pensent, les investisseurs nationaux sont plus nombreux que les étrangers à l'Office du Niger. Si la plupart des investisseurs nationaux demandent des parcelles de taille relativement petite (entre 5 ha et 50 ha), certains d'entre eux convoitent des terres de la taille de celles qui sont attribuées aux investisseurs étrangers.

L'octroi d'un titre foncier s'inscrit dans le souci de la sécurisation foncière des investisseurs, fondamentale pour booster l'aménagement des terres. Mais le problème reste entier sur le plan juridique. Car le décret de gérance qui réglemente les modes de tenure des terres ne prévoit pas ce mécanisme juridique de protection de la propriété. Parmi les investissements étrangers, se distingue le *Millennium challenge account* (MCA) à travers lequel le projet d'irrigation d'Alatona a été entamé. Ce projet a pour but l'augmentation de la productivité et de la production, l'amélioration de la sécurité foncière et l'accroissement des revenus des producteurs. Il est important de noter que seul ce projet, vu sa spécificité par rapport aux autres investisseurs, pourra octroyer des titres fonciers aux particuliers qui voudront bien s'installer sur les sites aménagés. C'est ce mode d'octroi de titres fonciers que les syndicats des exploitants veulent que l'ON applique dorénavant sur ses terres aménagées. Cela figure dans leurs doléances pour la relecture du décret de gérance des terres de l'ON.

MCA, le Projet irrigation d'Alatona[23]

Le Projet d'irrigation d'Alatona a été entamé à travers le programme du *Millennium challenge account* (MCA) Mali par le gouvernement malien. Ce projet a pour but l'augmentation de la productivité et de la production, l'amélioration de la sécurité foncière et l'accroissement des revenus des producteurs. Pour atteindre cet objectif, il vise à aménager environ 14 000 hectares nets de terres nouvelles à l'ON.

Le mécanisme d'Alatona MCA Mali est selon ses initiateurs, simple, novateur et catalyseur de développement. Il devra permettre aux populations d'être propriétaires de parcelles agricoles irriguées et aménagées. Elles seront sécurisées dans leur propriété et protégées contre d'éventuelles évictions, pratiques courantes dans la zone. Les futurs bénéficiaires devront respecter les clauses du cahier de charges. De manière à les préparer à assumer leur responsabilité dans le cadre des pouvoirs liés à cette propriété, ils recevront, de la part du Projet d'irrigation d'Alatona, des soutiens en matière d'information et d'éducation foncière qui leur permettront de comprendre tous les avantages et tous les inconvénients liés à la propriété foncière. L'objectif recherché, selon le MCA, est d'installer de véritables entreprises agricoles modernes équipées, dont les titulaires seront propriétaires des terres. Aux côtés de ces entreprises, coexisteront évidemment des exploitations familiales, qui recevront l'appui du MCA Mali au démarrage des travaux. Pour la mise en œuvre des activités foncières, la direction régionale des domaines et du cadastre de Ségou fournira dès le démarrage une réquisition de délimitation de la zone du projet d'irrigation d'Alatona au chef du bureau des domaines et du cadastre de Niono. Ce dernier, à son tour, adressera une lettre d'abornement de la parcelle à l'Institut géographique du Mali (IGM) de Ségou. Après avoir effectué les travaux demandés, l'IGM remettra les extraits de plan de situation de la zone de projet d'irrigation d'Alatona à la Direction régionale des domaines et du cadastre (DRDC) qui les transmettra au chef de bureau des domaines et du cadastre de Niono.

Au regard de la loi, le chef de bureau des domaines et du cadastre de Niono est seul responsable de la procédure de publication en matière d'immatriculation des parcelles de terrain dans le cercle de Niono. Au terme de cette procédure, le directeur régional des domaines et du cadastre de Ségou préparera les projets d'arrêtés autorisant la cession directe des parcelles, à soumettre à l'approbation de l'autorité compétente – suivant la superficie des parcelles intéressées. Pour assumer toutes ses tâches et afin qu'il puisse faire face aux nouvelles responsabilités, le bureau actuel de Niono devrait être agrandi ou renforcé (en personnel et en matériel). Cette préoccupation a été largement prise en compte dans le budget prévu pour soutenir et renforcer ledit bureau – qui sera au demeurant fortement sollicité pour la production des titres fonciers et pour l'enregistrement desdits titres – grâce à des agents techniquement formés et prêts à appliquer les règles de transparence et de professionnalisme requises dans ce genre d'exercice. La contrepartie malienne va se manifester sous forme de mise à la disposition du bureau et d'un véhicule et, à partir de la troisième année, les autorités se sont engagées à construire un nouvel immeuble. Cette nouvelle approche de la collaboration constitue une innovation en soi. Elle permet à deux entités (MCA Mali et la Direction nationale des domaines et du cadastre – DNDC) de concevoir un outil de travail performant à travers un protocole qui prend en charge les préoccupations des deux parties dans le cadre des activités d'un projet.

– La logique du Programme

Le Programme du MCA Mali se fixe comme principal objectif la réduction de la pauvreté au Mali par la croissance économique. Plus précisément, il vise à augmenter la production et la productivité agricoles, à accroître le volume de fret et le nombre de visiteurs étrangers au Mali (touristes), et à améliorer l'accès du Mali aux marchés sous-régionaux et internationaux.

La logique du Programme MCA

Figure 7 :

But du Compact : Réduire la pauvreté par la croissance économique à travers l'augmentation de la production et de la productivité agricole et l'accès du Mali aux marchés sous-régionaux et internationaux

Résultats :

- Le taux de pauvreté des résidents dans la zone d'Alatona a diminué
- Les revenus de la production agricole irriguée de la zone d'Alatona ont augmenté
- Les revenus des femmes dans le périmètre irrigué d'Alatona ont augmenté
- Les revenus de la main d'œuvre dans le périmètre irrigué d'Alatona ont augmenté
- Les revenus des entreprises prestataires de services intervenant à l'aéroport ont augmenté
- La masse salariale des entreprises de services intervenant à l'aéroport a augmenté
- La masse salariale dans l'industrie du tourisme a augmenté
- Les revenus tirés du tourisme ont augmenté

Projet d'irrigation d'Alatona :	**Projet d'amélioration de l'aéroport :**
Objectif : accroître la production et la productivité agricole de la Zone de l'Alatona à l'Office du Niger	Objectif : établir une liaison sécurisée et indépendante avec les marchés sous-régionaux et internationaux.
Résultats • Les rendements projetés sont réalisés • La diversification en faveur des cultures à grande valeur est réussie • La production agricole irriguée en saison sèche est rendue possible • Les produits agricoles sont effectivement commercialisés • Des emplois sont créés • Les coûts de transport sont réduits	**Résultats** • Le nombre des visiteurs étrangers a augmenté • Les services du terminal passagers sont améliorés • Le fret aérien a augmenté

Activités	**Activités**
1. Route Niono – Goma Coura 2. Activités d'irrigation 3. Activités foncières 4. Activités communautaires 5. Activités agricoles 6. Activités financières	1. Infrastructure côté piste 2. Infrastructures côté ville 3. Renforcement institutionnel

Le Processus d'Immatriculation de la zone du Projet d'irrigation d'Alatona

Après cette présentation du projet Alatona et du programme du *Millennium challenge account* Mali, nous allons analyser les principales étapes du Processus d'immatriculation de la zone du Projet.

Figure 8 : Office du Niger : La zone du projet MCA Mali Alatona

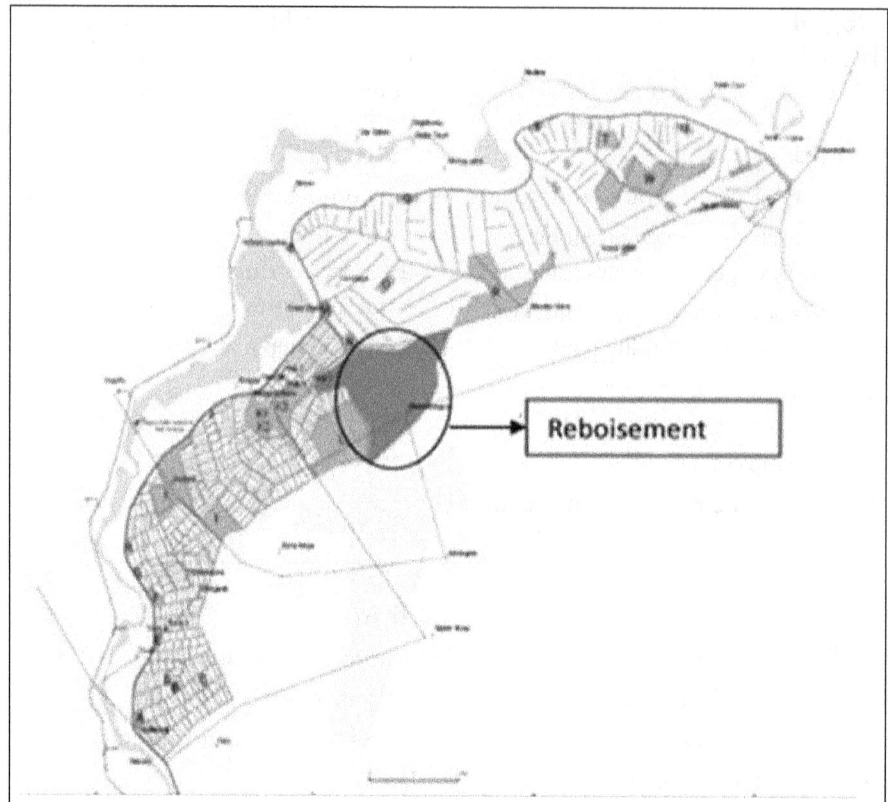

Source : Impact : Bulletin d'Information du MCA Mali, n° 12, mars 2009.

Le chef de bureau des domaines et du cadastre de Niono est tenu de se conformer à la procédure d'immatriculation, telle que prévue par le code domanial et foncier en vigueur. Les parcelles de terrain ayant fait l'objet des titres fonciers dans le cadre du Projet d'irrigation d'Alatona sont la propriété de l'État du Mali. Le directeur régional des domaines et du cadastre de Ségou contrôlera l'enregistrement des actes de cession selon la loi malienne et selon la présentation de la documentation nécessaire pour exécuter l'intention du cédant, qui n'est autre que le ministre du Logement, des Affaires foncières et des Domaines de l'État, et du bénéficiaire (ménage ou personne morale), en vue d'effectuer les transferts.

– La politique d'exécution et de suivi du Projet d'irrigation d'Alatona

Le bureau de Niono sera renforcé en personnel et en matériel pour faire face à ses nouvelles responsabilités. Une composante clé du projet est le suivi de la mise en œuvre ; il s'agit de s'assurer que les objectifs du projet seront atteints afin d'évaluer les effets obtenus à partir des activités du projet. Conformément aux termes de l'Accord d'entité signé entre MCA-Mali et la DNDC pour la mise en œuvre de cette composante, sur demande de MCA-Mali et MCC, la direction régionale des domaines et du cadastre de Ségou fournira les données statistiques collectées relatives aux parcelles de terre, propriétaires, utilisateurs ainsi que les données dans d'autres domaines.

Le Programme du *Millennium challenge account* fournira un spécialiste de l'enregistrement qui travaillera avec la direction régionale des domaines et du cadastre de Ségou et son bureau de Niono en vue d'étudier et d'améliorer les processus et procédures de l'enregistrement, les méthodes d'archivage des documents, l'utilisation de l'information, et d'autres thèmes relevant de l'enregistrement des titres fonciers, de façon juste, efficace et économique pour la direction régionale des domaines et du cadastre de Ségou.

MCA-Mali fournira des biens et des services à la direction régionale des domaines et du cadastre de Ségou, pour assumer ses responsabilités en conformité avec ses politiques et procédures de passation de marchés et de gestion fiscale, qui incluent l'utilisation d'un agent de passation de marchés et d'un agent fiscal indépendant. En outre, la direction régionale des domaines et du cadastre de Ségou et MCA-Mali collaboreront entre eux d'une part, et avec d'autres intervenants, agences d'État et établissements privés d'autre part.

Le directeur régional des domaines et du cadastre de Ségou établit les actes administratifs de cession entre lui, représentant de l'État du Mali, et le bénéficiaire. Dans les contrats de cession seront insérées des clauses spécifiques auxquelles les bénéficiaires seront obligatoirement soumis (délai de paiement du prix de cession, exploitation rationnelle des parcelles, inscription d'une hypothèque légale, non-détournement de la vocation des parcelles, respect scrupuleux des conseils et calendriers agricoles, observations strictes des règles d'utilisation des eaux, paiement de la redevance-eau).

Les autres projets (Komouna I et II et les Grands privés)

C'est à travers le PNIR (Projet national d'infrastructure rural) du 31 décembre 2008, que le gouvernement du Mali, avec le soutien des bailleurs de fonds, a créé des conditions alléchantes pour les entreprises privées. Prenant acte du rythme très lent de développement de l'entreprise agricole familiale, dans le cadre du PNIR, Komouna I et II ont été amorcés par le Mali et la Banque mondiale.

Dans le cadre de Komouna I, l'État construit les infrastructures primaires et secondaires. Les privés se chargeront de la construction des tertiaires qui visent à l'irrigation des parcelles et au drainage de l'eau. De grandes et petites entreprises sont concernées, mais pour être acceptée, l'entreprise postulante doit prouver sa capacité d'aménagement. Durant les premières expériences, dans Komouna I, de petits privés ont été installés et leurs campagnes commençaient le 31 décembre

2008. Mais après les premières sélections, il est apparu que certains petits privés n'avaient pas la capacité de financer les tertiaires. À ce niveau, le désordre s'est installé dans l'exécution de cette première expérience, dont l'évaluation est toujours en cours.

Quant au Komouna II, ce projet intéresse surtout les grands privés de la sous-région ouest-africaine et les internationaux. Il est soumis à un appel d'offres international. Ici aussi, l'État construit les réseaux primaires et secondaires pendant que les grands privés s'occupent du reste. Il y a une soixantaine de grands privés identifiés dans le cadre du Komouna. Les critères de sélection sont plus rigoureux. Le premier exercice étant infructueux, un réseau de communications financé par la Banque mondiale a été créé. Ces projets Komouna I et II en sont toujours à l'étape d'essai et il est actuellement difficile d'avoir des informations approfondies à leur sujet[24].

À part ces deux exemples (MCA Mali et Komouna I et II), les autres projets et investisseurs existant à l'ON (la Libye, le CENSAD « 100 000 ha », l'UEMOA « 11 000 ha »[25], la Chine, etc.)[26] sont pour le moment installés sous les conditions des baux emphytéotiques[27]. Selon nos informations, la volonté politique, au Mali, tend vers la réduction de la durée des baux : les autorités concernées sont en pleine réflexion pour trouver des solutions de diminution du temps des baux à l'ON et ailleurs au Mali. Il faut souligner que le projet MCA, directement rattaché à la présidence de la République, constitue la première immatriculation en bonne et due forme sur les terres de l'Office du Niger. Actuellement, à l'ON, il y a deux grands investisseurs : les riziculteurs et les planteurs de canne à sucre[28] (SUKALA). La SOSUMAR est en voie d'installation et semble être plus structurante que SUKALA. Cette dernière entreprise a un contrat de bail de trente ans avec l'ON. Dans ces projets d'agriculture, il y a des cas où la participation de l'État est calculée en apport foncier.

Ces dernières années, parmi les entreprises qui n'ont pu respecter les cahiers de charges, beaucoup ont vu résilier leur contrat. En effet, le 31 octobre de chaque année, l'ON fait le point des aménagements effectués par les bénéficiaires de baux et procède si nécessaire à la résiliation totale ou partielle de ceux des bénéficiaires qui n'ont pas respecté le cahier des charges. Entre mai 2010 et octobre 2011, 367 000 ha ont été résiliés par l'ON : en mai 2010, 228 000 ha sont résiliés ; en octobre 2010, 57 000 ha sont résiliés et à la même période en 2011, 82 000 ha sont résiliés.

Les modes d'accès informels à l'ON : cas de Massina

Face à l'incapacité de l'ON à satisfaire les nombreuses demandes de terre (manque de terre aménagée disponible), les paysans ont développé des stratégies pour avoir des parcelles de cultures. Même si elles sont formellement interdites par les textes régissant l'Office du Niger, les transactions foncières sont très répandues dans la zone de Massina. Selon les paysans, la location, la sous-location et la vente sont des formes de transaction très courantes[29]. Selon les exploitants, dans la commune, la sous-location est de nos jours une forme émergente de transaction. Mais il faut tenir compte du fait que le sujet des transactions est tabou dans la zone et que les acteurs refusent de reconnaître l'opération, qui constitue un motif de retrait de la parcelle.

La location

Dans les zones ON, la location des parcelles est formellement interdite par le décret de gérance des terres de l'Office du Niger. Les terres ne doivent ni se vendre, ni se louer, c'est interdit et durement réprimé par la loi. Selon certains paysans, il arrive parfois qu'une location se fasse pour dépanner un membre de la famille en grande difficulté, mais le plus souvent, les parcelles de culture sont insuffisantes pour permettre cette pratique. Toutes les personnes ressources rencontrées sont cependant unanimes à reconnaître que la pratique de la location prend de l'importance dans le casier de Massina nouvellement aménagé. La pratique serait en revanche ancienne dans les vieux casiers de Kolongo et de Kokry. D'aucuns pensent que la location s'explique par l'incapacité de certains propriétaires de parcelle à supporter les coûts d'exploitation pendant la campagne. Ils préfèrent ainsi donner la parcelle en location pour ne pas être évincé pour non-paiement de la redevance. Mais il ressort d'autres propos que, face à l'incapacité de l'ON à satisfaire les nombreuses demandes de terre (faute de terre aménagée disponible), les paysans ont développé ces stratégies pour avoir des parcelles de culture.

Les responsables de l'ON de la zone affirment que s'ils découvrent l'existence d'une location, ils évincent le propriétaire de la parcelle, même s'il payait correctement ses redevances. Mais selon des paysans, la réalité est tout autre. Les contrats de location sont verbaux, et se font le plus souvent en présence de témoin ; il n'y a jamais de forme écrite pour ne pas laisser de trace établissant la culpabilité en cas de vérification des agents de l'ON. Pour les locataires, la location est une bonne affaire et permet l'augmentation des surfaces exploitables, car ces parcelles seraient restées inexploitées, le propriétaire n'ayant pas assez de moyens pour la mise en valeur. Le directeur de zone de Massina a reconnu l'existence d'une petite bourgeoisie, émergente de nos jours qui, sans avoir signé ses baux avec l'ON, détient ou exploite de nombreuses parcelles par le biais de la location ou de la vente des terres.

Pratiquée par de nombreux paysans de la zone de Massina, la location se fait uniquement sur la base d'une convention verbale entre l'acquéreur et le propriétaire. Il y a deux options :

- soit l'acquéreur paie la redevance-eau et une certaine somme (en moyenne 80 000 à 100 000 F CFA) au propriétaire à la fin de la campagne ;

- soit l'acquéreur donne une grosse somme au propriétaire de la parcelle qui, lui, gère tous les autres problèmes de la parcelle, notamment la redevance-eau.

– La sous-location des parcelles

La sous-location consiste, pour un premier locataire, à donner à son tour la parcelle en location à un autre exploitant à un prix qui peut lui procurer une petite marge de bénéfice. Cette pratique est le signe du développement de nouvelles formes de spéculation autour de la terre à l'ON. La location et la sous-location sont très généralement effectuées pendant les mois de janvier, février, mars à l'approche du paiement de la redevance.

– La vente

La vente, si l'on en croit le directeur de zone de Macina M. Sidibé, est apparue ces derniers temps dans les zones aménagées de la commune de Massina. Toutefois, elle demeure moins fréquente que la location. La transaction a lieu le plus souvent entre les colons résidant dans les villages et les fonctionnaires et grands commerçants qui viennent de Bamako et des autres grandes villes de l'intérieur du Mali. La transaction se fait avec ou sans la présence d'un témoin. Le prix moyen de cession d'un hectare est de 500 000 FCFA quand la surface est aménagée. Mais la proximité de la ville de Massina, Kokry ou Kolongo et la qualité de la parcelle en termes de planage et de fertilisation influencent le prix de cession.

Officiellement, il ressort des discours des responsables de l'Office de la zone qu'une fois qu'est établie la preuve de ces pratiques concernant une parcelle, le vendeur et l'acheteur perdent ladite parcelle immédiatement. Mais lorsqu'on se rend compte que l'ON est sollicitée pour le changement de nom sans qu'elle demande l'ouverture d'enquêtes pour connaître les motifs de l'opération, il est facile de comprendre que l'Office est complice de ces transactions. D'ailleurs, le transfert de nom demeure une procédure longue et compliquée à l'ON, si l'on ne dispose pas de relations au sein de la direction. Les causes justifiant la vente de terre sont multiples : certains paysans très endettés et disposant de terres en suffisance (trois ou quatre hectares par exemple) peuvent vendre une partie de leurs parcelles pour éponger leurs dettes et disposer ainsi des fonds nécessaires à la bonne exploitation des parcelles restantes. Par ailleurs, la vente serait pratiquée par certains héritiers de parcelles qui évoluent dans d'autres secteurs d'activité, parfois loin de la zone Office du Niger. Ils vendent les terres obtenues suite au morcellement survenu après la mort du chef d'exploitation, et à la demande de ses ayants droit. Cette manne financière obtenue de la vente permet au vendeur d'investir dans d'autres activités, qu'il mène en milieu urbain ou sur place dans la commune de Massina.

Il faut retenir que la location est favorisée à Kolongo (zone Office du Niger de Massina), par l'existence du bail emphytéotique de feu Sidi Bekaye Kounta. Ce bail appelé communément « Razia » couvre une superficie de plus de 350 hectares. Les héritiers de M. Kounta ont été incapables de poursuivre l'œuvre d'aménagement de leur défunt père qui fut ambassadeur du Mali dans de nombreux pays arabes, notamment l'Arabie Saoudite. C'est d'ailleurs à travers les relations personnelles qu'il entretenait avec la famille royale saoudienne, qu'il aurait pu mobiliser plus de quatre milliards de FCFA pour l'aménagement de la parcelle qu'il a obtenue en bail de l'ON. Plus d'une centaine d'hectares de cette propriété de M. Kounta font l'objet aujourd'hui de locations et de sous-locations.

Selon certaines sources, pour la location de cette zone hors-casier, il y aurait deux options :

- soit l'acquéreur donne 80 000 FCFA au propriétaire de la parcelle et paie en même temps la redevance-eau (en moyenne 40 000 F CFA) qui est inférieure à celle payée en zone casier ;
- soit l'acquéreur donne 100 000 F CFA au propriétaire qui s'occupe de la redevance.

– Le métayage

Cette forme de transaction est rarement pratiquée dans les communes de Massina et de Kokry. Elle serait plutôt fréquente dans la zone de Niono.

La formalisation et la sécurisation des transactions

Comme nous l'avons vu, la nature des transactions foncières (dons ou prêts), ainsi que les droits qui y sont attachés, sont souvent flous, d'où la survenance de certains conflits. Il arrive par exemple que des familles exploitant des terrains depuis plusieurs décennies soient sommées de déguerpir. Du fait du caractère informel des transactions foncières et des règles coutumières, il est difficile d'arbitrer ce type de conflit : exploitent-ils un terrain donné ou prêté ? Le terrain « donné » peut-il être l'héritage de la génération suivante ou revient-il à la famille du donateur ? Peut-il être donné à un tiers ? Telles sont les questions qui trouveront leur réponse dans la formalisation des transactions. Dans la commune de Bla, tout comme ailleurs, les transactions foncières s'effectuent uniquement sur base orale. Les autochtones sont réfractaires à la formalisation d'un don ou d'un prêt, nous a-t-on dit. Ils perçoivent le recours au « papier » comme une forme d'aliénation de leurs propriétés. Cependant cette conception tend à appartenir au passé. Le chef de village de Bla se disait favorable à l'établissement d'une attestation certifiée dans les prêts, à condition que la nature des droits transmis y soit bien définie et que leur temporalité y soit clairement indiquée. Ce faisant, a-t-il souligné, nous ferons l'économie de beaucoup de conflits.

Il faut reconnaître que la formalisation des transactions du foncier agricole demeure très timide dans la commune de Bla. Nous n'avons vu aucun contrat de ce genre lors de notre séjour, pas même à la mairie. Les autorités communales de Bla disent se méfier de la formalisation des contrats touchant les terres agricoles :

> « Nous ne légalisons les actes de transaction dans les domaines non viabilisés que si nous avons le témoignage du chef de village ou du quartier. En outre, il faut que les parcelles soient bien délimitées. Nous exigeons aussi qu'il y ait d'autres témoignages. »

Selon Mathieu (1998), quatre raisons sont classiquement avancées pour justifier les efforts de sécurisation foncière :

1. Il faut sécuriser les droits fonciers pour encourager les investissements et accroître la productivité de l'agriculture. Cette justification constitue l'acte central de la théorie évolutionniste (ou des changements induits) des droits fonciers.
2. La sécurité des droits fonciers est une condition nécessaire pour la préservation et la bonne gestion des ressources naturelles.
3. Elle favorise la circulation des droits temporaires d'usage de la terre : prêt, mise en gage, location.
4. Il importe de sécuriser les droits fonciers pour des raisons sociales, afin d'éviter ou de minimiser le nombre et l'intensité des conflits liés aux transactions foncières.

Lavigne Delville (1998), avance que dans la mesure où ces droits peuvent être subitement contestés ou remis en cause, l'enjeu n'est pas forcément la nature des droits dont disposent l'individu ou le groupe, mais la possibilité d'être reconnus et légitimes, susceptibles d'être défendus par les instances d'arbitrage. Il est très fréquent de rencontrer la thèse selon laquelle la sécurité foncière est une condition nécessaire à l'investissement et donc à l'intensification agricole. Cette vue simplificatrice de la liaison entre sécurité foncière et intensification mérite d'être nuancée. La sécurité foncière constitue une condition nécessaire mais non suffisante pour promouvoir l'investissement en faveur d'une meilleure productivité de la terre.

L'analyse des pratiques de gestion foncière, tant dans ses formes coutumières que modernes, indique clairement une situation d'insécurité des exploitants agricoles ainsi que des éleveurs. Les règles de bonne gestion coutumière ne fonctionnent plus correctement : l'accès à la terre relève aujourd'hui plus des chefs des familles que des chefs des terres. L'autorité des chefs des terres n'existe plus et les familles sont elles-mêmes dans un processus de démembrement continu.

L'individualisme gagne du terrain et conduit de plus en plus à lever les anciens interdits : location et ventes de terres. Celles-ci, développées à la faveur de la législation de l'appropriation foncière dans les villes, s'accentuent aussi aujourd'hui dans certains terroirs villageois des différentes vallées (des fleuves Sénégal et du Niger) ou même dans des sites prévus pour l'aménagement des périmètres collectifs, qui font l'objet de prêt à durée déterminée (dix ou quinze ans). La gestion du foncier irrigué (accès à la terre et exploitation), telle que développée avec le concours des projets publics de promotion de l'irrigation (submersion contrôlée et PPIV), avec mise en place d'institutions locales de gestion communautaire, semble bien appropriée, à condition que les problèmes de sécurité foncière et de productivité soient préalablement résolus[30].

La base des litiges qui mènent à des conflits portés au niveau administratif et juridique consiste le plus souvent en une remise en cause, après réalisation collective de l'aménagement, de l'exploitation collective des terres par les usagers. Ceci témoigne bien de la déstructuration du foncier coutumier au Mali. Ainsi, pour expliquer cette situation de déstructuration, Tall et ses coauteurs (2002) avancent que :

> Les « propriétaires coutumiers » qui luttent pour l'exclusion de la majorité des « exploitants sans terres » n'ont pourtant ni une base juridique, ni une base coutumière de droit de propriété : les « carnets de terre » brandis à l'administration territoriale ou à la justice ne peuvent être opposables à des titres de propriété. Pire, il s'agirait au contraire du recensement d'exploitants qui étaient sur des terres prêtées ou en métayage : il ne semble donc pas que ce soit le droit du 1er occupant (défrichement) qui prévaut en général en matière d'appropriation coutumière. S'agit-il, alors du droit du dernier occupant (« conquérant ») ?

Toujours selon Tall, la performance de l'outil de production en irrigation a une importance majeure pour la sécurisation des producteurs. Les attributions provisoires de parcelles dans les périmètres irrigués sans maîtrise totale de l'eau, l'équipement insuffisant et inadapté des services techniques, sont une source d'insécurité foncière pour les producteurs. À côté des défaillances au niveau des performances des systèmes d'irrigation, existent aussi certains problèmes d'encadrement et d'organisation en matière d'accès aux intrants, aux équipements et aux crédits. Ces insuffisances augmentent les risques de production et contribuent à une insécurité foncière des producteurs.

L'accès à la terre doit aussi être en phase avec la croissance démographique naturelle, pour maîtriser les phénomènes de déstructuration tels que l'éclatement des familles, les abus dus à l'effritement de certaines règles comme celles de l'héritage ou de l'entraide, etc. La réduction progressive de la taille des exploitations agricoles en zone ON, par exemple, est surtout due au rythme insuffisant des réhabilitations par rapport à la demande de terre de familles en croissance et de nouveaux migrants. Une telle situation est source d'insécurité foncière. Les transactions foncières, le problème de leur formalisation et l'insécurité foncière représentent des sources de conflits récurrents. C'est pourquoi nous analyserons dans le chapitre suivant, la récurrence des conflits et leurs modes de prévention et de gestion.

Notes

1. Dans ce chapitre, nous n'avons pas traité spécifiquement de la situation des anciens esclaves car, dans les régions étudiées, les anciens esclaves n'ont pas de redevance à payer et sont le plus souvent des autochtones *Rimaïbé* ; ils sont aussi le plus souvent installés sur des terres ancestrales. Comme nous l'avons vu dans la première partie de ce travail, entre le XIVe et le XVe siècle, lorsque les Peuls décidèrent de se fixer dans le Delta intérieur à cause de sa richesse en eau et en pâturage, ils se rendirent maîtres de toute la région de Diaka en attirant d'autres groupes de nomades. Ils combattirent les autochtones qu'ils expulsèrent ou réduisirent en esclavage. Les Bamanan, les Nono, les Dogon et les Bobo qui n'eurent pas les moyens physiques ou politiques de s'opposer à cette volonté hégémonique devinrent, pour la plupart des « captifs de terre » ou *Rimaïbé*. Les villages fondés avant la venue des Peuls sont restés maîtres de leurs terres et les pasteurs n'y ont jamais exercé de souveraineté terrienne. Dans ces villages, il existe un maître de terre qui continue de les distribuer et qui peut être en même temps chef de village. Parmi ces villages nous avons : Kadial, Serendu, Tuma, Saare Cine, Banaje, Farayeni, Jakankore, N'Garewoy et Togere Kumbe. Comme nous l'avons dit, les leyde n'ont pas les mêmes réalités et dans plus de 50 pour cent des *leyde*, le Dioro possède des droits sur l'herbe ainsi que sur les terres. L'étranger qui cherche une terre s'adresse plus volontiers au chef de village qui est moins sensible aux aspects financiers que le Dioro en raison du fait que ses actes sont soumis à l'approbation de la communauté villageoise. À son tour, le chef de village s'adresse au Dioro pour obtenir la terre qu'il attribuera à l'étranger.
2. Membre du GERSDA (Groupe d'étude et de recherche en sociologie et droit appliqué) de la faculté de sciences juridiques et politiques (FSJP) et de la faculté des sciences économiques et de gestion (FSEG) de l'université de Bamako, nous empruntons cette définition au projet de recherche de la convention n° 8015/10/2007 IRAM, intitulé «Les transactions foncières en zones rurales et périurbaines du Mali : quelles leçons pour la loi sur le foncier agricole ? » dont les recherches préliminaire ont été effectuées entre le 1er et le 15 août 2007.
3. Dans les cercles de Mopti, selon une étude menée par Sidiki Koné en 2007 (Chargé de programme ONG GAE/Walia BP 215 Mopti), plus de 60 pour cent des exploitants dans les cercles ont obtenu leurs terres par voie d'héritage. Les différents conflits sont issus de transactions. Et ces accords sont essentiellement motivés par le manque de nourriture et la croissance démographique qui accroissent les charges familiales. L'insuffisance de terres ou leurs dégradations occasionnent les échanges. À cela, il faut ajouter l'insuffisance pluviométrique, avec souvent pour corollaire la baisse des rendements. La pression démographique semble être retenue comme le facteur dominant des cessions de terres dans les villages.
4. Le secrétaire exécutif de la coordination de la jeunesse de la commune de Bla, M. Bata Boire, nous a confié qu'il a reçu un prêt, une parcelle d'un ami jeune. Il exploite donc sans contrepartie cette parcelle chaque année.
5. Source : Benôkô Coulibaly, responsable d'OP (interview).
6. L'exemple de Dialla Konaté, l'ancêtre de Soundiata Kéïta nous édifie à ce niveau (à noter que plusieurs versions existent de ce fait) : pour l'histoire, quand Dialla arriva dans le Mandé seul, l'ancêtre des Camara l'aurait accueilli et lui aurait donné un

domaine sur lequel il se serait installé… Puis plus tard, lui aurait donné une de ses filles en mariage. C'est ainsi qu'aurait commencé une relation d'alliance entre les Camara et les Konaté et plus tard les Kéïta qui sont supposés être des Konaté au départ.

7. Source : Benôko Coulibaly (Interview).
8. Source : Modibo Tangara, chef zone de production agricole à la CMDT–Koutiala.
9. Source : Entretien avec Benôkô Coulibaly.
10. Source : Entretien avec le vice-président du conseil de cercle.
11. Source : Entretien avec Benôkô Coulibaly.
12. Source : Entretien Abdou Tangara.
13. Source : Entretien avec le juge de Bla.
14. Source : Entretien avec Bakary Thiéro.
15. Voir à ce sujet l'exemple de conflit familial (père et fils) à Bla.
16. Cette loi modifie celle n° 86-91/AN-RM du 12 juillet 1986 relative au code domanial et foncier.
17. Article 10 du décret n° 96-188 / P-RM portant organisation de la gérance des terres affectées à l'Office du Niger.
18. *ibid.*, art. 39 ; 40 ; 41 ; 42 ; 43.
19. *ibid.*, art. 44 ; 45 ; 46 ; 47 ; 48 ; 49 ; 52.
20. *ibid.*, art. 53 ; 54 ; 55 ; 56 ; 57 ; 58 ; 59 ; 60 ; 61.
21. *ibid.*, art. 20 ; 21 ; 22 ; 23 ; 24 ; 25.
22. *ibid.*, art. 32 ; 33 ; 34 ; 35 ; 36 ; 37 ; 38.
23. Le 13 novembre 2006, les États-Unis d'Amérique, représentés par le *Millennium challenge corporation* (MCC) et le gouvernement de la République du Mali ont signé un accord ou Compact visant à accélérer la réduction durable de la pauvreté par la croissance économique. Le Compact du Mali comprend deux projets, un projet d'amélioration de l'aéroport de « Bamako-Sénou » et un projet d'irrigation de 14 000 hectares en zone Office du Niger. Chaque projet est divisé en un certain nombre d'activités pour lesquels des plans d'exécution ont été élaborés. Le Compact est entièrement géré par une entité locale de gestion dénommée le « *Millennium challenge account* Mali, MCA–Mali ». Le MCA–Mali assure la responsabilité de gestion d'ensemble pour l'exécution du Compact. Le MCA–Mali se compose d'une direction générale, de directions de projets (projet d'irrigation d'Alatona et l'aéroport), de directions transversales à savoir la direction du suivi évaluation, la direction du suivi environnemental et social, la direction des passations des marchés, la direction administrative et financière, plus une conseillère juridique. En outre, une agence de passation des marchés (contrat géré par le groupe Louis Berger) et une agence pour les finances (contrat géré par Emerging markets group) assurent respectivement les activités de passation des marchés et de gestion financière. Les différentes activités menées dans le cadre de MCA–Mali sont supervisées et approuvées par un conseil de surveillance «board». En outre, des conseils consultatifs existent au niveau de chacun des projets afin de fournir des directives et suggestions visant à améliorer l'exécution des projets. Sources : *Impact* : *Bulletin d'Information du MCA – Mali*, n° 12, mars 2009. Voir aussi : *Millenium Challenge Corporation*, Plan de suivi-évaluation, version du 24 juin 2008.
24. Des expériences instaurées et financées par la Banque mondiale sont toujours en cours.

25. Pour les 11 000 ha de l'UEMOA, sur 5 000 ha, 3 000 ha sont réservés aux populations locales et le reste, 2 000 ha, est réservé aux ressortissants de l'UEMOA. Ici, il y a des exceptions quant à la durée, mais non à la propriété.
26. La convention d'investissement dans le domaine agricole pour 100 000 ha de Malibya a été signée en juin 2008 ; le Moulin moderne du Mali bénéficie d'un accord spécial d'investissement dans le secteur agricole pour 20 000 ha et d'un bail ordinaire pour 7 400 ha signé le 31 mai 2010 ; le *Illovo group holdings limited and Schaffer and associates international LLC* (CaneCo and SoSuMar) bénéficie d'un accord pour 15 000 ha signé le 27 juin 2007. Quant à Sukala, elle appartient à l'entreprise *China light industrial corporation for foreign economic and technical cooperation* (CLETC). Cette entreprise bénéficie d'accord d'octroi de 20 000 ha dont 13 000 disponibles à la date de signature. Les 7 000 ha restants sont attribués sur les trois années suivant la signature du document le 22 juin 2009. Enfin, le PetrOtech-agro Mali bénéficie d'un bail ordinaire de 10 000 ha.
27. Ce sont des locations de terrains au sein de l'Office du Niger, mais à cause du fait que les terrains sont grands, c'est le ministère de tutelle qui doit donner son autorisation à l'ON pour l'attribution desdits terrains.
28. À cause de son grand besoin en eau, donc de sa grande consommation en eau, les superficies de production de canne à sucre sont limitées.
29. Le directeur de la zone de Massina a explicitement reconnu l'existence de ces pratiques illicites au cours de l'entretien qu'il nous a accordé. Il a cependant battu en brèche l'accusation de complicité des responsables de l'Office.
30. Par exemple à Gao, les périmètres irrigués (moyens et petits, avec ou sans maîtrise totale) font l'objet de litiges fonciers très aigus, qui compromettent dans la plupart des cas leur fonctionnement, même pour les périmètres ne connaissant pas de défauts techniques importants.

5

La récurrence des conflits et leurs modes de prévention et de gestion

Nous avons déjà largement discuté du terme de « conflit » dans les premières pages de ce livre et dans le dernier chapitre de notre première partie. En reparler ici montre combien, depuis la période précoloniale, en passant par les conflits de conquête et de domination des grands empires et la colonisation française, les contradictions de logiques et d'intérêts ont continué à travers les siècles, changeant de forme, mais ayant toujours pour objet les questions foncières. Ces conflits, nous l'avons dit, sont inévitables et peuvent se produire au sein d'une famille (une lignée, un clan *Kabila*), d'une communauté, entre deux ou plusieurs communautés, entre des pays etc. Ils n'atteignent pas forcément le stade de la violence. Ils sont susceptibles d'arriver n'importe où et n'importe quand. Dans le processus de développement d'une société, les différents conflits, inévitables, sont générateurs de développement et même de progrès de la société ou de la Nation, car ils amènent les différents acteurs à se connaître et à construire ensemble leur environnement social, politique et économique. Malgré le fait qu'il ne soit pas possible d'empêcher les conflits, l'on peut toutefois, pour atténuer leurs effets négatifs et surtout pour empêcher qu'ils ne deviennent violents, construire ou renforcer certains mécanismes de prévention et de gestion de ces conflits.

Dans le bassin du fleuve Niger, les conflits fonciers ont la peau dure et continuent à se multiplier au fur et à mesure que les terres se dégradent, que la population augmente et que l'esprit individualiste de la propriété foncière gagne, malgré les résistances séculaires du terrain, comme nous l'avons vu dans les deux chapitres précédents à travers les Organisations paysannes à l'Office du Niger et dans les zones CMDT. En fait, ces conflits intéressent la société tout entière. Ces conflits surviennent suite à des dégâts causés par les animaux ; au non-respect des limites entre les champs et les villages ; au non-respect des règles de préséance ; aux violations des règles locales par les étrangers ou les transhumants ; à l'obstruction des couloirs de passage par les agriculteurs ; au non-respect du calendrier agricole ; aux pratiques du métayage ; au non-respect des dispositions de la charte pastorale, etc. (Traoré 2008). Dans ce chapitre, nous étudierons quelques cas de conflits intracommunautaires en section I, et intercommunautaires dans la section II.

Les litiges intracommunautaires

Dans les sociétés maliennes en général et bamanan malinké du bassin du fleuve Niger en particulier, le village, centre des droits et des relations foncières et sociales, constitue la communauté, une communauté formée d'un *Kabila* ou de plusieurs *Kabila* et de leurs segments. Nous baserons notre discussion sur quelques cas de conflits liés directement ou indirectement au foncier dans la communauté villageoise.

Le foncier étant devenu un enjeu économique pour les acteurs ruraux, la compétition pour y accéder suscite beaucoup de désaccords. Or il n'y a de développement que dans la tranquillité et dans la paix. Les conflits fonciers constituent la traduction normale de la diversité des intérêts en jeu dans les rapports au foncier. Ils sont le lieu d'expression de stratégies antagonistes en termes d'accaparement de l'espace ou d'appropriation des ressources (Barrière 1997). Ces conflits, qu'ils touchent l'eau, la terre ou les arbres, sont révélateurs des objectifs contradictoires qui peuvent être poursuivis par les différents acteurs en présence dans la gestion des ressources naturelles. Ils proviennent de la coexistence de représentations différentes de l'organisation foncière et révèlent les relations problématiques entre les individus eux-mêmes, entre les groupes et entre individus et groupes à propos des ressources naturelles. Ils sont donc significatifs du fonctionnement d'un système global de gestion du foncier et des contestations internes qu'il suscite, ainsi que des implications des différents acteurs.

Les conflits entre individus (agriculteurs/pasteurs, agriculteurs, membres d'une même famille) dans la zone CMDT et à l'ON

Des cas de conflits dans la zone cotonnière

Selon Karitié C., un interviewé, « le coton était la première richesse dans le Miniankala[1] et ce n'était pas pour rien qu'on appelait Koutiala la capitale de l'or blanc en république du Mali[2] ». Cette référence à l'or blanc comme symbole de richesse et dénomination de la région[3], est liée au niveau de production que la culture de coton a connu il y a dix ans. Il y a dix ans, cette région, l'un des piliers de l'économie malienne exerçait une véritable force d'attraction sur les populations des autres régions du Mali. Ce développement économique est redevable à la CMDT qui, au moment de sa création, avait fait de la culture du coton une priorité avec la mise en place de structures d'encadrement et la promotion d'activités de développement dans le monde rural (comme l'aménagement des pistes rurales, l'alphabétisation néofonctionnelle et l'appui financier). Suite aux différentes sécheresses (1972 ; 1982), le pays a connu plusieurs flux migratoires intraruraux, qui se sont dirigés vers la zone en quête de fortune. C'est pourquoi nous trouvons aujourd'hui des Bambara, des Senoufo, des Dogon et des Peuls qui cohabitent avec les autochtones : les Minianka. Ces facteurs ont permis le développement de la région en général, et ont en outre occasionné un brassage ethnique jadis relativement harmonieux dans les villages et villes (Bla[4], M'Pèssoba[5] et Yorosso[6]) où nous avons fait nos recherches de terrain. À cause de l'utilisation de la culture attelée, du boom démographique et donc de la pression sur les ressources naturelles en général et foncières en particuliers, à cause de l'écourtement voire de la rareté de la jachère, des conflits éclatent par-ci, par-là, de temps en temps.

Sous la pression foncière, les enjeux sont tels que nous rencontrons plusieurs types de situations : des acteurs coton-culteurs en compétition pour l'accès à la terre, des contradictions survenant au sein de familles élargies disloquées à cause du partage du revenu du coton, des maîtres de terres qui cherchent à affirmer leur autorité à travers les institutions et instances de contrôle, des organisations paysannes qui s'investissent de plus en plus en plus dans le foncier, et des administrateurs qui cherchent à faire prévaloir leur autorité à travers les textes législatifs relatifs au domaine. Comme nous l'avons vu dans les chapitres précédents, en fonction de l'importance de la production du coton dans la zone CMDT, les conflits liés à la terre, omniprésents et perpétuels, naissent soit entre les paysans en période hivernale pour des questions de délimitation des champs de culture, soit entre agriculteurs et éleveurs.

Comme nous l'avons évoqué dans les deux premiers chapitres de cette deuxième partie, tout comme la zone ON, la zone CMDT est caractérisée par un pluralisme institutionnel où l'on retrouve, d'un côté, les logiques étatiques représentées par l'administration et ses services déconcentrés, et de l'autre, les représentants des collectivités locales et des institutions traditionnelles (chefs de terre, chefs de village etc.), ainsi que les représentants des paysans, c'est-à-dire les OP et les syndicats paysans. Ce sont ces acteurs qui se côtoient aujourd'hui au niveau rural et périurbain des campagnes. Leurs interactions produisent des conflits d'intérêts qui ne sont pas forcément violents et dont l'articulation harmonieuse entre dans le cadre de leur développement et du progrès socioéconomique du pays. Dans un environnement aussi riche en acteurs, une dispute foncière peut engager plusieurs institutions de protagonistes ou même de régulation. Dans ces conflits, certaines inadéquations peuvent aboutir à ce que des institutions montrent leurs limites, exacerbant ainsi les situations de conflit. Parmi les conflits dans ces régions agraires, les conflits de compétences entre les différentes institutions (chefferie, collectivités décentralisées, services déconcentrés, administration, justice etc.) sont fréquents. Malgré le développement et la multiplication des institutions, surtout avec l'avènement de la décentralisation, le foncier reste sous l'emprise des maîtres de terres traditionnellement reconnus comme étant les ayants droit sur la terre. Ici, dans la zone CMDT, à côté des conflits entre OP, CMDT, administrations ou collectivités territoriales, nous avons aussi des conflits entre agriculteurs et entre agriculteurs et nomades pasteurs transhumants.

Les conflits entre agriculteurs et entre agriculteurs et éleveurs

Dans la commune de Bla, la lecture du registre éclaircit la typologie des conflits fonciers survenus dans la commune ayant fait l'objet de jugement sur la période allant de 2000 à 2007. On peut répartir ces conflits en deux groupes : les conflits entre agriculteurs et ceux entre agriculteurs et éleveurs.

Leur origine se situe dans les actions en revendication de droits coutumiers sur des terres de culture. Cette catégorie de conflits oppose, presque toujours, des particuliers entre eux. En premier lieu, se posent les problèmes de délimitation des superficies agricoles. Les limites de terrains sont contestées parce que les règles traditionnelles de délimitation des parcelles et des terroirs villageois sont parfois approximatives. Les repères sont un arbre, une mare ou une grosse pierre et ne sont ni écrits, ni cartographiés.

Les facteurs majeurs de conflits fonciers entre agriculteurs dans la commune de Bla semblent être liés aux transmissions de droits :

- La remise en cause d'un prêt sans limitation de durée ou les conflits sur le contenu des droits accordés lors de l'installation d'un « étranger ».
- La « vente » d'une partie du patrimoine lignager par un ayant droit sans l'accord des autres, aboutissant à la contestation de la transaction.
- Les problèmes successoraux (contestations sur l'héritage et violations de ses règles).

En ce qui concerne le premier point, nous constatons que la nature des droits attachés aux transactions traditionnelles (prêts et dons) est souvent remise en cause. Cette situation est encore plus aiguë quand les principaux acteurs de ces transactions traditionnelles sont décédés. Il s'ensuit une bataille rangée entre leurs descendants autour de la terre.

Il y a aussi quelques frictions entre agriculteurs et éleveurs autour du foncier pastoral. Pour la résolution de ces conflits, les paysans ont de plus en plus recours à la justice, preuve que les instances traditionnelles d'arbitrage ont perdu une partie de leur autorité. Par ailleurs, il est essentiel de savoir que, tout comme les autres régions rurales, les terres sont encore détenues par une minorité de la population, à savoir les autochtones qui ne transfèrent aux allochtones que des droits d'usage précaires sur les terres. Cette situation pourrait décourager dans une certaine mesure les projets d'investissement agricole individuels et, par ricochet, elle compromettrait le développement de l'agriculture dans cette commune.

– Les conflits entre agriculteurs et éleveurs à Bla

Toujours dans la commune de Bla, les conflits entre agriculteurs et éleveurs surviennent lors des passages de transhumance ou quand les pâturages traditionnels sont occupés par les cultures ou encore lorsque les troupeaux envahissent les champs avant les récoltes. Les déficits pluviométriques rencontrés dans les régions du Nord depuis deux décennies ont provoqué les déplacements de populations mais aussi de troupeaux vers le Sud. De l'avis du chef du service local des productions et industries animales, les conflits entre agriculteurs et éleveurs naissent de l'occupation anarchique de l'espace communal. Toujours selon lui, le foncier pastoral communal est de plus en plus accaparé par les cultivateurs qui pratiquent une agriculture extensive. Les pistes et couloirs de passage des animaux sont obstrués, et même les bordures des voies goudronnées ne sont pas épargnées par les agriculteurs. On ne réserve aux animaux que les collines sur lesquelles l'agriculture est impossible.

Dans cette commune, comme partout d'ailleurs, au Mali, la charte pastorale n'est pas respectée car elle est méconnue. Souvent, c'est l'incivisme de certains agriculteurs qui est en cause. Sinon, la charte pastorale prévoit une gestion équitable entre agriculteurs et éleveurs. Les conflits sont fréquents entre juillet et août, période pendant laquelle l'état végétatif des plantes attire les animaux.

Le comportement des pasteurs peuls est aussi pour beaucoup dans la naissance de certains conflits. En effet, il arrive que ceux-ci laissent leurs troupeaux envahir les champs avant les récoltes, provoquant du coup la colère des agriculteurs. Certains de ces conflits ont débordé en affrontements, d'autres ont été portés devant les tribunaux. Au moment de quitter Bla (février 2007) après la fin de notre recherche de terrain, un pasteur peul avait été arrêté par la gendarmerie pour avoir laissé ses animaux détruire un champ de mil (à Wakoro).

– Dans la commune de M'Pèssoba,

Dans la commune rurale de M'Pèssoba, les terres de culture et le pâturage (chemin de pâture, etc.), et les questions de « bois sacrés » constituent des sources de conflits. Au cours de nos enquêtes, le premier responsable de la commune rapporte quelques cas de conflits dans sa commune :

1. Pâturages : « À Dempela un paysan voulait installer son troupeau sur une portion de terre qui a été confiée par les maîtres de terre d'un village voisin pour exploitation. De l'autre côté, un autre paysan ignorant les principes de transaction s'opposa à la réalisation de cette activité. Pour trancher cette situation il a fallu l'intervention du lignage qui a octroyé la terre pour départager les deux camps ».
2. Bois sacrés : « Toujours dans le village de Dempela, un paysan après avoir planté des arbres qui avaient commencé à faire des fruits se voit exproprié par les populations sur instruction du chef de village. Les populations

ont dévasté son verger le vendredi 26 septembre 2008. [...] Les raisons évoquées sont que le site qui abrite le verger est réservé au bois sacré ».

3. Terre de culture ou chemin de pâturage : Ce cas oppose deux agriculteurs qui se rendent à la mairie résoudre leur litige. Le premier est Amadou et le deuxième Chaka.

Nous sommes à la mairie de M'Pèssoba ce vendredi 3 octobre 2008 à 10 heures où nous avons assisté à la résolution d'un litige foncier entre deux paysans au sujet d'un demi-hectare de terre qui devait servir de passage aux animaux. Le débat se fait sous forme de question-réponse : Amadou est le plaignant et Chaka le défendeur. Ce sont tous des Coulibaly, tous sont paysans du chef-lieu de commune : M'Pèssoba.

Pour relancer le débat, le maire demanda à Amadou de dire les raisons qui l'ont poussé à convoquer Chaka. Amadou prit la parole et dit : « J'ai convoqué Chaka parce qu'il a défriché un endroit qui sert de passage pour mes animaux et derrière lequel se trouve mon parc de bétail. » Quand Chaka fut questionné, il argua : « J'ai défriché ce lopin de terre aux alentours de mon champ où j'ai commencé à planter des karités. J'ai été surpris qu'Amadou m'ait reproché d'avoir défriché cette parcelle qui sert de passage à ses animaux alors qu'il y a deux champs qui séparent son parc de mon champ. La terre m'appartient mais ni Amadou, ni moi n'avons connaissance de son exploitation. »

Le maire : Est-ce que tu es passé par un autre moyen pour défricher cette portion de terre ? Qui a été le dernier occupant ?

Chaka : Je n'ai pas demandé l'avis de quelqu'un pour défricher car cette portion de terre fait frontière avec mon champ !

Amadou : Mon père m'a dit que personne ne doit exploiter ce lopin de terre car il est uniquement réservé au passage des animaux et du parc de ces animaux. C'est moi qui ai prêté aux deux propriétaires les champs qui nous séparent auxquels Chaka fait allusion.

Chaka : Si cette portion de terre t'appartient pourquoi alors notre ancien hameau se trouve dans ton champ ?

Amadou : Selon mes sources le fait qu'il (hameau) soit implanté par convention entre nos parents dans le temps ne fait de cela qu'une preuve justificative. En tout cas je ne veux pas que cette portion de terre soit cultivée par Chaka ni par moi-même.

Le maire : Comment est-ce que vous comptez faire maintenant ? Avez-vous approché les vieillards (les notabilités) pour vous départager puisque c'est eux qui maîtrisent les limites des terres ?

Amadou : Nous sommes allés voir (consulter) les vieux, ils nous ont conseillé de venir à la mairie.

Le maire : Savez-vous qu'il est interdit actuellement de défricher des espaces pour exploitation dans la commune en raison de la rareté des terres ? Avez-vous,

Chaka, une autorisation du service de la conservation de la nature ? Savez-vous qu'il y a un autre propriétaire de terre que nous tous réunis qui est l'État ?

Chaka : Non !

Le maire : Retenez que tout défrichement nécessite un document authentique en bonne et due forme du service chargé de la question. Le mieux si vous le souhaitez serait qu'on achemine le dossier à la justice de Koutiala mais, je vous avoue que la tâche ne vous sera pas facile car, économiquement vous ne pourrez pas supporter les dommages causés à l'environnement. Si ça ne tenait qu'à moi, vraiment, je soutiens une résolution à l'amiable : je vous donne le soin d'aller vous concerter encore et cela avec les vieux du quartier qui maîtrisent cette histoire.

Chaka : Si je savais que la situation allait se terminer ainsi je n'aurais pas défriché, et si c'est ainsi je renonce à mon projet de plantation de Karité[7].

Sur ces éclaircissements, les deux parties ont jugé nécessaire de mettre fin à leur litige devant le maire et l'assistance avec une poignée de mains. À travers ce cas, nous découvrons que les paysans ignorent complètement les textes qui régissent le code domanial et foncier et les autres textes relatifs aux ressources naturelles. On note également que les champs de culture s'interpénètrent et que, de ce fait, les limites ne sont pas bien définies. D'un autre côté, nous voyons que, malgré la maîtrise traditionnelle du foncier par les maîtres de terre, les notabilités ont souvent tendance, en tout cas dans le village de M'Pèssoba, à s'en remettre à la décision du maire ou des autorités. La loi à laquelle le maire a fait référence est la loi n° 95-004 du 18 janvier 1995 fixant les conditions de gestion des ressources forestières (le défrichement, les coupes de bois, les instances protégées, les feux de brousse, etc.)[8]. Cette loi stipule dans son article 81 : quiconque aura abattu ou mutilé des arbres en violation des articles 17, 18, 79 sera passible d'une amende de 10 000 à 100 000 F CFA et d'un emprisonnement d'un à trois mois ou d'une de ces deux peines seulement sans préjudice des dommages et intérêts.

Les défrichements sur les pentes des montagnes, collines, dunes et plateaux où il y a des risques d'érosion et de ravinement et, aux abords des cours d'eau permanents et semi-permanents, sur vingt-cinq mètres à partir de la berge, des points d'eau tels que les mares, les puisards et les puits, doivent être accompagnés de la mise en œuvre de mesures de conservation des ressources. Malgré cette loi, certains paysans adoptent des comportements jugés « indésirables » par les agents de la conservation de la nature[9]. Selon Koné, agent de son état :

> « Par rapport au défrichement, les paysans le font sans autorisation et sur cinq cas de défrichement un seul se présente pour l'obtention d'autorisation [...] Actuellement, les paysans utilisent la soude caustique pour faire crever les grands arbres frais. Cette méthode consiste à faire une ceinture à l'arbre en enlevant ses écorces, quelques mois après, l'arbre crève et ils viennent se présenter pour me dire qu'il y a un gros arbre sec dans le (son) champ ou quelque part dans la brousse.

> Mieux, ils profitent de mon absence pour abattre anarchiquement les arbres, puisque je suis le seul agent pour les huit communes de l'ex-arrondissement de M'Pèssoba qui compte cinquante-six villages. »

Des conflits au sein de la cellule familiale : cas de Yorosso

Avec le développement de la culture du coton, la dégradation du sol et l'augmentation de la population, facteurs qui concourent tous à l'exercice d'une pression forte sur les ressources naturelles et sur la terre, on assiste de plus en plus à des conflits au sein des familles dans le cercle de Yorosso. On recense deux cas de figure : le premier vient de ce que le Minianka, comme tout Bamanan Malinké à la campagne, aime à épouser plusieurs femmes. Dans cette situation de polygamie, toutes les fois qu'un conflit naît entre le chef de famille et les autres membres de la famille, ou entre lui et ses enfants, à cause du revenu du coton, ou encore lorsque le chef de famille ne considère plus la mère d'un fils avec lequel il ne s'entend pas, des possibilités d'éclatement de famille surviennent. Dans le dernier cas, quand l'enfant voit que rien ne va plus entre sa mère et son père, et que la maman est marginalisée, l'enfant se révolte contre cette situation. C'est le cas par exemple dans une famille du cercle où, après la récolte, le père a envoyé l'enfant vendre le coton à Koutiala. Après la vente, le fils mécontent de son père s'achète une remorque sans le consentement du chef de famille. Ce comportement a provoqué un litige entre le chef de famille et son fils qui a été porté devant les tribunaux, portant ainsi préjudice à l'unité de la famille.

Le deuxième cas de figure est lié aux activités principales que sont à Yorosso la culture du coton et l'élevage. Après la saison des pluies, les paysans n'ont plus d'autres activités qui puissent leur apporter de l'argent, alors qu'après la vente du coton, c'est le chef de famille qui empoche le revenu du *Foroba* (sans familial commun, communautaire ou collectif) sans partage. Les autres membres de la famille, tels ses fils ou frères, ont leurs propres familles à nourrir, à habiller, et auxquelles il faut assurer les soins médicaux en cas de maladie. Cette situation comporte généralement deux issues :

- la dislocation de la famille et le partage des terres familiales ou la recherche de terres ailleurs, auprès de la famille de la maman. Dans ce cas, quand le chef de famille refuse de donner une portion de terre à son fils, ce dernier a recours à la justice étatique car, même si, traditionnellement, le maître de la terre est le chef de famille, tout comme lui, ses enfants ont aussi des droits sur cette même terre.
- par manque d'argent, les enfants ou d'autres membres de la famille s'adonnent à l'exploitation et à la vente de bois. Ce qui provoque la déforestation. Selon l'agent des services de la conservation de la nature du cercle :

> « Depuis 1960, on forme les paysans pour la bonne gestion des ressources naturelles [...] mais le phénomène de mauvais comportement de ces derniers vis-à-vis des ressources est délibéré dans la plupart des cas. Sauf dans quelques cas où nous pouvons parler de méconnaissance des lois et règlements. »

Pour cet agent, le non-respect des textes constitue dans la plupart des cas qu'il rencontre une violation flagrante des textes. Selon lui, depuis la chute du dictateur Moussa Traoré, le non-respect des législations se traduit par la destruction de milliers d'hectares de forêts. Par ailleurs dans cette partie de Mali-Sud, la pratique de la culture itinérante et l'agriculture extensive font que les paysans ne se conforment pas aux règles de gestion des ressources naturelles. Les terres sont très mal exploitées. Et, selon notre interlocuteur, c'est la culture industrielle (coton, soja, arachide, sésame etc.) qui aurait favorisé ce phénomène.

Bref, dans cette région CMDT, la culture du coton a appauvri le sol et les paysans ne respectent plus la rotation entre les cultures (par exemple, coton la première année et arachide ou autre culture la deuxième). En conséquence, la production est faible, les terres deviennent insuffisantes, les paysans occupent des passages d'animaux et des conflits sont en gestation. C'est d'ailleurs pourquoi la première loi pastorale du pays a été d'une aide non négligeable pour la gestion des conflits liés au pâturage à Yorosso.

Des cas de conflits à l'ON : zone de Massina[10]

Dans les chapitres passés, nous avons parlé des contradictions existant dans les zones ON. Ici, nous parlerons de cas spécifiques, donc de zones précises, au sein de l'ON. Si les conflits fonciers sont moins nombreux dans la zone de Massina que dans celle de Niono, il n'en demeure pas moins qu'ils sont multiformes[11].

Le plus souvent, ici, entre agriculteurs, les conflits peuvent naître des transactions ou des spéculations foncières et des problèmes de succession dans les exploitations familiales. Mais les conflits entre agriculteurs et éleveurs demeurent les plus fréquents dans la zone de Massina, à cause du fait que le cercle de Massina est une zone de transhumance nationale et de passage des troupeaux de la sous-région ouest-africaine.

Les conflits entre exploitants agricoles

Les conflits au sein des exploitations agricoles surviennent après le décès du chef d'exploitation, enregistré comme attributaire de la parcelle. Le patrimoine foncier d'une exploitation est constitué d'une terre d'habitation et de terres de production qui peuvent être en casier seulement et/ou en hors-casier. Les terres de production comprennent les terres de riziculture et les terres de maraîchage. Mais seules les terres de maraîchage peuvent faire l'objet d'un partage entre les membres de la famille (le chef d'exploitation, ses femmes, ses frères et ses fils) pour la constitution de revenus individuels.

Toutes les autres terres sont exploitées collectivement par la famille. Voilà pourquoi, en cas de mésentente dans la famille, c'est ce capital collectif de la famille qui fera l'objet d'une répartition, et l'on parle alors de segmentation. Le morcellement de parcelle est une pratique qui se développe maintenant dans la zone. Beaucoup de chefs d'exploitation, après quelques années de culture avec un oncle ou un frère, ont décidé de s'installer à leur propre compte avec une exploitation totalement autonome. En matière de morcellement, la répartition se fait selon les mêmes critères que l'attribution des nouvelles parcelles aménagées dans la zone. Il s'agit de la prise en compte de la population totale des différents ménages des héritiers du chef d'exploitation, du nombre de travailleur de chaque ménage devenu une nouvelle exploitation, et de la disposition en équipements agricoles [Source : D. Boiré, responsable du service conseil rural de la zone de Massina (Interview)].

Au terme d'investigations qui associent plusieurs structures dans le village, les partages sont faits proportionnellement aux critères cités. Mais certains paysans, mécontents des partages, ont recours à la justice qui les renvoie très souvent à la direction de zone de Massina. Ce qu'il faut retenir ici, c'est le caractère non violent de cette catégorie de conflits, qui ne dégénèrent jamais en affrontements. Économiquement, l'éclatement d'une exploitation a des conséquences néfastes. Il indique généralement le manque de cohésion ou la régression économique de l'exploitation. Le plus souvent, les familles issues d'un éclatement ont de sérieux problèmes pour atteindre leur autosuffisance alimentaire. D'aucuns trouvent que c'est l'évolution des mentalités vers l'individualisme qui explique cette tendance à l'éclatement. D'autres l'expliquent par la jalousie entre membres de la grande famille africaine polygame dans laquelle les enfants s'identifient à la mère. On observe souvent une faible motivation d'une partie des actifs de l'exploitation à effectuer les travaux collectifs, surtout les travaux tertiaires qui incombent aux exploitations après les aménagements. L'octroi d'une partie de la parcelle à ceux-ci, dans le cadre d'un morcellement, peut frustrer les autres et devenir source de tension.

Par ailleurs, comme nous l'avons déjà souligné (chapitre II de la deuxième partie), à Massina, on assiste au développement de la spéculation foncière et à la persistance des conflits fonciers du fait que l'ON est aujourd'hui un pôle d'attraction pour les investisseurs et les opérateurs économiques. Les terres sont devenues rentables. Par ailleurs, la dévaluation du franc CFA et la restructuration en 1994, ont contribué à faire de l'ON une zone de prospérité par excellence. C'est pourquoi la zone attire un monde nouveau venant de tous les horizons à la recherche de terres cultivables. À cela, il faut ajouter la pression démographique née de l'augmentation de la population autochtone. Ces situations ont créé d'un seul coup de nouveaux besoins, que les timides aménagements de l'ON ne satisfont guère.

Les décisions d'éclatement d'une exploitation sont prises en conseil de famille convoqué à cet effet sur proposition d'au moins une personne de la famille. À partir des discussions en conseil de famille, il est fait une proposition de répartition des biens de production et d'exploitation. Si tous les membres de la famille acceptent cette proposition de partage, une simple ampliation écrite est faite au chef de village et à ses conseillers, au Comité paritaire de gestion des terres et au Conseil rural de la zone de production. La séparation est alors faite, fréquemment à l'amiable, et la répartition se fera de la manière convenue en famille. Mais quand la famille n'arrive pas à s'entendre sur cette répartition et que toutes les voies de recours sont épuisées dans le village ou le quartier, alors on a recours au service du Conseil rural de la zone et à la direction de zone. Mais avant d'arriver au Conseil rural, pratiquement, au niveau du village ou du quartier, après la réception d'une demande d'éclatement, le conseil de village ou de quartier se réunit pour une étude de tous les aspects socio-économiques du problème et examine les causes de la séparation, les effets socio-économiques probables sur la famille et sur la coutume. Après réception, le conseil rural de la zone diligente une enquête. Le but de cette enquête est de vérifier la conformité du projet de séparation et l'avis du chef de village.

Après l'éclatement, un numéro de famille est attribué à chaque segment, qui devient alors une exploitation autonome devant s'acquitter de ses obligations vis-à-vis de l'Office du Niger (production, recouvrement de la redevance-eau, entretien de son réseau tertiaire etc.). L'ancienne famille d'exploitation garde son ancien numéro. La numérotation des familles nouvelles commence à partir du dernier numéro de famille du village. Les familles ainsi créées seront enregistrées au niveau de la direction de l'Office dès réception de l'ampliation de la division de segmentation. Elles deviennent des exploitations qui doivent respecter le contrat-plan État/Office du Niger/exploitants agricoles et le décret de gérance ainsi que son cahier des charges.

Des transactions foncières peuvent naître de certains conflits entre locataires et propriétaires de parcelle. Il peut s'agir du non-respect du contrat verbal et moral par le propriétaire de la parcelle au nom de qui la parcelle a été enregistrée. Dans certains de ces cas, les propriétaires peuvent percevoir les frais de location et refuser de payer la redevance eau. Ce qui peut être préjudiciable aux deux acteurs de la transaction (propriétaire et locataire) si l'ON procède au retrait de la parcelle. En outre, certains locataires refusent de bien entretenir la parcelle louée et surtout les réseaux d'eau tertiaire. Après constatation de cette négligence, l'ON peut évincer l'attributaire de la parcelle.

Selon un enquêté, un cas de conflit atypique existe dans le casier de Massina nouvellement aménagé. Il s'agit de conflits qui naissent entre les exploitants eux-mêmes autour de la gestion des eaux dans les différents champs. Un mauvais planage de ces nouveaux aménagements fait qu'au moment ou certains champs sont inondés d'eau, d'autres n'en reçoivent pas assez. Ce qui conduit à une situation où les uns accusent les autres sans raison et où certains parfois cassent la diguette qui les sépare de leur voisin, suscitant la colère de ce dernier. Mais à présent, nous explique notre interlocuteur, la voie de la concertation et du dialogue est privilégiée pour surmonter ce problème, qui a des effets négatifs sur les rendements du casier. Il faut toutefois noter que les conflits existaient à Massina bien avant son entrée dans la zone ON. Ces conflits étaient la résultante des actes des chefs de quartier qui octroyaient des espaces au bord du fleuve pour la riziculture fluviale. Cette gestion créait des tensions parfois difficiles à gérer. En cas d'éviction, certains n'hésitaient pas à brandir leur arme à feu. L'entrée à l'office du Niger a mis fin à cette gestion coutumière [Source : Mahamadou Assimou Coulibaly, directeur de l'école fondamentale de Macina (Interview)].

Les conflits entre agriculteurs et éleveurs à Massina

Les conflits entre agriculteurs et éleveurs sont très fréquents dans la commune de Massina. Cette situation pourrait s'expliquer par le fait que la commune est une zone de passage des troupeaux d'animaux en provenance du nord et du delta central du Mali. La divagation des animaux et l'occupation des aires de pâturage par les champs de culture dans les zones exondées sont les sources principales des conflits. Les troupeaux doivent attendre que les récoltes et les travaux de battage soient achevés pour pénétrer dans les casiers (Massina et Kokry), et ils sont invités à partir avant que les pépinières soient installées. Les conflits autour des zones de pâturages sont très aigus dans la commune de Monipébougou, une commune voisine de Massina. Cette zone du cercle de Massina, qui couvrait plus de 3 000 hectares, fut retenue par le colonisateur comme lieu de regroupement des troupeaux durant la période hivernale. Mais avec la pression démographique dans cette zone, devenue une commune avec la décentralisation, et son corollaire de pression foncière, les couloirs de passage des animaux et les aires sont de plus en plus occupés par les champs. Le chef du service local de production et d'industrie animale de Massina, M. Diakité, nous explique « [qu'il a] maintes fois saisi les préfets par rapport à cette situation préjudiciable pour le développement de l'élevage, mais [qu']ils ont été incapables de décider de quoi que ce soit. L'augmentation des cheptels rend la situation plus difficile à gérer. Même les animaux de certains pays voisins viennent paître dans la commune de Monipébougou ».

Selon Diakité, plus de 60 pour cent des affaires jugées au niveau de la justice de Massina concernent les conflits entre agriculteurs et éleveurs. Et c'est l'adoption d'une convention locale dans le cercle qui a atténué quelque peu les conflits. Le Programme d'appui aux collectivités locales (PACT) est l'artisan de cette convention, qui a fait l'objet d'un consensus de tous les acteurs du monde rural et des autorités politiques administratives et communales. Notre interlocuteur reconnaît que la convention locale est loin d'être appliquée intégralement, même si le bornage des passages d'animaux dans les différents villages a commencé. Pour lui, la persistance des conflits est toujours due à la non-application intégrale de la convention.

Rappelons que c'est depuis 2005 que le PACT appuie le Conseil de cercle de Massina dans la gestion des ressources agropastorales. La convention locale a été élaborée au niveau du cercle en 2006 et les cartes des pistes nationales de transhumance ont été tracées en 2007. L'année 2008 verra la matérialisation de ces pistes à l'aide de bornes. Selon le maire de Kokry et le maire adjoint de Massina, le juge sortant de Massina était contre la convention locale. Il aurait estimé que la convention était destinée à contrarier ses décisions en matière de conflits entre agriculteur et éleveur. Ce maire reprochait au juge « d'être favorable aux éleveurs et d'encourager l'impunité de ces derniers, qui n'hésitaient pas à lui donner des bœufs et de l'argent pour bénéficier de ses faveurs ». Le juge aurait même interdit aux autorités communales de Massina et de Kokry de percevoir les taxes sur la divagation des animaux. Cette décision aurait entraîné la fermeture momentanée de l'enclos à animaux de Massina – la mairie ne pouvant plus entretenir les animaux de l'enclos faute de ressources financières.

Par ailleurs, l'ON est aussi incriminée pour son rôle dans l'origine des conflits entre agriculteurs et éleveurs. Selon le chef service production animale, l'ON ne tiendrait pas compte des aires de pâturage et des passages des troupeaux dans ses aménagements. Les responsables de l'Office affirment le contraire, mais la question se pose quand on sait que de nombreux baux sont signés sur des zones non aménagées qui servent de lieux destinés aux pâturages.

D'autres sources de conflits, nous a confié le directeur de zone, sont le non-respect par certains exploitants du calendrier agricole. Une avance sur ce calendrier peut faire courir le risque d'envahissement de sa pépinière par les troupeaux, tout comme un trop grand retard dans la récolte, qui coïnciderait ainsi avec le retour des animaux à la fin de l'hivernage. De toute manière, les acteurs du monde rural de la zone sont informés des dates de démarrage de la campagne agricole à travers des communiqués radiophoniques. Certains exploitants rizicoles, qui font les cultures de contre-saison (février-mai), sont victimes des dégâts causés par les animaux de retour dans le cercle. Les conflits entre agriculteurs et éleveurs débordent parfois en affrontements. Et il y a eu par le passé des morts d'hommes. M. Ba, chargé des questions agricoles à l'ONG Intervida nous a raconté que :

> « Il y a au moins deux ans, dans le village de Woulan, situé à une vingtaine de kilomètres de la ville de Massina (hors de la commune de Massina), un paysan a fusillé un berger peul qui n'a pas suivi les multiples mises en garde qui lui ont été faites et qui avait laissé les animaux envahir le champ non récolté. »

Par ailleurs, à côté de ces causes des conflits dans la zone ON en général et dans le cercle de Massina en particulier, la divagation des animaux est aussi à l'origine de quelques conflits de petite envergure qui sont généralement gérés à l'amiable.

M. Mamadou Sissoko, président de la coopérative des jeunes ruraux de Kémassina, dit avoir été victime d'une divagation des animaux d'un de ses voisins lui aussi exploitant rizicole. Grâce à la médiation d'un oncle de M. Sissoko, le problème a été résolu à l'amiable par un dédommagement du préjudice causé.

Les conflits intercommunautaires

Les conflits entre villages ou groupes de villages (lignages)

À Koutiala

Dans la région CMDT de Koutiala, les situations foncières sont très contrastées et le traditionnel et le moderne s'imbriquent profondément. Quatre situations différentes se dégagent des études de Bagayoko (2004) effectuées dans le cercle de Koutiala. Ces situations ont trait au foncier « traditionnel » de l'arrière-pays, sujet à peu de changements significatifs et encore soumis au droit coutumier. En maints endroits, prime le principe de faire-valoir indirect qui permet aux usagers permanents d'aliéner les droits d'usage traditionnels. On assiste à la transformation des terres agricoles, généralement en plantation (vergers et autres) ou à des fins d'habitation. Cette transformation est génératrice d'inflation et de spéculation foncière ; elle concerne surtout le foncier périurbain et traduit l'attitude des citadins consistant à s'approprier un espace soumis aux profondes mutations induites par la proximité des agglomérations (Koutiala, Molobala, N'Pessoba). Enfin, au-delà des interventions récurrentes de l'État ou de ses démembrements sur les terres de culture, la tendance est à l'appropriation par une ou des lignées autochtones (leurs descendants) qui s'érigent comme seuls propriétaires des domaines fonciers. En général, ces domaines fonciers englobent plusieurs villages (Bagayoko 2004).

Dans ce cadre, le cas de conflit que nous nous proposons d'exposer oppose deux groupes de villages à deux frères Dembélé : le premier groupe est composé de Bougoro, Koumbè, Watorosso, N'Gorosso et Signè, tous de la commune urbaine de Koutiala ; et le deuxième de la commune rurale de N'Golonianasso composée des villages de M'pèlongosso et Zangorola.

Dans la lettre d'information du mandataire des villages cités plus haut, adressée au préfet de Koutiala, il est expliqué que les populations qui exploitaient leurs domaines depuis des siècles sont confrontées ces dernières années aux spéculations foncières d'une famille, basée à Koutiala. Les frères Dembélé soutiennent que le domaine en litige, et sur lequel ils ont délimité et vendu plus de 364 hectares, appartient à leur lignage et constitue donc leur héritage. En fait de démonstration, les sieurs Dembélé font remonter leur descendance à un certain Nian. Ce dernier serait le fondateur du village dénommé en minyanka Niankan, et en bambara Niangasso. Or, puisque la zone sus-désignée couvre les terroirs de ces sept villages et répond à cette appellation, on pourrait en déduire que le terroir portant le nom de leur aïeul est leur domaine, leur héritage et qu'ils peuvent le vendre. C'est ainsi qu'ils ont commencé à borner et à creuser des puits (ce qui fait des villageois des usufruitiers temporaires), arguant qu'ils avaient mandat du président du tribunal de première instance de Koutiala. Inquiétés par la tournure des événements, les chefs et conseillers des villages intéressés saisirent le tribunal de Koutiala à travers une plainte enregistrée sous le n° 496 du 20 mai 2004 (quarante-cinq exploitations mirent sur pied un collectif).

D'après les dépositions des deux camps protagonistes, il y a contradiction : pour les villageois, d'abord, la dénomination Niankan signifie « la zone herbeuse » (Nian : herbe et Kan : terroir, village, etc.) ; en outre, les Dembélé sont certes originaires d'un des villages (Zangorola) où le reste de la lignée demeure toujours – et s'insurge, par ailleurs, contre cette entreprise de spéculation foncière –, mais ils ne sont pas la seule lignée qui y vive.

Le dossier est resté en suspens à Koutiala pendant un temps relativement long, mais le 10 décembre 2004, le ministère de la Justice a envoyé deux inspecteurs pour entendre les deux parties. Au même moment, des particuliers de Koutiala continuaient à aménager des parcelles dans la zone litigieuse, soutenant qu'ils avaient payé ces terrains aux Dembélé.

– À M'Pèssoba

Dans la commune rurale de M'Pèssoba, la « chasse » à la terre ne concerne pas tous les espaces : certains espaces sont gérés par des conventions traditionnelles comme celles qui existent dans le village appelé Dempéla[12], toujours en vigueur en matière de protection de l'environnement. Ce sont en l'occurrence des espaces spécialisés écartés des cultures en raison de leur signification sacrée ou de leur utilité pratique, comme les cimetières et les bois sacrés. À M'Pèssoba village, ils sont au nombre de quatre : trois cimetières, un pour les animistes et deux pour les musulmans (celui de l'est et de l'ouest), et le bois sacré.

Par ailleurs, en matière foncière, M'Pèssoba n'a pas autant d'influence que les villages de Zandiela, de Nankorola, Kola, Kintiéri qui l'entourent, car ces derniers villages sont considérés comme les maîtres de terre. Cette situation est attribuée au fait que, dans le temps (avant la colonisation), au moment des conflits, les communautés de M'Péssoba, actuel chef-lieu de commune auraient échangé leur autorité territoriale contre l'économie de guerre après les différentes razzias[13] effectuées.

Dans la commune rurale de M'Pèssoba, les conflits sont généralement axés autour des limites de parcelles cultivables car la délimitation n'est pas techniquement faite de manière à réduire les risques de conflits. Hormis les conflits de propriété, qui sont visiblement très rares en raison du poids de la tradition, les conflits naissent très souvent, entre paysans, suite aux problèmes de découpage entre villages voisins, entre communautés, entre champs de culture, au sujet de la conservation des espaces spécialisés et aussi du pastoralisme. En général, ces conflits sont des histoires s'étirant sur une durée de vingt à trente ans, et cela pour des raisons d'exploitation dont la gestion fait appel aux institutions locales et, dans une large mesure, aux institutions étatiques, qui constituent de véritables arènes de négociation selon les cas. Toutefois, en raison de l'efficacité des mesures d'accompagnement en la matière, ces conflits aboutissent très rarement à des affrontements physiques entre groupes stratégiques.

A M'Pèssoba, la réforme politique, en l'occurrence, la décentralisation fut une renaissance du conflit lié au découpage territorial et au contrôle de l'influence territoriale, entre le chef-lieu de commune M'Pessoba et le village de Kintieri. Le premier, étant un ancien site de résidence administrative, se trouve contesté avec l'avènement de la décentralisation sous l'angle de la possession territoriale. Selon nos interlocuteurs, comme nous l'avons déjà évoqué plus haut, M'Pèssoba n'aurait pas de terroir car ce village aurait échangé son influence contre l'économie de guerre[14]. C'est à cause de cette mémoire collective qu'il y a eu des difficultés qui se résument au refus de la population de Kintieri de faire partie de la commune de M'Pèssoba, qui devait naturellement être le chef-lieu de commune à cause des infrastructures déjà disponibles. À l'époque, K. Coulibaly a fait partie de l'équipe chargée de faire le découpage territorial lors de la création des communes[15]. Selon lui, la campagne de sensibilisation a été conduite dans les différentes langues nationales et on se déplaçait de village en village pour expliquer cette réforme et les conditions de création d'une entité autonome.

Comme le village de Kintiéri, les populations des villages avaient au départ compris que la décentralisation était synonyme de possession de terroir. Dans cette mouvance, le village de Kintieri, distant de six kilomètres de M'Pèssoba, avait affiché une résistance farouche à la décision de son rattachement à la commune rurale de M'Pèssoba. Durant cinq ans, ce village n'a pas pu être rattaché à M'Pèssoba et cette résistance s'est manifestée à tous les niveaux : refus de participation au programme de développement, refus d'établissement des documents administratifs comme les actes de naissance, les célébrations des cérémonies civiles de mariage. Plusieurs tentatives eurent lieu. Dans un premier temps, les populations avaient voulu se rattacher à la commune de Bla, qui relève de la région de Ségou, la quatrième région administrative, tandis que Kintieri et M'Pessoba relèvent de la région de Sikasso, la troisième région administrative du Mali. Dans un second temps, les populations ont cherché en vain, pour l'établissement des actes de naissance, leur rattachement à la commune rurale de Zanina, une commune rurale qui relevait auparavant de l'ex-arrondissement de M'Pessoba. Devant une multitude de situations similaires à travers le pays, mais aussi devant l'exigence de l'État, ajoutée aux rouages de l'administration, deux tendances se dégagent car les acteurs ne partageant pas les mêmes avis, deviennent l'expression même de la politique de diviser pour mieux régner. Selon K. Coulibaly :

« Une frange de la population venaient célébrer leurs mariages, établir leur état civil dans la mairie de M'Pèssoba, dans la clandestinité. Ce phénomène fut de courte durée car, dans le village, les acteurs avaient fait une mise en garde contre ceux qui s'adonnaient à cette pratique. Une sentence de vingt-cinq mille francs CFA (25 000 F) était infligée à ces acteurs, ce qui a dans le temps considérablement diminué le phénomène. Ce n'est qu'en septembre 2006 qu'après plusieurs tentatives les populations sont revenues à de meilleurs sentiments en acceptant de faire partie de la commune de M'Pèssoba[16]. »

Dans d'autres régions du bassin du fleuve Niger

– Conflit opposant les villages de Kéla (commune de Kangaba) et Salamalé (commune de Kéniégué) : quatre morts ; deux de chaque côté.

L'objet du conflit est une vaste plaine marécageuse que les deux villages réunis ne peuvent entièrement exploiter même en dix ans. Sur cet espace sont implantés depuis des années un hameau de culture du village de Kéla et un hameau de culture du village de Salamalé, distants l'un de l'autre d'environ 200 mètres.

Bien avant l'institution des communes, un conflit de limite de parcelles avait opposé les deux hameaux. Ce problème a été porté devant la justice, qui n'a pu trancher. Entre-temps, les communes furent instituées. Depuis, l'un des maires s'est positivement impliqué dans la gestion de cette crise en tentant une médiation à l'amiable. Puisque l'espace contesté ne dépasse guère trente mètres, il a joué sur la corde de la parenté avec le village de Salamalé dont sa mère est originaire, en demandant à ses oncles de lui céder ce petit espace pour qu'il le donne aux gens de Kéla afin que le conflit cesse. Peine perdue. Il fit la même démarche auprès des gens de Kéla qui sont dans sa commune, en leur demandant de lui céder les trente mètres pour les remettre aux gens de Salamalé afin de mettre fin au conflit. Là, il obtint gain de cause.

Mais, plus tard, les gens de Salamalé revinrent à la charge, dépassèrent les trente mètres pour pénétrer davantage les limites de leur voisin. Le conflit rebondit et même s'aggrava. Il ne s'agissait plus de revendication d'espace contesté ; mais plutôt de droit de préséance de tel ou tel village sur l'ensemble de la zone.

Selon les habitants de Salamalé, la zone leur appartient parce qu'ils l'ont eue en partage avec les Kéita de Kéniégué. Pour Kéla, la zone est leur propriété parce qu'ils l'ont eue en partage avec les Camara de Kangaba.

Au tribunal où cette affaire traîne depuis des années, on change de stratégie avec cette nouvelle donne. Le juge envoie une lettre aux chefs de villages voisins afin de connaître leur avis sur la question. Il n'obtiendra aucune réponse. Alors il tente une conciliation en disant aux deux parties de surseoir au procès parce qu'ils ne sont pas les vrais propriétaires coutumiers de la zone, qui sont plutôt les Kéita et les Camara. Il informe ces derniers et fixe une date de procès. Avant cette date, les protagonistes informés ont eu peur de tout perdre lors de cette confrontation.

Des actes de vandalismes seront commis dans les bananeraies plantées dans la zone. Les esprits se surchauffent et il s'ensuit un affrontement qui fera trois morts le premier jour de la bataille : deux du côté de Salamalé et un du côté de Kéla. Le lendemain, pour équilibrer le nombre de morts de part et d'autre, les gens de Salamalé sont allés s'embusquer derrière le hameau de Kéla situé dans la zone. Aussitôt que le chef de famille de ce hameau sort sa tête de la fenêtre, un coup de fusil lui enlève la vie. Depuis, vingt et un des belligérants sont en prison en attendant d'être jugés (Diakité et Coulibaly 2003-2004).

- Conflit foncier opposant les villages de Goléa (commune de Boura) et de Séina (commune d'Ansongo)

La cause de ce conflit est la revendication de propriété sur la base d'actes falsifiés, mauvais jugement ; responsabilité coupable de l'administration qui accepte de délivrer des actes falsifiés, et de la justice qui tranche sur la base de faux documents.

Le village de Goléa dispose d'un Bétal (aire de pâturage) qu'il a décidé de cultiver à cause, certainement, de la sécheresse qui a réduit son espace agricole. Après quelques campagnes bien réussies, des habitants du village voisin de Séina viennent solliciter des terres cultivables sur ce même site à leurs voisins de Goléa qui acceptent. Quelques années plus tard, les habitants de Séina revendiquent la propriété du bétail, munis à cet effet d'un acte ou d'un cahier de terre obtenu on ne sait comment. Le conflit s'installe. Un premier jugement est rendu par la justice d'Ansongo qui reconnaît la propriété de Séina sur le Bétal. Par la suite, Goléa fait appel et entre-temps, le juge qui avait conduit le premier procès est affecté ailleurs. Celui qui le remplace tranche à nouveau l'affaire et reconnaît la propriété, cette fois-ci de Goléa, sur le site, à partir du cahier de terre dont l'authenticité semble incontestable. Dans les villages, la bataille éclate et fait quatre morts à raison de deux par village.

- Conflit entre les villages de Tonou (commune de Koporona) et Sogourou (commune de Pel), cercle de Koro, région de Mopti

La cause du conflit est la demande de déguerpissement d'une zone agricole prêtée depuis plusieurs décennies : les deux villages avaient aligné sur le champ de bataille deux groupes de 300 combattants armés, distants l'un de l'autre de quelques centaines de mètres et prêts à s'affronter quand arriva, comme par miracle, la délégation d'intermédiation conduite par le préfet. Cette intervention in extremis a permis d'éviter de justesse un affrontement qui, s'il avait eu lieu, aurait pu se solder par un carnage.

- Conflit entre deux communautés de nationalités différentes : cercle de Yorosso

En mars 2007, lors de nos recherches de terrain dans la commune de Koury, cercle de Yorosso, nous avons assisté à un malentendu de pêche pour l'exploitation d'une mare frontalière appelée : *Fama* ou *Leba*. Le litige opposait le village de Konan au

Mali et celui de Faramana au Burkina Faso. Il semblerait, selon nos interlocuteurs que le conflit entre le Mali et le Burkina Faso de 1985[17] soit parti de ce litige.

Le mardi 13 février 2007, le sous-préfet des communes de Koury et de Ourikéla a été informé par l'adjoint au commandant de la gendarmerie de Koury, de l'existence d'une agitation autour de la mare litigieuse, objet de conflits frontaliers entre les villages de Kona (Mali) et de Faramana (Burkina Faso). Suite à une palabre, les Maliens et les Burkinabés se sont engagés à temporiser, c'est-à-dire à surseoir à la pêche et à maîtriser les protagonistes jusqu'à nouvel ordre.

Deux semaines plus tard, le chef de village de Kona s'est présenté devant le sous-préfet pour demander l'autorisation d'ouvrir la pêche collective. Le sous-préfet et le préfet de Faramana, lors d'une conversation téléphonique, se sont mis d'accord pour entériner la date proposée par le chef de village de Kona. Le calendrier était le suivant :

- le lundi 5 mars 2007, démarrage des activités dans la mare communément appelée *Fama* ou *Leba*.
- le lundi 12 mars 2007, poursuite des activités dans la mare appelée *Doni* ou T*orosira*. La pêche sera collective sans considération de frontière, profitable aux deux côtés. Les pourparlers devaient reprendre à la fin de cette campagne de pêche.

Selon un sous-préfet du cercle, par souci de préserver le bon voisinage, les autorités maliennes ont délibérément occulté l'existence d'une convention de 1957 afin que la campagne de pêche se fasse sans problème. Mais ils s'apprêteraient à l'exhiber lors des prochaines rencontres avec la partie burkinabé.

À partir de ce cas nous remarquons une fois de plus que l'État et les institutions étatiques sont incontournables en matière de gestion des conflits fonciers en Afrique en général et au Mali en particulier. À cause de l'existence de frontières artificielles modernes, deux communautés qui géraient depuis des siècles la mare d'une manière traditionnelle sont aujourd'hui sur le point de passer par la violence pour résoudre un problème d'appartenance. La conscience d'appartenance est renforcée par les frontières et la nationalité.

Dans le cercle de Yorosso et de Koutiala, il y a beaucoup de conflits fonciers de toutes sortes qui ressurgissent de temps en temps sans qu'il y ait de solutions pérennes. Ce cas de conflit vient encore corroborer notre thèse selon laquelle nos communautés traditionnelles se trouvent dans une phase de mutation de la gestion collective des biens vers la gestion individualiste, malgré la résistance des coutumes à l'influence de l'extérieur – comme la colonisation et sa pérennisation à travers l'État moderne et ses institutions. Le processus semble lent dans certaines régions du Mali, mais rapide dans d'autres. L'impact est souvent difficile à détecter mais il est profond.

Les mécanismes de gestion des conflits : les procédures alternatives et le jugement

Avant l'indépendance, comme dans toutes les colonies françaises, il existait un système juridictionnel bipartite dans lequel le dualisme entre droit moderne et coutumier était en vigueur. Dans ce système bipartite, il y avait deux catégories de personnes : les sujets français soumis au droit coutumier et les citoyens français régis par le Droit civil. En 1946, la qualité de citoyen fut attribuée à tous ; cependant, les ex-sujets conservaient leur statut civil particulier tant qu'ils n'y avaient pas renoncé, excepté en droit pénal et en droit du travail. Les justices indigènes étaient compétentes en matière de droit coutumier, les juridictions de droit appliquant le droit moderne (Rouland 1995:112). Dans ce dualisme juridictionnel, les juridictions indigènes étaient des créations du colonisateur, ou bien elles résultaient de l'octroi par les autorités coloniales de pouvoirs nouveaux aux chefs traditionnels. Au Mali, après l'indépendance, le législateur a mis fin à ce dualisme judiciaire pour appliquer un droit unique. Selon R. L. Abel, cité par Rouland, la généralisation des tribunaux de droit moderne semble entraîner un accroissement des procès pénaux et une diminution des litiges civils ; en outre, le taux général des litiges augmente en zone urbaine et décroît en zone rurale. Cette interprétation d'Abel illustre une certaine résistance des droits traditionnels, car la diminution globale du nombre de litiges en zone rurale ne montre pas qu'il n'y a pas de conflit, mais plutôt que ces conflits sont résolus par des instances non officielles. Nous verrons plus loin que dans les zones rurales étudiées, parmi les litiges civils, le nombre des conflits sur le foncier connus par les tribunaux étatiques évolue en dents de scie, mais augmente par rapport à ce qu'il était trois décennies auparavant.

La tradition romane voit dans le jugement un des signes distinctifs de la sanction juridique. Dans les sociétés bamanan malinké, le droit peut aussi être préventif et sa finalité consiste surtout dans le rétablissement de la paix sociale, au besoin, par des procédures dans lesquelles la détermination du juste et de l'injuste n'est pas prioritaire, car le fait de résoudre un litige ou d'apaiser un conflit revient toujours à faire régner la paix entre les hommes. Mais à la différence des jugements, où le juge représentant l'État détermine une solution censée être conforme aux normes juridiques qui s'imposent aux parties et qui devient irrévocable lorsque n'est plus ouverte une voie de recours, les modes non juridictionnels ou alternatifs de règlement des conflits peuvent reposer sur la seule initiative des parties, ou comporter l'intervention d'un tiers par la médiation, la conciliation ou l'arbitrage. Ces modes, à des degrés différents reposent tous sur l'idée de compromis, qui vise plus à la conciliation des intérêts en présence qu'à l'application de normes préétablies comme en droit positif (Rouland 1995:83-84).

Selon E. Le Roy (1987), il y a quatre attitudes fondamentales relativement à la prévention et à la gestion des conflits : 1° l'ordre accepté, dans lequel les parties en conflit règlent elles-mêmes leurs différends ; 2° l'ordre négocié, où les différends deviennent des conflits dans lesquels l'intervention d'un tiers est nécessaire. Dans ce cas, l'on cherche à rétablir la paix par divers moyens, les normes juridiques jouant le rôle de modèles, non d'impératifs ; 3° le passage à l'ordre imposé témoigne de la transformation des conflits en litiges, tranchés par un juge qui doit appliquer le droit positif ; 4° enfin, l'ordre contesté, qui voit s'exercer la loi du plus fort ou du plus habile. Aucune autorité extérieure ne s'interpose entre les parties, donc chacune utilise les moyens qu'elle juge adéquats pour triompher de l'autre, les normes juridiques étant contestées ou volontairement ignorées. Les deux premières attitudes ne sont pas identiques aux suivantes car d'après Le Roy, si l'ordre accepté et l'ordre contesté sont présents dans toutes les sociétés, les autres ordres sont parfois absents, et surtout, certaines sociétés valorisent certains ordres plus que d'autres.

Au Mali, les quatre attitudes existent. Comme nous l'avons vu à travers les chapitres précédents, avec l'avènement de l'Islam et de la colonisation française, surtout après l'indépendance, le droit étatique a particulièrement valorisé l'ordre imposé et le jugement (il convient toutefois de noter que dans le système judiciaire étatique malien, des procédures judiciaires et extrajudiciaires basées sur la conciliation et la médiation ont été mises sur pied et sont avalisées par les tribunaux). Malgré cette valorisation du droit étatique et des jugements, à travers tout le pays et surtout en régions rurales, les différends ont toujours été réglés par des techniques propres aux ordres acceptés et négociés, surtout quand il s'agit des questions foncières. Malgré tout, à cause des séquelles du colonialisme, comme nous l'avons vu au début de cette section, l'acculturation juridique est perceptible partout.

Depuis l'indépendance, au Mali, les conflits sont résolus à trois niveaux : les autorités coutumières, les autorités communales et les autorités judiciaires. Les enquêtes ont montré que les structures traditionnelles au niveau des villages ont toujours existé, de la période précoloniale à nos jours. Si ces mécanismes locaux de gestion des conflits ont été efficaces par le passé, leur efficacité s'effrite de nos jours, aussi bien à cause de la pluralité juridique qu'à cause de la pauvreté et de la tendance à la monétarisation des transactions foncières. Elles sont, dans la plupart des cas, moribondes. Ces institutions traditionnelles sont appelées différemment selon la région, mais ont pratiquement le même rôle, malgré le cumul fréquent de certaines fonctions, comme on l'a détaillé dans les chapitres précédents : dans la région de Mopti, chez les Dogon, les sages se rencontrent sous le Toguna ; dans les milieux des Peuls, Bambara, Bozo, ces mêmes chefs coutumiers « Maîtres de la terre », *dugukolotigi*, de pâturage, *dioro*, marabouts, imams, prêtres etc., se réunissent pour la résolution des conflits.

La gestion des conflits par les institutions coutumières et communales

La résolution des conflits par les autorités coutumières

L'arbitrage des autorités coutumières est la première étape de la résolution des conflits. Suivant l'ampleur ou la complexité des cas, cette structure de conciliation peut compter sur l'assistance de personnes ressources influentes dans la localité (imam, marabout, etc.). En effet, les notabilités et les personnes ressources, étant bien imprégnées des réalités de la commune, tentent de concilier les parties en conflit. Au dire du chef de village de Bla et de ses conseillers, par exemple, leur intervention a mis fin à bon nombre de conflits. Ce mode de résolution endogène par les instances traditionnelles présente l'avantage de résoudre les conflits fonciers à l'amiable. Dans la commune rurale de Bla, l'origine des conflits est presque toujours la réclamation de parcelles prêtées depuis plusieurs générations. En la matière, le chef de village dit préconiser la rétrocession de la terre à son propriétaire autochtone. Ce qui n'est pas du goût des allochtones emprunteurs qui s'estiment lésés. Ils ont alors souvent recours à la mairie. Cette procédure est le plus souvent efficace, car dans la plupart du temps, elle permet de réconcilier des protagonistes sans laisser de rancœur et sans occasionner de frais de justice. Toutefois, elle a des faiblesses et des limites qui réduisent la portée de son efficacité et ne lui permettent pas de gérer plusieurs types de conflits graves.

Comme mode coutumier de gestion et de prévention des conflits, nous avons aussi la procédure « animiste » de gestion des litiges fonciers. Dans plusieurs terroirs des régions de Koulikoro, Ségou, Sikasso et Mopti, les populations ont recours (ou retournent) aux chefs de terre après l'échec de la conciliation tentée par le conseil de village (dans les cas où le chef de village et le chef de terre sont différents). Investi de pouvoir occulte, ce dernier gère le conflit selon la procédure « animiste », dont l'issue peut être fatale pour la partie qui veut injustement s'arroger la terre de son voisin. La forte conviction envers l'impartialité et l'infaillibilité de cette procédure judiciaire locale en fait un instrument efficace de gestion des conflits. Pour la contourner, beaucoup de protagonistes refusent de s'y soumettre sous prétexte de leur appartenance à la religion musulmane, qui n'admet pas de telles pratiques, qu'elle juge « animistes et maléfiques ».

La résolution par les autorités communales

Que ce soit dans la commune de Bla ou dans celle de Niala (commune satellite de la commune de Bla) ou partout ailleurs au Mali, les autorités communales résolvent beaucoup de conflits. L'exemple de la commune de M'Pèssoba dans la première section nous édifie sur ce point. Leurs stratégies s'inscrivent dans la continuité de celles des autorités traditionnelles, encore qu'avec plus de diplomatie. « Nous faisons savoir aux parties en conflit que nous ne tranchons pas les litiges, mais jouons un rôle de facilitateur », disait un conseiller. Ainsi, certains conflits ont connu leur épilogue à la mairie, mais les plus aigus ont été portés devant les juridictions. Il faut reconnaître aussi que certains maires sont la cause des conflits dans leur localité à la suite d'actions ou de manipulations politiques des populations. Tout bien considéré, dans le processus de décentralisation et de démocratisation, les maires représentent une institution capable de contribuer non seulement à la prévention et la gestion des conflits dans leurs collectivités, mais aussi au développement économique de leurs localités.

Mais cette situation de cohabitation et d'interaction de légitimités traditionnelles et de légitimités modernes est marquée par le recul de certaines au profit d'autres. C'est ainsi que les institutions qui avaient traditionnellement la charge de rendre la justice connaissent un vrai recul, car les populations, de plus en plus matérialistes, préfèrent recourir à des instances rendant des décisions nettes et tranchées plutôt que de faire la promotion du dialogue et de la recherche du consensus pour un climat social apaisé.

La résolution des conflits par les autorités communales, judiciaires et autres acteurs de la société civile

La résolution par les juridictions

Avant l'adoption du code domanial et foncier en 1986, les conflits fonciers étaient gérés par l'administration en la personne du commandant de cercle (préfet) ou commandant d'arrondissement (sous-préfet). À l'époque, les commandants jouissaient du pouvoir de police judiciaire. La médiation ou la tentative de médiation était organisée par l'administration, assistée d'assesseurs au niveau du cercle ou de l'arrondissement. Après 1986, dans certaines localités, surtout dans les environs des villes, les paysans ont commencé à recourir aux tribunaux qui étaient désormais compétents en matière foncière. Mais entre 1986 et 1992, rares étaient les conflits fonciers qui dépassaient les autorités coutumières pour être portés devant le commandant ; du moins, même s'il y en avait, toutes les régions ou cercles ne connaissaient pas ce genre de conflits. C'est surtout la décentralisation, dont le processus a commencé en 1992, mais qui s'est matérialisée en 1999, qui a définitivement affaibli les commandants, qui sont devenus des « préfets » et des « sous-préfets ». Comme nous l'avons vu, les lois ont dévolu le pouvoir de police judiciaire aux maires en le retirant aux préfets. Quand la mairie échoue à résoudre un litige, les protagonistes vont au tribunal. Souvent d'ailleurs, ils ne passent même pas par le maire ou les autorités coutumières, ils se dirigent directement vers les tribunaux. Depuis 1986 et 1992, les paysans ont commencé à préférer recourir aux règlements judiciaires plutôt qu'aux coutumiers, qui le plus souvent ne tranchent pas clairement les litiges. Ce qui a pour conséquence que les procédures coutumières ne sont plus perçues comme suffisantes. Cela procède de l'effritement des autorités coutumières. En effet, les règles coutumières sont souvent imprécises et informelles. Elles sont parfois biaisées, inéquitables et peu transparentes.

À Bla par exemple, dans le passé, les parties en conflit avaient tendance à avoir directement recours à la justice car, selon un enquêté, « la forge est le lieu approprié où couper le fer », dit un proverbe bamanan. Les raisons de cette tendance tiendraient peut-être à l'accroissement des migrants et à l'urbanisation croissante de la ville de Bla, à cause des routes nationales qui vont vers le nord et vers l'est (Burkina Faso). De 2000 à 2007[18], quarante-six conflits ont fait l'objet de jugements au tribunal de Bla, comme l'indique le tableau suivant:

Tableau 10 : Nombre de conflits fonciers au tribunal de paix de Bla (2000-2007)

Année	**2000 2001**	**2002 2003 2004**	**2005 2006 2007**
Nombre de litiges fonciers Jugés	12 8	4 6 3	5 5 3 (audiences 15-08-2007)

Source : statistiques du tribunal de Bla (août 2007).

Dans le tableau ci-dessus, nous voyons que le nombre de conflits portés devant les tribunaux de Bla est décroissant, mais en réalité ce sont les jugements dont les décisions étaient déjà rendues qui ont été comptabilisés dans l'analyse. Il faut noter que plusieurs décisions de justice se trouvent en appel à Bamako.

Les magistrats ne comprennent pas le plus souvent les règles coutumières, complexes, diversifiées et non écrites. D'après le juge de Bla, même les accesseurs coutumiers qui sont censés les éclairer ne maîtrisent pas toujours leurs coutumes. Cet imbroglio fait que les affaires traînent en longueur (voir l'exemple de décision de justice du tribunal de paix de Bla en annexe). Ainsi les opportunités pour les magistrats, de recevoir des cadeaux, sont-elles plus nombreuses. Face à la multiplication des conflits autour du foncier, l'écrit apparaît comme un outil indispensable[19].

À Koutiala, selon les propos d'un interviewé :

> « Face à un conflit foncier nous tentons la première fois une conciliation des deux parties en leur faisant comprendre que la terre n'appartient qu'à l'État et que le pacte social les oblige à surpasser de soi-même les différends pour pérenniser la quiétude sociale. Nous leur disons de gérer à l'amiable comme l'exigent les rapports sociaux. [...] Si malgré tout ils persistent, la procédure est donc lancée ; dès lors il incombe aux différentes parties de prouver qu'elles sont les véritables propriétaires. »

En matière de jugement, il y a toujours un perdant et un gagnant. Les décisions favorisent la sécurisation du gagnant, mais dans certains cas, cela envenime le conflit qui est transporté par voie d'appel jusqu'à Bamako. La plupart du temps, le verdict rendu n'est pas respecté par les parties. Le non-respect des décisions de justice peut s'expliquer par la méfiance, le manque de confiance des paysans envers les autorités judiciaires, ou par le manque de superficie cultivable pour le perdant. C'est pourquoi l'on assiste toujours à des appels au jugement dans cette zone cotonnière de Mali-

Sud. Mais les décisions de justice, du niveau inférieur au niveau supérieur, ne sont pas le plus souvent applicables, car elles tranchent sans tenir compte de la réalité sur le terrain.

À Yorosso

Tableau 11 : Nombre de conflits au tribunal de paix de Yorosso (1999-2007)

Année	1999	2000	2001	2002	2003	2004	2005	2006	2007
Nombre de litiges civils	29	28	19	21	18	25	41	24	8 (aud. fév.2007)
Nombre de litiges fonciers	3	6	9	3	3	2	2	14	7

Source : statistiques du tribunal de Yorosso (février 2007).

À la lecture de ce tableau, nous constatons que les litiges civils sont nombreux et que malgré cela, les confits liés à la terre ne sont pas nombreux. Mais nous remarquons quand même que la connaissance de litiges par le tribunal judiciaire progresse en dents de scie. Les litiges fonciers connus par le tribunal étaient 6 cas sur 28 litiges civils en 2000 ; 9 conflits fonciers sur 19 cas civils en 2001 ; 3 sur 21 en 2002 et 3 sur 18 en 2003 ; 2 sur 25 en 2004 et 2 sur 41 cas civils en 2005. Par contre en 2006, nous avons 14 conflits fonciers sur 24 cas civils. Remarquons que c'est en février 2007, début de l'année, que nous avons 7 cas de conflits fonciers sur 8 cas civils. Entre 2006 (14 cas durant toute l'année) et 2007 (7 cas en un mois !) nous constatons qu'à Yorosso, le nombre de conflits fonciers augmente. Tout comme dans le cas de Bla, la plupart des cas jugés se trouvent en appel à Bamako.

À Koutiala

Tableau 12 : Nombre de conflits au tribunal de paix de Koutiala (1996-2007)

Année	1996	1997	1998	1999	2000	2001	2002	2003	2004	2005	2006	2007
Nombre de litiges civils	219	175	225	245	204	261	266	?	266	176	210	31 (aud. Mars 2007)
Nombre de litiges fonciers	15	9	5	5	7	13	17[20]	?	22	7[21]	17[22]	4

Source : statistiques du tribunal de Koutiala (mars 2007).

Ici aussi, nous remarquons que depuis 1996, l'évolution du nombre de conflits que connaît le tribunal de paix de la ville de Koutiala est en dents de scie. Mais il est à noter que le nombre de conflits portés devant les tribunaux ne cesse d'augmenter : en mars 2007, sur 31 litiges civils, nous avons déjà 4 conflits fonciers.

Au regard des trois cercles étudiés, Yorosso constitue une collectivité qui est relativement en retard en matière d'urbanisation sur Koutiala et Bla, mais à travers les trois tableaux, nous remarquons que les conflits liés au foncier y sont relativement plus élevés que dans les deux autres cercles. Par contre, à la différence de Koutiala, les litiges civils ne sont pas nombreux. Cela s'explique aussi par le fait que la ville de Koutiala est l'une des villes les plus importantes du Mali alors que la ville de Yorosso est toujours à cheval entre « gros village » et ville citadine.

Les conventions comme modes de prévention et de gestion des conflits fonciers ?

Les « conventions locales », jadis utilisées par les populations locales comme mécanismes de prévention et de gestion des conflits liés aux ressources naturelles et à la terre, existaient sous d'autres noms endogènes comme *ben-kan*[23] dans le pays bamanan malinké (Djiré et Dicko 2007). L'appellation « convention locale » est utilisée dernièrement par les ONG ; l'objectif de ces accords est le même que celui des anciens accords paysans : prévenir et gérer les conflits ou atténuer leur récurrence, renforcée par l'augmentation démographique et les aléas climatiques. Selon la définition de Djiré M. et Dicko A. K. (2008) :

> L'expression conventions locales désigne les différents accords locaux en matière de gestion des ressources naturelles renouvelables. Ceux-ci ont des objectifs divers allant de la conservation des ressources à travers la réglementation concertée de leur accès et de leur exploitation à la gestion des conflits découlant de la forte compétition pour leur contrôle.

Les conventions sont élaborées avec le concours des paysans. La procédure est que les paysans font la demande. Des organisations non gouvernementales comme JÈKASSI dans le cercle de Koutiala appuient la demande. Les paysans suivent tout le processus. L'ONG se charge de l'organisation de concertations sur les ressources naturelles en question, comme le néré, les pistes pastorales et les mares. La cartographie est faite par les paysans eux-mêmes. C'est à partir des résultats de ces concertations que l'ONG en question élabore les vraies cartes. Après chaque concertation, une restitution est faite à toutes les couches sociales et acteurs de la localité. Une restitution qui aboutit à la rédaction de la convention. Plus tard, une grande rencontre est organisée pour la validation et la signature du préfet, du maire, des chefs de villages concernés et du maître d'ouvrage. Les conventions locales, définies comme des accords entre acteurs locaux, notamment les communautés, les groupes socioprofessionnels ruraux, les administrations locales, les collectivités territoriales, les services techniques et les ONG, sont apparues comme une alternative pour promouvoir une gestion concertée des ressources naturelles.

Djiré M. et Dicko A. K. (2008) ont fait une étude assez exhaustive sur les conventions au Mali. Selon eux, les racines des conventions remontent à la période précoloniale et ont connu des évolutions dans les différents contextes sociopolitiques. Selon eux, les conventions locales peuvent contribuer à résoudre les difficultés observées actuellement dans l'opérationnalisation des transferts de compétences en matière de gestion des ressources naturelles et, de ce fait, être un instrument de consolidation de la décentralisation et de la démocratie au Mali. Quant à nous, nous pensons que, malgré les succès relatifs de certaines conventions (comme SIWAA dans le cercle de Koutiala) à travers le pays en matière de prévention et de gestion des conflits liés aux ressources naturelles, cette forme d'accord, en dépit de son originalité, aura du mal à contenir les différentes formes des conflits fonciers (conflits liés à la terre, aux parcelles de culture etc.) dans les campagnes (d'ailleurs, l'absence de maîtrise de leurs contenus par les acteurs et les remises en cause constantes de leurs dispositions incitent à se poser des questions sur leur efficacité et leur légitimité). La gestion des ressources naturelles ne peut aller sans la gestion des terres. Or, les cartes des collectivités locales ont été tracées. Elles sont disponibles sur papier, mais la matérialisation de ces cartes sur le terrain risque de créer des conflits fonciers violents entre des villages et des communes, car des conflits anciens existent déjà entre ces acteurs ; il s'agit de conflits liés à la terre, au terroir et aux ressources naturelles. À cause de ces vieux conflits, des villages ou groupes de villages refusent de se regrouper en commune ou, après avoir accepté de constituer des communes, se séparent unilatéralement desdites communes[24] avec lesquelles ils n'arrivent pas à s'entendre sur des questions diverses, comme le leadership au niveau de la collectivité. Est-ce que les conventions locales (relatives à la terre et à la GRN) seront assez irréprochables pour résoudre ou pour éviter cette catégorie de conflits?

Depuis l'élaboration des conventions et de la charte pastorale dans la zone CMDT de Koutiala, les conflits ont sensiblement diminué dans certaines communes des cercles de Yorosso (la Charte pastorale) et de Koutiala (les conventions SIWAA[25] et Oussiguignon[26]). Mais il faut reconnaître que toutes les conventions ne marchent pas comme prévu. Certaines conventions, notamment dans le cercle de Bla, sont insuffisamment appliquées. Cette situation met ainsi les règles locales en péril. Dans la région de Bla et ailleurs au Mali, il existe des conventions locales formelles dans certaines localités, mais les dispositions ne sont pas respectées et le mécanisme de surveillance ne fonctionne pas suffisamment. Les difficultés intervenues dans leur mise en œuvre méritent d'être résolues dans un cadre participatif afin de les rendre plus efficaces. De telles démarches doivent être précédées d'un diagnostic approfondi de la situation. Aussi importe-t-il de renforcer les règlements locaux en intégrant, si possible, un cadre plus conforme aux textes étatiques, tout en gardant l'enracinement à la culture locale.

Dans le Delta intérieur, tout comme dans les zones exondées, à part quelques cas spécifiques aux différentes régions du bassin du Niger, les causes des conflits sont pratiquement les mêmes. Ces conflits, comme nous l'avons vu, montrent d'un côté que la décentralisation, qui était supposée résoudre ou atténuer les conflits fonciers, contribue au contraire à les exacerber, et de l'autre, que les institutions locales se trouvent dans une sorte de processus de mutation qui s'accélère au rythme du développement économique et du processus démocratique enclenché au début des années 1990.

Notes

1. Aire culturelle dominée par l'ethnie minianka.
2. Karitié Coulibaly (Interview le 28.09.2008), ancien chef de ZAER (zone d'aménagement et d'extension agricole) de la CMDT.
3. En réalité, quand on parle de « Koutiala », il ne s'agit pas seulement de la ville de Koutiala, il s'agit de la « zone CMDT de Koutiala » qui englobe non seulement le cercle de Koutiala, mais aussi le cercle de Yorosso. Nous avons ajouté le cercle de Bla à notre étude car ce sont des zones géographiques similaires sur le plan de la production et sur le plan ethnique.
4. Située dans la région de Ségou, avec une superficie de 391 km^2 environ et une population de 28 347 habitants, la commune rurale de Bla est l'une des dix-sept communes du cercle de Bla. Elle est composée de Bla, chef lieu de commune, et de quatorze villages : Bla, Kamona, Sorofing, Farakala, Bankoumana, Wakoro, Barri, Dakoumani, Diédala, Tebela, M'piena, Toukoro, Tala, Mamou et Nitia.
5. Créée par la loi n° 96-059 du 4 Novembre 1996 dans le cercle de Koutiala (le cercle de Koutiala a une population de 435 000 habitants sur une superficie de 12 270 km^2), la commune rurale de M'Pèssoba est administrée par un conseil communal de vingt-trois membres à l'issue des élections d'avril 2004. La commune est composée de vingt villages. La population est de 35 934 habitants (RGPH 2006) sur une superficie de 2 470 km^2. Les femmes sont au nombre de 18 424 et il y a 17 510 hommes. Elle est composée essentiellement de Minianka. On y trouve également des Bambara, des Peuls, des Dogon. Elle est située à quarante-cinq kilomètres du chef-lieu de cercle de Koutiala. La commune est limitée par les communes suivantes : au nord, la commune de Karagouana Malle ; à l'est, les communes de Fakolo Zanian et Tao ; à l'ouest, la commune de *Kafo Fboli* ; au sud, la commune de Fakola.
6. Selon le recensement de 1996, le cercle de Yorosso a une population de 124 379 habitants sur une superficie de 5 500 km^2.
7. À partir de cet exemple, nous comprenons que la prévention des conflits entre éleveurs et agriculteurs passe par le respect scrupuleux des coutumes, l'application de la charte pastorale, et l'intensification agricole dans le bassin du fleuve et dans la zone CMDT en particulier.
8. Selon l'article 14 de cette loi, le défrichement est interdit :
   - dans des zones de naissance des cours d'eau ;
   - dans les zones de peuplements pures d'espaces présentant un intérêt économique ou d'espèces protégées par les lois, les règlements et les conventions ;
   - dans les zones protégées pour raison de salubrité publique ;
   - dans les zones protégées dans l'intérêt de la défense nationale ;
   - dans les forêts classées et les périmètres de reboisement.
9. Technicien supérieur des eaux et forêts, chef d'antenne de M'Pèssoba
10. La commune de Macina, zone ON dans le Delta intérieur du Niger, est peuplée de 29 585 habitants (source DRPSIAP, année 2007). Une population composée de Bambara malinké et Marka (Soninké) cultivateurs, de Bozo et Somono pêcheurs, de Peuls et Diawando éleveurs.
11. Selon M. Sidibé (Interview).

12. Dans le village de Dempéla, on note la présence de trois chefferies : Dempéla 1, Dempela 2 et Dozola. Suite à une attaque à domicile, le chef de village de Dempela 1 a été frappé par les populations de l'autre tendance clanique de Dozola, qui constitue aussi sa propre chefferie. Ainsi, partant d'un problème d'association villageoise, l'on s'achemine vers un conflit de contrôle de ressources foncières.
13. Source : Issa Natié Coulibaly chef de *tou* par intérim (Interview).
14. Source : M. Coulibaly village de Kintieri (Interview).
15. Source : maire de la commune rurale de M'Pèssoba.
16. Source : Coulibaly K. (Interview).
17. S'il s'agit réellement de ce conflit, le Tribunal pénal international a tranché cette affaire et les deux pays devaient d'ailleurs commencer le bornage il y a plus de dix ans. Après les indépendances, les différents pays africains ont décidé de sauvegarder les frontières héritées de la colonisation. Et la convention à laquelle a fait allusion le sous-préfet devient caduque de ce fait, même si elle confirmait l'appartenance de la mare litigieuse au village malien de Kona.
18. Notre enquête s'est effectuée entre le 1er et le 15 août 2007.
19. Dans bien des cas, la lenteur des procédures judiciaires et le comportement des juges favorisent l'aggravation des conflits fonciers. Par ignorance des réalités locales, ou par une partialité manifeste, les conflits sont mal jugés et l'application des décisions de justice crée d'autres conflits plus graves et plus meurtriers que les conflits initiaux. Tous les conflits recensés au cours de la mission d'enquête sont restés plus de deux ans devant la justice.
20. Parmi ces dix-sept conflits, il y avait sept en appel.
21. Dont deux en appel.
22. Dont quatre en appel.
23. Parmi ces conventions, nous avons les pactes entre les premiers occupants et le génie protecteur du terroir le *gnana dugudasiri* (cf. *supra* les premiers chapitres de la première partie).
24. En 2007, les demandes de séparation de leur commune actuelle de plus de trente villages ou groupes de villages se trouvent à la direction nationale de l'administration du territoire. Ces villages ou groupes de villages veulent créer leurs propres communes.
25. Mot minianka qui veut étymologiquement dire : Brousse sèche.
26. Mot minianka qui signifie étymologiquement : Embellissons/aménageons notre brousse.

Conclusion de la deuxième partie

Les textes législatifs hérités de la colonisation n'ont été effectifs que dans les grandes villes du Mali. Dans les campagnes, les paysans, ignorant ces textes, n'en voulant pas, ou les connaissant mais les manipulant à leur guise, selon leurs intérêts, ont manifesté une certaine résistance à l'égard des différentes tentatives coloniales et étatiques maliennes de domination depuis les années 1960. Les conflits entre la paysannerie et les structures étatiques ont donné naissance au fil des ans à des organisations paysannes assez fortes et représentatives des intérêts des paysans. L'existence de ces organisations de la société civile, dans leurs luttes, contribue non seulement à la consolidation de la démocratie, mais aussi à la promotion de l'individualisme à l'occidentale ou de « l'individualisme collectif ».

À côté de ces luttes entre structures de l'État à travers les entreprises d'encadrement, nous avons aussi des conflits qui se déroulent sur le terrain, à cause des terres de culture et des terres de pâturages. Les causes de ces conflits sont fondamentalement l'explosion démographique, le manque d'activité génératrice de revenus autres que la culture ; le non-respect des textes législatifs. Les modes de gestion de ces conflits sont coutumiers ou administratifs. Deux légitimités qui ont d'ailleurs du mal à remédier aux problèmes.

Ainsi, les mécanismes de prévention et de gestion de ces conflits au Mali sont à la fois traditionnels et étatiques modernes. Les exemples de conflits que nous venons de voir au dernier chapitre montrent toute la difficulté des questions de cohabitation des légitimités dans une perspective de pluralisme juridique. Par ailleurs, le potentiel des conflits liés au foncier devient important quand il y a contradiction entre les textes juridiques et quand il y a un fossé entre les questions foncières et la loi. Ces problèmes créent des confusions, rendent les droits sur la terre incertains et augmentent l'insécurité sur la tenure foncière. La sécurisation ne porte pas seulement sur la légalité ou l'immatriculation des terres, mais sur la certitude que l'État ou les autorités coutumières qui octroient le titre sont capables de protéger ces droits.

Par ailleurs, les législations, nombreuses et complexes, sont mal connues des populations. Dans la pratique, les mécanismes prévus pour la restitution des dispositions convenues ne fonctionnent pas suffisamment bien pour permettre une meilleure information des communautés. La complexité de ces textes ne favorise pas leur maîtrise par les communautés, d'où la nécessité de les rendre plus digestes et facilement maîtrisables à travers des règles et conventions locales calquées sur leur vécu et leurs réalités, ainsi que par la traduction de ces textes dans les langues nationales. En effet, les enjeux de pouvoirs entre les porteurs de légitimités illustrent un premier niveau de complexité, car chacun peut voir en l'autre un usurpateur de légitimité, voire une menace sur son leadership ou sa propriété. La difficulté est augmentée quand les populations en arrivent à balancer entre les différentes légitimités en présence, à la recherche du profit maximum, parce que les valeurs sur lesquelles était bâti leur rapport aux biens matériels et financiers ont évolué avec le temps et l'influence de la « modernité ».

Conclusion générale

L'étude des systèmes fonciers du bassin du fleuve Niger, plus spécifiquement des zones Office du Niger et CMDT, nous a permis de comprendre que le bassin cotonnier a été au fil des siècles l'objet d'enjeux économiques et politiques à cause de sa fertilité et de sa richesse en ressources naturelles : terres de culture, terres de pâturage et eaux pour la pêche. C'est pourquoi cette région a été le centre des grands royaumes et empires qui se sont formés dans la deuxième moitié du premier millénaire. Malgré les changements politiques et socio-économiques, le mode coutumier de tenure foncière est resté relativement intact jusque vers la fin du XIXe siècle avec les différentes conquêtes françaises.

Même après la conquête totale du Soudan, les pratiques coutumières n'ont pas été influencées par la civilisation française sauf pendant et après la création de l'ON, avec les déplacements massifs et les vagues de colons venus d'ailleurs à travers le Soudan. C'est la création de l'ON, puis celle de la CMDT dans les années 1970, qui ont profondément bouleversé les structures foncières, la conscience des paysans et les rapports à la terre dans les régions intéressées.

Les Français, en dépit de leur volonté de faire du Soudan un fournisseur en culture industrialisée et de le transformer en grenier de l'AOF, en dépit de leur volonté de mécanisation de l'ON à travers des investissements colossaux, l'édiction de textes législatifs et la colonisation des zones pour la production de la culture de rente, n'ont pas pu maîtriser les paysans.

Après l'indépendance, le nouvel État qu'était le Mali, malgré sa politique socialiste, n'a pas édicté de lois relatives au foncier, et les textes coloniaux seront toujours en vigueur au cours de la première décennie. Le gouvernement socialiste, qui voulait aussi faire du Mali le grenier de l'AOF, a basé toute sa politique de décollage économique sur les paysans, avec un système socialiste lourd et brutal qui a conduit les paysans à la résistance sous plusieurs formes et réduit le système communiste à néant.

Après le changement de régime en 1968, des changements importants furent introduits à l'ON en 1970. Contrairement au régime socialiste, le régime militaire prônait la culture du riz à bas prix pour nourrir les villes. C'est ainsi que la junte a abandonné les champs collectifs pour développer des coopératives à vocation désormais économique plutôt que politique. Le gouvernement militaire a abandonné la culture du coton au profit du riz et a engagé l'extension des superficies aménagées tout en entamant d'autres actions. Malgré ces changements de politique, le régime a maintenu ou renforcé des mesures autoritaires pour contrôler les paysans et les filières en créant le système de police économique et d'obligation de vente. Cette situation a contribué à renforcer la situation précaire des paysans.

De 1970 à 1980, l'exploitation familiale individuelle a été encouragée par l'État, qui orientait son effort vers la monoculture du riz en renforçant ses structures de contrôle de la production paysanne. Après une brève augmentation de la production vers la fin des années 1970, elle chuta. Cette chute provoqua la dégradation de la situation des paysans et des aménagements. La période de libéralisation et de réhabilitation a commencé au début des années 1980 sous la double pression des paysans et de l'extérieur. Après l'abolition de la politique économique en 1984, l'État responsabilise les producteurs avec la mise en place d'associations villageoises (AV) ; le relèvement du prix du paddy et sa libéralisation commencèrent en 1986. À cela, s'ajouta le premier contrat-plan entre l'État, l'ON et les exploitants agricoles, qui fut signé en 1995. Vers 1988-1989, le projet Retail aidera certaines AV à opérer des achats groupés d'engrais et de bœufs de labour. En contraste avec les années de la colonisation et la première décennie de l'indépendance, on observe une meilleure efficacité hydraulique et une grande liberté individuelle familiale, qui se sont traduites par une meilleure efficacité économique. Mais le revers de ce boom économique a été la surpopulation, combinée à la migration et à l'insuffisance des terres aménagées, qui ont provoqué à leur tour l'appauvrissement des paysans.

À partir de 1996, le décret de gérance de l'ON est en vigueur et favorise une association plus poussée des paysans à la gestion des espaces irrigués, avec la création du Comité paritaire de gestion des terres (CPGT) et du Comité paritaire de gestion des fonds d'entretien du réseau hydraulique secondaire (CPGFE). Malgré ce décret de gérance et la création de ces comités, dix ans plus tard, à cause de l'insuffisance des espaces d'aménagement et du boom démographique, les critères d'attribution du décret d'application sont inapplicables.

Nous avons discuté du fait que les Français, pour encadrer les paysans indigènes, avaient encouragé la création de mouvements associatifs après les expériences des Sociétés indigènes de prévoyance et des Associations agricoles indigènes. Des mutuelles et des sociétés de mutuelles pour le développement rural ont été encouragées et créées. Beaucoup de ces organisations paysannes ont pris appui sur les formes d'organisation communautaires traditionnelles (*Tons* = Associations) qui constituaient l'un des piliers de la société bamanan malinké. Plus d'un demi-siècle après, ce sont ces Organisations paysannes (OP) qui constituent toujours le socle de l'organisation des activités communautaires socioculturelles et de défense du village.

Le rôle de ces institutions dans l'évolution du monde paysan et de son environnement économique et social devient de plus en plus important à cause de la pression de la Banque mondiale et du désengagement de l'État dans les filières agricoles. Ce qui conduit inéluctablement à une certaine autonomie, tant par rapport aux autorités villageoises que par rapport aux autorités administratives.

Les raisons de cette évolution des OP sont la responsabilisation croissante des producteurs, le désengagement de l'État, les aléas climatiques et le processus de démocratisation. Auparavant, les initiatives des OP se limitaient aux grandes filières agricoles ; après le début des Programmes d'ajustement structurel (PAS), elles se sont étendues à toute la paysannerie et les ONG nationales ont commencé à en créer ou à en encourager la création.

Les initiatives publiques qui visent une modification des principales institutions au niveau national, sectoriel et local et dans lesquelles s'impliquent des OP nous montrent que le secteur du développement rural est en profonde mutation (décentralisation, élections locales etc.). Une mutation qui s'est accélérée durant la dernière décennie. Cette mutation se fait aussi et surtout sur fond de concertation (comme dans l'exemple de la LOA) entre l'État et le monde rural.

La privatisation de la CMDT entre aussi dans le cadre du développement par la propriété individuelle à travers le désengagement de l'État. Le statut des coopératives a été réformé pour qu'elles soient des entreprises privées. Le processus de transformation des AV en coopératives de producteurs de coton a commencé en 2004, dans le but de créer des unions de coopératives capables de constituer des faîtières interlocuteurs de l'État, de la CMDT et des bailleurs.

Dans le Mali-Sud en général, et à l'ON en particulier, à côté du modèle actuel de production basé sur des exploitations agricoles familiales, le secteur agro-industriel, dominé par les nantis privés des grandes villes et de l'extérieur du pays, est encore loin de se réaliser à une grande échelle. Ce sont les agriculteurs familiaux qui bénéficient des nouveaux aménagements à l'ON. Dans le futur, dans les zones CMDT tout comme à l'ON, nous assisterons de plus en plus à l'éclatement des grandes familles qui s'est déjà amorcé il y a plus de vingt ans, avec ses conflits d'intérêts.

Au terme de notre étude diachronique et juridique des systèmes fonciers au Mali, nous constatons qu'après plus d'un siècle d'interactions de logiques étrangères et locales dans le bassin du fleuve Niger, des changements remarquables sont en cours dans le monde paysan et tendent vers une diversification des catégories de la propriété privée, ainsi que vers une sorte d'individualisme complexe avec ses conflits d'intérêts variés.

Le processus de l'individualisation des droits sur les ressources naturelles en général et sur le foncier en particulier fait des progrès au Mali, avec ses avantages et ses inconvénients pour la population paysanne. L'évolution vers une plus grande privatisation et individualisation collective ou individuelle est inévitable dans un contexte de changement de mentalité, de monétarisation des transactions foncières et d'avancée de la mondialisation, qui implique des influences exogènes. Ces influences exogènes ont commencé depuis le jour où le premier explorateur a foulé le sol d'Afrique. C'est à partir de cette époque que le processus de mondialisation a commencé pour l'Afrique. Après les explorateurs qui exploraient pour les grandes sociétés privées et les États occidentaux en pleine expansion économique, aux immenses besoins en ressources naturelles, l'esclavage a commencé, suivi quelques siècles plus tard de la colonisation, des grandes crises mondiales, de la guerre froide. Ce phénomène a ralenti le processus de la mondialisation. Mais après la dislocation du Bloc communiste en 1990, le processus de mondialisation s'est accéléré, entraînant la démocratisation en vague et la libéralisation à outrance des marchés mondiaux et nationaux. Le peuple malien et le paysan peuvent-ils échapper aux effets pervers de la mondialisation ? Ou se dérober à la privatisation, à l'individualisme et au libéralisme économique ?

Dans les interactions des différents champs sociaux, les acteurs s'influencent mutuellement pour donner naissance à une forme des relations sociales que nous appelons « compromis ». La nouvelle loi d'orientation agricole constitue l'aboutissement des différents conflits entre les logiques et intérêts extérieurs à la société bamanan malinké et les endogènes, qui lui sont propres. Ces conflits se sont déroulés pendant des siècles et continuent. Avec le projet de recensement et de reconnaissance du droit traditionnel et coutumier foncier, la logique étatique tend à absorber les us et coutumes en les codifiant. La codification de certaines coutumes relatives à la gestion foncière entre dans le cadre de la sécurisation des droits séculaires ou récents.

Comme nous l'avons vu, la culture mandingue en général et bamanan en particulier n'est pas réfractaire à la privatisation car en bamanan malinké, *ta ya bè ta ya kônô* (« il y a la propriété dans la propriété ») : dans la gestion communautaire des terres, il existe aussi un droit de « propriété individuelle » qui aurait pu se développer d'une manière similaire à la forme occidentale si le processus de l'évolution naturelle de la civilisation africaine n'avait été influencé brutalement par la rencontre des civilisations arabe et occidentale. Nous pensons que pour atténuer les effets pervers du processus de la mondialisation, les réformes institutionnelles doivent se faire d'une manière prudente, méthodique avec patience et détermination. Comme le disent les chinois, MÀN MAN ZU : marcher lentement, mais sûrement, est plus durable et sécurisant, car cela permet d'atténuer le choc de la rupture politique, juridique et économique.

Bibliographie

Ouvrages généraux et spéciaux, articles

Adams, A., 1977, *Le long voyage des gens du fleuve*, Paris, Maspero.

Adams, A., 1985, *La terre et les gens du fleuve*, Paris, L'Harmattan.

Alliot, M., 1964, « Les résistances traditionnelles au droit moderne dans les États d'Afrique noire francophone et Madagascar », *Civilisation malgache*, Paris, Cujas.

Alliot, M., 1980, « Un nouveau droit est-il en train de naître en Afrique ? », in *Conac, G., Dynamiques et finalités des droits africains*, Paris, Economica, p. 467-495.

Alliot, M., 1983, *Anthropologie et juristique : sur les conditions de l'élaboration d'une science du droit*, Paris, LAJP.

Amselle, J.-L. et Grégorie E., 1987, « Complicités et conflits entre bourgeoisies d'État et bourgeoisies d'affaires, au Mali et au Niger », in (Terray Emmanuel dir.), *L'État contemporain en Afrique*, Paris, L'Harmattan.

Ba, A. K., 1987, *L'épopée de Ségou – Da Monzon : Un pouvoir guerrier*, Paris, Éd. Pierre-Marcel Favre, Collection Centre Tiers-monde (CETIM) et Publi SA.

Bachelet, M., 1968, *Systèmes fonciers et réformes agraires en Afrique Noire*, Paris, Librairie générale de droit et jurisprudence (LGDJ).

Bachelet, M., 1986, « Réformes agro-foncières et développement », in Verdier et Rochegude, *Systèmes fonciers à la ville et au village*, Afrique noire francophone, Paris, L'Harmattan.

Bah, A. H. et Daget J., 1975, *L'Empire peul du Macina (1818-1853)*, Paris, Les Nouvelles Éditions Africaines, Éditions de l'École des Hautes Études en Sciences Sociales.

Bah, A. H., 1972, *Les aspects de la civilisation africaine*, Paris, Présence Africaine.

Baillaud, E., 1936, *L'organisation économique de l'Afrique-Occidentale française – Notes de voyage* – (Marseille – Institut Colonial).

Baumann, E., 1992, « Le pêcheur, le colonisateur et l'État indépendant », *Politique africaine*, (47), p. 51-58.

Baumann, E., Fay C. & Kassibo, B., 1994, « Systèmes de production et d'activité : trois études régionales » in Quensière Jacques (Ed.), *La pêche dans le delta central du Niger : approche pluridisciplinaire d'un système de production halieutique*, Paris, ORSTOM ; Karthala, p. 345-348.

Baumann, E., Fay C. & Kassibo, B., 1994, « Systèmes de pêche et stratégies globales », in Quensière Jacques (Ed.), *La pêche dans le delta central du Niger : approche pluridisciplinaire d'un système de production halieutique*. Paris, ORSTOM ; Karthala, p. 401-406.

Baumann E., Le Kewa, 1994, *La pêche dans le delta central du Niger : approche pluridisciplinaire d'un système de production halieutique*. Paris, ORSTOM ; Karthala, p. 349-362.

Barriere, O. et Barriere, C., 1996, « Systèmes fonciers dans le delta intérieur du Niger. De l'implosion du droit traditionnel à la recherche d'un droit propice à la sécurisation foncière », in E. Le Roy & al (eds), *La sécurisation foncière en Afrique noire*, Paris, Ed. Karthala, p. 127-175

Basett, T. J., 1993, « Land use conflicts in pastoral development in northern Côte-d'Ivoire », in Bassett, Thomas J., & Crummey, Donald E., (eds), *Land in African agrarian Systems. Madison,* The University of Wisconsin Press, p. 131-156.

Becker, C., Mbaye S., et Thioub, I., 1997, (eds), *AOF : réalités et héritages – Sociétés ouest-africaines et ordre colonial,* 1895-1960, Tome I, Dakar, Direction des Archives du Sénégal.

Bélières, J.-F., Sourisseau, J.-M., Jamin, J.-Y., Kuper, M., 2002c, « Le statut foncier, Une appropriation difficile des terres aménagées », *in* Bonneval P., Kuper M., Tonneau J.-P. (eds), *L'Office du Niger grenier à riz du Mali : succès économiques, transitions culturelles et politiques de développement,* Paris, Montpellier, Karthala, Cirad, p. 222-226.

Bélime, É., 1925, *La production du Coton en Afrique Occidentale française : le programme carde* — Publication du comité du Niger.

Bertrand, M., 1994, *La question foncière dans les villes du Mali. Marchés et patrimoines,* Paris, Karthala-ORSTOM.

Bertalanffy, L.V., 1980, *Théorie générale des systèmes,* trad. fr. de J.- P. Chabrol, Dunod, *Des esprits, des robots, des hommes,* Paris, ESF Éditions

Bertalanfflly, L. von, 1973 ; 2002, *Théorie générale des systèmes.* Voir aussi en ligne sur adresse Web : http://www.interaide.org/pratiques : Voir aussi : Bateson G. & Ruesch J. 1988, Communication et société, Paris, Seuil.

Bertrand, A., 1998, « Gestion étatique ou gouvernance locale ? », in Lavigne Delville, (ed.), *Quelles politiques foncières en Afrique rurale ? Réconcilier pratiques, légitimité et légalité,* Paris, Ministère de la Coopération/Karthala.

Bierschenk, T., Olivier De Sardan, J.-P. & Chauveau, J.-P. (eds.), 2000, *Courtiers en développement, Les villages africains en quête de projets* Paris, Karthala.

Bonnet, B., 2000, *Gestion commune des ressources naturelles : vers un renforcement des capacités locales,* Londres, IIED, Programme Zones arides, dossier n° 94.

Bonnet, B., « Problématiques foncières et gestion des ressources communes : Regards sur quelques situations et expériences en Afrique de l'Ouest », Communication à Porto Alegre le 22 janvier 2001.

Bruce, J. W., Mearns, R., 2002, *Gestion des ressources naturelles et politique foncière dans les pays en développement : leçons apprises et nouveaux défis,* Londres, IIED ; Programme des zones arides, dossier n° 115, 64 p.

Bouche, D., 1968, *Les villages de libertés en Afrique noire française : 1887-1910,* Paris, La Haye, Mouton.

Bourgeot, A., 1999, *Horizons nomades en Afrique sahélienne – Société, développement et démocratie,* Paris, L'Harmattan.

Bouare, A., 1995, « Appropriation foncière et conflits entre villages voisins dans la région de Ségou (Mali) », in *Actions locales, enjeux fonciers, et gestion de l'environnement au Sahel. Cahier du Cidep,* n° 27, p. 230-240.

Buttoud, G., 2001, *Gérer les forêts du sud – l'essentiel sur la politique et l'économie forestière dans les pays en développement,* Paris, L'Harmattan.

Chauveau, J.-P., 1995, « Pression foncière, cycle domestique et crise économique. Étude de cas en Côte d'Ivoire forestière », in Blanc-Pamard, C. et Cambrezy, L. (eds), *Terres, terroirs, territoires,* Paris, ORSTOM, p. 107-129.

Chauveau, J.-P. 1997, « Jeu foncier, institutions d'accès à la ressource et usage de la ressource. Une étude de cas dans le centre ouest ivoirien », in Contamin, B. et H. Memel-Fotê (Eds), *Le modèle ivoirien en questions. Crises, ajustements, recompositions*, Paris, Karthala-ORSTOM, p. 325-360.

Coquery-Vidrovich, C., 1982, « Le régime foncier rural en Afrique noire », in Le Bris et Le Roy, *Enjeux fonciers en Afrique noire*, Paris, Karthala, p. 65-84.

Coutumes Juridiques de l'Afrique Occidentale Française, Tome II, Soudan, p. 35, Paris

CILSS, PRECONS, 1997, Décentralisation et approche participative pour l'application des mesures de CE/DRS au Sahel, *Actes de l'atelier régional d'échanges*, Sao dos organas, Cap Vert, Commission Européenne, Deutsche Forstservice Gmbh, 303 p.

CILSS, 1997, La gestion décentralisée des ressources naturelles dans trois pays du Sahel : Sénégal, Mali et Burkina Faso, document publié par le PADLOS, Ouagadougou, 349 p.

Cissé, D., 1997, « Place de la coutume dans le code domanial et foncier », in institut national de formation judiciaire, *Litiges fonciers au Mali, Doctrine et Jurisprudence*, 2e édition revue et corrigée, Bamako, Friedrich Ebert Stiftung, Imprim Color, p. 29-40.

Cissé, S., 1982, « Agro-pastoralisme : 2 - les Leyde du delta central du Niger : tenure traditionnelle ou exemple d'un aménagement de territoire classique ? » *in* Le Bris E., Le Roy E., Leimdorfer F. (eds), *Enjeux fonciers en Afrique noire*, Paris, Orstom, Karthala, p. 178-189.

Cissé, S., 1999, « Décentralisation et développement dans le delta intérieur du Niger (Mopti, République du Mali) », in A. Bourgeot (dir.), *Horizons nomades ; sociétés, développement et démocratie*, Paris, Karthala, p. 137-150.

Crousse, C., Le Bris, E. Le Roy, E. (1995). *Espaces disputés en Afrique Noire – Pratiques foncières locales*, Paris, Karthala, ORSTOM.

Cahier d'Anthropologie du Droit, 2003, *Les pluralismes juridiques*, Laboratoire d'Anthropologie Juridique, Paris, Karthala.

CELTHO, 2008, *La Charte de Kurukan Fugan – aux sources d'une pensée politique en Afrique*, Paris, L'Harmattan.

Coulibaly, Cheibane, 1997, *Politiques agricoles et stratégies paysannes au Mali – 1910-1985 : le règne des mythes à l'Office du Niger*, Bamako, Éditions Le Cauri d'Or.

Coulibaly, Cheibane, 1997, *Problématique foncière et gestion des conflits en Afrique Noire, Tome I – Stratégies d'avant l'ère démocratique*, Bamako, Éditions Cauri d'Or.

Coser, L. A., 1982, *Les fonctions du conflit social*, Paris, Presses Universsitaires de France.

Cubrilo, M. & Goislard, C., 1998, *Bibliographie et lexique du foncier en Afrique Noire*, Paris, Karthala.

Delafosse, M., 1972, *Haut-Sénégal Niger – le pays, les peuples, les langues*, Tome I, Paris, Maisonneuve et Larose.

Delafosse, M., 1972, *Haut-Sénégal Niger – L'Histoire*, Tome II, Paris, Maisonneuve et Larose.

Delafosse, M., 1972, *Haut-Sénégal Niger – L'Histoire*, Tome III, Paris, Maisonneuve et Larose.

Dia, A., Les problèmes posés par la confrontation du droit musulman et du droit coutumier dans la région de Ségou à l'époque de la Dina, Mémoire de fin d'études, ENA de Bamako, 1975.

Diawara, A., 2005, « Les sociétés d'initiation au secours des structures administratives – La protection des ressources naturelles à N'gorogodji », in Hesseling G., Djiré M., *Le droit en Afrique. Expériences locales et droit étatique au Mali,* Leyde et Paris, Afrika-Studiecentrum et Karthala, Collection Hommes et sociétés, 2005, p. 243-262.

Diop, M., 2007, *Réformes foncières et gestion des ressources naturelles en Guinée – Enjeux de patrimonialité et de propriété dans le Timbi au Fouta Djalon*, Paris, Karthala.

Djiré, M. & Dicko, A., 2007, *Les conventions face aux enjeux de la décentralisation au Mali*, Paris, Karthala.

Djiré, M., 2004, « Les conventions locales au Mali : une grande nébuleuse juridique et un pragmatisme en GRN », Dakar, IIED – Sahel, *Réussir la décentralisation*, série Les conventions locales au Sahel, n° 2, 35 p.

Djiré, M., 2005, « Un peuple, un but, une foi… mais plusieurs droits ? Itinéraire d'une recherche sur les dynamiques locales et la sécurisation foncière dans un contexte de décentralisation à Sanankoroba », in Hesseling G., Djiré M., Oomen B.M. (eds), *Le droit en Afrique. Expériences locales et droit étatique au Mali*, Paris, Karthala, p. 29-74.

Djiré, M., 2004a, *Mythes et réalités de la gouvernance locale. L'expérience de la Commune Rurale de Sanankoroba*, Mali, Londres, IIED, Programme zones arides, dossier n° 130, 40 p.

Djourté, F., Kanouté, A., Maïga, A., 1998, Rapport d'analyse des textes législatifs portant gestion des ressources naturelles (document de travail), Bamako, Programme Arbres, forêts et Communautés rurales, Composante Afrique subsaharienne FTPP/ASS Mali, 14 p.

Djourté, F., Kanouté, A., Maïga, A., AG Mohamed, L. H., Coulibaly, C., s. d., Gestion alternative des conflits liés à l'utilisation des ressources naturelles, rapport d'études de cas (document de travail), Bamako, Programme Arbres, forêts et Communautés rurales, Composante Afrique subsaharienne FTPP/ASS Mali, 39 p.

Doumbia, S., Gakou M., 2000, Décentralisation et gestion des ressources naturelles : quelles opportunités et quels rôles pour quels acteurs ? Quelles activités de renforcement des compétences en gestion décentralisée des ressources naturelles, Programme Arbres, Forêts et communautés rurales, composante Afrique subsaharienne FTPP/ASS, Mali, 34 p.

Dumont, P., 1962, *Afrique Noire : développement agricole – Reconversion de l'économie agricole : Guinée, Côte-d'Ivoire, Mali*, Études Tiers-monde, PUF/IEDES.

Durand, D., *La systémique*, Paris, PUF, « Que sais-je ? » n° 1795, 1979.

Donnadieu, G. & Karsky, M., 2002, *La systémique : penser et agir dans la complexité*, Paris, Éditions Liaisons.

Fay, C., 2000, « La décentralisation dans un Cercle (Ténékou, Mali) », *Autrepart* (14), IRD/Éditions de l'Aube, p. 121-142.

Fay, C., « Le Maasina », in Quensière Jacques (ed.). *La pêche dans le delta central du Niger : approche pluridisciplinaire d'un système de production halieutique*, Paris, ORSTOM ; Karthala, 1994, p. 363-382.

Fay, C., 1994, « Organisation sociale et culturelle de la production de pêche : morphologie et grandes mutations », in Quensière Jacques (ed.). *La pêche dans le delta central du Niger : approche pluridisciplinaire d'un système de production halieutique*, Paris, ORSTOM ; Karthala, p. 191-208.

Fofana, M., Haidara, F., Traoré, L.B., sans date, *Pratiques d'utilisation des ressources naturelles au Sahel. État des lieux au Mali*, Bamako, Insah – Les monographies sahéliennes, Imprimerie NIB, 116 p.

Frobenius, L., 1952, *Histoire de la civilisation africaine*, Paris, Gallimard.

Gakou, M., Dabiré, 1999, Exemples de foresterie communautaire au Mali (document de travail, Bamako, Programme Arbres, forêts et Communautés rurales, Composante Afrique subsaharienne FTPP/ASS Mali, 47 p.

Gallais, J., 1984, *Hommes du Sahel*, Paris, Flammarion, 290 p.

Gallais, J., 1967, *Le Delta intérieur du Niger, Mémoires de l'Institut Fondamental d'Afrique Noire*, n° 79, Tome I, IFAN-DAKAR.

Graebner, F., 1911, « Kulturkreise und Kulturschichten in Ozeanien », *Zeitschrift fur Ethnologie*, 37, 28-53.

GRAF, GRET, IIED (2002). Pour une sécurisation foncière des producteurs ruraux, Actes du séminaire international d'échanges entre chercheurs et décideurs, Ouagadougou, du 19 au 21 mars 200, 175 p.

GTZ, CDE, 1999, Gestion durable des terroirs, guide pour le suivi des impacts, manuel, document de travail soumis au débat, Wabern, Berne, vol. 1, 79 p. ; Vol. 2, 125 p.

Haïdara, Y., Fofana, B., Kanoute, A., 1995, Étude sur la gestion alternative des conflits liés à l'utilisation des ressources naturelles, bilan national du Mali (document de travail), Bamako, Programme Arbres, forêts et Communautés rurales, Composante Afrique subsaharienne FTPP/ASS Mali, 38 p.

Hamilton, L., Dama, A., 2003, *Gender and natural resource conflict management in Nioro du Sahel*, Mali, Londres, IIED, Programme des zones arides, dossier n° 116, 32 p.

Herbart, P., 1939, *Le chancre du Niger*, Paris, Gallimard.

Hesseling, G., Djiré, M. & Oomen, B. M. (eds), 2005, *Le droit en Afrique – Expériences locales et droit étatique au Mali*, Paris, Karthala.

Hesseling, G., 1992, *Pratiques foncières à l'ombre du droit*, African Studies Center Leiden, Hollande, Rapport de Recherche.

Hilhorst, T., Coulibaly, A., 1998, *Une convention locale pour la gestion participative de la brousse*, Londres, IIED, Dossier Zones Arides n° 78, 26 p.

Holas, B., 1966, *Les Senoufo*, Paris, PUF.

Institut national de formation judiciaire, 1997, *Litiges fonciers au Mali – Doctrine et Jurisprudence*, 2e édition revue et corrigée, Bamako, Friedrich Ebert Stiftung, Imprim Color, 287 p.

Jacob, J-P. & Lavigne Delville, Ph., 1994, *Les associations paysannes en Afrique – Organisation et dynamiques*, Paris, Karthala.

Karsenty, A., 1998, « Entrer par l'outil, la loi, ou les consensus locaux ? », in Lavigne Delville Ph. (dir.), *Quelles politiques foncières en Afrique noire rurale ? Réconcilier pratiques, légitimité et légalité*, Paris, Ministère de la Coopération/Karthala, p. 46-54.

Kassibo, B. (ed.), 1997, « La décentralisation au Mali : état des lieux », *Bulletin APAD* n° 14, 139 p.

Kassibo, B., 2000, « Le foncier halieutique comme enjeu de pouvoirs : la mise en place d'une gestion décentralisée des pêcheries dans le Delta central du Niger », in Lavigne Delvigne Ph., Toulmin C., Traoré S. (coord.), *Gérer le foncier rural en Afrique de l'Ouest*, interventions publiques et dynamiques locales, Karthala-URED, Paris-Saint-Louis, 2000, 357 p.

Kassibo, B., 1988, « Les pêcheurs du Delta Central du Niger : accès aux moyens de production par le biais du système d'encadrement », *in* ORSTOM-INRZFH, *Études halieutiques du Delta Central du Niger. Actes de l'atelier de Bamako*, juin 1988.

Kassibo, B., « La zone pré-lacustre de Sendégué ». in Quensière Jacques (ed.). *La pêche dans le delta central du Niger : approche pluridisciplinaire d'un système de production halieutique*, Paris, ORSTOM ; Karthala, 1994, p. 383-400.

Kéita, A., 2005, « Au détour des pratiques foncières à Bancoumana. Quelques observations sur le droit malien », in Hesseling G., Djiré M., Oomen B. M. (eds), *Le droit en Afrique. Expériences locales et droit étatique au Mali*, Paris, Karthala, p. 75-115.

Kornio, O., Aziz Diallo, A. & Sow, F., 2004, *La prévention et la gestion des conflits communautaires au Mali – Étude et manuel de formation*, Bamako, Fondation Friedrich Ebert Stiftung.

Kouyate, S., 2006, *La Charte de Kurukanfuga – Constitution de l'Empire du Mali*, Éditions Source, Collection « La culture à la portée de tous », Conakry, Guinée.

Kourouma, S. Y., 2004, *Le Mandé de nos ancêtres – Selon Gbélin ou Tradition orale*, Paris, L'Harmattan.

Kouassigan, G-A., 1966, *L'homme et la terre – Droits fonciers coutumiers et droits de propriété en Afrique occidentale*, Paris, Éditions Berger-Levault.

Kouassigan, G-A., 1982, *Encyclopédie juridique de l'Afrique*, Tome V : Droit des biens, Dakar, Les Nouvelles Éditions Africaines.

Laurent, P.J. et Mathieu, P., 1995, « Compétition foncière et invention sociale locale, Un exemple au Burkina Faso », in Bertrand, A., E. Le Roy et A. Karsenty (eds), *La sécurisation de la terre*, Paris, Karthala, p. 286-303.

Laurent, P.-J. et Mathieu, P., 1994, « Authority and conflict in the management of natural resources, a story about trees and migrants in southern Burkina Faso », in *Forest, Trees and people Newsletter* (Bulletin de Foresterie communautaire, FAO), n° 25, October 1994, p. 37-44.

Laurent, P.-J. et Mathieu, P., 1994, « Gestion des ressources naturelles : enjeux fonciers et processus sociaux au Burkina Faso », in *Arbres, Forêts et communautés rurales* (Bulletin de Foresterie communautaire, FAO), n° 7, p. 21-30.

Lavigne Delville, Ph., 1998, *Quelle politique foncière pour l'Afrique rurale* ? Paris, Karthala.

Lavigne Delville, P., Bouju, J., Le Roy, E., 2000, *Prendre en compte les enjeux fonciers dans une démarche d'aménagement. Stratégies foncières et bas-fonds au Sahel*, Paris, Éditions du GRET, 128 p.

Lavigne Delville, Ph. (dir.), 1998, *Quelles politiques foncières en Afrique noire rurale ? Réconcilier pratiques, légitimité et légalité*, Paris, Ministère de la Coopération/Karthala, 744 p.

Lavigne Delville, Ph. et Chauveau, J.-P., 1998, « Quels fondements pour des politiques foncières en Afrique francophone ? », in Lavigne Delville Ph. (dir.), *Quelles politiques foncières pour l'Afrique rurale ? Réconcilier pratiques, légitimité et légalité*, Paris, Ministère de la Coopération/Karthala, p. 731-736.

Lavigne Delville, Ph., 1999, La décentralisation administrative face à la question foncière (Afrique de l'Ouest francophone rurale), Documents de travail sur les sociétés africaines, n° 39.

Lavigne Delville, Ph., Toulmin, C., Traore, S. (dir.), 2000, *Gérer le foncier rural en Afrique de l'Ouest, interventions publiques et dynamiques locales*, Paris/Saint-Louis, Karthala/URED, 357 p.

Le Roy, E., 1985, « Les modes d'acquisition et les preuves des droits fonciers coutumiers », in *Encyclopédie Juridique de l'Afrique*, Tome V, Ch. V.

Le Roy, E., 1996, « Des autorités foncières légitimées, autonomes et gestionnaires », in E. Le Roy *et al.* (eds), *La sécurisation foncière en Afrique*, Paris, Karthala, p. 239-250.

Le Roy, E., 1998, « Les orientations des réformes foncières en Afrique francophone depuis le début des années quatre-vingt-dix », in Lavigne Delville Ph. (dir.), *Quelles politiques foncières pour l'Afrique rurale ? Réconcilier pratiques, légitimité et légalité*, Paris, Ministère de la Coopération/Karthala, p. 383-389.

Le Roy, E., 1999, *Le jeu des lois – une anthropologie « dynamique du droit »*, Paris, LGDG, 415 p.

Lexique des termes juridiques, 1990,, 8e édit., Paris, Dalloz, 517 p.

Lombard, M., 2001, *Droit Administratif*, Cours, 4e édition, Paris, Dalloz.

Maiga, I., Diallo, G., 1997, *Les conflits fonciers et leur gestion dans la 5e Région du Mali*, Londres, IIED, Programme Zones arides, 24 p.

Marty, A., 1993, « La gestion des terroirs et les éleveurs : un outil d'exclusion ou de négociation ? », in *Revue Tiers-monde* XXXIV (134), p. 327-344.

MATCL, PAD, Helvétas, DDC, 2000, Guide pratique du Maire autorité de police administrative, Bamako.

Mathieu, P. et Freudenberger, M., 1998, « La gestion des ressources de propriété communautaire », in Lavigne Delville Ph. (dir.), *Quelles politiques foncières en Afrique noire rurale ? Réconcilier pratiques, légitimité et légalité*, Paris, Ministère de la Coopération/Karthala, p. 101-113.

Mohamedoun, O.A., 2005, « La fixation des populations tamachèques nomades sur les terres agropastorales – Cas du site d'Er-in Tedjeft », in Hesseling G., Djiré M., Oomen B. M. (eds), *Le droit en Afrique – Expériences locales et droit étatique au Mali*, Paris, Karthala, p. 263-280.

Moleur, B., 1986, « La loi coloniale: son idéologie et ses contradictions », in Verdier, R. et Rochegude, A., *Systèmes fonciers à la ville et au village*, Paris, L'Harmattan, p. 79-100.

Monteil, C., 1923, *Les bambaras du Ségou et du Kaarta (étude historique, ethnographique et littéraire d'une peuplade du Soudan français)*, Publication du Comité d'Études Historiques et Scientifiques. Paris Ve, Émile Larose, Librairie Éditeur

Magassa, H., 1999, *Papa commandant a jeté un grand filet devant nous. L'Office du Niger 1902 – 1962*, Ségou (Mali), Fondation Yeredon (1re édition 1978/François Maspero/Paris).

Maiga, I. et Diallo, G., *Les conflits fonciers et leur gestion dans la 5e Région du Mali*, IIED et GRAD, Dossier n° 76, avril 1998.

Ministère de la justice du Mali & Fondation Friedrich E. S., 1997, *Litiges fonciers au Mali — « Doctrine et jurisprudence »*, 2e édition, revue corrigée, Bamako, Institut de Formation Judiciaire.

N'Diaye, B., 1970, *Groupes ethniques au Mali*, Bamako, Éditions Populaires.

N'Diaye, B., 1995, *Les castes au Mali*, Paris, Présence Africaine.

Niang, M., 1982, « Réflexion sur la réforme foncière sénégalaise de 1964 », in Le Bris, Le Roy, *Enjeux fonciers en Afrique noire*, Paris, Karthala, p. 219-227.

Mfenjou, M. C., 2002, *L'Afrique à l'épreuve du développement durable*, Paris, L'Harmattan.

Olivier De Sardan, J.-P., 1995, *Anthropologie et développement – Essai en socioanthropologie du changement social*, Paris, APAd, Karthala, 221 p.

Ouedraogo, H., 1996, *Étude sur la gestion des conflits liés aux aménagements pastoraux aux Burkina Faso*, MRA, PRASET, Ouagadougou, 39 p.

Ouedraogo, J.-B., 1997, *Violences et communautés en Afrique noire*, Paris, l'Harmattan, 240 p.

Pospisil L., 1958, *Kapauku Papuans and Their Law*, New Haven, Yale University Publications in Anthropology, n° 54.

Pospisil, L., 1971, *The Anthropology of Law : A Comparative Theory*, New York, Harper & Row.

Pospisil, L., 1978, *The Ethnology of Law*, Menlo Park, Cummins.

Pospisil, L.,1979, « Legally induced culture change in New Guinea », in Sandra Burman, Barbara Harrell-Bond (eds), *The Imposition of Law*, New York, Academic Press, p. 127-144.

Présentation Office du Niger, 2005, *Office du Niger : aujourd'hui et demain*, Bamako, Imprim color.

Rochegude, A., 1998, « Les instances décentralisées et la gestion des ressources renouvelables », in Lavigne Delville Ph. (dir.), *Quelles politiques foncières en Afrique noire rurale ? Réconcilier pratiques, légitimité et légalité*, Paris, Ministère de la Coopération Karthala, p. 403-422.

Rochegude, A., 2000, Décentralisation, acteurs locaux et foncier ; mise en perspective juridique des textes sur la décentralisation et le foncier en Afrique de l'ouest et du Centre, PDM/Coopération française, tome II, Fiches pays, 21 p.

Robinson, David, 1988, *La guerre sainte d'Al-Hadjj Umar – Le Soudan occidental au milieu du XIXe siècle*, Paris, Karthala.

Rouland, N., 1988, *Anthropologie juridique*, Paris, PUF, 496 p.

Rouland, N., 1990, *Anthropologie juridique*, Paris, PUF (collection « Que sais-je ? »), 127 p.

Rosnay, D. J., 1975, *Le macroscope*, Paris, Seuil

Sall, Abdoulaye, 1988, *Mali – L'Organisation du monde rural du Mali (1910-1988), Évolution et Perspectives, principaux textes organiques*, Bamako, Éditions Imprimerie du Mali.

Sanankoua, B., 2007, « Gouvernance, légitimité et légalité au Mali », in *Entre Tradition et Modernité : Quelle gouvernance pour l'Afrique ?*, Bamako, *Actes, du Colloque*, 23 au 23 janvier 2007.

Sanankoua, Bintou, 1990, *Un empire peul au XIXe siècle – La Diina du Massina*, Paris, Karthala.

Schreyger, E., 1984, *L'Office du Niger au Mali : la problématique d'une grande entreprise agricole dans la zone du Sahel*, Wiesbaden, Steiner.

Tersigel, Ph. et Becker, C., 1997, *Développement durable au Sahel*, Paris, Karthala – Sociétés, Espaces, Temps.

Thebaud, B., 1995, « Le foncier dans le Sahel pastoral : situation et perspectives », in Blanc-Pamard, C. et Cambrezy, L. (eds), *Terres, terroirs, territoires*, Paris, Orstom, p. 37-55.

Toe, R., 1997, *La décentralisation au Mali. Ancrage historique et dynamique socioculturelle*, Bamako, Imprim Color et Mission de la Décentralisation et des réformes institutionnelles.

Traore, B. et Spinat, J-B., 2002, « Des institutions de proximité pour résorber un endettement durable », in *L'Office du Niger grenier à riz du Mali. Succès économiques, transitions culturelles et politiques de développement.* Bonneval, P., Kuper, M. et Tonneau, J.-P. Ed., Montpellier – Paris, Cirad/Karthala, p. 196-200.

Van Der Linde, J., Oglethorpe, H., Sandwitch, T., Snelson, D. et Tessema, Y. (avec la participation d'Anada T. et Price T.), 2001,. *Au-delà des frontières : La gestion transfrontalière des ressources naturelles en Afrique subsaharienne*, Washington D.C., Biodiversity Program, 184 p.

Vedel, G. & Devolve, P., 1982, *Droit administratif*, 8e mise à jour, Paris, Coll. Themis/Droit.

Verdier, R., 1965, « Chef de terre » et « chef de lignage », in *Étude de droit africain et de droit malgache*, Paris, Cujas, 1965, p. 333-359.

Verdier, R., 1980, « Coutume et loi dans le droit parental et foncier. Afrique noire Francophone », in Conac, G., *Dynamiques et finalités des droits africains*, Paris, Economica, p. 313-313.

Verdier, R., 1959, « Essai de socioéconomie juridique de la terre dans les sociétés paysannes négro africaines traditionnelles », *Cahiers de l'ISEA*, n° 95, Série V, n° 1, novembre.

Verdier, R. & Rochegude, A., 1986, *Systèmes fonciers à la ville et au village. Afrique noire francophone*, Paris, L'Harmattan.

Verdier, R., 1986, « Civilisations paysannes et traditions juridiques », in Verdier R. & Rochegude A., *Systèmes fonciers à la ville et au village – Afrique noire francophone*, Paris, L'Harmattan, p. 5-26.

Vlaar, J., 1996, « Siwaa, la brousse sèche. Expérience de gestion de terroir villageois au Mali. KIT-développement agricole », Série gestion de l'environnement, *Bulletin* n° 341, 80 p.

Winter, M., 1998, *La gestion décentralisée des ressources naturelles au Sahel : bilan et analyse*, Londres, IIED, Dossier Zones Arides n° 81, 24 p.

Wolf, E., 1974, *Les guerres paysannes du vingtième siècle*, Bibliothèque d'Anthropologie, Paris, François Maspero.

Yung, J.-M., Zaslavsky, J., Delèze, J.-C., 1992, « Pour une prise en compte des stratégies des producteurs », CIRAD, Collection « Documents Systèmes Agraires » n° 18, *Systèmes agroalimentaires et ruraux*, 72 p.

Zahan, D., 1980, *Antilopes* du Soleil, Art et rites agraires d'Afrique noire, Vienne, Schendl.

Mémoires et Thèses

Bah, N. et Bah, M., 2006, Analyse du financement de la filière cotonnière par les institutions bancaires à l'horizon de la privatisation de la CMDT : cas de la BNDA, Mémoire de fin d'études, ENA de Bamako.

Badji, M., Droits naturels, 1998, Droits de l'homme et Esclavage, l'exemple du Sénégal. Analyse historique du XVIIe siècle à l'Indépendance. THÈSE pour le Doctorat en Droit, (Régime Unique) présentée et soutenue le 27 avril 1998 devant la Faculté de Droit de l'Université Grenoble II.

Barriere, O., 1996, Gestion des ressources naturelles renouvelables et conservation des écosystèmes au Sahel : le Foncier-Environnement, Thèse soutenue le 5 novembre 1996 à l'Université PARIS I Panthéon-Sorbonne, sous la direction du Professeur Étienne Le Roy, Laboratoire d'Anthropologie Juridique de Paris, 2 volumes (686 p. & 230 p.).

Bathily, A., 1975, Imperialism and Expansion in Senegal in 19th century with a particular reference to the economic, social and political developpement of the kingdom of Gajaaga (Galam). Birmingham, Center of West African studies, Ph.D. dissertation,.

Bathily, A., 1985, Guerriers, tributaires et marchands : le Gajaaga (ou Galam), « le pays de l'or » : le développement et la régression d'une formation économique et sociale sénégalaise – VIIIe-XIXe siècles. Thèse pour le Doctorat d'État ès Lettres, Université de Dakar, 3 Tomes.

Chastanet M., 1976, L'État Soninké du Gajaaga face à l'expansion commerciale française : 1818-1858, Paris, Université Paris I, Mémoire de Maître, 303 pages multigraphiées.

Dave, B., 2004, Le projet paysan du Sexagon. Attentes et stratégies des militants du Syndicat des Exploitants Agricoles de l'Office du Niger (Mali). Diplôme d'Études Spécialisées en Coopération et Développement, Faculté des sciences économiques, sociales et politiques, Université Libre de Bruxelles, Bruxelles (Belgique).

Diabate, S., Monographie historique des Minianka de Koutiala, Mémoire de fin d'études en Histoire et Géographie, ENSUP de Bamako.

Ghislaine, M., 2003, Nouvelle approche juridique du foncier au Burkina Faso en cours de décentralisation : la nomosynthèse, Thèse de Doctorat en Droit, Université Paris I, septembre 2003.

Hassane, A., 1999, Influence des aménagements hydrauliques et hydro-agricoles du Niger Supérieur sur l'inondation du delta Intérieur du Niger (MALI). Bamako, École Nationale d'Ingénieur, Mémoire de fin d'études d'ingénieur de génie civil.

Koné, S., 1983, Les paysans du Baninko (Mali) face à l'opération – coton, Thèse pour le doctorat de 3e cycle, Université de Paris VII, Département de Sociologie, Paris juin 1983.

Koné, Y., 1992, Les litiges fonciers en troisième région : cas du cercle de Sikasso, Mémoire de fin d'études, ENA de Bamako.

Maïga, M., 2007, Analyse des effets de la semence sélectionnée du riz sur les exploitations agricoles de l'Office du Niger : Cas des villages de Nango (N3) et de Tigabougou (N5) dans la zone de production de Niono, Institut National Formation des Travailleurs Sociaux, Mémoire de fin d'Étude.

Rochegude, A., 1976, Le droit de la terre au Mali, un aspect juridique du développement économique, Thèse de Doctorat, Université Paris I.

Traore, S., 1991, Les systèmes fonciers de la vallée du Sénégal : exemple de la zone Soninké de Bakel : canton du goy Gajaaga (Communauté rurale de Mouderi), Thèse d'État.

Traore, K. J-, 2005, Le défi démocratique et la décentralisation face à la société et à la culture Senufo : Réarticulation des pouvoirs dans cinq communes rurales du Cercle de Sikasso-Mali, Thèse pour le Doctorat en Anthropologie sociale et ethnologique, Paris le 17 février 2005.

Rapports et Articles

AFSCET Sur le Web : www.afscet.asso.fr/systemiqueApproch.pdf

Alliot, M., Institutions Privées Africaines et Malgaches, Cours de droit, Paris, 1965-1966.

ANTEA – BREESS, Ministère de l'Énergie de l'Hydraulique et de l'Eau : Projet Gestion intégrée des Ressources en Eau (GIRE), Module 3 : Cadre législatif et réglementaire, Rapport final provisoire : Rapport A/37244/A

African Military Labour and the Building of the Office du Niger Installations, 1925-1950 Author(s) : Myron Echenberg and Jean Filipovich Source : The Journal of African History, Vol. 27, No. 3, (1986), p. 533-551 Published by : Cambridge University Press Stable URL : http://www.jstor.org/stable/181416

ARCADIS Euroconsult, Resource Analysis, 2002, Rapport Final du Projet de Gestion Hydro-Écologique du Niger Supérieur (Ghenis), Gouvernements de Guinée, du Mali et des Pays-Bas.

ARD Mali, 1989, Une analyse des bénéfices et des coûts d'investissements alternatifs dans l'irrigation, USAID, Berlington (Vermont-USA), décembre 2002, 85 p. + Annexes.

Bagayoko S., 1989, « Lieux et théorie du pouvoir dans le monde mandé : passé et présent », *Cahier Sciences Humaines*, Mali, 25 (4), p. 445-460.

Bagayoko, S., 2004, « Fondements Socio-anthropologiques du Triptyque Terre Terroir Territoire », *Études Maliennes*, n° 61, Institut des Sciences Humaines (ISH), p. 36-51.

Balié, J., 2004, Identification des opportunités d'investissement dans la zone de l'Office du Niger au Mali. Programme régional pour la sécurité alimentaire de l'UEMOA, Rapport de mission. FAO/TCAS, Rome, juin 2004, 60 p.

Banque mondiale, 2003, Des politiques foncières pour promouvoir la croissance et réduire la pauvreté. Résumé analytique, Banque internationale pour la reconstruction et le développement/Banque mondiale, Washington, 37 p.

Banque mondiale, 2004, Documents d'évaluation de projet, Rapport n° 26675 relatif à l'Inversion de la Tendance à la Dégradation des Terres et des Eaux dans le bassin du fleuve Niger.

Barrière, C., Barrière, O., 1995, Le foncier-environnement : fondements juridico-institutionnels pour une gestion viable des ressources naturelles renouvelables au Sahel. II – Répertoire des conflits fonciers environnementaux du delta intérieur du Niger (Mali), Montpellier, Orstom, 524 p.

Baris, P., Coste J., Coulibaly, A., Démé, M., 1996, Analyse de la filière rizicole de la zone de l'Office du Niger et des perspectives à moyen et long termes. Prématuré/Ministère du Développement rural et de l'environnement, Paris, mai 1996, 110 p. + Annexes.

Baris, P., Perrin, S., Zaslavsky, J., 2004, Analyse économique de la filière riz au Mali. Note de synthèse. AFD, Paris, novembre 2004, 17 p.

Barry, A. W., Dirra, S. B., Diarra, D., 1998, Promouvoir les exportations du riz malien vers les pays de la sous-région. Washington, USAID, 66 p.

Basett, T., 1988, « The political ecology of peasant herder conflicts », *Annals of the Association of American Geographers*, 78, p. 453-72.

Bagayoko, I., Diakon, B., 2004, Être paysan et coton culteur au Mali. L'exemple de la Compagnie Malienne de développement du textile, Séminaire du Forum du Tiers-monde : Les avenirs des agricultures et des paysanneries en Afrique de l'Ouest, Rapport d'exécution, Volume II, Dakar du 02 au 5 novembre 2004. Voir le site : http ://www.forumtiersmonde.net/fren/index.php

Bagayoko, I., Keita, N. & Diakon, B., La question agraire au Mali. Cas de l'Office du Niger, Séminaire du Forum du Tiers-monde : Les avenirs des agricultures et des paysanneries en Afrique de l'Ouest, Rapport d'exécution, Volume II, Dakar du 02 au 5 novembre 2004. Voir le site : http ://www.forumtiersmonde.net/fren/index.php

Barriere, O. et Barriere, C., 1995, « Le Foncier-Environnement, pour une gestion viable des ressources naturelles renouvelables au Sahel ; volume I : Approche interdisciplinaire dans le delta intérieur du Niger (Mali), 517 pages ; volume II : Répertoire des conflits fonciers du delta intérieur du Niger (Mali), 400 pages ; volume III : Index ethnobotanique des espèces du delta intérieur du Niger (Mali), 73 pages », Rapport de programme ORSTOM-CNRS.

Barriere, O. et Barriere, C., 1997, Le foncier-environnement, fondements juridico-institutionnels pour une gestion viable des ressources naturelles renouvelables au Sahel, Éditions FAO, col. « Études Législatives » n° 60, Rome, 123 pages.

Barriere, O. & Barriere, C., 2002, *Un droit à inventer. Foncier et environnement dans le delta intérieur du Niger* (Mali), Paris, IRD Éditions, 474 p.

Beridogo, B., 2002-2003, Logiques de projets/logiques paysannes. La paysannerie malienne face à l'administration coloniale et aux États post-coloniaux, étude de cas, FLASH, DER Sciences Sociales, section socioanthropologie, ronéot. 90 p.

Beridogo, B., 1997, « Processus de décentralisation au Mali et couches sociales marginalisées », *Bulletin de l'APAD* n° 14.

Bazin, J., 1970, « Recherche sur les formations socio-économiques anciennes en pays bambara », *Étude Malienne*, n° 1.

Bélières, J-F, Barret, L., Djouara, H. & Kébé, D., « Diversité des formes d'organisation des producteurs de riz et de coton au Mali : évolutions et perspectives pour un développement agricole durable », Communication aux « Journées de la SFER 2005 », « Les institutions du développement durable des agricultures du Sud » Montpellier les 7-8 au 9 novembre 2005.

Bélières, J.-F., Bomans, E., 2001a, Coût de production du riz de contre-saison et d'hivernage 1999 dans la zone Office du Niger. Résultats partiels des enquêtes détaillées sur les exploitations agricoles de la zone Office du Niger, Note n° 2, Rapport provisoire, Office du Niger, Ségou juin 2001, 30 p.

Bélières, J.-F., Bomans, E., 2001b, Les performances rizicoles des exploitations agricoles en contre-saison et en hivernage 1999. Résultats partiels des enquêtes détaillées sur les exploitations agricoles de la zone Office du Niger. Note n° 1. Rapport provisoire, Office du Niger, Ségou, février 2001, 19 p.

Bélières, J. F., Bosc, P.-M., Faure, G., Fournier, S., Losh B., 2002a, Quel avenir pour les agricultures familiales d'Afrique de l'Ouest dans un contexte libéralisé ? Londres, IIED, Dossier n° 113, 40 p.

Bélières, J.-F., Coulibaly, Y., Keita, A., Sanogo, M. K., 2002b, Caractérisation des exploitations agricoles de la zone de l'Office du Niger en 2000, Résultats d'une enquête des exploitations agricoles d'un échantillon de villages. Ségou, URDOC/Office du Niger, NYETA Conseils, 74 p. + Annexes.

Brown, M., O'connor, K., Organisations Non Gouvernementales et gestion des ressources naturelles dans le secteur pastoral africain. Où aller à partir de là ? Document de synthèse, Projet PVO-NGO/NRMS (ONG/GRN) dirigé par World Learning INC, Washington D.C., Care et le World Wildlife Fund, 84 p, 1993.

BRL, 2003, Étude de mise en place d'un mécanisme de financement de l'irrigation au Mali. Rapport provisoire, Compagnie du bas Rhône Languedoc, Office du Niger/Programme National d'Infrastructure Rurale, Ségou, mai 2003, 80 p.

BRL, 2002, Étude pour la fixation des taux de redevance du contrat plan 2002-2004, Dossier final, Compagnie du bas Rhône Languedoc/Office du Niger, Ségou, avril 2002, 66 p.

Buckles, D., 2001, *Cultiver la Paix : Conflits et collaboration dans la gestion des ressources naturelles*, CRDI, 300 p. http://www.idrc.ca/fr/ev-9398-201-1-DO_TOPIC.html

Camara, B., 2007, Migration et Tensions Sociales dans le Sud-Mali. En ligne : http ://www.ascleiden.nl/Pdf/RapportCDPMaliLastdraftnov07.pdf

Camara, B., 2008, « La dynamique des conflits dans deux circonscriptions administratives de Mali-sud entre 2002 et 2006 », in *Local Experiences of Conflict Management*, numéro spécial, décembre 2008, SORONDA, Bissau, INEP ; Université de Bayreuth (Allemagne).

Carney, J. & Watts, M., 1990, Manufacturing dissent : work, gender and the politics of meaning in a peasant society. Africa, 60 (2), p. 207-241.

Chabas, A., 1965, « Le domaine national du Sénégal : réforme foncière et agraire », *Annales Africaines*.

Chabas, A., 1957, « Le régime coutumier en AOF », *Annales Africaines*.

Chastanet, M., 1983, « Les crises de subsistance dans les villages soninké du Cercle de Bakel, de 1858 à 1945 », *Cahiers d'études Africaines*, vol. 23, n° 89/90, XXIII-1-2.

Chohin-Kuper, A. & Saw, M., 1999, *Modes de gestion de l'eau et production agricole dans la zone de l'Office du Niger au Mali, Le cas de l'étiage*, Bamako, Institut du Sahel/CILSS, 19 p.

CILSS, 1997, La gestion décentralisée des ressources naturelles dans trois pays du Sahel : Sénégal, Mali et Burkina Faso, document publié par le PADLOS, Ouagadougou, 349 p.

CEDREF-GeD, 2000, Rapport d'analyse sur le foncier rural au Mali, Analyse des enjeux et opportunités, Document de débat, Bamako.

Cisse, S., 1996, Le Delta intérieur du Niger : l'énigme de la gestion foncière, in Cauris, n° 152, 153, 154.

Cotula, L., 2006, *Droit fonciers et accès à l'eau au Sahel*, Dossier n° 139, IIED, p. 10.

Coulibaly, C. & Diakite, B., « La question foncière au Mali. Les cahiers de Mandé Bukari », *Revue trimestrielle de l'Université Mandé Bukari*, n° 09, 4e trimestre 2007, p. 22-24.

Coulibaly, C., 2006, « L'Office du Niger en question : 1902-2002 : Cent ans de vicissitudes », 1re partie, Les *cahiers de Mandé Bukari*, revue Trimestrielle de l'Université Mandé Bukari, n° 05, 4e trimestre.

Coulibaly, C., 2007, Syndicalisme paysan et démocratie – La naissance du syndicalisme paysan au Mali, *Les cahiers de Mandé Bukari*, revue Trimestrielle de l'Université Mandé Bukari, n° 07, 2e trimestre.

CPS, 2001a, Recueil des statistiques du secteur rural. Cellule de planification et de statistique du MDR, Bamako, décembre 2001, 95 p.

CPS, 2001b, Schéma directeur du secteur du développement rural (actualisation-SDDR 2000-2010). Volume I : Situation du secteur du développement rural et bilan de la mise en œuvre du SDDR 1992-2000. CPS/MDR : Cellule de planification et statistique du Ministère du Développement rural, Bamako, décembre 2001, 114 p.

CPS, 2001c, Schéma directeur du secteur du développement rural (actualisation-SDDR 2000-2010). Volume II : Stratégie du développement rural. CPS/MDR : Cellule de planification et statistique du Ministère du Développement rural, Bamako, décembre 2001. 60 p. + Annexes

CSLP, 2002, Cadre stratégique de lutte contre la pauvreté, CLSP Final, Document préparé et adopté par le gouvernement du Mali, Gouvernement du Mali, Bamako, 22 mai 2002. 94 p.

Destined to Fail : Forced Settlement at the Office du Niger, 1926-1945 Author(s) : Jean Filipovich Source : The Journal of African History, Vol. 42, No. 2, 2001, p. 239-260 Published by : Cambridge University Press Stable URL : http://www.jstor.org/stable/3647261

Dareste, P., 1908, *Le régime de la propriété foncière en Afrique Occidentale*, Paris (Éditions Inconnues).

Dareste, P., *Traité de droit colonial*, Tome II, Paris 1931 (édition inconnue).

Dave, B., Alinon, K. & Coulibaly, C., « L'Office du Niger en question, IIè partie : la Loi d'Orientation Agricole (LOA) et les problèmes de l'Office du Niger », *Les Cahiers de Mandé Bukari*, Révue trimestrielle de l'Université Mandé Bukari, n° 06, 1er Trimestre 2007, Bamako : Éditions : Le Cauri d'Or.

Dembélé, E., 1994, « CARE et la renaissance des Ogokana en milieu dogon », in *Cauris*, dossier n° 1, p. 7.

Dembélé, 1994, « La jacinthe d'eau, un nouveau fléau pour les cours d'eau du Mali », *Sahel Pvinfo* CILSS/UCTR/PV, 63, p. 12-14.

Demé, Y., 1998, « Associations locales de gestion des ressources naturelles du Kelka », Mali, Londres, *Dossier Zones Arides* n° 74, IIED, 20 p.

Diakité, B. et Coulibaly, C., 2003-2004, Diagnostic participatif de la question foncière au Mali, Volume I : Rapport général, Association des Organisations Professionnelles Paysannes (A.OPP)/Université Mandé Boukari.

Diall, A. M., 2000, Étude relative aux aspects juridiques et institutionnels de la gestion des questions environnementales, Bamako : Ministère de l'Équipement, de l'Aménagement du territoire, de l'Environnement et de l'Urbanisme.

Diarra, A., Rapport national sur la mise en valeur des ressources en eau du Mali (Version provisoire). Bamako, Programme Mondial pour l'Évaluation des Ressources en Eau (WWAP), Direction nationale de l'hydraulique, 2004.

DIARRA, D., 2004, Analyse des déterminants de la compétitivité du riz de l'Office du Niger sur les marchés nationaux et sous-régionaux. Bamako, Projet Trade – Mali/USAID, 87 p.

Diarra, L., 1998, Étude environnementale de la zone de l'Office du Niger : aspects écologiques. Bamako, Ministère du Développement Rural et de l'eau, 79 p.

Diawara, M., L'Office du Niger face à la décentralisation : hier et aujourd'hui, Working Paper on local Knowledge (Documents et Travaux sur le savoir local), n° 03, Point sud, Muscler le Savoir Local, Bamako, 2006.

Dixon, J. A. & Sherman, P. B., *Economics of Protected Areas : a new look at benefits and costs*, Earthscan Publications Ltd, 1991, Londres. Sur le Web. : http://www.wrm.org.uy/subjects/PA/textfr.pdf

Djiré, M., Assurer la sécurisation légale des transactions foncières : Quel rôle pour les intermédiaires et facilitateurs ? Étude de cas en zone périurbaine et dans le Mali-sud. To be published in FAO-NRLA (Land Tenure and Management Unit), « Legal Empowerment in Practice to Secure the Land Rights of the Poor », Resource CD, FAO Land Tenure Collection n° 3, 2008.

Durand, B., Histoire Comparative des Institutions de l'Europe et de l'Afrique, Fascicule n° 7, Année Universitaire 1978-1979, Université de Dakar.

Elliot, C., *Forestry certification : a policy perspective,* CIFOR (Center for International Forestry Research), 2000, Bogor, Indonesia.

Elliot, C., Paradigmes et conservations de la forêt, 2001, Archives de documents, FAO. Sur Web. : http ://www.fao.org/docrep/w2149f/w2149f03.htm

FAO, 2000, Actes de l'atelier international sur la foresterie communautaire en Afrique. La gestion forestière participative : une stratégie pour une gestion durable des forêts d'Afrique 26 au 30 avril 1999, Banjul Gambie, Rome, FAO, 423 p.

Fournier, Y., Konaté, M. et Lapenu, C., Étude sur le crédit aux producteurs en zone cotonnière. Rapport de mission au Mali. MRSC. Bamako mai 2002, 101 p.

GHENIS, Gestion hydrologique et environnementale du Niger superieur, Direction nationale de l'hydraulique et de l'eau (DNHE), projet Delft Hydraulics, Bamako, 2000-2002.

GHIREX, Gestion intégrée, Hydrologie, Ressources et Systèmes d'Exploitation. Grand Programme 21, Département Eaux Continentales, 1997-2000, Orstom – IRD, Paris.

GRAF, GRET, IIED (2002). Pour une sécurisation foncière des producteurs ruraux, Actes du séminaire international d'échanges entre chercheurs et décideurs, Ouagadougou, du 19 au 21 mars 200, 175 p.

Griffiths, J., « What is legal pluralism ? », *Journal of Legal Pluralism* 24 : 1-55, 1986.

Gueye, M. B., 1993, « Conflits et alliances entre agriculteurs et éleveurs : le cas du Goll de Fandène », Londres : IIED (dossier n° 49, Programme des zones arides), 20 p.

HAGBERG, S., Between peace and justice – Dispute settlement between Karaboro agriculturalists and Fulbe agro – patoralists in Burkina faso, Uppsala : Acta Universitats Upsaliensis (Upsala Studies in Cultural Anthropology), n° 26, 264 p 1998.

HESSELING, G., LE ROY, E., « Le droit et ses pratiques », in *Politique Africaine* n° 40, décembre 1990.

Kebe, D. et Sidibe, k., Marie, c., Étude diagnostique de la crise des associations villageoises en zone CMDT. Rapport de recherche. IER/ESPGRN-Sikasso. Bamako juin 1998. 60 p. + Annexes.

Konaté, D., 1999, *Les fondements endogènes d'une culture de la paix au Mali : Les mécanismes traditionnels de prévention et de résolution des conflits* in « Les fondements endogènes d'une culture de la paix en Afrique de l'Ouest : mécanismes traditionnels de prévention et de gestion des conflits », UNESCO. Sur le Web : http://www.unesco.org/cpp/publications/mecanismes/edkonate.htm.

Rapport bilan de la réflexion stratégique des organisations de producteurs sur l'avenir de la filière coton au Mali, Forum National tenu les 25-26 et 27 avril 2005 à Bamako, GERAD/CIEPAC, ACI-Lafiabougou.

Plan de communication sur les réformes dans le secteur coton, Rapport final, décembre 2007, P.Y.R. PANACOM Mali.

Noray M.-L., 2003, *Waza Logone : Histoires d'eaux et d'Hommes,* World Conservation Union-IUCN, 2003.

Marty, A., 1993, « La gestion des terroirs et les éleveurs : un outil d'exclusion ou de négociation ? », in *Revue Tiers-monde* XXXIV (134), p. 327-344.

MATCL, PAD, Helvétas, DDC, 2000, Guide pratique du Maire autorité de police administrative, Bamako.

MDRE et ministère de l'Environnement (1998). Étude environnementale de la zone de l'Office du Niger. Gestion de l'eau. Ministère du Développement rural et de l'eau et Ministère de l'Environnement, Bamako, septembre 1998, 109 p.

MDRE, 1998, Problématique agro-pédologique spécifique des grandes zones agroécologiques du Mali, Bamako, ministère du Développement rural et de l'eau.

MDRE, 1999, Stratégie nationale de développement de l'irrigation, République du Mali, Bamako, août 1999, 76 p.

MDRE, 2001a, Schéma directeur du secteur du développement rural (actualisation – Schéma Directeur du Secteur Développement Rural SDDR 2000-2010). Volume I : Situation du secteur du développement rural et bilan de la mise en œuvre du SDDR 1992-2000.

MDRE, 2001b, Schéma directeur du secteur du développement rural (actualisation-*SDDR 2000-2010).* Volume II : stratégies de développement. CPS/MDR : Cellule de planification et de statistique du Ministère du Développement rural. Bamako, décembre 2001, 60 p. + Annexes.

Moore, S. F., 1973, « Law and social change : the semi-autonomous field as an appropriate subject of study », *Law & Society Review* 7, p. 719-746.

Niang, M., 1974, Réflexions sur le régime des terres au Sénégal, RSD.

Pare, L., 1995, « Appropriation foncière et conflits entre villages voisins autour de la forêt classée du Téré (Burkina Faso) », in *Actions locales, enjeux fonciers, et gestion de l'environnement au Sahel,* Cahier du Cidep, n° 27, p. 241-252.

Pospisil, L., 1958b, « Social change and primitive law : consequences of a Papuan legal case », *American Anthropologist* 60, p. 832-837.

Pospisil, L., 1959, « Multiplicity of legal systems in primitive societies », *Bulletin of the Philadelphia Anthropological Society* 12, p. 1-4.

Pospisil, L., 1963a, *Kapauku Papuan Economy,* New Haven : Yale University Publications in Anthropology, No. 67.

Pospisil, L., 1963b, The Kapauku Papuans of West New Guinea, New York : Holt, Rinehart and Winston.

Pospisil, L., 1965a, « A formal analysis of substantive law : Kapauku Papuan laws of land tenure », *American Anthropologist* 67 : 186-214.

Pospisil, L., 1965b, « A formal analysis of substantive law : Kapauku Papuan laws of inheritance ». *American Anthropologist* 67 : 166-185.

Pospisil, L., 1967, « Legal levels and multiplicity of legal systems in human societies » *Journal of Conflict Resolution* 11, p. 2-26.

Pospisil, L., 1973, E. Adamson Hoebel and the anthropology of law. *Law and Society Review* 7, p. 537-559.

Pospisil, L., 1981, Modern and traditional administration of justice in New Guinea. *Journal of Legal Pluralism* 19, p. 93-116.

PRECONS, 1997, « Décentralisation et approche participative pour l'application des mesures de CE/DRS au Sahel », *Actes de l'atelier régional d'échanges,* Sao dos organas, Cap-Vert, Commission Européenne, Deutsche Forstservice Gmbh, p. 201-209.

Quotidien national : *L'Essor* n° 3323 (1960).

Rangan, H., 1997, « Property vs Control: The State and Forest Management in the Indian Himalaya », Understanding the Role of the State in Forest Management », Development and change, 28, p. 71-94.

Rapport de terrain projet IRAM du GERSDA 'FSJE', Université de Bamako, 2007, équipe de Koutiala.

Rapport de visite du 2 avril au 25 mai de l'inspecteur du service général des textiles et de l'hydraulique agricole. Archives ON Ségou Dossier 314/3.

Rapport de visite du 2 avril au 25 mai de l'inspecteur du service général des textiles et de l'hydraulique agricole. Archives ON Ségou Dossier 314/3.

Rochegude, A., 1977, « Tendances récentes du droit de la terre en République du Mali », *Revue internationale de droit comparé,* volume XXIX, Numéro 4, p. 721-746. Sur le Net. : http ://www.persee.fr/web/revues/home/prescript/article/ridc_0035-3337_1977_num_29_4_17058

Rochegude, A., 2002, « Foncier et décentralisation. Réconcilier la légalité et la légitimité des pouvoirs domaniaux et fonciers », *Cahiers d'Anthropologie du Droit*, p. 15-43.

Sauter, G. et Pélissier, P., 1964, « Pour un atlas des terroirs africains : structure-type d'une étude de terroir », avec Paul Pélissier, *L'Homme*, Paris, vol. IV, n° 1, p. 56-72.

Schmitz, J., 1993, « Anthropologie des conflits fonciers et hydropolitique du fleuve Sénégal (1975-1991) », *Cahier des Sciences Humaines*, Vol. 29 (4), p. 591-623.

Scoones, I. and Cousins, B., 1994, Struggle for control over wetland resources in Zimbabwe, Society and Natural Resources, vol. 7, n° 6, p. 579-593.

Sissoko S.M., *Traits fondamentaux des sociétés du Soudan occidental du XVIIe siècle au début du XIXe siècle*, Bulletin de l'Institut Fondamental d'Afrique Noire, Série B, Sciences Humaines Tome XXXI, n° 1, 01, 1969.

Sissoko, S-M., Traits fondamentaux des sociétés du Soudan occidental du XVII, au début du XIX, siècle, *Bulletin de l'Institut Fondamental d'Afrique Noire*, Série B, Sciences Humaines, Tome XXXI, n° 1, janvier 1969

Sohier, 1954, *Traité élémentaire du Droit Coutumier du Congo-Belge*, Bruxelles.

Soumaré, S., 1995, « Bouani, Un cas d'imbroglio foncier entre divers acteurs (Mali) », in *Actions locales et enjeux fonciers, et gestion de l'environnement au Sahel*, Cahier du Cidep, n° 27.

Tall, E-H. O., Traoré, M., Yazon, G., Bloch, P., 2002, Étude sur la problématique foncière dans les périmètres irrigués au Mali, *Working paper* n° 50-F, University of Wisconsin-Madison (USA).

Traoré, O., Étude Loi d'orientation agricole : Textes d'application au chapitre II, titre IV relatifs au foncier agricole, Rapport MCA Mali, 6 février 2008.

Traoré, O.. « Quand les ancêtres visitent le foncier ? » MCA Mali, Journal *Impact* (s. d.).

Traoré, O., Mali-États-Unis : Une coopération d'un genre nouveau ; relancer la croissance avec le foncier, MCA Mali, Journal *Impact*, août 2008.

Traoré, O., Communication sur la dévolution des biens aux collectivités territoriales, Rapport/ Communication, ministère du Logement, des Affaires Foncières et de l'Urbanisme, 2008.

Traoré, N'G., « Quel avenir pour l'agriculture et la paysannerie au Mali dans le contexte de la Mondialisation ? », Séminaire du Forum du Tiers-monde : Les avenirs des agricultures et des paysanneries en Afrique de l'Ouest, Rapport d'exécution, Volume II, Dakar du 02 au 5 novembre 2004. Voir le site : http ://www.forumtiersmonde.net/fren/index.php

Traoré, S., 1985, « Corpus Soninké : parenté et société », *Dictionnaire d'Anthropologie Juridique*, Paris, LAJP.

Traoré, S., 1986, « Aspects fonciers de la vallée du fleuve Sénégal : les droits coutumiers face à l'État. Exemple de la zone soninké du Gajaaga », Communication au séminaire sur la NPA, Dakar CREA, Fondation FORD.

Traoré, S., 1996, « Problems in pastoral land use management related to tenure : problems versus basic practices », *in Managing land tenure and resource access in West Africa.*, p. 187 – 193. Proceedings of a regional workshop, Université de Saint-Louis, Gorée, Senegal, 18 – 22 Nov. 1996, GRET-Paris and IIED-London. URED, 357 p.

Université Mandé Bukari, 2008, « Les actes du Colloque : « Pour l'Office du Niger ! Mais quel Office du Niger ? » 1re et 2e parties, *Les cahiers de Mandé Bukari*, revue trimestrielle de l'Université Mandé Bukari, n° 10, 1er trimestre et n° 11, 2e trimestre.

Université Mandé Bukari, 2003, « Décentralisation et développement local », *Les cahiers de Mandé Bukari*, revue trimestrielle de l'Université Mandé Bukari, n° 1, 1er trimestre.

Université Mandé Bukari, 2006, « Questions de gouvernance », *Les cahiers de Mandé Bukari*, revue trimestrielle de l'Université Mandé Bukari, n° 04, 3e trimestre.

Verdier, R., 1971, « Évolution et réformes foncières de l'Afrique noire francophone », *Journal of African Law*, Vol. 15, No. 1, p. 85-101.

Wim, V. C, Jan, H., Pietder Poel, V., *D'un aménagement anti-érosif des champs à la gestion de l'espace rural : un premier pas dans la zone cotonnière du Mali-sud ?* Pays-Bas : Amsterdam, Institut Royal des Régions Tropicales, 1988.

Winter, M., *La gestion décentralisée des ressources naturelles au Sahel : bilan et analyse*, Londres, IIED, Dossier Zones Arides n° 81, 24 p, 1998.

World Vision, Rapport final de l'Atelier sur la gestion participative des ressources naturelles agro-sylvo-pastorales, Bla du 28 au 29 juin 2007.

Archives

Archives coloniales

Clozel, M.F.J., 1860-1918 ; Meniaud, Jacques, 1877, volume I.

Conférence de Zamblara du 6 mars 1931, Archives Office du Niger, Ségou, Dossier 314/5 No. 438.

Extrait du Bulletin d'information et de renseignement du gouvernement général de l'AOF (11 mai 1936).

Gazette coloniale maritime No. 10 du 6 mai 1938, Archives Office du Niger, Ségou Dossier 214/12/14.

Haut-Sénégal-Niger (Soudan Français) : séries d'études (1912).

Institut colonial de Marseille, Palais de la bourse, Études d'Outre-Mer (anciennement « cahiers coloniaux ») Office du Niger, janvier-février 1952, n° 1-2, Dossier n° 22, Archives Office du Niger, Ségou.

Mémoire à l'usage des instituteurs de colonisation des centres cotonniers, Archives Office du Niger, Ségou 385/2.

Rapport de visite du 2 avril au 25 mai de l'inspecteur du service général des textiles et de l'hydraulique agricole, Archives Office du Niger Ségou Dossier 314/3.

Rapport de l'inspecteur de la France d'Outre-Mer à Monsieur le haut-commissaire de la République en AOF (Affaire Mamadou Sangaré et problèmes de colonisation à l'ON) du 24 février 1954, Archives Office du Niger, Ségou, Dossier 111.

Taux de peuplement culture intensive et statut du paysannat de l'Office du Niger, Rémi Madier, Archives Office du Niger Dossier 65/1.

Archives de l'après indépendance

René Dumont, Rapport de visite à l'Office du Niger, mars 1961, Archives Office du Niger, Ségou, Dossier 138/2.

Rémi Madier, Note sur l'état du colonat, novembre 1960, Archives Office du Niger, Ségou, Dossier 132/1.

P. Vignier, ancien Directeur Général de l'Office du Niger, Note sur Émile Bélime, Nérac le 29 mai 1989, Archives Office du Niger, Ségou.

Ferdinand Traoré, Notes sur l'organisation autour de l'entretien et de la gestion de l'eau, 3 juillet 1995, Archives Office du Niger, Ségou.

Archives tribunaux

Justice de Paix à Compétence Étendue de Bla, Décision jugement n° ADD 03, n° 34/03/RG, Audience Civile du 29 janvier 2004.

Justice de Paix à Compétence Étendue de Bla, Décision Jugement n° 31/05, n° 34.03/RG, Audience Civile du 10 novembre 2005.

Cour Suprême du Mali, Section Administrative, Tribunal Administratif (Bamako) : Jugement n° 46 du 11 juillet 2000.

Lois et Décrets

Décrets coloniaux

Décret du 20 juillet et du 5 août 1900 créant le domaine en AOF ;
Décret du 23 octobre 1904 sur les terres vacantes et sans maître ;
Décret du 6 juillet 1906 ;
Décret du 8 octobre 1925 instituant un mode de constatation des droits fonciers des indigènes ;
Décret du 28 septembre 1928 relatif au domaine public en AOF ;
Décret du 26 juillet 1932 créant procédure sur l'immatriculation foncière ;
Décret du 26 juillet 1932 réorganisant le régime de la propriété foncière en Afrique Occidentale Française ;
Décret du 5 janvier 1932 portant création de l'Office du Niger ;
Décret du 1935 sur les terres vacantes et sans maître ;
Décret 55-580 du 20 mai 1955 portant réorganisation foncière et domaniale en Afrique Occidentale française.

Lois et décrets de l'après indépendance

Décret 59 PG. RM du 19 mai 1972 portant création de l'Opération Riz Ségou, JO. RM, 1972, p. 110.
Décret 62 PG. RM du 26 mai 1972 portant création de l'Opération Mil Mopti, JO. RM, 1972, p. 268.
Décret 116 PG. RM du 16 sept. 1972 Portant création Opération Arachide, JO. RM, 1974, p. 455.
Décret 115 PG. RM du 16 sept. 1972 portant création Opération pêche, JO. RM, 1972, p. 557.
Décret 114 PGRM du 16 sept. 1972 portant création Opération Aménagement et production forestière, JO. RM, 1972, p. 556.
Décret 113 PG. RM du 16 sept. 1972 portant création Opération Aménagement du Parc National de la Boucle du Baoulé, JO. RM, 1972, p. 555.
Décret 12 PG. RM du 28 janv. 1974 portant Opération zone Lacustre JO. RM, 1974, p. 152.
Décret 117 PG. RM du 16 sept. 1972, portant création Opération haute vallée, JO. RM, 1972, p. 559.
La Constitution de la IIIe République du Mali du 25 février 1992.
Loi n° 86-91/AN-RM du 12 juillet 1986 portant sur le code domanial et foncier
Code domanial ordonnance n° 00-027/P-RM du 22 mars 2000
Décret n° 768/P-RM du 29 décembre 2008 fixant les modalités d'enregistrement et d'immatriculation des exploitations agricoles familiales et des entreprises agricoles.
Décret n° 09-011/P-RM du 19 janvier 2009 fixant les attributions, la composition et les modalités de fonctionnement des commissions foncières locales et communales.
Décret n° 02-313/P-RM du 4 juin 2002 fixant les détails des compétences transférées de l'État aux collectivités territoriales en matière d'éducation.
Décret n° 02-314/P-RM du 4 juin 2002 fixant les détails des compétences transférées de l'État aux collectivités territoriales des niveaux communes et cercles en matière de santé.
Décret n° 02-315/P-RM du 4 juin 2002 fixant les détails des compétences transférées de l'État aux collectivités territoriales en matière d'hydraulique rurale et urbaine.

Décret 96-010/P-RM pour les réserves piscicoles.
Décret 97-052/P-RM pour les titres de chasse.
Décret 97-057/P-RM pour les conseils de pêche.
Décret n° 96-188/P-RM portant organisation de la gérance des terres affectées à l'Office du Niger.
Loi 06-045 du 5 septembre 2006 portant loi d'orientation agricole ;
- Guide pratique des principales mesures de la loi d'orientation agricole.
Loi n° 01-076 du 18 juillet 2001 régissant les sociétés coopératives en République du Mali
Loi n° 02-006/du 31 janvier 2002 portant code de l'eau.
Loi n° 88-62/AN-RM du 10 juin 1988.
Loi n° 91-047 AN-RM du 23 février 1991 relative à la protection de l'environnement et du cadre de vie et son décret d'application.
Loi n° 93-008 AN-RM du 11 février 1993.
Loi n° 95-034/AN-RM du 12 avril 1995 portant code des collectivités territoriales, modifiée par la loi n° 98-010 du 10 juin 1998 et modifiée par celle n° 98-066 du 30 décembre 1998.
Loi n° 96-050 du 16 octobre 1996 portant principes de constitution et de gestion du domaine des collectivités territoriales qui a modifié la loi n° 93-008 AN-RM.
Loi n° 96-050 du 16 octobre 1996 portant principes de constitution et de gestion du domaine des collectivités territoriales qui a modifié la loi n° 93-008 AN-RM.
L'ordonnance n° 60 CMLN du 11 novembre 1969 portant code de chasse.
Loi 86-46/AN-RM du 21 mars 1986 rendant obligatoire l'installation et l'utilisation d'un foyer amélioré et fixant le taux d'une taxe de défrichement ;
Loi n° 63-7 AN-RM du 11 janvier 1963 relative à la pêche;
Loi n° 68-8 AN-RM du 17 février 1968 portant code forestier ;
Loi n° 86-42/AN-RM du 24 mars 1986 portant code forestier ;
Loi n° 86-43/AN-RM du 24 mars 1986 portant code de chasse et de conservation de la Faune et de son habitat ;
Loi n° 86-66/AN-RM du 26 juillet 1986 portant code de feu.
Loi n° 95-03/AN-RM du 18 janvier 1995 portant organisation de l'exploitation, du transport et du commerce du bois ;
Loi n° 95-031/AN-RM du 20 mars 1995 fixant les conditions de gestion de la faune sauvage et de son habitat ;
Loi n° 95-032/AN-RM du 20 mars 1995 fixant les conditions de gestion de la pêche et de la pisciculture.
Loi n° 95-04 AN-RM du 18 janvier 1995 fixant les conditions de gestion des ressources forestières.

Personnes Interviewées (Liste non exhaustive)

Bamako
Richard Toé, traditionniste mandingue

Bla
Abdou Tangara
Le vice-président du conseil de cercle
Benôkô Coulibaly, responsable d'OP (interview)

Ségou (représentants ON)
Fafré Diarra (DADR/ON)
Seydou Dembélé, Chef unité Cadastre/ON
Lassana Keïta, Responsable entretien/ON
Idrissa Soumounou Ingénieur Hydrolyque/ON

Mairie de Niono
Le Maire : Aboubacar Fomba
Le SEGAL : Moussa Koné

Niono
Faliry Boly, Sécrétaire Général du Sexagon, Niono
Koké Diarra, Fonds d'entretien du Comité Paritaire
Abdoulaye Coulibaly, (C. P)
Lassina Dembélé (C.P.)
Moussa Ongoïba, (C.P.)
Modibo Diarra (Chef service conseil rural)
Fadjigui Fané (Responsable Suivi et évaluation)
Amadou Bouaré (Délégué de Zone)

N'Débougou
Djédjé Fofana (Service Administration Financière)
Julien Kamaté (Chef intérieur service gestion eau)

Membre du Comité Paritaire de N'Débougou
Lamine Coulibaly (Fonds d'entretien)
Moulaye Konaté (terre)
Mamadou Diallo (Terre)
Fanta Mady Camara (Terre)
Abdoulaye Diop (Terre)
Mady Porgo (Entrétien)
Moussa Mariko (Terre)

Molodo
Salif Ouédraogo (Responsable promotion des organisations paysannes)
Mme Kouriba Diénéba Diarra (Directrice de la zone de Molodo)
Moussa lassana Sidibé (chef gestion de l'eau)
Auguste Drago (Evaluation Suivi)